思想觀念的帶動者

文化現象的觀察者

本土經驗的整理者

生命故事的關懷者

心靈工坊
【PsyGarden】
Master

對於人類心理現象的描述與詮釋
有著源遠流長的古典主張，有著速簡華麗的現代議題
構築一座探究心靈活動的殿堂
我們在文字與閱讀中，尋找那奠基的源頭

關係的存有
超越自我‧超越社群
Relational Being
Beyond Self and Community

肯尼斯‧格根（Kenneth J. Gergen）——著

宋文里——譯

茵特榙創意對話中心
Center for Creative Dialogue ————合作出版

目錄

【推薦序一】
關係潛力的反思與視野

吳熙琄（茵特森創意對話中心創辦人和執行長）

　　身爲不同系統的對話工作者，包括家族與婚姻治療，看肯尼斯·格根的這本《關係的存有：超越自我·超越社群》，內心有著很多的激盪與反思。首先他對佛洛伊德以降心理學強調的「個人心理狀態」予以檢視探討，將這一百多年來的發展與影響做了一個很透澈的剖析，他在看「個人心理狀態」的理論帶給個人、家庭、社會、文化的影響與限制，後果是什麼。有感於他本身在學術界幾十年的積累和受到的挑戰，他在書中經常把對他學說的質疑者的論述納入到書寫當中，然後再予以回應，因此在閱讀中許多讀者也可能有的質疑想法也會呈現出來，這種整合質疑聲音的寫作方式，特別顯示出他寫本書的用心和尊重。

　　在格根幾十年的學術生涯裏（哈佛大學四年，斯沃斯摩爾學院〔Swarthmore College〕四十九年），他大量的閱讀、反思、研究、與人交流、到各地教學並關注世界的發展，在 2009 年發表了這本書（也就是七年前），將他最重視和在乎的理念在這本書中做出更整合仔細的闡述。在對個人內心的狀態是核心而需要面對和處理的心理學脈絡裡，格根認爲這種現象產生隔離的文化，每個人把自己過好，把自己照顧好就夠了，但社會也變得更競爭與對立，甚至更嚴重的擴及到社群間的對立、族群間的對立，乃至國家間的對立，進而產生不良的後果，例如暴力與戰爭。

　　面對以上的限制與危機，他提出個人的心理狀態其實是社會實踐和關係的產物。例如，「記憶」、「理性思考」、「體驗」、「情緒」、「意向」、「創意」等，都是人在關係中發生的相互參照的行動（coordinated action），也就是個人基本上是關係進行的產物，而非關係是個人的產物。他特別提到原本心理學強調的內在衝突，其實唯有透過關係才能抵消這些衝突的發生。他強調只有從關係的過程中人們才能創造出「內在世界」，「個人心理」不能從關係中分離而存在。

　　格根這種個人是建立在關係上而形成的（relational self）觀點雖然遭到不少人的質疑和否定，但卻有愈來愈多在心理治療領域和不同相關領域的人對此觀點產生共鳴，甚至不斷思考實踐的方法。格根看見，唯有從關係的努力中，才能幫助到人們和世界。

　　他也提到原本人們對關係的認識可能是如經濟學中提倡的如何從對方身上獲取最大的利益，而自己可以付出最少；或是在關係中從控制他人，來穩定自己的情緒。但格根提倡的關係不是上述的關係，而是如何進行互信互動的關係，從其中獲得滿足，意義和創造。

　　在我專業的心理諮商家族治療的關係工作裡，格根對我的啟發也特別的深刻。正如同他所強調的，如何去開發關係中的資源與創意，而不僅止於照顧系統中的單一個體。例如我在家族與婚姻治療的訓練課程裡，常會引導鼓勵學生進行關係性的問話與對話，邀請家庭在關係的對話中建構對他們有意義的生活與關係，格根在書中提到對家族治療有極大影響力的人類學家葛雷果里·貝特森（Gregory Bateson），貝特森注重生態學的整體性和循環性，而非因果性，長期以來對我思考對話的循環性一直有著重要的啟示，走

筆到此，我再度看見自己專業關係對話的養成和源頭受到格根與貝特森二位思想家極大的影響。

　　格根的思想總是刺激著人文學科的投入者對現有的理論架構做最根本的反思、檢視和突破。在本書中，他帶領著讀者進入他思想的世界，關心的世界，以及他個人在不同關係中的反思。

　　他提到世界上轉型的對話都建立在維繫關係上。他對這十幾年來學術研究的百花奇放，朝向著如何在研究多態存有（multiple being）的全部潛能中抽出有用的方式增加資源，而不是顯露並獨尊唯一的真理極有心得。特別是他對書寫有著極為不同的思維，他提到傳統的「學術寫作標準」只是書寫方式中的一種，他更重視書寫會引出更多不同的關係，例如，作者與讀者的關係。

　　此外，他對教育、治療、組織的發展也提出關係的重要性和價值，書中許多的案例，都會帶給讀者更多的理解與體會。格根主張教育的基本目標應在於提昇參與關係過程的潛力，從在地（local）文化與經驗開始，直到全球。在治療上，格根要談的不是治療師及案主二個個體，而是兩者的相互參照行動。在組織中，如何維持不穩定平衡中的關係實踐是格根的立場，他強調邀請別人進入意義創造的過程，要維持活力就是要能讓平常事物不斷變化，讓對話半徑不斷伸張，在方便的對話中不斷跨界，並隨時貼緊多態存有的潛能。

　　只有透過協作行動，道德價值才能誕生。是關係責任，不是個人責任，才能維繫意義共創的過程。讓我非常驚喜的是格根在最後一章談到了「神聖」這個概念，他說當行動能持續產生意義時，我們就在其中參與了神聖的實踐，他語重心長地表述對話實踐的重要性，唯有透過對話才能恢復具有生產力的意義，把關係中的關係活

化起來，讓神聖潛能有了安在之所。

最後他提倡我們移向新啓蒙（New Enlightenment），將個人價值觀移向關係的價值觀，一種關係的意識（relational consciousness）。

寫到此，也讓我開始反省這麼多年來到底在做什麼？其實我一直在尋找在這個多變的環境和時代中有哪些思維對我的專業、教學、對話、生活會有助益，而且可以帶來突破和釋放。大約在 1989 年左右，我在美國開始接觸後現代的思維，接觸愈多愈喜歡，直到讀到格根早期的書《飽和的自我》（*The saturated self*, 1991）所提倡的理念，有種遇到知音的感覺，他突破性的主張，讓我內心產生極大的共鳴，而自己也一步一腳印地在華人的土地上去實踐與推動，所以在 2014 年，第一次邀請格根來台帶領其第一個在台灣的工作坊，內心覺得特別踏實。

非常謝謝心靈工坊把這麼好的書，一本具有時代意義的書引入台灣，讓大家有福可以享受這麼好的知識和理念，進而讓我們的專業和生活有所啓迪和轉換。

感謝宋文里老師精彩的翻譯，宋老師不只將文本翻得清楚而透澈，更運用本土化的語言去帶出格根想要傳達的理念，協助讀者有個更貼切的閱讀經驗。

另外我要說的是，這本書是本相當厚的大書，大家大可以先挑最想閱讀的主題開始，之後自然會被吸引而逐漸進入與作者完整的對話，從哪章開始都會獲得啓發的。

【推薦序二】

走出囿限的存有，進入關係的存有：
太初即關係，關係即對話

林耀盛（台灣大學心理學系教授）

　　這是一本充滿思考密度、實踐廣度、視覺意象和敘事深度的重要之書，剛開始閱讀時，或許會讓讀者感到卻步。但翻譯者宋文里教授以流利的譯筆（以及譯註），加上本書作者巧妙的圖片引用安排於論述概念之中，使得我們投身於閱讀，得以享受文本的喜悅。或者說，與其說這是一種閱讀障礙，不如說正是這樣的作品，可以讓讀者從被囿限的存有中逃逸，進入越界的關係存有，重新認出我們的自我，是如何被我們所設下的障礙，阻絕於關係存有之外。這本書雖然有些概念基礎背後夾雜著不同派別的理論，剛開始接觸或許不容易進入理解層次。但譯者的妙筆，加上作者於書中的圖片部署配置，到位的詮釋了關係存有的核心理念；透過閱讀過程的視覺啟動想像，想像翻攪思考，互連啟動出這是一本從視覺賞析閱讀到身體感綿密經驗到腦部無限深思的摺曲書寫，本書折疊、迴響出我們的關係存有的繁花世界。這本書讓我們更清楚體認到，書中論述不僅是讓我們習以為常的、以為不可見的關係存有，成為可見，而能超越自我與社群的界線；更是展示了我們的日常生活，由於鞏固的囿限疆界，是如何地造成這樣可見的不可見是何等的不可見。

　　本書《關係的存有：超越自我‧超越社群》的作者，是當代重要學者肯尼斯‧格根，書中立論就在於剝落這樣不可見的何等不

可見，使其可見，解開我們的存有之謎，不在於玄奧，而在於關係
意識的體察責任。格根早在七〇年代，就倡議「心理學作爲一種歷
史」的觀點，認爲社會模式是恆常流動，風格、意識形態、公共意
見及風俗是隨歷史變遷更迭。不過，心理學家對外在短暫變化往往
不感興趣，而潛身投注於所謂的基本心理歷程。然而，語言與社會
是互爲聯結共構，因此對社會生活的分析，需從原因的探討，轉向
語言自身的描述與解釋，即從世界到文本的能指探索。格根擅長以
社會建構論爲架構，對傳統社會心理學蘊生的不滿土壤進行批判。
他指出心理實驗室缺乏個人歷史，價值中立的帷幕，是透過一套規
則允許某類行動進入文本，而排擠或壓抑他者／異己。

　　迎向這樣與社會歷史與文化生活密切攸關的心理學，需要研究
社群的熱情投注參與，將智識研究與變化導向的實踐加以連結，歡
迎學科內部與外部的激烈對話，以激發對未來的想像，同時對自身
的設定保持謙遜，對他者的設定能夠尊重。迎向被壓抑的、沈默化
的、邊緣化的他者，將心理學研究單位從自我／個體轉向他者／對
體，甚至是社群的、關係的存有，而不以實證論爲唯一依歸的心理
學知識範型，這是甚爲重要的反思改革議程。如今，格根的這本重
要著作中文版的發行所呈現的細緻論述，更提供當代學術實踐發展
辯證觀點的最佳辯護立場。

　　本書是以關係的存有進行辯證開展，書中脈絡交織著作者個人
生活故事的夾敘，也包括思想理論的對話，也有當代公共議題的探
討。這是一本從個人心理治療、人際關係、教育學習、社群生態、
政治文化到世界體系的存有網絡的書寫，更是將心理論述還原到關
係場域的反思之作。格根清楚地表達，首先，心理論述源自於人的
關係。其次，心理論述的功能在本質上是社會性的。第三，其表現

方式為文化所規定的演出，是關係內的行動。最後，此種論述行動的演出，是鑲嵌於共同行動的傳統中。因此，要有心理生活就是要參與關係的生活。

當然，格根的立場鮮明，向來是社會建構論的先鋒。然而，假若，我們只是將後現代思維下的社會建構論，視為唯一知識論，那恐怕流於複製「社會的／自然的」、「科技／自然」、「社會／個人」等二元對立格局，因為一廂情願地吹捧社會建構論所宣揚的言說分析、語言作為一種社會行動、語言的展演角色與反實在論的趨勢，易形成一種「社會學式的全面勝利論」新霸權之嫌。本書的立場，不會陷入二元對立的陷阱，明確的企圖是展現「強關係性」的理論，亦即在其中所謂獨立條件是根本不存在的。過往多數研究者往往未能在本體論上（ontological）的與知識論上的兩個層次區辨社會建構論的意涵，往往導致建構論自身面臨著理論上的寄生（theoretically parasitic）與政治上的麻痺（politically paralyzing）之困境。本書的脈絡，可以說是以關係的存有為本體論，在認識論上則採取社會建構論，因而有著再脈絡化、進入我們多態性生活世界的面貌。這是一本重構社會科學與政治生活領域的經典，更是涵蓋我們面臨多樣性社會需要深刻反思的各式實踐主題。

關係是人際網絡的基本動態影響，包含連（黏）結和維（圍）繫的交織層面，亦即有機連帶的黏稠構成，以及網絡圈圍深度維持的交互運作之動態關係。進言之，本書提出的關係的存有相關論述，是從西方個人主義的立場反思，提出關係的價值超越個人與社群的論述。格根認為，若關係論的觀點是有意義的話，須融入我們的生活之中。本書關切的焦點在於實踐是否能引發有生產力的意義共創行動，尤其是那些可以突破冷漠障礙的實踐。格根以詩意的比

喻這般的實踐，如在礁岩滿佈的航道上航行的關係實踐，可以建立
社群，可用相互參照來取代衝突的實踐。同時，實踐的領域，可延
伸到學術研究、教育、治療，和組織中的關係如何建立。例如，本
書提到的透過公共交談、敘事仲裁、公義復健，都是目前發展許多
有創意的對話實踐的實例。如此，這是一本關於我們如何生活、行
動、組織以及存有的書籍，從臨床診療到社會改造，從全球趨勢到
文化多樣；從生活風格形塑到政治議程設定，閱讀本書所編織的關
係存有樣貌，正是當代我們置身關係網絡的倫理行動的道德羅盤。
這不是一種規範倫理的刻板化，而是恢復我們人類存在，其實是涵
蘊文化、社會、個人、社群和靈性的多重構面。

　　閱讀本書，仍須保持批判位置，反思西方的思想史軌跡，基
本上可以說是「從柏拉圖到北約組織」（from Plato to NATO）的
朝聖旅程。台灣心理學在啓蒙發展階段，卻一腳跨入「美國化」的
規格。閱讀本書不是「脫美入歐」的想像，而是從科學理性的單向
度宰制回到我們豐富的生活世界的邀請。尤其，從科學哲學來說，
如果認定科學演進有特定的價值取向，「科學目的」就會凌駕「人
文目的」之上。除非讓社會科學保持高度開放性，不以「終極目的
論」作爲對論點，否則我們的生活世界知識類型，就有可能讓渡成
爲帝國主義或工具主義的一類物種罷了。閱讀本身的位置，可以更
貼近地理解人類的歷史演化在當今朝向多樣性的態勢，這般的發展
路數，或許，可以和「解構主義」、「後結構主義」、「後現代主
義」、「後殖民主義」及「文化研究」等知識主義或思潮流派的演
進沒有必然關係；但如何促發學科演展的多元開放性，以使我們對
置身的歷史年代與人類處境，保持一種永恆地反思批判與同理態度
的新時代啓蒙精神，或許是眾聲議論後，我們閱讀本書時，得虛心

面對的未完成式歷史方案。

宋文里老師以豐富的學養，苦心地翻譯這本書，這是人文社會科學的知識饗宴禮物。尤其，本書從圍限的存有到關係的存有，更讓我們體認到存有開顯之路是重新瞭解「人是什麼？」的古老問題的新回應。透過本書的論證，是從重視實然的認識論角度，轉而為涉及一種原初應然性的存有論立場，只有從關係的存有的立場，才能呈現價值性真理。每一個存有者都有其獨特的存在模態，但又互為關係，無法以標準化量化方式測量。唯有我們對「人是什麼」有了根本瞭解，如此方得以回應真正的「人的科學」的難題。當然，這不是真理的宣稱，而是開啓新啓蒙精神，時時刻刻提醒著我們，它所提供的不只是純粹認識的最終有效性基礎，更涉及到實踐性、價值性本身的意義來源。但若我們對於根本上仍以具明確性的主體作為對事物當真的實證條件，那麼它所侷限於的真理觀，就同時限定了對於事物真正有效與明確的可能性，同時所涉及的價值意涵也有所限定，也就掉入圍限的處境的牢籠。

如今，我們已然進入傳播科技、全球化組織和環境威脅的風險世界。面對如此處境，格根最後把靈性包括到本書之中，畢竟靈性是在關係之中誕生。他將神視為歷程，而我們存在於其中，且不可與之分離。格根所認爲的神聖，不是遙遠有別的異域，而是內在於（immanent）所有的人間事物中。從道德到神聖，從相對主義到關係存有的責任的轉折，置身風險世界的因應，格根的處方是將霍布斯的反烏托邦「人人對抗人人」轉換成「人人和人人在一起」的視野。

一步一步閱讀本書，我們終究理解，精神分析家拉岡（J. Lacan）在十七期的研討班《精神分析的另一面》說：如果說有一

個東西，我們整體的態度就是要給它劃界，而它也確實可以通過分析經驗得到更新。那麼，要喚起眞理，唯一的方法就是指明：眞理只有通過半說，才可以趨近，眞理不可能被完整地說。因爲超出了這個半說，就沒有什麼可以說。

　　剩下的，就是讀者對作者投身寫作本書時的姿態意圖的回應，以及對於譯者用心翻譯本書的敬意，進而迎向格根以各種體裁的交織拼圖本書，以避免意義僵固與封閉，積極朝向開放的新領域。如此新領域打造的新空間，就由各位讀者置身其間細膩閱讀，如此，當可從中產生各種嶄新的聯想與意象。進而，開展關係存有的療癒（遇）航程。儘管，這可能是一趟多少仍帶有烏托邦色彩的航程，但這不妨礙它賦予我們指向他人的日常互爲關係實踐所具有的復原與善意；即便那是最細微與最普遍的姿勢，也因爲經由本書照亮了不可見的可見，我們也共同見證了這樣太初的倫理關係。

【推薦序三】
打開關係的視野

彭榮邦（慈濟大學人類發展與心理學系助理教授）

　　或許把這本大部頭著作捧在手上的你／妳，只是因為好奇而翻開了這本書，你／妳並不知道肯尼斯・格根是何方神聖，也不太清楚社會建構主義運動（social constructionist movement）在心理學界掀起了什麼波瀾，更不知道這本書曾經在 2009 年獲得了美國專業與學術傑出出版獎（The PROSE awards）的殊榮。你／妳只是單純出於好奇，想看看在這個講究輕薄短小的年代，怎麼還有人寫這麼厚重的書，而且還有出版社願意翻譯出版。如果真是如此，那我得先說聲「恭喜」，因為你／妳的好奇，遇上了這本可能徹底改變你／妳如何對「人」的現象進行思考、進而促成自己和他人改變的一本絕妙好書。

　　格根雖然名聲響亮、著述豐富，但在以量化實證研究為大宗的美國心理學界，他並不是所謂的「主流」心理學家。相反地，我們甚至可以說，在許多主流心理學家的眼中，格根是個屢屢挑戰心理學根本預設的「麻煩製造者」。格根早在 1973 年初露鋒芒的〈社會心理學之為歷史〉（Social Psychology as History）一文中就指出，人的現象不同於自然現象，沒有亙古的穩定性，而是隨著歷史而變遷，因此試圖在人的現象中找尋穩定不變的普遍法則，是一種緣木求魚的做法。他更進一步指出，心理學的各種理論概念也依存著當時的文化條件，即使理論性知識本身也沒有永恆存在的條件。

　　對實驗社會心理學家來說，仿效自然科學的研究方法是無須爭辯之事，格根的論文幾乎是在刨他們的知識地基，後來當然引發了大辯論。但是格根並沒有因此退卻，反而著述不斷，而且每一次的論文或書籍出版，都指向當代心理學知識中的可疑之處，逼著心理學界面對自身知識基礎的不穩固。在這其中，格根著力最深的，是把個體人（the individual person）視為心理學知識毋庸置疑的起點所做的批判。

　　對一個知識場域來說，起點性的概念具有無比的重要性，因為它們決定了思考的可能性和方向。格根認為，心理學中的許多核心概念，包括自我、動機、情緒、欲望等等，都是根基於「個體人」的設想。然而，把我們自己只認定為存在於眼球之後的「個體人」，卻是啟蒙時代之後的觀念，是自我認同的可能性之一而已。格根當然清楚現代社會相當程度上是以「個體人」為基礎來運作，甚至在語言上也早已被這樣的認識所綑綁，但是對他來說，以「個體人」做為心理學的知識起點，是無論如何必須被超越的，因為我們正在承受著它的知識後果，甚至現實的苦果。

　　問題是，這麼根深蒂固的觀念有可能被挑戰嗎？如果有的話，該從何處反轉？格根認為，如果把人視為「個體人」這般囿限的存有是一種思想建構的話，那麼反轉也必須出現在思想的層面。我們必須在知識上提出另外一種可能性，並以此為基底，對整個心理學的基本概念群進行淘洗，藉以重構出一種不以「個體人」為知識起點的心理學。

　　「不以『個體人』為知識起點的心理學，會是什麼樣的心理學呢？」身為讀者的你／妳可能會問。格根用近乎唐吉訶德式的毅力，以一整本書的篇幅，也就是各位手上的這本《關係的存有：超

越自我・超越社群》，詳盡地回答了這個問題。這其中最根本的反轉，就是對「關係」（relationship）優先性的重新認識。他指出，人本質上是一種「關係的存在」（relational being），獨立的個人以及我們的自我認識都是從關係中產生的，而非其反。這樣的說法聽起來似乎有違常識，但就像我先前提到的，我們的常識（亦即日常語言）早已被「個體人」的知識傳統綑綁，所以才會覺得「有違常識」。既是如此，那我就舉「親子關係」這個例子，和你／妳一起檢視格根的說法吧。

從常識的角度出發，「父母生下小孩」絕對是件毋庸置疑的事情，因爲沒有小孩是從石頭裡迸出來的，有了父親母親，才會有小孩。可是從關係的視野出發，事情就完全不一樣了，我會說，是「小孩生下父母」，而不是「父母生下小孩」。這麼有悖常理的說法，讓我們來仔細推敲。當然，做為父親或母親的人，絕對比他們的孩子早出生，也不可能被他們的孩子生下來。可是，當我說「小孩生下父母」時，我指的並不是個體人，而是關係裡的「小孩」、「母親」和「父親」：是「小孩」的出現，決定了在這個關係裡的「父親」和「母親」的樣子。說得極端一點，只要這對伴侶夢想或期待著這個「小孩」的來臨，甚至無須呱呱落地，這個「小孩」就生出了他／她未來的「父親」和「母親」。

如果我舉的這個小例子，能讓你／妳眼睛一亮，覺得思考突然活化起來，那麼我真心推薦你／妳花點時間仔細閱讀手上的這本書，我相信你／妳會走進一個完全不同於以往的視野，帶著一雙發亮的眼睛重新看待這個世界。這本書或許份量不薄，但由於格根捨棄了艱澀的學術書寫，而採取他所謂「多態語氣」（multiple voices）的寫作方式，即使有些段落學術味比較重，但多數時候你

／妳會覺得他以活潑的方式在和你／妳對話，在彼此的詰問中思考前行。最後不得不提的是這本書的譯者，宋文里老師。認識宋老師的人都知道，他對翻譯的重視幾近吹毛求疵，常常在一個字或一段話上反覆推敲，為的就是把某些重要的思想在漢語世界裡接生出來，真正成為我們語言的資產，而不僅僅是生硬的轉譯。讀者們可以在宋老師的大量譯註中，看見他為這本書的翻譯所花的心思。感謝心靈工坊願意出版這本重要的書，而且請到宋文里老師這麼難得的譯者來賦予它生命。

【譯者序】
社會建構論、關係論與格根筆下的心理學存有論

宋文里

　　肯尼斯・格根教授在 1985 年因為一篇題為〈現代心理學中的社會建構主義運動〉（Social Constructionist Movement in Modern Psychology）的文章發表在美國心理學協會（簡稱 APA）的旗艦刊物 *American Psychologist* 之後，有長達二十多年之久一直被認為美國心理學中「社會建構論的代表人物」──但這說法有點語病，只要我們轉往另一個理論關鍵詞「關係論」（relationalism），也可發現，同樣一位格根教授，也可被視為「關係論的代表人物」。那麼，格根到底代表了什麼？

　　格根拿的博士學位是社會心理學。但他在拿到學位後不久發表的一篇文章〈社會心理學之為歷史〉（Social Psychology as History, 1973）幾乎立刻引起心理學界的騷動，也好像把心理學（特別是實驗心理學）的招牌給扯掉了──他和當時一些少數的「基進派」（radicalists）一起改寫了心理學的定義。心理學不是在個體人身上取出種種變項（variables），並利用各變項間的數理關係來呈現「心理現象」的學問，而是──除此之外──其他的學科本都可以說得通的學問，就只有心理學主流中一直堅持的那套「個體・變項・現象」之論最是不通，最不足以稱為心理學的定義。

　　我在 1990 年代開始企圖尋找心理學主流「之外」的心理學，雖

然我對於心理學這門學問，是打從我在大學時代（1970）進了一個心理系之後，不到一學期就已經醞釀出滿肚子的不滿了。但在那時代，台灣的學術界可能還不太知道整個知識狀況的歷史中一直有典範轉移的問題，也就是知識可能因為「革命」而導致目標、方法，甚至表達形式的整個翻轉。從七○年到九○年，那就是二十年，我的知識生涯在不知「知識革命」為何物的情況下，只能苦心孤詣地在不滿中尋尋覓覓，至少在後面十年中，我好像在美國的圖書館裡零零星星看見了一些「之外的心理學」身影——後來，我的九○年代作品果然被本地的心理學界歸在「另類心理學」的類別中。

　　回頭來看格根的心理學，那就可以清楚看出，他比起我們（譬如說，台灣）要早出二、三十年（看怎麼算法）就開始朝著某種的「另類心理學」而發展，雖然開始時他自己還不太清楚那「另類」到底該準確地稱為什麼——整個美國的學術界也還不知道。這情況直到 1980 年代才開始發生轉變。「後現代」（postmodern）這個稱謂開始從歐洲輸入，取代了許許多多「另類」的名號，並蔚為風潮。心理學是在諸多學門中受該風潮影響較晚的一門。有很多緣故，在此不容細說，但看格根那篇〈社會建構主義運動〉的發表年代來看，就可約略窺知「心理學的後現代」至少比起社會科學中的傳播學、社會學、人類學等等要遲得多。

　　「社會建構論」、「關係論」云云，其實都和「後結構主義」一樣，是屬於「後現代主義」潮流之中的一些支流。格根在這本捨棄「社會建構論」而徹底闡揚「關係論」的著作中，至少向讀者顯示了，他的知識型態是在全面受到後現代主義影響之下的發展。他在本書的〈序曲章〉中提了一下，但之後就再也沒使用「後現代」這個字眼。那麼，「關係論」和「社會建構論」究竟有何關係？是

兩種相似的理論？或是不同的論述方式？從本書書名「關係的存有」之中，也許可約略看出一些端倪——關係論比較著重的層次是存有論（即本體論），而社會建構論則偏重於知識論（或知識社會學）。這是同一種用來產生基進論述（radical discourse）的知識型態，是一體兩面的關係。我希望對此來作點說明，或可稍解讀者們的疑惑。

格根以「社會建構論」為名寫下兩本書，但另外和世界各地的其他學者合作編輯了將近十本論文集；以「關係」為名則寫了三本書和十幾篇文章。這兩者的交集顯現在一本書上，就是《現實與關係》（Realities and Relationships: Soundings in Social Construction）。事實上，社會建構論最早的出現應是彼得・柏格與湯瑪士・路克曼（Peter Berger & Thomas Luckmann）合寫的《現實的社會建構》（The Social Construction of Reality, 1966）。[1]格根自己也在本書中承認這個知識源頭。「現實的社會建構」不就是「社會現實的建構」嗎？而什麼是社會現實？無非就是人的社會關係！

在這本《關係的存有》中，「社會建構」一詞確實是銷聲匿跡了，但換個方式來說，以關係（relation, relationship）作為存有的本體——也就是讓認識論朝著存有論移動——其意思正是要以關係存有來取代個人和社群本體，因此，整套心理學個人主義（也包含社群主義）在此需要以重重的辯解來加以解構和重構：心理學的「心」再也不是藏在人心、內心，而是存在於關係中，不再是隱而不見的東西，不再需要另外製造各種變項（諷刺的是：心理學也常把各個變項稱為「建構」——「構念」或「構想」），並且用統計歸納與統計推論來加以估算。關係論的建構即是在關係發生的過程中，以關係主體的一方來體驗與他方的交往，進而形成互為主

體，讓個體中心和社群中心的觀念可以完全轉換過來。關係的本質是直接體驗而不是間接估算。但不論直接或間接，都可以叫做「建構」，這是心理學本身的題材所造成的模稜兩可現象，因此，心理現象確實很容易在各說各話中，陷入知識的矇混狀態，但是，心理學的學習者卻不能再如此混下去：每一位對知識本質夠在意的人，必須做出選擇。

　　在本書的編輯過程中，有幾位先讀到書稿的先進們曾提議把「關係的存有」（Relational Being）這書名改為「關係性的存有」。我認為在經過上文的解釋之後，大家該考慮的是在中文（現代漢語）的用法上，是否能體會「關係的存有」實意謂「關係的本體」（在希臘文中，本體論〔ontology〕就是存有論，本體〔to on〕這個字根確實可以換譯為存有〔being〕），換言之，就是「以關係為本體」的意思，因此「關係性的」一詞就顯然是畫蛇添足了。至於本書的副標題，作者用 "Beyond Self and Community"，而在書中，他所念茲在茲的大哉問就是要把我們過去對於「自我–自己–個人」以及「社群–我群」的觀念全部予以揚棄。「個己主義／我群主義」在他看來，已經危害人類長達四世紀以上——從啟蒙時代開始，風起雲湧的推翻王權（帝制）浪潮，雖然好像帶來民主體制的大勝利，但在知識發展上，啟蒙時代的思想被過份偏狹的「主義」所壟斷，直接把全球一起逼入「現代性」（modernity）的死胡同。這看似進步實則退化的人類情境（human condition）應該就是作者苦心孤詣要面對的大問題。

　　格根在本書中再三再四地使用論證、呼籲，加上旁敲側擊的

1　中文譯本：鄒理民譯（1991），《知識社會學：社會實體的建構》，台北：巨流。

引述、描述等各種手法，就是要讀者和他一起來脫胎換骨，把自以為是的自我拋開，把更振振有詞的我群看穿其私心自用的目的，於是，超越現代性的桎梏方為可能。超越之後會取而代之的就是以關係為本體的「關係存有」該誕生的時刻——雖然，這「誕生」也可視為「重生」，因為在人類歷史進程中，以關係作為存有本體，本非什麼新鮮的觀念，更不是史所未見的生活實踐方式。要明心見性直指問題核心的話，幾乎可以說：和科學一起並駕齊驅的文學／藝術／宗教，本來就蘊含著關係存有的本質——說得更徹底一點，就在現代性的科學主義（scientism）／科技掛帥之外，科學實踐的本身也不是個人主義可以扛得起的文化大業。沒有關係，就沒有文明（也就沒有科學）。啟蒙以來所崇拜的偉人／英雄永遠是在有一套相互參照的關係匯流（coordinate／relational／confluence）中才得以出現的——亦即「時勢造英雄」，但其逆不真。「其逆不真」不只是邏輯的問題，但確實是個論述建構現象。

＊ ＊ ＊ ＊ ＊

　　在作完一點「題解」式的說明之後，譯者認為不需再多作評論，但有關本書的一些譯例說明就是譯者責無旁貸的工作：

1. 本書是 Kenneth Gergen (2009), *Relational Being: Beyond Self and Community* (New York: Oxford University Press) 一書的全譯本。全文翻譯工作都只由譯者一人動筆，沒有任何其他人的襄助，因此該負起文責的也就只是譯者本人。編輯排版時的校對自是出版社的工作，感謝此書編輯徐嘉俊先生仔細的校對。

2. 各章中分節的層次關係在原書中係以標題的字體大小來作區別，但譯者曾使用本書作為研究所一門課的教材。教學過程中發現：把分節第一層標題加上號碼，會更有利於閱讀和討論，因此分節號碼就決定在譯本各章中都加上了。文中所有其他的分節分段格式一律依照原書的編排。

3. 為了便於讀者對照原文參看，在本書中加上的「邊碼」就是原書的頁碼。

4. 書中的註腳有兩種：原註和譯註，後者在每一條註腳之前都加上「譯註」字樣，但在註腳編號上則不作區分，因此若對照原文閱讀，會發現本翻譯版和原書的註腳號碼不同。

5. 文中有些由作者所強調的概念字眼原是用斜體表示，但鑑於斜體在中文印刷上的不美觀，故在本譯文中都改用粗體表示。其他會用到斜體的地方都是書名，其中文譯名不用斜體而是放入書名號中，英文書名則維持用斜體。

6. 原文中發現有錯別字（typo）至少有二十多處，包括拼字和標點錯誤，也有少數前後不一致的名稱用字問題，譯者就逕自作了修改。希望這項訊息也可讓作者知道，好讓他再版時可以修正過來。

7. 書中有不少附圖，其中有些附圖本來還需獲得刊載的版權許可，但由於許多圖片是作者擁有的私藏，其他一些來源也不是特別在乎版權的非商業性作品，經作者保證可以逕行使用，於是編輯部就向 Oxford University Press 購買了全書附圖的高畫質圖檔，不再另作版權許可的聲明。

8. 本譯文雖說是「一人動筆，沒有任何其他人的襄助」，但事實上，在 2015 年春季班（即 103 學年下學期），輔仁大

學心理學研究所有十名左右的研究生，加上積極參與的旁聽生，都很賣力地讀完此書，作完全書的報告與討論，使得本書在動筆翻譯前就先有半年的細密研讀機會，譯者在此要向那些學生（恕不一一列名）致上感謝之意。

【序曲】
邁向新的啟蒙

此刻，我該如何向你描述我自己呢？如果我告訴你：我正坐在　　xiii
桌前，陷入沉思，你應不會覺得太訝異。我在拿捏一個觀念，考量
到它的短處，又搬弄另一觀念，拓展其種種可能性，而後我才漸漸
寫了起來。對於這些來回游動的心思，我一直嘗試權衡出最合適的
狀態，來讓它轉換爲文字，希望這些書頁能讓你這位讀者理解我的
思想。這樣說，聽起來不是挺合理嗎？

再想一遍：這麼普通的一段文字，怎能把我定義爲一位作家？
而在定義著我之時，是什麼東西告訴了我們，關於作爲一個人，該
要有的想法是什麼？在某一重要的方面上，我們可看見此處出現一
張關於我的圖像：這是一個有個別性的思想者，寓居於一個意識的
內在世界，並且全部都是屬於我的。由此含意來推想，我們不也可
說：我們每個人都像這樣單獨地活在自己的內在世界中？我們沒有
直接的方式可以互相接取各自的思想，並且，經常也很難把思想翻
譯成文字。在這樣的世界中，你不可能用管線接到我的心靈深處；
你絕不可能完整地理解我。同樣地，你的私心世界對我而言，也永
遠是個謎。結果，像這樣的一般說法，就把我們用各自異化的存有
（alienated beings）給定義完了。

你也許會回答說：「那又怎樣？這本來就是簡單的事實，我們
都是分離的個體，各自活在私有的意識裡。生命不就是這樣嗎？」
是這樣嗎？如果我們接受這樣的觀點，認爲我們自己都是**囿限的存**

有（bounded beings），[1] 根本的「我」就寓居在眼球後方，那麼，我們就必得一直不斷面對人人皆分離的許多問題：我必須時時刻刻處於警戒中，以免他人看見我在思想上的種種缺點；我陷溺在情緒的污水槽裡；以及我的行動背後有令人尷尬的動機。在這樣的世界中，我也必須不斷擔憂我和別人的比較，以及我是否被別人比下去了。這樣的觀點在我們的學校和各種組織中廣泛流傳，而在其中，對於個體的評鑑如鬼影般黏著我們的腳步，幾乎從踏進學校的那一刻開始，直到最後的退休方才停止。我們就這樣，以自己的尖牙利爪和別人競爭拼鬥，力求勝出。自尊心一直吊在志忐的平衡上——失敗和灰心總是等在門口。在這樣的情況下，別人能算是什麼價值呢？他們難道不就是我們取樂和獲利的基本工具嗎？如果他們對我們的幸福都無所貢獻，那麼，我們是否該避開他們，或把他們都給甩了？假若他們肯定會妨礙我們的幸福，那麼，我們是否就有正當理由來對他們施罰、監禁或甚至把他們除掉？這種你我對立的態度已經無孔不入地滲透到我們的觀點中，用來面對自然以及其他文化。最要緊的事情終究是：誰能得利，或誰的利益受威脅？

你可能會再次抗辯道：「是的，我可以看出其中有問題，有時我們也確會採取手段來作作修正。但同時，競爭總是好的，而獲得勝利不就是生命中最大的快樂之一嗎？另外，我們此刻所談的，正是人類的本性。所以，別再抱怨了，繫好鞋帶上路去吧！」不過，這就是人類的本性？根據歷史學家的描述，個人乃是單一而各自分離的觀點，個人之能思與能感正是生命的核心，個人會願意各自擔當行動，也就一定會受讚賞。但以上種種觀點，其實都只是到了近代才開啓的。這樣的人類本性觀，只開始於四個世紀之前，也就是我們現在所謂的「啓蒙時代」（the Enlightenment）。就在這樣的

時代之中，我們現代視爲「人」的中心成分（叫做心靈或精神也罷），大部分都被個人的理性所取代了。正因爲我們每個人都擁有智力之故，有個條件就這麼確立下來──我們可以向任何權威的權力挑戰，不論是宗教或其他，並且也可憑此而宣稱眞實、理性是什麼，以及對一切而言的善是什麼。正是這種啓蒙觀點的開啓，使我們能用來爲民主體制、公共教育和司法程序等等進行辯護。在這種體制中生活日久，我們才接受了所謂「人的自然條件」之說。

大部分的人類學家都會爲此一結論背書。但此行中德高望重的克里佛‧葛茲（Clifford Geertz）對此卻是這樣寫的：

> 西方世界對於個人（the person）的概念就是：圍限的、獨特的、或多或少整合的，是個動機和認知的小宇宙；這也是知覺、情緒、判斷的動力核心，而其行動會組織成截然有別於其他的一個整體，並且會和社會及自然的背景對立。這樣的概念對我們而言不論如何根深柢固，將它放在全世界的文化脈絡之中來看，仍是個相當特異的想法。[2]

實際上，讓這個「圍限的存有」成爲很普遍的觀點，且實現

1　譯註：圍限的存有（bounded beings）是本書的關鍵詞之一。把 "bounded" 譯爲「圍限」似乎有點語法上的不妥適，譬如通常應譯爲「被圍限的」，但基於用字精簡的考慮，以及漢字「圍」的特殊造字法──即將「有（存有）」放在框限中──這麼一來，只用「圍限」就已經同時具有被動態和完成態，是故可以省略「被……的」這些冗贅的前後字。

2　Geertz, C. (1979). From the native's point of view: On the nature of anthropological understanding. In P. Rabinow and W. M. Sullivan (Eds.) *Interpretive social science*. Berkeley, CA: University of California Press. (p. 59).

爲個人主義的生活方式，其實都是我們的集體創造。這樣的建構
（construction）如果眞會爲我們帶來限制、壓迫和毀滅的話，那
麼，我們也應可另創造出其他種種的建構。[3]

對於本書眞正的挑戰，就在於超越此一啓蒙的傳統而另尋出
路。我的意圖是要透過關係（relationship）的視野而生產出關於人
類行動的說法，來取代「圍限的自我」之中的預設。我說的關係
並不是存在於「已經分離的自我」之間，而毋寧是一種相互參照
（coordination）的歷程，存在於現下所謂的自我概念之前。我希望
能作的論證乃是：幾乎所有可知的行動都是出生於、維持於、區分
於不斷進行的關係歷程中。以此立場而言，就根本沒什麼孤離的自
我，或個體全然私下的體驗。反倒是：我們恰恰存在於一個共同構
成（co-constitution）的世界中。我們本來就是在關係中長出；我們
不能離開關係半步；即令在最私密的時刻，我們也絕不孤單。更有
甚者，我將在下文中提出建議：這個星球未來的幸福所當依賴者，
顯然不是要滋養或保護個體、群體到什麼程度，反而是要依賴於我
們能生產出多少關係的歷程（processes of relating）。

雖然這個挑戰的核心在於將關係的實情擘劃出一片清晰的景
觀，但我並不打算將此書變成一套理論的操演。我的興趣不在於寫
出一本僅僅適用於學院的作品。而倒是想把這樣的關係觀點連結到
我們的日常生活。「關係的存有」（relational being）此一概念，要
獲得其終極意義，應該是在我們的攜手同行之中。要能把概念攪拌
入行動的形式裡，我的希望也是要邀請我們大家在體制中作出轉
型——在我們的教室、機構、實驗室、諮詢室、工作坊以及行政
大樓裡。因爲我們的生活中岌岌可危的未來，是我們必須共同面對
的，不論就在地而言，或就全球而言。

　　讀者必須先接受一個警告。這個以關係爲中心的另類思維，相對於傳統的自我觀點來說，是會令人不安的。對於自我作批判的挑戰，會向多方面產生震盪。譬如，我們通常都假定：人和人之間會互相產生影響。我們會說：父母模塑孩子們的性格；學校影響學生的心靈；大傳媒體對大眾的態度與價值有一定的衝擊。然而，這些因果關係的普通預設，正是和囿限的存有這樣的傳統並肩齊步的。也就是說，那些預設所仰賴的正是基本上互相分離的個體，其間的相互關係有如撞球般的互撞。在本書中，我提議要把那樣的因果思維放棄，才能理解關係的究竟。把因果預設置入括弧中，我的意思也不是因此而要擁抱決定論的反面，亦即自由意志。一個會作自由選擇的行事者（agent），[4] 此一觀點其實也掛在囿限存有的傳統中。然而用關係的存有作爲視野，則會引領我們撇開自由論／決定論的二元對立，並用關係的匯流（confluence）來把這世界作個重新考量。

　　這樣說，並不意謂我想要打破關於自我、因果關係以及行事權能（agency）的傳統觀點。我也不想說這些傳統觀點都帶有些虛假，或說我們自己的傳統在基本上就是錯誤。這一大套的基本設定

xvi

3　關於西方自從啓蒙時代以來，對於自我的理解及其歷史上的轉變，有好幾篇綜覽的佳文，收錄在 Taylor, C. (1992). *Sources of the self, the making of modern identity*. Cambridge, MA: Harvard University Press；另一本值得參閱的書是 Seigel, J. (2005). *The idea of the self*. Cambridge: Cambridge University Press.

4　譯註：Agent, agency 在本書中的譯法是「行事者」「行事（權能）」。譯者知道在其他社會科學中較常見的譯法是「行動者」或「能動者」（能動性），但在本書中所談的「行動」一概是指有關係事件發生，並且強調這事件必有執行者，故可簡稱爲「行事者」。相對於此，「能動性」的譯法也顯得模糊，而必須換成「行事權」或「行事能量」，合稱「行事權能」。此議題在第三章有較多討論。

既非眞也非假；它們只不過是人類所作的某些建構，用來把我們的生活組織起來罷了。譬如說，我們不能問「正義」（justice）的觀念是否爲眞；不過，我們卻可能因爲我們相信法律是正義或不義（unjust）而導致或生或死的結果。[5]正是這樣的事實，亦即我們活在這些理解之中：獨立的自我、自由、決定論，才恰恰是我們必須認眞反思的道理。何況，如果人和人之間的關聯可變得像傳統那種人人分離的狀況一樣地眞實，那麼，我們的生活潛能也必可大爲豐富。我們的傳統當然有其價值；也值得加以維護。然而，像這樣的傳統應只能當作一些選項，而不當用來定義或限制我們的世界。爲了發展出新的另類選擇，才是本書的立意所在。

既然如此，讀者也許會願意和我一起來反思：是否有其他的思想假定或實踐方式可以用來對照圍限存有的傳統，而且還能並行不悖？在下文中，我也會提出種種質疑，譬如：所謂心理疾病的眞實性何在？關於大腦可以決定人類行爲的說法有何意義？關於眞理之預設是否爲天經地義？以及用教育把人教成獨立心智之重要性安在？還有更多關於社群、民主體制、個人責任等等之終極價值的問題都值得提出。我再說一遍：我的企圖並非爲這些傳統判定其眞假，而只在乎其用之於我們的生活中，到底含意何在？試想想：把人判定爲「心理上有病」，我們就已經把其他更有希望的詮釋給模糊掉了；把「大腦決定人的行動」視爲理所當然，我們就會看不到大腦如何在追求更有意義的生活之時，應充當的只是我們的僕役；當我們緊緊擁抱著「眞理」之時，我們已經把許多不同於此的世界觀和聲音都給排除殆盡；當我們一直強調教育的目標是在於培育個體心智時，我們也會使得知識與關係的互賴性變得曖昧不明。更且，當我們一直獎賞著某種社群之時，我們也在製造社群之間的分

裂；當我們把個體的意見視爲民主體制的根基時，我們就在壓制對話的重要性，忽略了批判才是能讓意見變得更成熟的功能；還有，我們一直堅持的個人責任，其實也模糊了我們對於「非責任區」可能有的貢獻。我們的做人，實在可以做得更好。

1 │ 陪伴本書發展的經典文獻

很顯然的，在這趟進入關係存有的旅途中，我並不只是在伶伶仃仃地苦心孤詣。企圖用關係爲中心的想法來取代圍限存有的傳統，本書絕非首度出現的嘗試。說眞的，早已有不勝枚舉的文獻陪伴著我寫成此書。與我隨身相伴的乃是喧嘩不已的眾聲：支持我、挑戰我、給我靈感的都有。在此將這些文獻明列出來，應是我責無旁貸的工作。如此一來，本書的歷史定位就會顯得更爲清楚。同樣重要的是：列出這個梗概，也可說明本書和過去傳統主要的不同之處何在。許多社會科學以及哲學上的伴讀之物有其特殊的重要性。

社會科學方面的遺產

在我的「伴讀者」之中，最突出的乃是一族革新派的社會理論家，他們的著作已經橫跨過一個世紀以上。我在讀研究所時，

5　譯註：這句話是說，視法律爲正義，相信它的判決，或視法律爲不義，而不接受其判決，都可能左右我們的生死。

常神交的幾位古典作者特別重要，那就是威廉·詹姆斯（William James）、[6]查爾斯·庫理（Charles Horton Cooley）、[7]和喬治·賀柏特·米德（George Herbert Mead）。[8]這些理論家中的每一位都描繪出一幅關於人的圖景，把人的自我理解都置於他人（他者）[9]觀點的相互依賴中。「社會自我」、「鏡映自我」，以及象徵互動等等概念，對於將心靈視爲「自足實體」（self-contained entity）的主流觀點，形成了最重要的挑戰。對於上述那些古典理論家而言，人的自我感與其說是個人所佔有的資財，不如看成人在其社會存在處境中的反映。在我的研究所求學階段後期，我有幸能和社會心理學家約翰·提亳（John Thibaut）一起工作。對於提亳先生而言，心的世界乃是個崎嶇起伏的所在，而人的主要目標則在於個人對此之所得的最大化。然而，如提亳與凱理（Kelley）的提議，[10]個人的所謂最大化不可能從人所從事的關係活動中分割開來。一個人的因緣果報都是和商量協議糾纏不已的。心理的世界和社會的世界也是這樣糾纏著的。

在取得博士學位後，我很幸運能在哈佛大學的社會關係學系（Department of Social Relations）擔任教職。在此處我發現了俄國的發展心理學家列夫·維高茨基（Lev Vygotsky）。他那些革命性的作品挑戰了當時我所在的主流，也就是孤立心靈的想法。[11]根據他的提議，至少在高級心智方面，所有的心理事件首先都是在社會世界中發生的。依此而言，個體的心理功能就是文化的延伸。這些觀念也影響到許多其他的理論家，使維高茨基自此成爲一個重要的思想營養來源。約翰·蕭特（John Shotter）多年來一直是我的對話夥伴，而本書幾乎無處不見這段令人珍惜的關係痕跡。[12]與此相似的是：傑若·布魯納（Jerome Bruner）、[13]若姆·

哈瑞（Rom Harré）、[14]李察・許威德（Richard Shweder）、[15]漾・瓦爾斯那（Jaan Valsiner）[16]以及麥可・寇爾（Michael Cole）[17]在他們許多動人的文化心理學著作之外，也為我提供了生機勃發的交談。

　　社會關係學系也給我有極好的機會，能和社會學家查德・高登（Chad Gordon）一起工作。透過高登先生的指引，才誘發

6　　James, W. (1890). *Principles of psychology*. New York: Henry Holt.

7　　Cooley, C. H. (1902). *Human nature and the social order*. New York: Charles Scribner.

8　　Mead, G. H. (1934). *Mind, self and society*. Chicago: University of Chicago Press. 更多關於社會心智方面的思想之作，可參看 Valsiner, J. and van der Veer, R. (2000). *The social mind: Construction of the idea*. Cambridge: Cambridge University Press; Burkitt, I. (2008). *Social selves* (2nd ed.). London: Sage.

9　　譯註：others 或 the other 在本文中都將依其文脈（語境）而譯為「他人」或「他者」。

10　　Thibaut, J. and Kelley, H. (1959). *The social psychology of groups*. New York: Wiley.

11　　Vygotsky, L. (1978). *Mind and society: Development of higher psychological processes*. Cambridge, MA: Harvard University Press.

12　　Shotter, J. (1993). *Cultural politics of everyday life: Social constructionism, rhetoric and knowing of the third kind*. Toronto: University of Toronto Press; (2008) *Conversational realities revisited: Life, language, body and world*. Chagrin Falls, OH: Taos Institute Publications.

13　　可參見 Bruner, J. S. (1990). *Acts of meaning: Four lectures on mind and culture*. Cambridge, MA: Harvard University Press; Bruner, J. S. (1996). *The culture of education*. Cambridge, MA: Harvard University Press.（譯註：本書有中譯本，宋文里譯〔2001〕，《教育的文化》，台北：遠流。）布氏著作等身，以上只是舉例。

14　　Harré, M. (1993). *Social being* (2nd ed.). Oxford: Basil Blackwell.（譯註：Harré 也有不下十本與此有關的著作。）

15　　Shweder, R. (1991). *Thinking through culture: Expeditions in cultural psychology*. Cambridge, MA: Harvard University Press.

16　　Valsiner, J. and van der Veer, R.，註8。

17　　Cole, M. (1996). *Cultural psychology: A once and future discipline*. Cambridge, MA: Harvard University Press.

了我對於哈洛・嘎芬可（Harold Garfinkle）及其他俗民方法論（ethnomethodology）學者諸多著作的興趣。[18] 這些著作共同的動人特色在於把原屬心理世界的焦點從心理學扭轉到互動歷程之上。另一位人物是歐文・高夫曼（Erving Goffman），他在哈佛以及後來的賓夕法尼亞大學（University of Pennsylvania）現身說法，引發並豐富了高等教育在此研究上的高度興趣，一直延續到他在 1982 年過世爲止。他的著作也是把個體行動的焦點鋪成關係的平面。對高夫曼而言，人的行動泰半是屬於社會演出（social performance）性質，因此，自我就變成了當下處境之劇場氛圍的副產品。[19] 他的早期作品有很多最後被查德・高登輯錄起來，書名叫做《社會互動中的自我》（*The self in social interaction*）。[20]

接下來挖深關係存有理論的分水嶺者，就非女性主義莫屬了。在這方面，我受教於我太太之處極多，她就是女性主義學者瑪莉・格根（Mary Gergen）。[21] 另外，我們和卡蘿・吉利根（Carol Gilligan）[22] 的友誼也很重要，她對於柯爾柏格（Kohlberg）的道德抉擇認知觀所下的戰書曾經是我們之間多次熱切交談的主要話題。在此，你應可清楚察覺，從個體主義轉向人的關係存有論，其中的政治含意何在。津・貝克・米勒（Jean Baker Miller）、[23] 朱笛詩・喬丹（Judith Jordan）以及她們在衛斯理學院（Wellesley College）的史東研究中心（Stone Center）之諸位同仁合作的成果，[24] 還更進一步拓展了關係論的視野。從她們的觀點看來，對於關係的渴求是有自然本源的。爲了充實這種渴求，人就必須體驗到能夠促發成長的種種關係，在其中，相互的體會（empathy）[25] 及增能（empowerment）乃是要點所在。

我也取用了心理治療傳統中持續發生影響的許多著作。對我

xix

而言，有社會取向的精神醫療作品，譬如佛洛姆（Erich Fromm）[26] 與霍乃（Karen Horney）[27]，就總是比佛洛伊德（Freud）那種隱者型的想法（hermetic conception）更接近於我的生活狀態。這兩位都將文化與心靈視為基本上相互依存的。心理狀態乃是社會體制的反映，反過來說，社會體制也是我們的需求、欲望之副產品。這些觀點也回應了蘇利文（Harry Stack Sullivan）在心理醫療上的人際取向（interpersonal approach），以及羅哲斯（Carl Rogers）的人文

xx

18　Garfinkel, H. (1967). *Studies in ethnomethodology*. Englewood Cliffs, NJ: Prentice-Hall. 另見 Coulter, J. (1979). *The social construction of mind: Studies in ethnomethodology and linguistic philosophy*. Totowa, NJ: Rowman and Littlefield.

19　特別見於 Goffman, E. (1959). *The presentation of self in everyday life*. Garden City, NY: Doubleday; Goffman, E. (1961). *Asylums: Essays on the social situation of mental patients and other inmates*. Bolton, MA: Anchor.

20　出版於 New York: Wiley, 1968.（譯註：高夫曼還有更多其他重要作品在他身後出版。）

21　特別請參見她的幾本書：*Feminist thought and the structure of knowledge*. New York: New York University Press, 1988; *Feminist reconstructions in psychology: Narrative, gender & performance*. Thousand Oaks, CA: Sage, 2001.

22　Gilligan, C. (1993). *In a different voice: Psychological theory and women's development*. Cambridge, MA: Harvard University Press.

23　Miller, J. B. (1976). *Toward a new psychology of women*. Boston, MA: Beacon Press.

24　Jordan, J., Kaplan, A., Miler, J. B., Stiver, I., Surry, J. L. (1991). *Women's growth in connection*. New York: Guilford; Jordan, J. V. (1997). *Women's growth in diversity: More writings from the Stone Center*. New York: Guilford.

25　譯註：Empathy 一詞在心理學中被某種慣例譯為「同理心」；但在美學中則早已慣譯為「移情」；無奈「移情」卻又在心理學的某種慣例中被拿來當作 transference 這個精神分析術語的譯名。在面對如此混亂的譯名狀態下，譯者決定不採取「同理心」這個（對原文本不適當的）譯法，而改用漢語中最能與 empathy 詞意相當的「體會」來翻譯。以下全書皆將統一用這種譯法。

26　Fromm, E. (1941). *Escape from freedom*. New York: Rinehart.

27　Horney, K. (1950). *Neurosis and human growth*. New York: Norton.

主義理論與實踐。[28] 這兩位作者和史東研究中心的那些女性主義者很相似，都把個人幸福的一生發展視為對關係的完全仰賴。史東中心的研究群也相當倚重心理醫療中的客體關係理論（object relations theory）。[29] 她們放棄了對於佛洛伊德享樂原則的強調，之後轉而尋求個體對於重要他者（significant others）的依附關係。生命早期的依附（及拒斥）型態會留下影響一生的痕跡。此一著作後來被米契爾（Stephen Mitchell）及他的一批合作者延伸而成為整套非常可觀的關係論治療法（relational therapy）。在此理論中，案主與治療師的相會乃是兩個複雜而動態的關係史（relational histories）之交織。[30]

　　社會科學著作的豐富歷史已經對個人主義傳統提出了重大的挑戰。那，為什麼還有必要再加這一本論文？本書所要提供的究竟有什麼是那歷史中還沒到位的論點？對我而言，最令人不安的擔憂起於上述那些著作實在無法和個人主義傳統作出足夠的區辨。其中有三個重要的遺存（residue）在上述著作中以或此或彼的形式一再顯現。首先，有很多作者還繼續把焦點放在心理世界本身，而這樣的世界，其最終作用還是成為個體行動之根源。在此世界裡有多樣的象徵、經驗、認知、情緒、動機，與／或種種動態過程。在每一個例子中，注意力都集中於內在區域，此區域雖然都會受到社會環境的重大影響，但重要性的決定權仍握在其自身之手。行動具有心理中心的意思，依然穩穩矗立。是故本書的主旨就在於將此確定的內在（心理）真實予以移除。這當然不是要把行為主義的「一切外顯」觀點拿來代換。毋寧說是要嘗試抹除內在／外在的那種截然區分，之後能取而代之的觀點應是以關係而體現的行動（relationally embodied action）。

　　其次，這些著作中有許多仍強烈傾向於使用分離的單位來進行

其理論建構，譬如「自我與他人」、「人格與文化」、「個體與社會」等等。在這類的說明之下，所有的關係乃是個別實體接觸的結果，它們基本上仍源自分離的單位。對於此一問題，我試圖翻轉其順序，也就是把個別單位視爲關係過程的衍生物。與此緊密相關的是：上述的許多著作也強烈傾向於使用因果論來解釋人類的行動。因此他們都傾向於文化、社會、家庭或親密他人對於個人「會造成影響」、「有顯著效果」或「可決定其行動」等說法。我要再次提醒：這些分析的姿態都在維護獨立存有的既有預設，並將關係界定爲其衍生物。

xxi

　　既然如此，最後我就必須指出上述那些文獻傳統中有哪些段落，或主要的隱喻，或某些見識，在本書中仍一再現身。我無意揚棄這些豐富而顯要的傳統，毋寧是要伸展他們的論點及涵義，來使一種更根本的典範轉移得以發生。正如布倫特・史萊夫（Brent Slife）所說，很多目前存在的文獻所顯現的乃是一種「弱關係性」

28　Sullivan, H. S. (1953). *The interpersonal theory of psychiatry.* 再版於 New York: Norton, 1997; Rogers, C. (1961). *On becoming a person: A therapist's view of psychotherapy.* New York: Houghton Mifflin.（譯註：羅哲斯的此書有最新中譯版：宋文里譯〔2014〕，《成爲一個人：一個治療者對心理治療的觀點》，新北市：左岸文化。）

29　對於客體關係理論的概覽，可參見 Mitchell, S. (1988). *Relational conceptions in psychoanalysis: An integration.* Cambridge, MA: Harvard University Press. 另可參見 Curtis, R. D. (Ed.) (1991). *The relational self: Theoretical convergences in psychoanalysis and social psychology.* New York: Guilford.

30　舉幾個顯例：Mitchell, S. A. (1993). *Hope and dread in psychoanalysis.* New York: Basic Books; Pizer, S. A. (1998). *Building bridges: The negotiation of paradox in psychoanalysis.* New York: Analytic Press.（譯註：米契爾等人的發展，在一系列的出版物上都稱爲「關係論的精神分析」，譬如 Mitchell, S., and L. Aron (Eds.) (1999). *Relational psychoanalysis: The emergence of a tradition.* Hillsdale, NJ: The Analytic Press.）

的說法，或是一種社會互動理論；但在本書中企圖產出的乃是一種「強關係性」的理論，在其中，所謂獨立的條件是根本不存在的。[31] 準此以言，一定還有其他的社會科學學者或實務工作者的作品，會跟本書所倡議的論點更爲契合。他們的著作，以及我們之間經常的來往交談，正在扮演著整合連貫、推陳出新的角色，將來一定會大白於世。

哲學方面的傳承

從笛卡爾（Descartes）、洛克（Locke）、康德（Kant）到當代，關於心靈與大腦的的討論，哲學家們對於圍限存有的眞實作出很多強力的支持。從各方面看來，西方哲學的標記乃是將二元論作爲基本預設：心靈與世界、主體與客體、自我與他者等等。然而哲學本身對此的論辯，也可說是百花齊放的。因此，雖然對於人的功能運作，個體主義觀點仍站在支配位置上，但叛離此道之徒中仍有不少佼佼者。在倡議本書的關係存有論點之時，那些突出的作品也成爲我生動的伴讀者。我早期對於存在主義（existentialism）的著迷，使我找到了佼佼者中的至少一位，那就是梅洛-龐蒂（Merleau-Ponty）。雖然梅洛-龐蒂把個人意識擺在他作品的中心位置，他仍說，意識乃是深深地仰賴著他者的。[32] 他提議道：人對於他者的感知，在意識內就必包含著被他人所感知。譬如說，當你在交談中觀察他者時，你自己一定會意識到自己也被觀察。這兩種形式的意識實乃交織在一起。或再提一例，碰觸他人的意識也體現（embodies）了被他人碰觸的意識。我們在撫摸一個人時，也意識到被對方撫摸是什麼感覺。

　　與此密切相關的是海德格（Martin Heidegger）的作品。海德格的許多分析和梅洛-龐蒂一樣，都在處理意識的現象學世界（phenomenological world）。但就在同時，海德格也企圖顛覆傳統的主體／客體二分法，那種傳統總是說：凡是有個意識主體，就一定有個分離的客體世界「在那兒」。[33] 對海德格而言，意識總是對某物的意識。把所有的意識客體移開，「在那兒」就沒什麼意識可言；若把所有的意識移開，那麼，客體也就不存在了。因此主體和客體基本上是共同存在的（co-existent）。他在他的主要概念用語中插入許多連字符（hyphen），譬如在世存有（Being-in-the-world），就在於構成對傳統界線概念的視覺突破。[34] 約翰‧杜威（John Dewey）以及亞瑟‧班特里（Arthur Bentley）兩位的作品，雖然植根於美國實用主義（American pragmatism）的土壤上，其實也呼應了海德格那種打破二元對立的革新論點。依他們看來，在人與物（心靈與世界）之間，存有相互構成的關係。[35] 他們因此而論道：應該把傳統的「互動」（inter-action）（即獨立客體在經驗中

31　Slife, B. (2004). Taking practices seriously: Toward a relational ontology. *Journal of Theoretical and Philosophical Psychology. 24,* 179-195.

32　參見 Merleau-Ponty, M. (1968). *The visible and the invisible.* Evanston, IL: Northwestern University Press.

33　Heidegger, M. (1962). *Being and time.* New York: Harper & Row.

34　譯註：作者在此提到的「插入連字符」（原文作 dashes，應是 hyphens 之誤）書寫風格，事實上在海德格的德文原文中是不會出現的。德文本身可以不用連字符而連結多字形成一詞，但在英文翻譯上就必須使用連字符，這在往後的許多英文現象學作品中比比皆是，包括上文提及的嘎芬可作品，同時也可由此反證這類作品的海德格現象學淵源。

35　Dewey, J. and Bentley, A. F. (1949). *Knowing and the known.* Boston: Beacon.

的因果關係）改成「交換」（transaction）的概念。

　　雖然他們的嘗試很使我著迷，但我總覺得他們走得不夠遠。我要再說一遍：他們的開始中就預設了意識的私人空間，然後透過種種分析策略，來意圖逃出。我的希望與此相反，是打從一開始就應有個關係歷程的說法，然後能從中導引出個人意識來。毋寧唯是，爲了能欣賞這些哲學作品，你就必得爬進複雜萬端而且異味濃郁的文字之中。主要的概念之所以能得出那些意義，大半就在於他們使用了哲學內在的文本。於是，我所用心關切的問題就來了：這些哲學用語很少能存在於社會實踐中。

　　我還從不少的道德哲學中取得靈感── 那些作品就是能夠把自我與他者之間的界線給模糊掉。約翰‧麥克莫理（John MacMurray）的《關係中的個人》（*Persons in Relationship*）[36]一書很早就引起我的興趣。此書的主要關切所在即是：關係或社群的基要價值應凌駕於個人幸福之上。麥克莫理特別強調，個體對於社群的福祉應作出犧牲。與此一觀點可以呼應，而且更廣爲人知的，乃是列維納斯（Emmanuel Levinas）的現象學作品。[37]對列維納斯而言，個人主體性不能獨立於他者之外。反倒是，個人意識乃係由他者的存在而構成（用隱喻來說，就是「他者的面貌」（the face of the other）。在這意義下，人對他者有根本的回應之責；倫理與意識具有共同目的。對本書尤有貢獻的應是馬丁‧布伯（Martin Buber）的名作《我與你》（*I and Thou*）。[38]布伯區分出兩種意識模式（或現象學狀態），其關鍵就在於人與他者的關係。在最常見的模式（即「我–它」）之中，他者是客體物，基本上與我分離。然而，布伯提出另一種神聖的模式乃是「我–你」關係，在其中，人和他者的遭逢沒有界線。緣是，彼此間互攝爲一整體；在人與人之間的

概念區分就消失無形了。

不過，這些作品雖然極有引人之處，但對我而言，它們仍然停留在頗成問題的個人主義傳統遺址上。雖然麥克莫理把社群抬高為終極價值所在，這價值仍得由個人的自願行動來達成。列維納斯與布伯兩者的作品中也都關切著關係，但他們始終與現象學或主體中心的傳統結盟。道德行動最終還是依賴於行動者意志的決定。更且，在這種狀況中，到底會發生什麼具體行動，他們都沒作清楚的交代。以列維納斯來說，他對自我犧牲有高度強調，不過這場景的相關行動為何，都沒說明白。就布伯來說，「我–你」的交會乃是在尋常的「我–它」分離之例外。於是，如果通過布伯的分析來擁抱那神聖的「我–你」姿態，我們也仍不清楚在具體行動中，這究竟會發生什麼？明確地說，如何和他人以「你」來交會？相對之下，我的期望應在於能把關係存有的視野和具體的社會實踐連結起來。

在此之外，還有重要且繁盛的學術根苗，茁發於社會學和政治理論中。這些作品尤其重要的乃在於其對於自由派個人主義（liberal individualism）的批判，此二者的緊要之處是：它們對於目前的文化生活，及其能否導出市民社會的政治能量，都提出了質疑。自由派個人主義對於日常生活的傷害，在羅伯·貝拉（Robert Bellah）及其夥伴所作的那本書，《心之習慣：美式生活中的個人主義及社會涉入》（*Habits of the Heart: Individualism*

36　MacMurray, J. (1961). *Persons in relation*. Atlantic Highlands, NJ: Humanities Press.

37　Levinas, E. (1985). *Ethics and infinity*. Pittsburgh: Duquesne University Press.

38　出版者為 New York: Free Press, 1971.（英文原版出版於 1937）。

and Commitment in American Life），[39]對此議題的發揮實在令人
振聾發聵。這本書以極多動人的細節來顯示：個人主義意識型態
對人類的關係而言有何陰險的涵義。這本書也呼應了社群主義運
動（communitarian movement）的勃興，而其揭竿起義者就是阿米
岱·埃茲歐尼（Amitai Etzioni）和他的伙伴。[40]他們非常強調：人
對於社群的義務遠過於對個人權利的宣稱。對於此一運動，政治理
論家麥可·桑德爾（Michael Sandel）[41]及哲學家麥肯泰爾（Alasdair
MacIntyre）[42]的作品增添了重要的觀念向度。他們使人注意到深居
於關係中的個人真貌，也發現了所謂了無拘束的自由人這觀念，其
實是破洞滿屋。上述的種種作品，對於我來說，都是點亮我眼睛的
無價之寶。不過，我對於聲嘶力竭地想用社群來取代個人主義的運
動，還是有些不滿。在諸多問題中，至少有一個是：人的社群，要
靠什麼界線來劃定？由此劃界而導致的併發症可多了。社群也是個
囿限的實體，它和分離的個人一樣產生出類似的種種衝突。在談到
人對社群的涉入時，我們要把宗教社群和政治社群都包括進來，而
我們早知道，其後果會嚴重成災。

　　在下文中，我對上述的重要著作將會有些迴響。不過，還有
些別的哲學作品，對於我目前的書寫旨趣而言，更為親和。首當
其衝的就是維根斯坦（Ludwig Wittgenstein）的後期著作。這些作
品作為我的書伴，實在意義非凡；要不是手頭有他的《哲學探究》
（Philosophical Investigations）一書，[43]我很懷疑我目前的寫作計畫
怎能夠動筆寫得出來。文學理論家巴赫金（Mikhail Bakhtin）也在本
書中處處發聲。他雖然沒將心靈與行動作出完全的切割，但他對於
對話論（dialogism）的多色調概念還是相當有啟發性。

　　在此同時，本書和先前提過的重要著作（維根斯坦除外）仍有

顯著的區分。那些哲學家們以多條路線，步履維艱地建立起傳統的
哲學基礎，也就是理性、眞理、人性、倫理價值等等的根本之道。
有時，這樣的說明就被稱爲「第一哲學」。相對而言，本書並未持
有那種抱負。雖然在書寫的形式上看來，我好像在跟他們背道而
馳，但我的目的不在於簡單地說出：人性是什麼，或應該具有怎樣
的本質。我的目的就傳統術語來說，就顯得既不想要眞實，亦不想
要準確。我反倒是希望提出一套向人逼近的世界建構之法，一種可
邀人來參與的視野，或是一組理解的鏡頭——這些種種，全都可在　xxv
相關的行動中實現，或體現。我所作的說明不是一套行軍指令，而
是一場舞會的邀請卡。

2 ｜ 投身於寫作

　　向傳統挑戰，總難免要面對風險。就算我們的傳統有瑕疵，

39　Bellah, R. N., Madsen, R., Sullivan, W. M., Swidler, A., and Tipton, S. M. (1985). *Habits of the heart: Individualism and commitment in American life*. Berkeley: University of California Press.

40　譬如，請參看 Etzioni, A. (1993). *The spirit of community: Rights, responsibilities and the communitarian agenda*. New York: Crown.

41　譬如，請參看 Sandel, M. (1996). *Democracy's discontent: America in search of a public philosophy*. Cambridge, MA: Harvard University Press.

42　尤其請參見 MacIntyre, A. (1981). *After virtue*. Notre Dame: University of Notre Dame Press.

43　Wittgenstein, L. (1978). *Philosophical investigations*. Oxford: Blackwell.（譯註：中譯本請參：李布樓譯〔1996〕，《哲學研究》，北京：商務印書館。另有其他譯本，茲不一一羅列。）

至少大家都會覺得那是可以讓人安然於其中的瑕疵。說要改革，這樣的邀請必然引來畏懼。這就是我在寫這本書時的體驗。我以緩慢的步調展開關係存有的視野，但也同時以批判的迴觀來反思我自己在此世間生存的方式。我的批判凝視中，發現有一種令人安適的約定俗成之道，那就是所謂的專業著作的寫作方式。我自己也看得出來，傳統的學術寫作之中，帶有強烈的個人主義蹤跡。那種寫作類型把滿腹經綸的作者和無知的讀者分離開來；作者被設位（positioned）於他們自己的觀念擁有者之上；作者永遠被描述為一個個內心聯貫、充滿自信、無窒無礙的人。對於此一傳統，我在第七章會說得多些。然而，一個人的書寫方式也承載著某種信息，而本書所承載的信息乃是：我所在意的關係論，在我想使它前進時，仍不免處處受到傳統的掣肘。

本書接下來的篇幅，就是要試探一種更能完整具現關係論旨的書寫形式。這要怎麼說？你將會看到，這裡的文字進行方式像是一序列「不同層次的段接」（punctuated layers）。各層次也在具現不同的溝通傳統。偶爾，我的學術發聲法在支配全局；另些時刻，我寫的方式比較接近於實務工作者；我也在文中包含了一些個人體驗，就是跟正在處理的題材有相關的體驗。在這些層次之外，我還添加上不少美學之聲——藝術、詩詞、攝影——甚至夾有幾筆幽默的短句。有時我也會把朋友們和我溝通的內容編織在文章裡，包括私底下的交談，或是他們的作品。

我希望這種書寫形式可在多方面表達我的論旨內容。首先，使用多態語氣（multiple voices）會令人不易辨認我的作者身分。沒有了單一聯貫的語氣，也就難以定義我這一存有的界限何在。其次，在文章逐漸展開時，我會讓人的種種身分鑲嵌入多重的關係中。我

們究竟是誰或是什麼東西，就會在各色各樣的關係中以不同的方式構成。這麼一來，我們就都能夠以種種語氣發聲，而每一種聲音都會各具歷史、各顯關係。我在文中特別使用多重「語氣」（或「聲音」），乃在於期望讀者終究會對於「作者我」所產出的不同關係能有所賞識。毋寧唯是，在使用這多種語氣時，我也希望打開一種新關係，使之能召喚範圍更廣的讀者群。只為一種讀者而寫作──譬如只針對學者、實務工作者與學生──實際上只會把社會團體間的藩籬愈築愈高。使用多種風格來書寫，也許是跨越現存界線的一步，並且可邀來更廣泛的對話。最後，相對於傳統的書寫，我嘗試著抿除一些文句語詞如何才叫可解的限定。我希望用各種體裁的交織拼貼，來避免意義的僵固與封閉。我打開了一個新空間，讓讀者可在此產生新的聯想與意象。

xxvi

3 ｜ 對語言的挑戰

在書寫的形式之外，先對於語言使用之法（language use）的問題給些提點，會很有幫助的。首先，在本書中，我要強力推展「**關係的自我**」此一語彙，用來與「**關係的存有**」併聯。這就會使得本書和那源遠流長而盡人皆知的「自我」傳統，顯出明白的相對位置。其實，「自我」一詞本來就內涵著強烈的個人主義傳統痕跡。它本身已暗示著一種囿限的單位，並且也只能以這種單位來和其他一個個類此的區別單位進行**交互行動**。進一步說，「自我」是個名詞，因此必指涉一個靜態而持續的實體。然而，「存有」則是個

曖昧地介於現在分詞、名詞和動名詞之間的語彙，它可以顛覆囿限單位的意象。在「存有」之中，我們動個不停；我們帶著我們的過去，通過現在，而邁向變化。

語言的第二個問題比較複雜些。本書對於關係的核心觀點，並不設定於兩個或多個人的相遇。我更想提議的是：「個體人」這觀念恰恰是關係過程的副產品。但要描述此一過程，我如何能夠不使用那內在充滿著囿限實體以及把人隔離的語言呢？說得更仔細一點，既然仰賴著寫作的通用慣例，我得固定地仰賴名詞和代名詞的使用，而這兩者偏偏就是被囿限和區別功能所指定的單位。像這樣的句子：「我得靠你了……」，不就已經把**我**和**你**分離了嗎？同樣地，及物動詞也很典型地蘊含著因果關係，意思是說：一個單位的行動**及於**另一單位之上。如果我們說：「他邀請她」，或「她對他很好」，也一樣是在製造一種分離的世界。不管我怎樣嘗試要創造一種先於實體建構的關係過程，語言的慣例仍會一直抗拒這種嘗試。我們的語言就是老神在在地堅持著「分離實體先於關係而存在」那樣子。

所以說，使用新的語言形式有可能抹除掉那惱人的界線，這樣的實驗聽來就很誘人。海德格和德希達（Jacques Derrida）兩位先哲都曾試過，前者是在字與字間加上連字符，後者則使用寫出來又給槓掉的辦法。[44]不過，放棄習慣的溝通方式，其中有很大的風險——主要的論旨會因此而顯得曖昧不明。因此之故，我的選擇是維持日常共通的用法，然後給讀者保留權利，可自行賞識其中的兩難之處。由是，我在寫關係的時候，用的是傳統寫法，譬如：此人與彼者的關係，她和他的關係，這個機構和另一機構的關係等等。不過，讀者也許可從我研發的一種寫作啓題式（heuristic）中

xxvii

受惠，那就是所謂的**位場持住邏輯**（logic of placeholders）。也就是說，當我寫到個體、個人、我自己、我、你等等之時，我用的是通用的語詞慣例，但我一定會持住一個位場（place），好讓關係在其中的發生變得易於理解。譬如說，我可能這樣寫：「榮諾對瑪亞的關係」，看來就像有兩者各自獨立存在。這種慣例有助於我和讀者的溝通，但就在此時，我一邊這樣寫，另一邊也會護持住一個特定的場子，就是讓你明白：這些名稱只不過是在**先於名稱的關係過程**中所創造出來的建構。更進一步說，即便是我們在物體之間造成的分離，也是關係建構的結果。我們常相信皮膚標誌著人和世界的分隔，而這只是我們共同發展出來的一種方便的虛構罷了。然而，你看看我說的「共同」這個字眼，那不就是某種會掐住我們喉嚨的語言嗎？我那樣的說法好像在說兩個分離的物體會自然相遇。但我只希望你可以參與我對此事的警覺，然後和我一起來持住一個位場，並由此而理解：「物體」這觀念本身，確係關係過程的副產品。

4 ｜ 敘事的展開

在我選用多層次的書寫方式時，讀者可能偶爾會對本書論旨的總體邏輯感到迷失。因此，先提供整個故事展開的引子，也許會很

44　譯註：海德格在字間加上連字符的問題，請參看譯註34；至於德希達那種「寫出來又槓掉」的作風，原是海德格的發明，後來成為德希達及他的追隨者大力推廣的寫作商標。

有用。在開頭的第一章，我希望談清楚的是：對於關係存有的追求
為何這麼重要，為何這不只是在理論健身房裡的一次練習，而是一
場邀約，邀你來一起探索對生活而言更有未來的新形式。在此，我
其實有許多學者為伴，他們和我一樣對於個人主義傳統非常不滿。
是以第一章就匯集了這許多聲音而構成「批判的大合唱」。當合唱
到位後，我們就可為這場探索關係存有的大戲開幕了。

　　接下來的三章，我要用來引介關係存有的概念。第二章的焦點
在於共同行動（co-action），或說是合作行動的過程，能由茲而生
產出所有的意義。或用更概括的說法就是：經由共同行動，我們才
能發展出有意義的種種真實，種種理性，和種種道德。正是在此一
過程中，一個圍限實體的世界被創造出來，然後，透過那個世界，
也能另創出他類的世界。這些論證可為第三章和第四章鋪路，在其
中，我會重訪有關心理生活的大量語彙，而這些都是個人主義傳統
的墊腳石。如果所有涉及意義的問題都來自關係，那麼我們當然要
把「心理生活」的觀念包含在內。我的想法和笛卡爾不同──個
人的理性並非人類行動的根源；反倒是，個人理性這概念正是關係
的產出物。因此在這兩章中，我將試圖把心理世界慣用的語彙以關
係論的角度來予以修正。我要發展出的論點乃是：像是「思維」、
「記憶」、「體驗」、「情感」等等語詞，並非一定要指涉個人腦
袋裡發生的什麼事情，而應是在人的關係中發生的相互參照行動
（coordinated actions）。

　　接下來的兩章（即本書第二部分），我開始把焦點從理論移
向實踐，特別是日常生活中攸關生死的問題。我們要開關新的概
念領域，但要擦亮眼來盯住其中等待著的行動意涵。到第五章，重
心的樞紐概念，即多重存有（multi-being），必須發展出來。當人

沉浸在多重關係之中，我認爲其結果將會產生更豐富的關係潛能。不過，在實現這等潛能之時，也可能遭到任何既有關係的根本輕忽。於是爲了要點燃我們的關切，則這樣的討論必需讓位給參照行動的藝術。第六章要談的問題，也就會聚焦在社會黏結（social bonding）之上。社會黏結固然具有深厚的培育性，但我特別關注的問題卻在於其中反覆引出的破壞性。在如此處理之下，討論就可能導向對話的實踐，而需要對話的正是：敵對的兩造之間，該如何恢復關係。

　　接下來四章（即第三部分），要分別對針對幾種體制性的社會實踐。如果我們的圍限存有感就是被既存的實踐型態所強化的，那麼，我們需要怎樣的改變才能讓我們重新賞識關係的力量？依我看來，早已有改變的大潮在各種專業中洪洪起浪，這片浪潮的光景有共同的亮點，那就是要以促進有效的關係來取代對單一個體的重視。在這些篇章中，我會把許許多多的這類成果端出來，擺成個盛宴。第七章的焦點在於「知識乃是關係的成就」。我要倡議的是：與其把知識視爲個人主義的英雄見解，不如把知識的誕生轉換爲共同行動的過程。相關於此，我認爲我們該考量的事件場域有三——學門領域的創發，書寫的行動，以及社會科學研究的實踐。在以上各事例中，最需要的就是把衝突和碎片化的零散知識結合成更具生產力的合作行動。這般討論之下，自然就爲第八章要談的教育問題鋪出了一條可以延伸處理的路子來。假如知識只能透過關係才能果有所成，則教育工作者就應把他們的注意力從個別的學生轉向整個教育發生的網狀結構上。在此討論中，我會特別聚焦於由關係而促進的教育實踐：在教師與學生之間，在學生群的自身之中，在教室到社區之間，以及從教室到全球社群之間。

　　第九章的舞台中心在於療癒實踐。在此,我要暫時擱置傳統上對於個體的「療」,而代之以關係的恢復(即「癒」)。如果人類的不安是產生於群體協作的關係中,那麼,協作的過程本身就應是療和癒兩過程的焦點。與其要把傳統的治療方式通通予以拋棄,還不如來重新思考:以往的那些實踐究竟在哪方面有助於(或有礙於)關係上的福祉。以這樣的方式來討論關係的癒合,也能為下一章(第十章)的主題鋪路,那就是要談談機構組織生活的問題。傳統的機構組織一向被視為個體聚合而成的集體,每一個體的聘僱、升遷或解職都是基於個體本身的知識、技能與動機。在本章中,我要換掉這樣的觀點,並聲明:有效的組織之關鍵因素應在於關係過程。在此脈絡下,我們就可特別關注組織中的決策過程、領導風範、人事評鑑,以及組織和周遭環境的關係了。

　　到了結論的部分(第四部分),我會回頭反思關係存有的廣泛含意何在。第十一章,我考量了這些種種作為有何道德後果。其實把所有道德價值的誕生都放在關係歷史中,就一定會傳出強烈的相對主義信息。那麼,相對主義就一定是我們的結論嗎?在此,我作出一個可謂「關係責任」(relational responsibility)的說法,也就是說,以責任分享來維持的關係中,自會產生另一種道德價值。到了最末一章,我就擔起了靈性(spirituality)的議題來。我是這樣提問的:究竟在世間的關係存有,是否也能架起一座橋樑,來通往精神性的發展與傳承?在這些種種傳統之間的對話之橋,要想透過關係過程的掌握來建立,是根本不可能的。同樣的失能狀態也可在許許多多的神學論述上發現:神聖的本質何在?誰能說了算?於是這裡有個空間出現,讓我們能在此場域裡開始賞識到:在協作實踐裡,自有神聖潛能的存在。人間世才是神明顯聖之處。

第一部

從囿限的存有到關係的存有

第一章
圍限的存有
Bounded Being

3　如果我請你告訴我，你的童年是如何如何，那你會怎麼回答？最可能的是：你會談起你的母親，你的父親，或一兩個姊妹兄弟；你也可能談起你的家，你的狗伴，等等。沒什麼特別值得多提的。但請你再仔細想一次：在你所描述的世界中充滿著許多相互分離或受到圍限的存有（separate or bounded beings）──從一開始的你自己，到母親、父親、姊妹……在這些頓號、頓號之間的每一個，似乎都在保證其為個體的存有（individual beings），不是嗎？譬如說，把你和你的母親分開？用皮膚把你和你可能伸出去探尋的世界分開……。

✢

小時候，當你拿起臘筆來塗抹你的世界時，你很可能就會從這些圍限的存有畫起。一根直條形狀是「我媽」，一個塊狀是「我家」，等等。每一個都像在清清楚楚地描繪著某物……或許還可用黑筆，在某處用力著墨一下。對於較年幼的小孩，各片形色就只像在空間中漂浮；對於稍長一點的孩子，就要先用一大片的綠色、藍色或黃色區塊把背景組織起來。首先要認得的是圍限的背景；然後，其他的就不那麼重要了。

◈

　　日常生活不就是用這種方式來理解的嗎：我在這裡，你在那裡，我們之間有空間隔開？

　　　　世界，對我們來說，世界就是基本上的互相分離。

◈

如果我請你談談你自己——什麼驅使你在世界裡活動，什麼是你的　　4
動機——你會怎麼說？很可能你會談談你對生命的看法⋯⋯也許你還會談談死亡。你會描述你的慾望，你對生命何所求，你希望有何成就。如果你覺得和我談話還蠻舒服的話，那麼你也許還會告訴我：你的感覺，你的愛情，你最熱切的追求，以及你最討厭的是什麼。你的內在世界裡有幾乎爆滿的內容。有一些會在你的話語和姿態裡流露，其他的則藏在原處不可得見⋯⋯那也許是，你這麼想，對你自己而言亦然。這些說明表示了分離的深刻程度。我們相信，對我們自己最重要的，就深埋在裡面——在思想裡、感情裡、慾念裡、希望裡，等等。你在你的殼子裡；我也在我的殼子裡。如果我們感到能夠分享彼此內在世界的話，我們會說那是運氣。

◈

在本章中，我期望能掂量一下這種圍限所造成的衝擊。在西方歷史的此刻，我們視其為理所當然。自我感在基本上是各自獨立的，這想法已被揉在我們的日常生活中；在私底下它也大行其道；它迂迴滲透到我們的日常關係中；它銘刻在每一樣和我們有關的客體上；它已經神不知鬼不覺地穿透到我們的生活體制中。我們可以輕易地

談到「我的思想」、「我的決定」、「我的愛」、「我的經驗」、
「我的需求」……而我們也常想知道別人的「用意」、「眞正的感
覺」，以及他「個人的價值」何在。確實地，我們舒舒服服地生活
在我們用蠟筆圈起來的線條之內。但我們就應該這樣嗎？

　　我期望在下文裡能當面質問上述的一些「理所當然」。我們把
這些圍限視爲當然——就好像它本來如此似的——那麼，我們在一
起的生活得承受什麼後果？我們的生活中，哪些會受歡迎，哪些會
遭排斥？依我看來，其中有巨大的代價，而我們竟然都心甘情願地
償付。但我們實在不應再承擔這種俗見。我要提議的是：有很多重
要的新看法源源冒出，可讓我們知道：把人算在圍限單位中的這種
預設，其實對整個世界的福祉已造成重大威脅。這種關切的方式已
經在一大套相當紮實的作品中作出獅子吼，其典型正是對於個人主
義傳統的正面挑戰。[1]這些著作中有很多看法將在本文中讓讀者聽
到其迴響。

5　　　然而，我目前所作的批判還不是個終點，而是個起點。這只
是在建立本書主要挑戰的基礎建設，速寫出圍限存有傳統之外的另
類觀點。這些觀點，總稱爲關係的存有（relational being），乃試圖
探索另一種世界觀，即世界不在個人之中，而在人和人的關係中；
並將以此觀點來徹底抹除圍限分離的傳統。爲了理解我們的世界，
我們根本不需要使用獨立個體作爲單位；我們可以自由地打造更新
的、更有希望的理解方式。當我們掌握住關係存有的概念後，新的
行動形式也會受邀出現，新的生活形式更易理解，於是，全球的未
來展望就會變得至爲明顯。不，我的意思並不是要丟棄過去；圍限
個體的傳統觀點並不需要完全扼殺。但當我們能夠看透它係爲我們
自己所造的一種建構——亦即眾多意見之中的一種——我們就能理

解：緊緊圍繞著自我的界限，也同時形成了監牢。

⊕

我把這種批判的探索分為三個段落。第一段首先提起的問題乃是關於我們對自己的性格所作的日常描述，以及透過如此的圍限自我，我們其實在承受怎樣致命的重擔。接下來，我從這種自我感轉向圍限存有對日常關係造成的腐蝕效應。最後，我更要轉向文化生活的整體性格問題。當我們接受了獨立個體的傳統之後，我們的一般生活型態，究竟會發生什麼問題？當然，我的說明是有選擇性的。我要特別關照的，乃是一個綿延長久的傳統所無形撒落的有害輻射塵。但我的意圖不可能包山包海；有些進一步的批判不會在這種化驗中現形。另外，有些批判很有理由逕直出現，而不用先道歉。以下這些天經地義的理想，譬如：自主性（autonomy）、個人理性（individual reason）、個人良心（personal conscience）、解放（自由 liberty）、自由競爭（free competition），以及自知（self-

---

1　可參看一些顯例，如：Gelpi, D. L. (1989). *Beyond individualism, toward a retrieval of moral discourse in America.* Notre Dame, IN: University of Notre Dame Press; Hewitt, J. P. (1989). *Dilemmas of the American self.* Philadelphia: Temple University Press; Bellah, R. N. et al. (1985). *Habits of the heart: Individualism and commitment in American life.* Berkeley: University of California Press; Heller, T. C., Sosna, M. and Wellbery, D. E. (Eds.) (1986). *Reconstructing individualism, autonomy, individuality, and the self in Western thought.* Stanford: Stanford University Press; Capps, D. and Fenn, R. K. (1998). *Individualism reconsidered, Readings bearing on the endangered self in modern society.* New York: Continuum; Lash, C. (1978). *The culture of narcissism.* New York: Basic Books; Leary, M. R. (2004). *The curse of the self, self-awareness, egotism, and the quality of human life.* New York: Oxford University Press.

knowledge）等等——這些全都是囿限存有的好伴侶——而我很鮮少聽到對它們的一些零星懷疑。如果我們冀望改變，那麼那些不滿的聲音總有一天要喊出來。

1 │ 自我之濫用

具有人格的「個人」（person）概念在文化歷史中還只是個幼童。在十六世紀以前的西方，很少人懷疑自我的核心成分是神聖的靈魂。這種想法使得神（上帝）可以簡單地在世間找出許多絕對原罪的代表者。自我概念和宗教體制就這麼比肩齊步走了很長一段路。後來，靈魂的概念逐漸被其世俗的對面，亦即有意識的理性，所取代，教會的影響力也跟著式微。然而，這種一切皆可由我自己的行事來擔當的啓蒙態度，會帶來什麼後果？先想想在個人生活方面的後果吧。我的討論會特別聚焦於其中有關孤立（隔離）、評價及自尊等值得關切的問題上。

最根本的孤立

當你我在四目對望之時，最希望的是能望見目前這行動的發源之處。我知道在你裡面的某處安放著你的思想、希望、夢想、情感、欲望，作爲你的生命核心。你的言談和舉止會流露出你的那些內在波動，但總是言不盡意。然而，如果你最重要的部分都在你深層的內部，那你就永遠無法讓我認識。「你」的本質不在我眼前，是我

的凝視所不能及，而是另在他方——隱藏在你那雙眼的背後。我永遠無法穿透你那張臉的屏障而曉得真正的你是什麼東西，你真正的想法、感覺，或你真正要什麼。即令在我們最親密的時刻，我也不知道你的甜言蜜語背後還有什麼；我永遠抓不住其中的真意。我們根本就一直在互相疏離。而你的處境和我一模一樣。我的私己世界是你所不能及。我的本質「在我裡面」，在一個私密的空間中，你或任何人都不得其門而入。我存在的園地裡有善有惡，但就是沒有訪客。所以，這就是我們的所在：你在你的世界裡，我在我的世界裡。我孤獨地降生，也會孤獨地死亡。這就是人生的最基本狀態。

夜裡千帆過盡，張揚著各自的話語

只聽得一聲信號，那是遠處的黑暗之聲；

大海中的生命如是，

我們的通過和我們的交談亦如是，

僅有一瞥與一言，

而後黑暗與沉寂依舊。

——朗費羅（Henry Wadsworth Longfellow）

如果我們所理解的自己真是這般根本地縈縈無依，那麼，獨居就是一幕自然的光景。美國目前的成年人中，有將近半數是獨居的。與此相關的事實：1985 年，美國每人平均擁有「可信賴的好朋友」是三人，到了 2004 年則降到只剩二人。有些人會說：他們連一個這樣的朋友都沒有，而這人數的比率，從 1985 年的 10%上升到 2004

7　年的 25%。[2] 孤寂的普遍化實不令人意外。目前在網路上有超過兩百萬個網頁，專事於挑戰當代生活中的孤寂議題。孤寂本身不單被視爲一種赤字，也同時關聯於血壓飆高到超過危險標準，[3] 以及關聯到憂鬱症與自殺。[4]

✛

> 活在我們的社會中，我們飽受孤寂之苦。我們的一生花了不少時間，努力避免寂寞：「讓我們來談談吧；讓我們一起來作點事情吧——這樣我們才不會寂寞。」然而在這樣的人生中，我們偏偏無法避免的，正是孤單。我們可以裝一裝；我們可以娛人也自娛；但那已經是我們能作的最大限度。當我們回到生命的真實體驗，我們實在孤單至極；而期望別人來帶走寂寞，那簡直是強人所難。
>
> ——蘇玫斗（Ajahn Sumedho）

✛

另外，不令我們意外的是，很多治療師、學者及神學家描述道：他們對於人在生命中的意義流失，都覺得清楚可感。[5] 要說出什麼才是眞正重要的東西？人人就都敗在這一問之下——值得一生去投入的，可作爲行動指南的，以及值得活下去的理由，究竟是什麼？但我們所慶讚的仍是自主性、「自我打造的人」，以及敢於自己擊鼓前行、不遵從世俗的個人。是不是這種慶讚的本身才導致意義的流失？很多人在被問及「什麼才是眞正有意義的東西」時，會說那是愛、家庭以及上帝。然而，這種投身涉入的源頭何在？在人的孤獨中，這些都有可能尋得嗎？如果我們能理解：那些一向被稱爲

思考、幻想或慾望的東西其實都出自於關係，那麼，究竟會怎樣？即便我們在身體上被隔離，但我們還是會找到關係的殘跡。因此我們就得邀來一種更新過的賞識之法，來看待「**跟上他者的自我**」（self with others）。

※

我曾經熱切追隨過孤獨的英雄行徑。在那些日子裡，很受沙特（Jean-Paul Sartre）及卡繆（Albert Camus）的鼓舞，也曾以凱魯亞克（Jack Kerouac）及金斯柏格（Alan Ginsberg）的自由文風來為自己鑲邊。在這等世界裡，我乃是命運的主人翁；每分每秒都是抉擇時刻，真實行動可在其中獲得根本救贖。我乃是一個無意義世界中的西分弗斯（Sisyphus）。我在日常抉擇中痛苦地推著大石，欲上山巔，以成為英雄。我不需要別人；我嘲笑俗人俗事……。直到有一天我才意識到如此的事實：這種

8

2　McPherson, M., Smith-Lovin, L., and Brashears, M. (2006). Social isolation in America: Changes in core discussion networks over two decades. *American Sociological Review, 71(3)*, 353-375.

3　Hawkley, L. C., Masi, C. M., Berry, J. D., and Cacioppo, J. T. (2006). Loneliness is a unique predictor of age-related differences in systolic blood pressure. *Psychology and Aging, 21*, 152-164.

4　譬如，請參見：Stravynski, A., and Boyer, R. (2001). Loneliness in relation to suicide ideation and parasuicide: A population-wide study. *Suicide and Life-Threatening Behavior, 31*, 32-40; Hafen, B. Q., and Frandsen, K. J. (1986). *Youth suicide: Depression and loneliness*. Evergreen, CO: Cordillera Press.

5　譬如可參：Frankl, V. (1985). *The unheard cry for meaning: Psychotherapy and humanism*. New York: Washington Square Press; Krasko, G. (2004). *The unbearable boredom of being: A crisis of meaning in America*. New York: Universe.

英雄主義本身就不可能在孤獨分離中產生。這種孤獨英雄的意象實乃一種文化傳統。我的英雄主義只不過在表演我想從我所崇拜的英雄中，以其分身的方式，來接受讚揚。

⊕

大多數美國人認為自己一生的意義就是要「成為自己的主人」，且幾乎如同與生俱來。而其過程⋯⋯大多是透過否認。其中包括脫離家庭，棄社群於不顧，突破傳承而來的想法。

——羅伯・貝拉

無情的評價

如果我基本上只是一個人，亦即我的行動本都是從我而發，那麼，所有的失敗該怎麼算？當然，有些事情不是我能控制的，但總而言之，失敗是因為我不夠好。依此而言，任何有所不足的表現，任何場合時宜上的缺失，就把本質上的「我」捲入問題中。所有行為上的失效就表示其本質上的內在匱乏。如果我自解道：「那不是我的錯」，或「父母忽視我」，或「我不知道結果會變成這樣」，那我就得面對嚴厲的控訴：「你是劣等的！」。[6]

這種自卑感的傾向，從幼年參加有競爭性的遊戲時就開始有所體驗。「我的失敗」不可等閒視之。進了學校之後，這「有問題的自我」進入體制化。從那天開始，每個人都存在於不斷的考評之中：「我夠不夠好？」「我會不會失敗？」「我的老師、家長和同學會給我什麼評價？」「我是否有罪？」這些危險的問題隨著學習的程度而變本加厲。每個人都有 SAT 分數，有 IQ 分數，有 GRE、

MCAT、LSAT 等等等。然後從大學畢業進入職場，就得面對每半
年一次的績效評估，升等評鑑……一輩子塞滿的，都是關於自己值
多少斤兩的威脅。[7]

⊕

到耶魯大學就讀是至今傷痕猶存的經驗。當時，整個支配性的
文化掌握在新英格蘭的預科班[8]入學生手上。靠著獎學金從南
方來的學生，使我註定成為一個次等階級。我所到之處無一
不存在著威脅我脆弱價值感的氛圍。那些有錢人讓我這窮孩子
自慚形穢；那些態度超酷的傢伙則反映出我的不經世故；那些
遊遍各國的人讓我覺得像井底之蛙；那些超級運動員則在提醒
我的笨手笨腳；那些俊男美女讓我覺得相貌平庸；那些埋首書
堆的青年才俊也顯現出我的淺薄無知。有好一陣子，我一直懷
疑我到底能有什麼貢獻？我懷疑我是不是靠著僥倖才被錄取？
還好，宿舍裡總有夜貓子們的打屁閒聊會，我在那裡遇見這樣
一些夥伴：一個來自佛羅里達州的猶太人，一個來自紐約州的

6 　依據霍芮之論，在美國，自我匱乏感的威脅，幾乎已成爲全國性的精神官能症。見
　　Horney, K. (1937). *The neurotic personality of our time*. New York: Norton.

7 　根據研究顯示，對於評鑑的焦急確實會降低一個人的表現。害怕失敗，就會開始失
　　敗。譬如可參見：Steele, C., and Aronson, J. (1995). Stereotype threat and the intellectual test
　　performance of African Americans. *Journal of Personality and Social Psychology, 69*, 797-811.

8 　譯註：這些「預科班」是指模仿歐洲菁英中學而設的大學先修班，也就是一般所謂
　　的「貴族中學」。事實上，美國自立國以來就沒有貴族存在，但在學校體制上，很
　　難避免這樣的模仿，特別是在新英格蘭地區。

天主教徒，以及一個來自康乃狄克州的花花公子。慢慢地，我們在聊天拌嘴時，發現我們都有一樣撲天蓋地的焦慮感。儘管我們之間有那麼多差異，但在某些重要的時刻，我們會互相肯定，並因此而感到：我們會 OK 的。

✛

會讓我們成為失敗者的方式多如滿天星斗。當代科技既已把我們帶進無限擴張關係的天體軌道，於是自我評價的標準也跟著作宇宙膨脹。每一個熟人都可能在某方面提醒著你有所不足。一位來自加州的朋友會提醒你：你不夠放鬆，不懂得享受生活；一位來自俄亥俄州的企業家夥伴會讓你知道：如果你一天的工作時間竟低於十一個鐘頭，那你就是在浪費你的才能；一位來自波士頓的朋友會讓你覺得你沒跟上文學排行榜的腳步；一位來自首都的同事會讓你曉得你的政治常識非常不足；另一位去過巴黎的傢伙會讓你覺得自己的穿著很沒格調；一位來自科羅拉多的大個子朋友會說你軟趴趴。在此同時，所有的傳媒都在使用更多的失敗標準來連番砲轟你：你有沒有四處探險？有沒有到處旅行？夠不夠生機營養？低膽固醇？作足夠的投資理財？保持身材？廚藝進步？做好防臭、防盜措施？家人間常親近？每一場社交聚會都在質問你是否已過氣；你寫的每一篇文章都暗藏著失敗的可能；你的每一次講話、穿著乃至身體上的任何瑕疵都會暗暗地成為八卦和笑柄。在一個事事講究「第一名」的社會裡，對年輕人會造成什麼傷害？

這種無情的評價並不是社會生活中天生就如此的；這純係肇因於一種成見，即人本是活在圍限存有的世界中。如果我們根本不曾用分離的個體來理解世界的話，則每一次根據心智狀態或能力的行

動，就不會有「一個人」必須成爲失敗或責備的承擔者。對於佛教信徒而言，生命的挑戰不在於奮力避免失敗或求取成功；而在於超越那種被視爲天經地義的奮鬥掙扎結構。像這樣的洞見很能引發我們對關係存有的探究。

自尊的追求

如果我基本上就是獨立的，也必須無止無休地面對評價的威脅，那麼，我的生命之基本目標何在？難道不就是我自己的生存嗎？而除了自己之外，沒有別人的關照，也沒有別人可靠；別人不可能曉得我什麼；我只能一直接受評價的威脅。因此，只管自己就是首要之務。不管我有多少缺陷，我都必須學會愛自己，接受自己，並且以自己爲豪。

這樣的邏輯已經太普遍了，以致許多社會科學家也相信這就是構成人類本質的基底。譬如一位備受尊崇的心理治療學家羅哲斯就認爲：人之所以受苦，其問題大部分來自於人們的缺乏自我關懷（self-regard）。[9] 羅哲斯論道：人的自我關懷乃是與生俱來。然而我們的難題來自於世間人的關懷總是有條件。這是因爲我們活在一個「愛必須有條件」的社會中。「**如果你能這樣這樣……，我就會愛你**」。所以羅哲斯認爲：我們活在這樣的世界之中，別人之所以關懷我們，其條件總是置於我們的價值上，所以我們不斷依這些

9　Rogers, C. R. (1961). *On becoming a person, a therapist's view of psychotherapy*. Boston: Houghton Mifflin.（譯註：本書有新版中譯本，見序曲章，註28。）

條件來評價自己。結果就造成永遠的自我懷疑，沒有能力向他人開放，或去愛人，並豎立起無數的防禦圍牆。因而心理治療者的基本任務就在給予案主無條件的關懷（unconditional regard）。即便案主時時會失敗，但受到治療師的稱許讚揚，案主就會恢復其自身的充分性。

同樣的信息也每每出現在心理學家長期以來關於自尊心（self-esteem）的研究興趣，其研究文獻已累積到數以千計之多。[10] 這些研究的主要旨趣在於展現和低度自尊有關聯的各式各樣生活難題，以及從何而能啓動自我關懷。研究成果造成的影響也已經擴延到整個社會。學校紛紛成立提昇自尊心的計畫。成年人的支持計畫及各種自助練習也蔚爲風潮。國立自尊協會（The National Association for Self-Esteem）——爲了「將自尊整合進美國社會網絡」而創設——爲兒童提供各種海報、遊戲、書籍、玩具、服裝以及錄影帶等等，來幫助他們提昇自我價值感。目前已有超過百萬之數的網頁，在提供種種增進自尊的相關材料。

伊娃・莫斯考維茲（Eva Moskowitz）這樣寫道：

> 我們活在一個全神貫注於心理崇拜的時代。這個社會被種族、性別、階級等歧視的瘟疫所籠罩，但卻也經由心理學幸福的福音書而團結在一起。不論貧富、黑白、男女或同性戀異性戀，我們都共享著同一個信仰，即感情之神聖，以及救贖來自於自尊，亦即幸福乃為至高的目的，而其手段則在心理療癒……美國生活的所有體制——學校、醫院、監獄、法庭——全都根據

11

國家投資的感情來予以塑造……對於心理的高度關切，無論就歷史或就文化而言，都是獨一無二的現象。世上沒有別的國家會把如此高度的信仰投注於情緒幸福，以及相關的自助技巧。[11]

在這陣自尊與尊自的熱潮中，也有其黑暗的一面。因為我們並不是不曉得：自愛本身就像個老夥伴一樣，緊挨著那幾個比較不被看好的性格特徵，譬如，自戀、自負、虛榮、自我中心、自私和傲慢。那麼，其間的界線要劃在哪？我們都很清楚意識到自己和他人的關係中有這些黯然存在的舉止。要讓一位熟人在你面前談談他的事業成就、性格特色或是什麼了不起的選擇，那麼，一定要有些特殊的條件先舖設好，才不致聽他說得令人興味索然。我們很可能因為自己的孩子表現很好而興致勃勃地誇讚，說他很有自信，也鼓勵他繼續表現為這種「有模有樣的人物」……直到有一天，你的孩子竟然沒好氣地轉過身來對你說：「別老是告訴我該怎樣怎樣……」[12]

10　譬如，請參見：Wylie, R. (1976). *The self-concept: Theory and research on selected topics*. Lincoln, NB: University of Nebraska Press; Hewitt, J. P. (1998). *The myth of self-esteem*. New York: St. Martins; Branden, N. (2001). *The psychology of self-esteem*. San Francisco: Jossey-Bass, Mruk, C. (2006). *Self-esteem research, theory, and practice: Toward a positive psychology of self-esteem*. New York: Springer.

11　Moskowitz, E. S. (2001). *In therapy we trust, America's obsession with self-fulfillment* (pp. 1; 279). Baltimore: Johns Hopkins University Press.

12　有些研究指出的論點是：具有高度自尊的人，不一定能因此而獲得別人的尊重。參見：Baumeister, R. et al. (2003). Does high self-esteem cause better performance, interpersonal success, happiness, or healthier lifestyles? *Psychological Science in the Public Interest, 4*, 1-44.

⊕

12 很多學者認爲，這種對於自尊的強調無疑招來了社會性冷酷的態度。早在 1800 年代早期，托克維爾（Alexis de Tocqueville）就對於他所見的美國個人主義的主要缺陷提出如下的批評：

> 個人主義是一種成熟及沉靜的情感，存在於社群的每一份子之中，讓他能將自己和他身邊的群眾切割，也使得他從家人朋友中隔離開來，以便能形成他自己的小天地，而他也很樂意讓大社會去管他們自己就好……。在最初，個人主義只會吸取公共生活中的美德；但長期下來，它就會攻擊、摧毀所有其他人，最終只留得一身榨取而來的自私。[13]

幾乎在兩百年後，剌昔（Christopher Lasch）也以《自戀的文化》一書回應了此一主題。[14]他所議論的乃是：支配當代生活的「我第一」態度，把許多情感關係和性親密貶損爲微不足道。那些都只不過是「讓我感覺良好」的載具。在本質上，「我愛你，是因爲你給了我樂子」。同樣的道理，學術研究上的「好」也轉變爲

---

13 de Tocqueville, A. (1945). *Democracy in America* (p. 104). New York: Vintage.

14 Lasch, C. (1979). *The culture of narcissism*. New York: Norton.

15 Baumeister, R. F. (2001). Violent pride. *Scientific American*, 284, 96-101; Baumeister, R. F., Smart, L. and Boden, J. (1996). Relation of threatened egotism to violence and aggression: The dark side of self-esteem. *Psychological Review*, 105, 5-33. 另可參看：Crocker, J., and Park, L. W. (2004). The costly pursuit of self-esteem. *Psychological Bulletin*, 130, 392-414，以及 Leary，前引著作。

「有利於我的生涯發展」。「出版或出局」（publish or perish）的
要求，與其說是爲了生產新知識，不如說是爲了生產新的長聘教
授。政治活動的主要關切不在於大眾福祉，而在於保證「我的政黨
會贏」。當「我第一」變成了毫無疑問的反射動作時，政治之道的
路口打結就不是什麼意外了。更無法解決的效應乃是相信自己比他
人優越。譬如有很多研究指出：這種優越感和暴力就是一氣相通
的。暴力犯總是自認優於他人；而其受害者則是「得其所應得」而
已。街頭的幫派份子和校園裡的霸凌者也都傾向於自認優越。最激
烈的呈現就是歷史上的大屠殺，這樣的悲劇都導因於某一種族自詡
爲人類的主人。[15]

「你給我敏感一點：事實就是別的小朋友都不如你呢！」

致謝：The New Yorker Collection 2007, William Haefeli，取自 cartoonbank.
com。版權所有。

　　我並不是倡議要放棄那些自我價值感被洗乾了的大眾——他們身受其害，還一直被正常生活的要求逼得心驚膽戰，甚至只能以自殺來作為逃離之道。但我關切的重點乃是另類未來的可能性。為什麼我們必須不加思索地支持這種拿個體自我來當做評價對象的傳統？為什麼必須將個人自豪的心態作為良好生活的必要成分？當我們能停止使用這種圍限自我來思考時，我們就能離棄那種因追求個人價值而帶來折磨人的需索，並已向自由更跨進了一步。

13　2│自我及他者

艾德華‧三浦森（Edward Sampson）在他那本經典級的作品《慶賀他者》中倡議道：我們一直就是以「自我慶賀的獨白」來維持我們的自尊——我們的故事都在說自己有多棒、多成功、多正義云云。[16] 但為了維持這種獨白，我們需要一些不那麼好的人來墊背。於是，我們建構出一個世界，其中的他者都是無理性的、沒腦筋的、有罪的等等。因此我們這種「自給自足的」預設就和我們與他者之間的關係品質有關。以下我們就可將這種關切的方式放大，來討論信任破產、價值貶損以及施用詭計等問題。

14　信任破產與價值貶損

　　我們要尋求他人的接納來保證我們作為個體的價值何在。那就是我們的文化邏輯。但對於來自他人的示愛與支持，我們能有多信

任呢？會不會他們只是基於禮貌，來讓我們覺得好過一點，但卻希望從我們身上撈點好處？我們是在受人操弄嗎？爲了回答這問題，我們碰上了一個深刻的挑戰：我們必須知曉（comprehending）他人的**內在世界**。我們的傳統不斷告訴我們：人的行動都發自內心的世界。爲了曉得別人的行動用意何在，我們必須掌握到他們的理由、動機或慾望。但我們要如何才能看穿他們的面紗？有意思的是，對這個問題已有千百年的探究，卻仍未有任何學者能夠提出個充分說明，來告訴我們，如此的理解何以能成功。我們所能憑藉的僅僅是內在世界之「外向」的結果，而從未曾得知一途徑，可進入那些內在世界本身。我會在以下章節中再回到此一問題上。無論如何，我們目前的所知已經足夠讓我們強調他者行動所具有的不可穿透性以及曖昧性。我們絕對無法掀開頭蓋骨來窺見靈魂的秘密。因此，我們可曾眞正對他者有所知曉？當我們早已預想著存有的界線時，我們就永遠會被推入這種基本上不可信任的狀態中。我們要相信他人的讚賞是出於眞心；我們努力說服自己，愛出於眞誠。然而在根底上，我們也知道我們不曉得。圍限的心永遠是飄忽而不透明的。

當自我滿足被列爲普遍第一原則時，不信任的問題就變得更加嚴重。對於這種預設的肯定，科學社群裡也簽下了一大疊的背書。佛洛伊德對此講得直接了當：個體行爲的基本驅力就是與生俱來的動物性享樂感。這種求樂的能量實在強烈無比，因此佛洛伊德認

16　Sampson, E. E. (2008). *Celebrating the other, a dialogic account of human nature.* Chagrin Falls, OH: Taos Institute Publication.

為人必須建立起精神官能症式的防衛機制，來擋住其全面的展現。近年來，有些社會生物學家還為佛洛伊德的享樂原則作個遺傳學的一掰，他們的說法是：驅使人類行為的基本動機乃在於維護個人自己的基因。佛洛伊德所強調的情色慾望，現在變成了自身繁殖的慾望。因此社會生物學的論點就是：為了實現這種基因的命運，人類很自然地實施了複婚制（即多夫或多妻制）。[17]我們是否該把這些科學玄想接受為真理呢？除非我們很甘心地頒給佛洛伊德或那些社會生物學家一張保證書，說他們已經有辦法把人類心靈的內在剝開來，也能夠透視內部而區辨出人類行動的「真實根源」。譬如說，性行為的根源真在享樂的驅力，而此驅力的目的在繁殖，其需求是保險，也是成就的需求，是求取權力的驅力，是對於終極融合的大欲，或是什麼……

⊕

說人類的基本動機就在於自我滿足，這明明是一種文化建構。緣是之故，我們其實很少把這種信仰強納入自己的生活方式中。我們幹麼會想要這樣？只要我相信你是個基本上自求滿足的人，那麼你的所作所為對我而言就不無疑問了。你所表達的所有愛意、恩情、承諾和關切都會帶著摻假的成分──打從心底裡就感覺如此。我反而容易質疑的是：你究竟想從我這兒**撈到**什麼好處？我是否僅只是你的找樂子、找靠山、找發洩名單上的一條名目而已？而如果你想向我保證你的言行都是出於真心的，那麼，這是否又成為你的三十六計中的一計？如果我們渴望獲得對方的愛，那麼，這些疑慮就必成為毒劑。

✦

圍限存有的預設不僅產出了對他人的不信任，也會積極地動手去尋求他人的失敗。我們既然長期關切著自己值得什麼，那我們就是在尋求如何衡量這「多值得？」。這樣的問題當然要和別人比較才知道。我是否或多或少比較聰明？有才華？有幽默感？有動機？等等。社會心理學對於這種社會比較過程已經有長年的研究。[18] 雖然研究顯現的只是些摘要，但其中有兩個基本上不變的主題。第一，比較者恆選「向下比較」。也就是說，他們會先掃描環境，然後把自己定位在那些不如他的人之上。自尊的開盤價位就設在他自己認定的劣等人上方。他人的卑劣如果不那麼明顯的話，常用之計乃是找出他人的缺點。「他還算慷慨，但他也是懦夫一個。」「她看起來還不錯，但就是生來愛胡說。」

　　社會比較研究的第二個主要結論是：向上比較令人痛苦。如果我綜觀全場，發現別人一個個都比我優秀，我就會難過極了。研究還有些提示，即在此情況下，我可以有兩條路走：第一是選擇性地觀看。我可以對別人的好品質視而不見；畢竟看見那些不就會讓我抬不起頭來嗎？其次，我也可以找出一些給別人優秀品質打折的算

16

17　對於這種自我滿足所做的社會科學合理化，可見：Wallach, M., and Wallach, L. (1993). *Psychology's sanction for selfishness*. San Francisco: W. H. Freeman; Schwartz, B. (1986). *The battle for human nature*. New York: Norton.

18　譬如，請參見：Festinger, L. (1954). A theory of social comparison process. *Human Relations, 7*, 117-140; Kruglanski, A. W. and Mayseless, O. (1990). Classic and current social comparison research. *Psychological Bulletin, 108*, 195-208; Suls, J., Martin, R., and Wheeler, L. (2002). Social comparison: Why, with whom and with what effect? *Current Directions in Psychological Science, 11*, 159-163.

法，那又是挖出種種缺陷：「他看來頂聰明的，但他在拼分數時比別人花了更多時間。」「她會以友善的方式現身，但你一轉過身，她就變成了蛇蠍一隻。」

✛

毫不令人意外的是：我們用來稱讚別人所用的詞彙，幾乎都能找到可替換的同義詞，但卻是用來貶損別人的。我們都備有一套語彙資源，以便於折損任何一個「比我好的傢伙」：

個性強硬	呆板憨直
勇敢	愚蠢，魯莽
甜美	糖精
節儉	吝嗇
很有學問	萬事通
敢言	愛說大話
有說服力	花言巧語
很有熱忱	狂熱
信仰虔誠	俗氣保守
有靈性	飄飄渺渺
善思考	多慮，優柔寡斷
善接納	易上當，很好騙
樂觀	不現實

整體而言，有關社會比較的研究描繪出一幅灰暗的圖像。它好像在說：我們每天走進生活世界時，是戴著墨鏡的。我們總是對於人家

的好處視而不見，然後總因為別人的失敗而感到鬆了口氣。我們以此來掃描世界，以保證我們總是好過他人。

　　　　　　　　　✛

身為一個作家，我可以敏銳地意識到社會比較的壓力。譬如每次走進書店或圖書館時，就是個相當令人懊喪的經驗。我想把自己列入好作家之林，但在我前面早已站著幾千個競爭者。面對這樣一列沒完沒了的書架，我的作品有可能的價值何在？會不會只是一本有封面的濫竽充數？在書店裡我看著暢銷書的檯子，聽見某位作者的東西廣受討論，我自己當下就沒氣了。「我怎能跟他們相比？憑什麼還寫下去？」然後我開始找找別人的漏洞：「那傢伙的人氣當然比我高；那是因為他所說的，正好是人家想聽的而已。」「那本書造成相當大的衝擊，但可惜他的論點從一開始就跑錯了方向。」「這本書有很多花招，其實內容瑣碎無物。」這樣我才可以轉身回到我尚未寫完的手稿上。我的生活中會出現這麼多的社會比較，令我厭憎極了。幸好我吸收過圍限存有的種種教訓，否則我將在那條比較的死路上跛足難行。社會比較實在不是什麼人類本性，而只不過是西方文化的一個不幸傳統。對我們大家而言，該接受的挑戰應是把存有的界線解下來。

關係是一種造作

如果社會組成的基本元素就是圍限的自我，那我們要如何理解關係？假若自我乃是存有的「自然」單位，那麼，關係必屬「人為造

作」（artificial）。關係不是自然中的給定，而是兩個體自我相遇之後所創造的。如我們的俗話總是這麼說：

「我們定要努力維持關係。」
「他們已發展出關係。」
「這場關係已經破裂。」
「他得要建立好的關係。」

⊕

如果自我是這麼基本、初級的，那麼關係的重要性就只能屬於次級的。我們對於連結必須時時提防它有沒有連好。關係對於個體不免會有些要求；期待與義務會在其中長出來；是非對錯的規矩必須加上。如果我們不這麼小心的話，我們的自由將會一敗塗地。正如瓦拉克夫婦（Michael and Lisa Wallach）之所見，在當代文化中，「多數人眼中至高無上的忠貞，對個人的自由而言，實係難以接受的一種限制。」[19]

如果關係被視爲次級的、矯揉造作的結果，那麼就只當我們有需要，亦即對個人有用或能獲得滿足時，才會對它有所求。依此而言，如果一個人在盡力維護關係，那就是某種匱乏的細微指標。那是在暗示我們有所欠缺。我們本來就是這麼脆弱，竟至要爲此而犧牲我們的自主性。婚前的單身告別派對其實不是慶祝，而是一場嘲弄。同樣的，所謂投入的關係永遠在受威脅——關係之所以能維持，全看它是否能讓個人得到滿足。「如果你不再符合我的需要，我就走人。」對於投入的承諾，非常危險。包覆著所有關係的那東西，隨時都可受遺棄的威脅。[20]

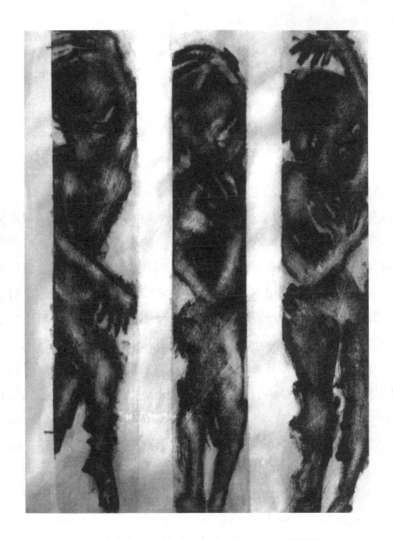

致謝：瑞巾‧沃特（Regine Walter），藝術家

19　Wallach, M., and Wallach, L. (1993). 同前引。

20　也請參：Bellah et al. 同前引。

⊕

18　　（英國人）不多花時間在關係上

　　　非得等到他們嚐到苦頭。

　　　　　　　　　　——梅肯・布雷貝里（Malcolm Bradbury）

⊕

社會科學對於「他者」之受到廣泛懷疑，可謂頗有貢獻。自十九
19　世紀以來，社會科學家經常會倡議道：個人易於被他者侵襲而受
損。由於法國大革命的陰霾籠罩著其後的歷史，法國社會心理學
家勒邦（Gustave LeBon）就說：人在群眾當中的理性能力會被摧
毀。[21] 在二次大戰之後，社會科學家對於德國公民之降服於希特勒
的法西斯主義感感驚駭不止，因此而產生了艾西（Asch）那聲名
大噪的從眾性（conformity）研究。艾西所給的證明是：當人面對
著一群人，而他們異口同聲贊成一個顯然錯誤的決定時，這個人
就很難不作從眾的表現了。[22] 類似於此的是受到恐怖的集體大屠殺
（the Holocaust）之影響，而有了密爾葛藍（Stanley Milgram）的研
究。他的研究目的在於譴責那些盲目服從於權威的人。[23] 他試圖顯
示：一些完全理性的個人，會在壓力之下扭動開關，對另一個送出
電擊，到幾乎讓人送命的程度。然後又有詹尼斯（Irving Janis）的
研究，指出：當一群人在一起作決定時，這些人頗有陷入「群思」
（groupthink）之險。[24] 他們會抵制訊息，失去自我批判的能力，並
且總是順服於他人的意見。以上所有的研究所要說的就是：群體是
危險的；值得讚譽的是獨立判斷。

　　要說這些研究作錯了，倒不如說研究都是某種選擇性的結

果——他們的研究都決定於研究者選擇了什麼來觀察，以及如何解讀其觀察結果。研究者選擇了某種特定條件，致使群體陷入負面形象中。其實還有很多其他的情境可以選擇，並產生與上述研究相反的圖像——顯示出一群人可能修正了個別判斷的偏差；創造出更多選項；或生產出更高的士氣。更進一步說，還有選用哪種術語來詮釋其觀察的問題。如果一個人同意了群體的意見，那麼，那是為了**從眾**？還是某種**團結的表現**？又如果一個人聽從實驗主持人的命令，去電擊另外一個人，則那是他的**服從**？還是**盡己之力協助科學研究**？所以，就整體效果而言，這些研究所傳達的訊息其實是政治性的：要大家提防群體。

✛

地獄即是他人。

——讓・保羅・沙特

✛

我受邀在社會心理學創立的一百週年紀念大會上演講。為了展開必要的背景研究，我選擇去牛津的玻德里安圖書館 20 （Boudlian Library）待兩週。當然，這就表示我會離開家人、

21 Le Bon, G. (2002). *The crowd*. Mineola, NY: Dover Publications.

22 Asch, S. (1956). Studies of independence and conformity: A minority of one against a unanimous majority. *Psychological Monographs, 70*（no. 416全卷）。

23 Milgram, S. (2004). *Obedience to authority*. New York, NY: HarperCollins.

24 Janis, I. (1983). *Groupthink: Psychological studies of policy decisions and fiascoes*. Boston, MA: Houghton Mifflin.

朋友和同事。但接著就看見了一種頗有妙趣的遠景:我可以完全自由而自在。沒有義務、期待,沒有繮繩⋯⋯終於得回自主權。圖書館有一段時間紮實地陪伴著我。可是,很快的,我開始感到不安。我需要有人可以講講話,一起大笑,可以相陪。於是,我在這所大學裡尋找我的舊識,特地去倫敦拜訪一位朋友,甚至開始與陌生人談話。然而在一週之內,我的行程已經填得滿滿。每天晚上都塞滿喧鬧的義務;整個白天都被期待的鏈子鎖住。自由消失了。由此我獲得一個教訓:自由之中包含了空虛,而只能用關係來填補。

3 │ 囿限存有的文化

囿限存有的傳統所承載的,遠遠超過自我與他者的日常經驗。它也會在我們的生活方式以及體制結構中實現——學校、企業以及民主制度本身。的確,我們一般會認為這些群體是由單一個體所組成。如傅柯(Michel Foucault)之所論,這種想法有利於對社會生活的支配(domination)。[25]當權者可以輕易地將一個人離析出來,予以監禁,甚至抹除,使得整體社群的反抗受到威嚇。依傅柯之見,將書授權給作者(即作者權 authorship)這個主意本身的誕生,就在權威者意圖監視並壓制政治批判的時代。在本書的較後章節,關於教育、治療、組織等體制如何利用關係來實踐,我有不少的話要說。不過,為了完成本章的論述,我想提出來討論的,是當代文化生活中極為普遍的兩種傾向。在此,我所關切的乃是囿限存有的意識型

態如何將自我推進市場之中，以及它如何蓄意癱瘓掉道德意識。

算計的代價

　　如前所述，由於自我具有基要性（primacy），關係的重要性就因而縮減了。於是，問題自然就來了：爲什麼我們會需要有人陪？對於圍限的自我來說，答案很清楚：因爲他們會爲我帶來快樂。關係本身沒有內在價值。只有個人的好處才算數——他人的價值如何決定？但看他是增進了或減損了我的快樂而定。「你對我算是什麼？」那就決定於「你帶來多少好處，以及要花掉我多少代價。」我們於是聽到：

- 你應該想辦法跟他混熟；因為他對你的事業有幫助。
- 他根本不符於我的需求。
- 你最近為我幹了些什麼活？
- 我不再需要你了。
- 我不在意你跟他去任何地方。
- 你把我拖累了。

　　　　　　　　　　◈

有些批評者說，這種對社會生活作算計的傾向叫**工具主義**（instrumentalist）。事實上，他人就被定義爲我達成目標的工具。

25　Foucault, M. (1979). What is an author? In J. V. Harari (Ed.) *Textual strategies*. Ithaca: Cornell University Press.

他們本身不是什麼目的；他們的福禍根本不重要；他們就只是達到我的幸福而需使用的手段。當然，人可以為了達到他自己的幸福而幫助別人；但如果一個人會為另一個人犧牲，那麼他只是為了獲得終極的回報。對此，我們就可謂之為「開明的自我獲益」！

我們再一次發現：在此傾向的天經地義當中，究竟有何經義可言，社會科學竟然對此棄之不顧。經濟學理論是最為明顯的一例。身為當代經濟學理論之父的亞當‧史密斯（Adam Smith）在為人類行為作個刻劃時，就主張其根基在於自我利益。每個人的人類本性就是會設法獲得最大利益及設法縮小損失。[26] 社會經濟學的主幹在當今的任務就是：提供一套自我滿足的計算法，可用在所有的人類行為上，從買瓶啤酒到選擇配偶，一概適用。[27] 很多心理學家也從而呼應這種「經濟學真理」。史金納（B. F. Skinner）的行為理論就是其中最顯眼的。對史金納而言，一個有機體──不論是鴿子或政客──都受到增強機制（reinforcement）的統轄──或簡而言之，是受到環境提供的苦樂之劑量所統轄。在史金納眼中，我們都被接線到主機硬體，會自動將酬賞最大化，懲罰最小化。[28] 心理學家也這樣推理：社會關係就都是用最少的代價從他人身上取得最大的快樂。以此而言，人類的愛，不就是獲取淨利那回事嗎？我們之所以會愛一個人，就是當他能給我們最高的享樂，而付出的是最低花費。[29] 我們如果滿懷歡迎這種觀點的話，則任何關係都可上選而變成商品。

⊕

在一個經濟計算甚囂塵上的社會世界中，能預測及控制他人就成了一項德行。心理學家在這潮流中忙著展示一種信念，亦即對發

生於我之事能盡行控制，看看能帶來什麼好處。有一種人格量表（personality scale）就是用來測量一個人相信自己在何程度上對於處境握有控制權；或相對地測出，相信自己是否已變成此一不景氣環境下的流當品。[30] 幾乎一成不變的是，心理學家相信有較佳內控能力的人就有較高的勝出機會——這種人比較樂觀，在表現上較有效能，較可能成為領導者，較有行動力，等等。[31] 這一研究還有許多週邊研究相伴，包括把狗和人都置於失控狀態下，看他（牠）們會有何反應。當這些受試者對於自己的行為失去控制時，他們會逐漸變得倦怠，也常變成憂鬱。賽利葛曼（Martin Seligman）是對於無助狀態（helplessness）的首席研究者，他論道：人類憂鬱症的主因確係對於需要控制的世界產生了無助感。[32]

我們暫先假定：當今人們在生活中有控制感時，確會帶來情緒上的益處。於是，有個重要的問題產生：這種研究發現所告訴我們的，是不是說：人類的天性和文化的狀態總是相互對立？這類研

26　Smith, A. (1991). *The wealth of nations*. Amherst, NY: Prometheus Books.

27　譬如可參見：Becker, G. S., and Murphy, K. M. (2000). *Social economics: Market behavior in a social environment*. Cambridge, MA: Harvard University Press.

28　Skinner, B. F. (1991). *The behavior of organisms*. Acton, MA: Copley Publishing Group Incorporated.

29　譬如可參見：Homans, G. C. (1961). *Social behavior, its elementary forms*. New York: Harcourt Brace; Blau, P. (1986). *Exchange and power in social life*. New York: Transaction; Thibaut, J. W., and Kelly, H. H. (1986). *The social psychology of groups*. New York: Wiley.

30　Phares, J. E. (1976). *Locus of control in personality*. Morristown, NJ: General Learning Press.

31　Lefcourt, H. M. (1982). *Locus of control: Current trends in theory and research*. Hillsdale, NJ: Erlbaum.

32　Seligman, M. (1975). *Helplessness: On depression, development and death*. San Francisco: Freeman.

究描繪出的一幅文化圖景是：在其中的我們每一個人，都得孜孜矻矻地在周遭環境中保證自己掌有控制權。或者，實際上，我們每個人都想控制別人而已；我們都期望他人是可預測的，因此才會易於管理。看起來，這一研究路線作出的最大貢獻，正是對於控制傾向的信仰，以圈限存有作爲社會世界的中心。但如果我們停止這個想法，我們到底會怎樣？那些大聲嚷著要控制的人會不肯作罷？社會秩序有沒有可能不再藉由「我管理你」（反之亦然）來產生，而是產生於聯手合作？我們來搖一搖關係這個搖籃，或許可以孳養出更大的益處——當然是對他者、對環境來說皆然的。

✛

23　當他者的定義是取自其工具性價值時，經濟學的隱喻就躡手躡腳溜進了我們日常生活的大門裡。由社會經濟學的論證，所有我們認爲有價值的東西，皆可準確地化約爲市場上的價格。每個物件都可用貨幣上的增損方式來估價。一條腿或一條手臂值多少錢？那要靠你願意花多少錢去換一條新的而定。日落光景又值多少？那決定於有多少人願意付錢去看它。由是，人類及人類的行爲都變成了商品，其換算原則和一套衣服、一輛汽車根本沒兩樣。這不單是人失去了內在的價值感，而是所有價值都被拋棄了，只有市場價值留了下來。

✛

就在我們將個體人理解成一部理性計算機時，所有關係的本質都變了樣。所有來自於「心的宣言」，例如友誼、關懷、愛、奉獻或投入，都變得可疑起來。它們全淪落爲修辭，或者更糟的是，變爲藉口。「我愛你」被翻譯成「你是我的飯票」時，其將人連結的能量

就已全部流失。一個人若只因為有錢而被愛，就根本無愛可言。

✛

當我還是個青少年的時候，熱情的告白及山盟海誓仍很常見。羅曼蒂克的氣氛到處瀰漫：在流連徘徊的強顏歡笑之中，在「最後一支舞」的僵直體態之中。當我們不再只作輕柔地擁抱，而是代之以熱烈深吻的時候，我們簡直覺得可以一起去跳池撈月。不過，當你意外發現他的皮夾裡有個秘密的「橡皮套」時——我的天，哪怕是**如果**——那通往羅曼蒂克的大門就會砰然關上。顯然，你的情郎早就**有計畫**要將你弄上床；他不只是有這念頭而已，很可能他所有誠摯的告白及溫柔的愛撫全都恰恰是為了這個目的而服務。僅僅因為一個保險套的出現，關係就立刻從溝通變成淫慾。

✛

時代已經變了……真的變了嗎？你被她吸引得恍惚迷離——她的言詞閃爍，她的靈魂流露，她婉約的身姿——還有，啊，她的明眸、紅唇、柔髮、體香、酥軟的皮膚——這一切把你逼入至福的深淵。**關鍵時刻**就要來臨了……當……你得先回答以下這些問題時：

- 我有權在任何一刻說不嗎？
- 你帶齊了該有的保障嗎？
- 你得過疱疹嗎？
- 你做過愛滋篩檢嗎？

24

如果這些問題你都通過了，那麼你就可以繼續……不過，這時所有的熱情早就飛到窗外去了。

✦

根據貝理・史瓦茲（Barry Schwartz）的論調，經濟學這學門已經「幫助我們合理化了所有的條件，助長我們對於經濟上自我利益的追求，也把其他利益幾乎全趕跑了。」[33] 當關係的經濟計算法傳遍全球時，我們可以預見這樣一個世界，在其中人的關係都變成了良好生活的一層淺淺表面。在這情況下，一個男人定會問，譬如：「就我的性趣而言，一個老婆會比那一系列的女友花費更多嗎？或許，偶爾找個妓女會更便宜？」更進一步：「我為何要花一百元帶一個女人出去吃飯？如果只花二十元就可在家裡看色情影片？」這種態度或許是色情產業在電子商務的世界中大賺其錢的原因吧？在這一個網路世界裡，人可以在完全的個人控制之下，取及視覺享受的一切樂趣——並且相對於一個真正的伴侶來說，只花一點零錢就辦到了。[34]

公共道德之可厭

彌爾（John Stuart Mill）在十九世紀時的名著《論自由》（*On Liberty*）中已發出這樣的聲音：「人應能自由地依其意見而行動——並將此在他的生命中實現。」（P. 84）[35] 這句話在今天幾乎已被刻在日常生活的每一件木製品上。於是我們就此而單純地認定：我們有權利擁有自己的意見、理想、價值以及生活方式。換用另一種白話來說，就是，我們可質疑：任何人怎會有權利告訴我們

什麼是該做或不該做的？我們很可能會說：「你以為你是誰，竟敢把你自己的道德價值強加於我的頭上？你如果看不慣我的作風，那是你自己的問題。這裡可是個自由的國度。」

⊕

這些是圍限存有的底層情愫，但這就引發了高一階的關切：如果每個人都有權各行其事，我們要如何達成可行的集體生活呢？很顯然，如果我們的行事都只基於私己的衝動，我們將面臨霍布斯（Thomas Hobbes）所說的「人人對抗人人」的世界。在這種情形之下，生活果真會變得「骯髒、殘暴、匱乏」。[36]難怪有同樣問題在身邊的盧梭（Jean Jacques Rousseau）會倡議建立「社會契約」，有此而後，每一個體都可在共同體的規範下作自由的選擇。[37]社會契約這個觀念原很吸引人，直到有人聲稱：共同體的好不是為了個人好。於是就沒有人能強迫別人來簽下這個契約。

　　共同福祉的問題一直延伸到當代。在學術界，此一問題的代表叫做「共同體悲劇」（the tragedy of the commons），這是哈

33　Schwartz, B.，如前引，pp. 247-248。

34　如果想到個狂冶世界去逛逛，讀者不妨點進這個網址：www.realdoll.com。在此可找到各種真人大小的橡膠娃娃出售。這些娃娃的形狀接近於文化理想上的美，並且全都有專為肉慾享樂而作的特殊裝備。它們的肌膚也接近於人類的體溫，這是先在溫水裡泡過後的效果；用技巧一點的摺疊就可把它裝在一個手提箱裡，成為旅行時的好夥伴！

35　Mill, J. S. (2003). *On liberty*. New Haven: Yale University Press. 本書原出版於 1859 年。

36　Hobbes, T. (1950). *Leviathan, or the matter, form, and power of a commonweal, ecclesiastical and civil*. New York: Dutton. （原出版於 London: A Crooke, 1651）

37　Rousseau, J. J. (1968). *The social contract*. New York: Penguin. （原出版於 1762 年）

丁（Garrett Hardin）提出的一個著名隱喻，所指的就是當個體將自己的利益極大化之後，集體利益只有死路一條。[38] 如果我們處在一個資源有限的共同空間，而每個人都只想滿足自己的慾望，那麼資源很快就會耗盡。當沒人在意全體的時候，就意謂個人福祉的終極衰竭。但這一些火花點燃了羅爾斯（John Rawls）那套更精緻的社會契約論，亦即受到高度讚譽的《正義論》（*The Theory of Justice*）。[39] 同樣的火花也讓我們看見垃圾滿街和都市空氣污染的景象。問題就在我們眼前顯現：城市裡的貧民窟、失業遊民的收容所、街上的幫派及藥物成癮者。我們很可以說：「這些不是**我**的問題。」或說：「他們原都是有選擇的；他們本不必這樣過活。以前我祖父也很窮，但他選擇了努力工作，把自己拉上來。」個體的好處若是這麼基本，那麼共同的利益當然是次要的。

✛

> 人類本不是獨體動物，而只要社會生活可以代代存留，那麼，自我實現就不可能是倫理的最高原則。
>
> ——羅素（Bertrand Russell）

✛

在個人權利與集體利益的衝突點上，還更有雪上加霜的問題。基於「自我第一」的原則，我們也用這種一般化了的態度來形塑倫理與法律的規範。貝拉與其合作者為我們道出了這種邏輯：

> 在肯定……每一個體之獨一性時，人會得出的結論就是：根本

沒有什麼道德的共同基礎可言，也因此，在極小的程序規則和　26
不傷人的基本義務之外，也得不出什麼道德的公共關聯出來。[40]

　　我們就會發現，圍限存有的傳統妨礙我們慎重對待道德議
題，也把我們與管理自己的身體異化了。從圍限存有的立場看
來，任何高架在頭頂上的道德規則都是危險的。因爲個人自由
會受到威脅，那些規則必然形成了社會壓迫的墊腳石。其結果
是，對所有道德要求，我們一概嗤之以鼻。即便在學院的世界
中，道德哲學也只受到極微小的關注。公共法也成了嫌疑犯的一
丘之貉。它們都不是個體我的一部分；那不是我選的，也不是我
造的。我們從未簽過任何社會契約。實際上，那又不是「我的法
條」，而只是必要的麻煩。我沒有內在義務去遵守它，我默認它
們，只因爲如果我不遵守的話，我可能會遭殃。它們是我的保障，
我若不服從，就可能受懲罰。除此之外，它們實在令人厭憎。

　　在當代世界中，社群感和共享的社會目的遭到攻擊；說它們是
對於自由的邪惡限制，乃是自我能自由肯定的一大障礙。

　　　　　　　　　　　　　　　　——羅勃・古德溫（Robert Goodwin）

38　Hardin, G. (1968). The tragedy of the commons. *Science, 162*, 1243-1248.

39　Rawls, J. (1971). *A theory of justice*. Cambridge, MA: Harvard University Press.

40　Bellah, et al. 同前引。

我們很多是從六〇年代末期長大成人，「法律討人嫌」的隱性邏輯變成一種開戰的怒吼。如果連政府都是不公不義的——它正從事於一場否定他人自由的戰爭——那我們為何還須聽從它？他們有什麼權力強迫我接受不義之法及不道德的標準？我們以種種不同的方式發出嗆聲，在抗爭中流血，一位總統就活生生地殉職，而戰爭卻潦倒地結束。我們無法走出這個邏輯一步：個人是構成社會的原子；國家乃是必要之惡（或「善」，如果你恰恰是個既得利益者）。個人對抗國家——今天就是這樣。

⊕

大致相同的邏輯也使民間武裝運動四處冒火；三 K 黨藉此而興起；且暗地支持黑手黨活動。這全都表示了自我決斷權的行動宣示。在國際關係的領域中亦復如是，在其中，各個分離的政府代表著一個個圍限的存有。每一個都宣稱有權控制其自身的命運。別的國家均無權將其價值強加在此一國家之上。結果不只造成了軟弱的聯合國，而是有一股疏離、競爭及不信任的氣氛瀰漫在國際關係上。[41] 然而，如果圍限存有的概念只是個選項，那麼，圍限的國家也應只是如此。若果兩者都是可選的，那麼，我們難道不能選出另一種替換方式來理解道德及法律嗎？我們有可能進入一種既非個體也非國家來為我們界定善惡的空間？我們在下文中將會以探討關係倫理的方式而回到此一可能。

4 | 轉變傳統

個體自我是個長久矗立且一直被歷史所追隨的傳統，而歷史也已為它付出昂貴的代價。我已經多次強調：此一傳統如何邀引出一種基本的隔離與寂寞；耗掉關係來助長自戀；對個人人格形成無休無止的威脅；把自我變成一種可供行銷的商品。關係變得既忸怩造作又備受威脅，而道德要求也因此變成對自主權的侵害。最終，我們也眼見著國家變成圍限的單位，而其結果是全球性的異化與信任的崩盤。

　　雖然以上的說明只是選擇性的，但卻頗能代表學術社群和實務工作社群中日益高漲的意識。在此同時，我並不認為上述的批判中帶有惡毒的意圖。本書所要作的，也不在於將傳統連根拔除。[42] 重點反在於能將傳統放上檯面來作批判檢視，使它不再是理所當然。也就是說，我們眼前的生活形式不再只是人類本性的反映，而是這樣的傳統日漸融入生活常態，使我們幾乎忘記它其實只是一種人為創制。既然已知是人為創制，我們就有權創出另類的方式。在下文中，我的意圖是要展開一種新視野，以便能看見關係優先於圍限單位的新世界。說實在，如果我們已經走到能賞識關係性真實的路子上，則我們就會有立場來使傳統發生轉變。我們不再把我們的種種

41　此一邏輯之至精的代表，可參看 Steyne, M. (2006). *America alone: The end of the world as we know it*. New York: Regnery. 在此，作者堅認兩個圍限單位，即伊斯蘭與美國，之間的根本對立關係，引發躍躍欲試的攻擊性姿態。

42　對於圍限存有的傳統以何種方式對道德提供資源，有一本書蒐集了延伸極廣的文章可資參閱：Taylor, C. (1989). *Sources of the self, the making of the modern identity*. Cambridge, MA: Harvard University Press.

社會體制當作是在擁護囿限的存有，諸如：民主體制、公共教育、法庭和個人權利等等，而是都要以改變的方式來對待。當我們能夠理解關係優先的生活會有何後果時，新的行動型態將會應邀而出。同樣地，也會有新的方式可在不以分離與異化為基底的狀態下，維持住個人成就、浪漫愛、英雄主義、領導統御及創造行動的樂趣。簡言之，將傳統理解為「根基在於關係」，將可產生改變生活方式的效應。我們或許不願放棄啓蒙以來的果實，但那並不意謂我們必須凍成……文化的果凍。接下來幾章的挑戰，就在於開闢關係存有的途徑。

太初即有者：關係
In the Beginning Is the Relationship

你順著此頁一行一行往下讀時，這難道不是顯然可見：**你是讀者，** 29 **這本書**在你眼前，而**我**即是作者。於是，我們就有了三個實體的存在──你、我、書──各自分離，自成一體。但請再想一遍：我在下筆的時候，用的字詞不是我自己的；我是向無數的資源借來字詞，然後爲你而重新製作。那麼，這些字詞眞的是我自己的嗎──作爲一個獨立的存有，作出我的獨特表現；或者，字詞是別人的，甚至，其中有很重要的一部分是你的？作爲作者的我，究竟是在何時下筆、何時收筆，早已變得疑雲重重。再想想：此頁上的語詞並非專屬此書本身的資產。本書確實能看出一些它所特有的質地──獨特的書名、篇章標題、封面設計──在暗示著它獨立的身分認同。但**它**所說的一切──最重要的東西──都是從他處借來的──你也許可說是「借自於我」，如果你能確知我從何處開始、到何處結束的話。但是，且慢；在此情境中的**你**究竟是誰？當這些語詞在你的意識中蜂擁之時，難道不就是這些語詞在界定著你是誰人嗎？這些語詞在此刻不就是**你的**語詞嗎？那麼，在閱讀的時刻，語詞的歸屬既不在你，不在書，也不在我。在閱讀的時刻，我、書、你之間並沒有清晰的界線劃分。我們不只是結合在一起，還恰似牽手步上紅毯，一起邁入一個沒有清楚結局的語言世界。而當你把書

擱在一旁，和別人交談起來時，我們就可能會被帶向未來。

✛

30　　我讀五年級時的地理老師要我寫篇報告談美索布達米亞
　　　（Mesopotamia）。我對美索布達米亞一無所知，只好艱苦地
　　　開始在圖書館裡搜尋。啊！百科全書上有好多很棒的資料，排
　　　比有序、前後聯貫，拼寫都正確無誤。其中還有彩色的照片和
　　　地圖。我拿起筆來，開始慢慢地陷入沉思。我原來期望想知想
　　　談的美索布達米亞早已在我之前都已存在。但我該作的報告應
　　　該要用**我自己的**話來說才對。我能寫的每一句話幾乎都得取自
　　　眼前這本書。那我要怎樣寫出**我自己的**東西？而當我要把這些
　　　整然有序的東西轉變成我有限的語彙、簡單的語法和有時隨意
　　　的拼寫時，難道我不會把它降格貶損嗎？很快的，我的老師就
　　　會為我打出分數來證明這是失分的寫作。

✛

想想我們是如何教小孩認識世界的。有個小孩會指著自己說：「媽
媽」，又指著另一人說：「爹爹」。不久之後，我們也許會讓這
孩子的手指向別處，並告訴他說：「那兒有隻貓，」「看，那是
狗。」每次一指，就是在說有個**東西**，有個分離而囿限的實體。從
這樣的過程中，我們就產生了一個充滿萬事萬物的世界——用名詞
來為我們鞏固。這本書、那個**讀者**，還有**作者**。我們是不是對於名
詞所構成的世界很著迷，並因而相信世界的分離？[1]

✛

要是沒有名詞的話，會怎樣？我們的世界是否仍得由各各分離的事物來組成？假若我們用來描述世界的語言就只剩舞蹈，那又會如何？身體的運動是連續不斷的，並且很難把這行動[2]之流分離成一個個如同名詞那般的實體；也如同海浪的運動一樣，無法清楚區分哪裡是一浪的結束和另一浪的開始。要教小孩認識世界，如果我們是用舞蹈來教，那麼世界可能不會呈現爲諸多分離的實體。小孩也許會發現一個運動不已的世界，其中所有的不是一個個「形式」，而是連續的「形成」。孩子也許根本不會問道：有沒有可能把舞者和舞蹈分離開來？

◇

如果沒有了代名詞，那麼**你**和**我**作爲獨立的存有，是否就得停止或不在了？如果沒有任何可用來指認分離存有的方式，那麼，**我**是否也不存在了？動用**你**和**我**這些字，就是要創造一個離離分分的世界。專有名詞之用也同樣是爲如此。我們如果活在一個不給人指派姓名的文化裡，是否還會有獨特的身分認同？[3]當軍隊被敵方擊垮而潰敗之後，則整個村落、城市乃至整個民族，就不會再有點名這

31

1　還可參見 Gregory Bateson 對於「名詞打印而出」的論證，看他的這本名著：*Steps toward an ecology of mind*. New York: Ballantine Books, 1972.

2　譯註：作者在本書中大量使用的「行動」一詞，在漢語裡可以有意義相當但更白話的譯法，如「行事」，或甚至「做事」。下文中將依上下文的考量，斟酌地將「行動」改用「行事」或「做事」來表示，如「一個行動」可譯爲「做一事」。

3　亦可見：Mulhauser, P., and Harré, R. (1990). *Pronouns and people: The linguistic construction of social and personal identity*. Oxford: Blackwell.

回事了。[4]**你**和**我**之所以會成為一個個的個體自我，是只當這樣的稱謂有其社會性用途之時。有用先於本質。

✛

在「個體自我」中，重要的面向不在於

其自然的狀態，而在於

其為語言。

✛

以上幾行的聲明，用意在於把（通常廣被接受的）自我與他者間的界線予以攪混弄糊，並要藉此強調：圍限存有本具有來自建構的特色。我要預先指出一個方向，以便在那矗立長久的傳統之外，能讓我們走上探索之途，尋求其替代項。在本章所啟動的乃是先探勘那種分不開的糾結觀點。我們要直探入現場，看見關係的過程本身如何由分離實體所一一肇始。在導入這種共同行動過程作為焦點之後，我接著會探究其限制與潛能。如此一來，就會引到了結論，可說說我們為何有足夠理由，可將傳統上解釋人類關係的因果假定予以懸置。在此，我們會將人的行動視為關係的匯流。

1 ｜ 共同行動與創造

一個單純而堅實的問題：你是否曾經想幫助「真正需要幫助」的人，而那人卻討厭你的行事方式？你是否能「幫助」別人而不經過

那人同意：這叫做幫助而不是阻撓？在此問題中包含著一場新探險的邀請。接受此邀請，我們就已將注視的焦點從單一的實體轉向了事物的交集之處。我們因此而可隱喻式地，從各別舞蹈者的運動轉向舞蹈，從各別的筆觸轉向漸漸生成的畫面，從各別的運動員轉向運動比賽。更具體地說，我們可以來探究共同行動過程的種種潛能，從而使「幫助」能夠定位在行動的交集上。所以我才要倡議：對我們人類而言，有意義的事情都必須從此過程中衍伸而來。我們認為真正、實在、有價值和良好的一切，都會在相互參照的行動中發現其根源。

一旦這種共同行動過程弄清楚之後，我們就會有心理準備，可以回頭檢視個體自我的概念。因此在以下的章節中，我們就會發現：過去所有被歸於個體心靈性質的產物，率都可重新歸屬到關係之中。譬如我會建議：把推理和情緒視為關係體，而非個體心靈的所有物。以圖像的方式來說，那些都不是各別的一筆一劃，而是更大一幅圖像中的局部。我們的視域會爆發開來，因為我們終於認識到：幾乎一切「心靈現象」都是以關係為基礎而發生的。記憶、動機和意向都會被攝入關係過程，而我們的苦樂之感也莫非如此。於是，我們就會從個體存有移向關係存有了。

⊕

從一件小事來開始吧。你挑出一本小說，把注視的眼光落在第一行的一個單字上：「刀」。**啊，一場冒險要開拔了……但**，這是

4　譯註：這是指古代世界滅國滅族的戰爭之後，亡國奴的姓氏也會連帶消滅。

怎麼回事？怎樣的冒險？用意何在？事實上，那個字本身根本無法提供答案。什麼樣的刀，在誰手中，用來幹麼？為了決定「刀」的意義，你還需讀得更多。你的眼光移向句子的開端。「他把刀刺入……」你感覺到的陰謀加強了；你可能正在見證一場最為不堪的謀殺。但還是要繼續澄清；「把刀刺入」幾乎等於沒說什麼。所以你再往下讀。現在你發現刀是刺入「一大塊軟起司」。沒什麼謀殺祕事發生……喔，好吧，也許是一場家常趣事的好戲要開鑼了。但為了確定是不是如此，你還得再讀下去。

我們會發現，「刀」字本身實在沒什麼意思。向個路過的人脫口說出，在夜晚裡大聲吼出，把它寫在廣告看板上。此舉全都可以是有意義／無意義。單單一個字，就如同躺在荒地上的無物。它之能夠躍入生命，還必須和其他一些字一起放入一個語境脈絡。加在某一個片語中，「刀」字可能顯出了謀殺用的武器之義；在另一個片語中，看來就只是日常的早餐景象。任何加上的片語都會改變我們對一個字的理解。一個字的意義不是包在它自身中，而是要由一組字詞相互參照的過程來決定。少了這個參照座標，小說中的單獨字眼幾乎沒什麼意義可言。如果我們為了理解小說，而把其中所有的字都按照字母順序羅列一遍，我們就會掉入地獄第一層。有趣的事情應是發生在字與字的融合中。[5]

⊕

33　我們從書本轉到日常的關係裡來。很像是書上第一頁那樣，我對你說了幾個字：「好棒的一天，可不是？」你從旁經過，連肩膀都沒聳一下。那麼，我現在的行動有何意義？如果你只是沒聽見我，那麼，我也就沒表示什麼意思。我可能一樣地保持無聲無息或隨便喃

喃幾聲就過去了。但你若作出行動來回應我，那麼我說的幾個字就會開始走上意義之途。如果你這樣回答我：「真的！真希望我今天沒課。」你就已經用肯定的魔棒點亮了我說的話。我的幾個字變成歡愉的招呼。

　　說得更普遍點，沒有任何行動在其本身中就已有意義，換句話說，沒有什麼行動是可以孤立出來辨認其意義的。沒有什麼本身就叫做愛的行動、利他的行動、攻擊的行動，等等。為了要成為行動，它至少需要增補一個條件，即至少要有另一個人的行動，來認可其成為某事。當然，你自己可以提供這種必要的增補條件，你可以對自己說：「我確實是在向她打招呼。」但這樣的增補只是過去關係所繁衍出來的，在當時確實有人替你肯認了那是打招呼。在「知道自己做了什麼」之時，你必定是為他人而投入了你自己。

5　「共同行動」這一概念受惠於 Herbert Blumer 的著作：*Symbolic interactionism: Perspective and method* (1969, New York: Prentice Hall)，還有 John Shotter 的著作（尤其是 Action, joint action and intentionality. In Brenner, M. (Ed.) (1980). *The structure of action*. Oxford: Oxford University Press; *Conversational realities*, 1993, London: Sage），兩者都使用的概念是**聯手行動**（joint action）。Blumer 對此詞的用法是意圖延伸 G. H. Mead 的象徵互動論觀點，他指出了人和人如何在相互行動中透過互相調整而進行詮釋。在 Shotter 則以多種變化的方式，用來強調共享的意向性，對話邏輯的結構關係，以及為預料的對話結果。另外與此相關的還有 Westerman 的**相互參照**（coordination），以及 Fogel 對於共同調節（co-regulation）的討論，見：Westerman, M. A. (2005). What is interpersonal behavior? A post-Cartesian approach to problematic interpersonal patterns and psychotherapy process. *Review of General Psychology, 9*, 16-34; and Fogel, A. (1993). *Developing through relationships: Origins of communication, self, and culture*. Chicago: University of Chicago Press.

在此同時，你對於我的打招呼之肯認，其本身並非行動。這只是對事的一個增補（supplement），而它要獲得意義，就必須是能對應於我先前的行動。你可以走在街上，對滿街經過身旁的人說：「真的！真希望我今天沒課。」但他們卻會認為你瘋了。你說的話為我說的話帶來意義，但沒有我說的話，你自己的那些話就會掉入空洞。於是，這裡最珍貴的就是有相互性。只有行動和只有增補，就都只是一片荒蕪；只當行動形成相互參照的行事時，才會使意義湧入生命。

⊕

作為一個寫作者，我帶著極度謙卑之心才能來到你的面前。我把這些字擺進動作裡，但字本身其實沒什麼意思。我在頁面上說的不算什麼，除非你把意思賦予我。只要給些毫不吝惜的批評，你就可以把我寫的滿篇字句貶為癡人說夢。而如果你比較仁慈一點，你可以把我這個作者的生命帶出來。又如果你很熱切，你會使我展翅高飛。不過，如果我——或任何像我這樣的人——沒什麼話說，不想對你說什麼，從不把你放在可回應的位置上，那麼，你又能有什麼話說？你會楞在那裡。說實在的，除非你受到邀請，平常什麼時候你能說什麼、做什麼？只當某人對著你說：「你認為如何？」這時你才活了起來。你突然間充滿了觀念、意見、品味和價值。我們雙方都必須謙卑；因為我們任何一方都不可能在對方缺席時獲得足夠的意義。我們透過關係而走進生命。我們只能存在於一種狀態，那就是相互活化。

34

相互行動遠比字詞和說話要多得多。言說和書寫都是身體的行動，就此意義而言，它們就相當於我們在交談時發生的所有其他行動——莞爾、大笑、四目相接、以腳相摩。所有能說成共同行動的，就包含了身體的全部相互參照。因此：

如果我伸出我的手而……你把它抓在你的手中，
我就已向你打了招呼。
　　　　……你略過招呼而來擁抱我，
我就已低估了我們之間的情誼。
　　　　……你跪下來吻我的手，
我就已展示了我的權威。
　　　　……你轉身背向我，
我已經羞辱了你。
　　　　……你給我修剪指甲，
我已是你的顧客。

把語言和非語言的溝通區分開來，只是一種人為造做。我們更該做的是投身到能以座標相互參照的整體行事中，讓語詞／運動／表情的參照行動形成一個無縫密接的整體。把接線拆除，一件衣服就不叫一件了……或者已經變成了不同件衣服的各個部件。

35

凡是已說出來的，就從來不是以任何語言，之所說。

——海德格

✦

那是一月份，我已經答應給瑞士的聖加侖大學（St. Gallen University）作一系列的演講。因為這是個小鎮，而且在我的停留期間也找不到房間可住，於是我被安排住進一間有臥房的公寓，是屬於一位八十三歲的老寡婦所有。我對於這樣的住宿安排不太高興；不只我的隱私會受干擾，還有那種要我持續當個「完美公民」的要求也很令我害怕。這難題的後者，因為屋主費林太太只會講德語，而變得更為嚴重——我只有德語初階的程度，怎能不難上加難？我們的語文溝通幾乎可說是無計可施。

在我抵達該地的當晚，我決意用「無接觸同盟」的方式，直接穿過餐廳出去外面用餐。費林太太坐在餐桌那兒。兩個座位已經安排好了。她在點蠟燭。我毫無選擇地必須就座。她打開了話匣子，我能聽懂的很少，但食物和人的溫暖卻源源不斷。第二天早上，我發現她已準備好我的早餐。我試盡一切向她表明不必這樣，但我的建言卻引來不少的後效。那晚，我發現我的床已鋪好，也蓋上被蓋。我過去向她致謝，而她請我喝杯酒。我們就坐下來，再度聽她笑開來的話匣子，而我則努力地試圖抓住她的笑點。

一個略帶厭膩的禮拜就這麼過著，我也曉得了聖加侖小鎮關門的時間很早；少有活動的跡象——除了在火爐旁和費林太太在一起之外。在此我發現我的語言程度慢慢有點提昇。我也

發現我自己愈來愈喜歡這位老太太。我邀請她出去聽當地的音樂會；她則笑逐顏開。幾天之後她開始每天早上在門口送我出門，並為我確定我的穿著和我的教授先生這頭銜是相稱的。她為了保證我的體面，會偷偷把我的鞋子擦亮。我也開始帶點食物和酒回到公寓。有一個週末，我開車帶她到鄉下，她指我看她出生的地方和她小時的住處。

在我要離開之前那週，我在某個早上出門時碰巧看見她在窗邊瞧著我，我就向她揮手致意，她也對我揮揮手。這種每日的儀式就產生了。費林太太不讓我付住宿費；所以我改用幾箱她最喜愛的酒來回報她。在我要離開那天，我們在門口互道 "Auf Wiedersehen"（再見），[6]也非常明白我們可能再也沒機會見面。一時無語。我們倆都流下淚來。

2 ｜ 每事每物的共創

我們要把共同行動過程的視野再擴大些。一位父親帶他的小男孩去動物園；他在一處圍欄前停下來，抓著男孩的手指，指向一個有形物。「看那斑馬，」他說：「斑馬……斑馬……那是一頭斑馬。」男孩有點迷惑……向前盯著並喃喃自語說：「馬。」「不，」父親說：「不是馬。那是斑馬。」男孩慢慢地學說：「半馬。」「不太

6　譯註：原書寫作 Auf Viedersehen，作者在此把德文的「再見」拼錯了：應是 Auf Wiedersehen，而不是 Auf Viedersehen。

對，」父親回說：「**斑馬**。」男孩也回道：「斑馬，」而父親就說：「對了，你學到了，斑馬⋯⋯你看那斑紋。」這是一場共同行動的小冒險，但不是瑣碎小事。確實地，對這孩子而言，經由此事，一個新世界創造出來了，一個現在由斑馬寓居的世界。這些相互參照的共同行動步驟——引發事態的父親，回應的孩子，糾正的父親，再應聲回答的孩子，等等——之前，孩子的世界裡裝滿了馬，但沒有斑馬。透過共同行動，**斑馬**終於誕生。

⊕

試想想精力充沛的小一學生，動個不停，跳來跳去，好奇心無止無休。老師相當苦惱；這些運動正在攪亂班級的秩序。她去找諮商師談談，並從那裡得知一個新詞，「注意力缺失失調症」（attention deficit disorder）。「好吧，」她就會說：「他沒在注意，這當然是缺失⋯⋯但我還不太想說這是失調症。」諮商師的權威性回答是：「這是盡人皆知的失調症，而且早就有很好的藥物上市，可以治好他的。」「唔，」老師滴咕了一下：「我想你是有些料的⋯⋯我會和他的家長談談關於治療的事情。」在那次簡短的交談之後，「注意力缺失失調症」就變成老師的一種現實。不久之後，那也會變成小一學生的一種生活方式，並且非常可能會就此延長下去，很長很長。

⊕

我的小孩成長之時，還沒有什麼叫做「注意力缺失失調症」的東西。有幾個孩子比其他人好動些，其中有些需要特別的照顧。今天這方面的權威著作已經有超過五百本之多，也有超過900,000 個網頁在談此事，而那種藥物，利他能（Ritalin），已

37

經是好幾十億美元的事業。[7]

試想想棒球比賽。我們會看見打擊手和野手；我們仔細觀察高飛球，壞球，和全壘打；我們會注意到有個跑壘者停在一壘上，然後我們會因本壘後方計分板上的得分勝出而激動不已。所有這些都爲我們而存在。然而，除非有共同行動，否則就不會有棒球賽的世界。只當我們可以聯手認定「這是棒球」，「那是上壘」，「上壘較多的那隊就會贏球」等等之時，棒球的世界才會獲得如此戲劇化的生命。試想想一個社群裡，能把化學、物理學、數學、生物學、經濟學、心理學及其他種種知識世界都帶進來，繁榮成長。所有這些世界裡長成的，無一不是共同行動的果實。

批評者有話要講：「你是想說，在某種關係之前，無事也無物存在嗎？物理世界不存在：沒有山川，沒有草木，沒有太陽，等等？這說法未免太荒謬了吧！」我的回答是：本書無意作此倡議。我們的結論不應是說：在共同行動的時刻之前，「無事物存在」。存在就是存在。不過，共同行動過程無論在何處發生，都會把存在轉變成**爲我們而存在**。所謂的「山川」「草木」「太陽」都是在我們的生活方式中來到而成事。更且，不論存在的是什麼，也不一定非要區分成，譬如，歐洲的或亞洲的，男人的或女人的，健康的或生病

7　參見：Wallwork, A. (2007). Attention deficit discourse: Social and individual constructions. *Journal of Critical Psychology, Counseling and Psychotherapy, 16*, 69-84.

的。這些區分只是在共同行動過程中，圍繞著我們的生活方式而組織成如此的。我們在共同行動之前無從各別地知曉什麼存在，因為就在我們試著要細數這些基本事物時，我們已經在利用共同行動之產物。

◈

既然共同行動過程現在已經就定位，我們就能以此而轉回到囿限存有的傳統。**你**和**我**的世界，其實和好球／壞球的世界，質子／中子的世界，或草木／山川的世界，沒什麼不同。要說到你和我，乃是要進入一個社群的傳統，正如進入棒球或物理，在其中的語言才能發展出意義。在此傳統之外，語言可能只是無意義。在原子物理的世界中，不會有什麼個體自我。即便我們談的是人的存在，我們也未必常能認辨出個體自我的存在。要迎面碰上個體自我的現實，尤其是處在政策決定的層次上，則幾乎不可能，譬如在處理群眾控制、非法打工、右翼份子、學生串連、路德會教派……或雙邊損失等等問題時。

◈

　　獨立的個人不會聚集起來形成關係；但是從關係中才有可能產生獨立的個人。

◈

就讓我們來更具體些吧，試想想：

● 如果有個警察說：「停住，別動！」……你就成了個嫌

疑犯。

- 如果有個推銷員說：「有什麼能讓我服務的地方？」……你就成了個顧客。

- 如果你太太說：「可以幫個手嗎，老公？」……你就是個丈夫無疑。

- 如果你的孩子說：「媽咪，快來。」……你準是那個母親。

他人也就因此而把我們當成嫌疑犯、顧客、丈夫、母親，等等。若沒有那些說法，我們有可能成為其中的任何一個角色嗎？[8]

◈

同時也試想想你自己的人格，也就是你屬於哪樣子的人。老湯和他的同事珍娜在大廳裡差身而過，拋出一句：

「哇噢，珍娜，你今天可真有看頭吶！」

老湯是個什麼樣的人？試想想珍娜可能的幾種回答：

「謝了，老湯……你可讓我樂翻天了。」

「你是想要挑逗我嗎？」

「你以為你用那句場面話就可把過去埋葬嗎？」

「你需要戴眼鏡吧……我整晚發燒沒睡哩！」

---

8 社會科學家對此有多種名稱，最常見的有「召喚」（interpolation）、「外鑠」（alter-casting）、「設位」（positioning）等，參見 Harré, R. and van Langenhove, L. (Eds.) (1999). *Positioning theory: Moral contexts of intentional action.* Oxford: Blackwell Publishers. 其中的重要觀念乃是：當他者以給定的方式向我們發言，或對我們行動時，他也就在將我們下定義。他把我們稱為這種、那種人，把我們鑄造成一定的角色，或把我們推向某種自我定義的位置。

「奇了，我以為你永遠不會注意到呢！」

「你是不是沒聽過什麼叫性騷擾？」

在共同行動的那時刻，老湯的性格就被定成一種模樣。他要不就是個「會提高士氣的同事」，或就是「無傷大雅的挑逗者」，或是「沒神經的男人」，或「笨死的驢」，或「有吸引力的男人」，或竟是一隻「沙豬」。但在珍娜回話之前，他算是何方神聖？

✦

批評者又被惹毛了：「你好像在暗示說，在關係以外，我根本不存在。但我每天好幾小時都是一個人在過的。我沖個澡、刷我的牙、吃我的早餐、散個步……全都是我一個人。怎麼能說我是處在關係中？我就是我一個人，全都是……沒什麼共同行動可言。就我，在幹我的事。」當然，我們的很多事都是一個人做的，私下沒別人。但怎麼能說：我做的這些事乃是「我們自己的所有」，不受關係的污染？舉一個顯然的例子來說，我一個人坐在這裡寫作，但我的所作所為卻盡是在輸入對話交談。話題的開頭來自先前與別人的交談，然後這些交談在此向讀者你推進。你並不以物理狀態來到現場，而我也沒把語詞大聲唸出，這僅僅是同一件事的前製後製問題。我自己看報看電視時，也是在參與交談，不過，在此的我只是字詞、影像的接收者，偶爾會有一點反應罷了。

我們也來看看比較不那麼顯然的例子。如果我自己下廚煮點東西，我難道不是僅在扮演別人的角色……演的是，譬如真正的大廚，即我媽媽或我太太？如果我在洗我的襯衫，我難道不是在準備自己以便去和別人相會？同樣的道理也可用來說我的洗澡、梳髮

或刮鬍子。我可能是一個人，但我的行動都密切地鑲嵌在我的關係中。或者，這樣說吧：我去露營一週，去騎腳踏車一小時，去看日落──全都是獨自一人。然而，我之所以去露營是因爲這樣做很有道理；同樣的道理也可用來說騎腳踏車和看日落。這些事情都是「有益身心」的。事實上，這些活動有共同的名稱──「露營」、「騎車」、「看日落」──並且有共同的價值相連──這一切都證明了它們的關係根源。同樣的道理甚至可推至「健行」、「吹哨」、「給馬桶沖水」等等。任何一個明白可知的行動都是爲了要參與關係之故。

◈

現在想想其中的涵義：你能不能做出任何講得通的行動而不被辨認爲「我們這個文化裡的人會做的事」？譬如說，你倒立，在游泳池用腹式跳水，嘰哩呱啦胡言亂語……這都可在某些脈絡下成爲講得通（sensible）的事情。也許你可以舉出某種完全講不通的行動來。但這種刻意選擇的行動，難道不是因爲你和我的關係中正發生了一個挑戰性的問題而然嗎？因此，實際上，任何有意義的行動都屬共同行動。

◈

活著就意謂參與對話：提問題、留心、回應、同意，等等。在這種對話中，人已經用他的生命全然且從頭到尾地在參與：以他的眼、唇、手、心、魂，以他的整個身體和舉止而爲此。

──巴赫金

40　我們這就來仔細想想共同行動的過程。有三個特別重要的課題可談。

共同行動及其限制

共同行動首先就是個相互限制的過程。這套座標參照的過程中有其內建的秩序形成。經過一段時間之後，參與者們的行動會很典型地出現組態化、可預期及可信賴。使用的口頭語言是個好例子。當語言發展出來並變得對一群人有用之時，他們就可用之於制定形式上和非形式的規則。[9]語詞要變得意思明白，必須先以人能依規則行動爲前提。你可以說：「貓追老鼠，」但你若說：「追貓鼠老」，那就已步出了相互參照的傳統之外。以此而言，早期的社會化恰恰是那套過程，可讓發展中的兒童能夠參與文化或次文化的傳統組態。我們若沒有能力進入此一座標參照的方式，則行動就會變得令人不解。「成爲一個人」不是要存在於自由的基本狀態中，而是要存在於種種限制中。人可能是「生來自由」的，但母親的第一次撫摸即是一場誘惑，把人誘入生機蓬勃的關係鏈。

我們還要再往前推進：我在同你交談時，我冒出的話語只是可能意義的候選人。不過，這些候選人可不是我的所有物，而是一場關係史的副產物。沒有這場歷史的限制，我就根本無話可說。同時，假若我們享有同一套交談的傳統，則我的話語和行動就早已承載

了**預先型塑的潛質**（pre-figuring potential）。亦即，行動言說已指向一個意思明白的領域來讓你說、讓你動。簡言之，我若向你提出一個問題，那麼，你給我一個回答，就是意思明白的。如果我問的是：「請問閘道口在哪個方向？」那麼，在我們的傳統中，你幾乎有義務這樣回答：「對，在前面的三叉路口右轉⋯⋯」或說：「不好意思，我不住在這附近，」也可以。但你若回答：「秋天好像來了，」或「我肚子好餓，」我就會給搞迷糊了。你在我沒問問題之前，也不可能很有把握知道要回答什麼。因為，你若靠近一位陌生人去對他說：「在前面的三叉路口右轉⋯⋯」，那定會讓人狐疑不已。[10]在問題之前的回答不是回答⋯⋯只在對你說出口的語境下，你的行動才會獲得其特殊的意義。實際上，我的問題預先形塑了你的回答。

41

⊕

然而，限制的過程是雙向併進的。在回應我之時，也會產出**後生形塑**（post-figuring）。在缺乏某種認知之下，我說的話會中止其作為意義候選人的身分。它們變成一無所指的聲音。一些增補的東西以後生形塑的方式進入我的話語，使之生出特殊意義——不是這，而是那。在上文的舉例中，珍娜對老湯的種種回應方式就是最好的說明。在她的般般回應中，老湯的人格被塑造成各型各樣。老湯並不

9　我們並不根據「腦袋裡的」規則來行動，而是先產生可相互參照的座標組態，然後從其中抽出好像規則的東西。

10　參見：Craig, R. T., and Tracy, K. (Eds.) (1983). *Conversational coherence: Form, structure and strategy*. 見於 Sage Series in Interpersonal Communication. Beverly Hills, CA: Sage.

是自由自在的老湯；他的「人格事實」受到珍娜的限制。以廣義而言，我們每個人的所有舉止行動都得以這種方式來預備接受限制，然後才會得到批准而為有意義。

⊕

試想想新聞分析人對總統的政治策略背後所隱藏的用意，作出如此用心的詮釋：

總統推動的政策	新聞分析人的詮釋
增加軍事預算	保住退伍軍人的選票
為內城（inner-city）[11]學校擬定的方案	試圖拉攏黑人選民
新的社會福利方案	保住年長選民的戰術

總統想要真誠，但在分析人的口中，沒什麼真誠可言——有的只是工具性的策略運用。當分析人在詮釋「話語背後的真理由」之時，真誠立刻變為擬態和偽裝。

⊕

在別人願意毫無疑問地接受我們之外，我們是否還有真誠的可能？每次在我們的動機被推入懷疑之時，我們的真誠感也遭到踐踏——可能也踐踏了我們自己。我們可以抗議道：我們有純潔的動機，但如果別人宣稱我們的抗議太多了，那純潔又可能撐多久？你就是沒辦法自己一個人在真誠。

到此為止，我們只處理了簡單的「行動／增補」關係而已。一人講話，另一人回應，在此交換之中，意義誕生。然而，生命是馬不停蹄地邁步向前，一時一刻的簡單來回很快就會遭到顛覆。在上述例子中被稱為增補者，都不會停在那兒維持原樣。它常會有往返二次的功能，第一次**往**以定義別人的行動；第二次**返**而代表了一個有待增補之行動。譬如在前一例中，新聞分析人並非總統行動的最後判定者。把總統的話語說成「只是策略」，這行動本身就會變成有待增補的對象。假若總統指出那些新聞分析只不過是為保守勢力而代言，於是分析人的話語就會頓時轉變成「僅僅是某一派說項的工具」。

更且，在交談之中，任何來回都可視為其前一行動的增補，而致使其意義也跟著變動。譬如，分析人可對總統的辯詞回應道：總統在避重就輕、模糊焦點（因此而貶損了辯詞的意義），然後他就可回到原先的批判，說總統的宣稱就是錯謬連篇。或者，你也可以回到你早先的行動，給它一些增補，使其意義改變。就總統而言，譬如說，他也許會回到最早的宣稱，加強其邏輯的完整性。由此可知，在交談的任何關節上，任何一方的先前行動都可予以拋棄、修飾或重下定義。[12] 參與者們的行動會逐漸形成網狀交織，意義也就

42

11　譯註：內城（inner-city）不是我們所熟知的「城中區」，而是指美國大都會城區內部的一些貧民區，其絕大部分的居民都是各弱勢族群。

12　與此相關的論點是嘎芬可對於交談過程的說明，他稱之為「就地合法」（ad hocing），在其中的任何一方都無法確定發展的可能性，直到對方說出口之後。參見 Garfinkle, H. (1984). *Studies in ethnomethodology*. Malden MA: Polity Press/Blackwell Publishing（初版於1967）。

因此而變動不已了。

多態性與延展性

如果在限制的傳統之外，我們就沒有其他可互相理解的方式，那我們是否已經完全囿限在既存的傳統中？我們是否永遠無法逃到既存的關係規則之外——而這些規則的建立，很可能是在我們誕生之前？這樣的蓋棺論定過於悲觀。很顯然地，我們一直在放棄某些傳統；而我們的生活方式也是不斷開展的。這世界一直有衝突，如潮升潮降般顯現了一面是緊緊黏著於傳統，一面則跟跟蹌蹌地走出新局。然而，如果在傳統的限制之外，一切都是講不通、不可懂的，那我們要如何說明變局的發生？主要的答案在於：這樣的變動實乃從一種關係脈絡到另一種關係脈絡之間的延展運動。我們從家裡走到辦公室，去拜訪朋友，走進運動場，等等，就意謂我們帶著不同的言說和行動模態。這些實踐都會適時插入新的語境脈絡，且會以新的方式進行增補。話語和行動也就適時獲取了不同的功能——變得更充滿意義。

◈

在此使用戲局（game）[13]作為隱喻，有其便利之處。我們可說：每一種有座標參照的傳統就會形成其特殊類型的戲局。我們常見的就有種種正式的戲局，例如：西洋棋、跳棋、橋牌、足球、大富翁等等。也會有些非正式的戲局：「如果我爸和我發生爭吵，該怎辦？」「該如何和我們的孩子一起玩？」不過，在戲局之間的邊界很模糊。在某一戲局中產生的行動常常被借用到另一戲局。帶球越

位的規則在橄欖球、美式足球和澳洲式足球上都通用。在日常生活中的戲局劃界，就常顯得曖昧不清。借用與插入的潛在可能幾乎無處不在。我們把擁抱這動作當作親愛關係的信號，但它是從我們和母親在床前道晚安的關係中借來的，然後將它置入其他的關係脈絡中，譬如我們和親密伴侶的關係。當然，這動作裡還帶有最初發生時的意義（或具有預先型塑的力量），但同時也會取得額外的潛質。它發出的信號似乎已經不再是說：「該睡覺了，」而可能是另一種信號：「我們一起上床吧。」我們就這樣不斷地借用和插入，以致這「戲局規則」會變得愈來愈曖昧不明。試想想這個例子：「愛」這個字是以何等方式在各種語境脈絡之間旅行。此字可用在你和以下諸對象的關係中：父母、愛侶、孩子；還有你和藝術家、冰淇淋、你的鞋子，以及神的關係等等。當我們在使用像「愛」這樣的字時，我們到底進入了什麼戲局，那幾乎是永遠說不清的，因為其中既有淺薄，也有深刻。以此而言，大多數的交談都接近於在玩一種多向度遊戲，其中的任何一位參與者作出的任何一個動作，都可視為連上其他好幾個戲局的動作。[14]

每一次的交談都是潛在的開放場域：一個朋友在早上跟你打招呼

13　譯註：game 也可譯為「遊戲」，但為了區分「遊玩戲耍」那種遊戲（play），和較需遵守遊戲規則（譬如常以比賽的方式進行）的遊戲，因此另譯為「戲局」就可見其必要了。作者在此顯然意指後者。

14　語言學家會這麼說：大多數字詞的意義都是**多義的**（polysemous），亦即帶有許多用法的語境脈絡所產生的諸般語意。

說：「你看來好累。」在其他各種可能之中，你可以將此定義爲表示同情，或對你的相貌作了批評。假定你的回答是：「你不知道我剛從哪裡歷劫歸來。」那麼，你的朋友是該把這說法當成友善的邀請，亦即請他再進一步探詢？或可能是在批評他不夠敏感？他回說：「這樣啊，告訴我，發生了什麼事？」你也會懷疑：這究竟是表示他對你的認眞看待？或只是蜻蜓點水式的禮貌問候？實際上，這中間一直有不同傳統之間的相互放血。行動可能會造成限制，但由於其曖昧之故，限制也就鬆鬆散散。爲了讓人能懂而作的增補可能涵蓋極廣；在任何共同行動序列中的排列組合，其數無窮矣。在每一次新的組合中都埋有轉換傳統的種籽。或可說，在多重的限制之下，藏著無限轉換的可能性。

44

⊕

我們這就回到一個根本的議題：自我的建構。透過共同行動，我們帶著個體的身分認同而成爲實體存有，但這過程卻永遠停留在未完成的狀態。只要多重的選擇出現之時，自我認同也必跟著轉動起來。試想想這樣的場景：一位案主和她的治療師之間的語言交換。

案　主：「一整天我都好像泡在忿怒的燜鍋裡。我坐在我的座位上，接到的命令總是來自一個可怕的傢伙。至少有一點，他笨得要死；有一半時間他告訴我該做的事情都是錯的。他還對我大聲吼……簡直像是陸戰隊的班長。然後我發現他在盯著我看……不，說他色瞇瞇的更對……」

治療師：「是的，權威總是很麻煩的。我很想知道你這樣的

問題到底已經多久了？我們來多談談你和你父親的
關係吧。」

案主在此所提供的說法已經把她自己定義爲受害者，而治療師接著
又用「與權威相處的問題」來定義她的處境。不過，案主自己有個
底。她很可以讓治療師的話語來佔用她的底，但，換個方式來看，
她也可以這麼說：

案　主：「不，我想告訴你更多的是關於那傢伙……他實在
　　　　　是蠢驢……」

案主實際上不顧治療師的說法；他的權威地位正受到挑戰。案主還
可以這樣說：

案　主：「我很不喜歡你想把這說成『我的』問題。那簡直是
　　　　　父權統治……好像在維護既有的權力結構，男人至
　　　　　上。你看，這傢伙明明是個卑鄙小人，如果你不能
　　　　　跟我一起來探討這問題，那我們最好就別談了。」

治療師在此被定位爲「問題的一部分」。如果他找不到一個方式來
重述他自己或案主的話語，這場關係就得結束了。他可以說：

治療師：「喔，請別誤會我的意思……我敢肯定這傢伙就像
　　　　　你說的那麼糟。但我想探討的是在生氣之外，是否
　　　　　還有別的可能。」

然後治療師就得等待……因為不論他對自己作了什麼定義，現在卻正要放到案主手上來裁決。

⊕

45　　人的存有就是由交談所構成。

——查爾斯·泰勒（Charles Taylor）

⊕

我們並不擁有自己的所說和所為。我們的話語既已捲入共同行動的持續過程，我們也因此而不斷變形：

> 電話鈴響突然把我推入一陣撲朔迷離之中。這是個很不尋常的來電。我目前的所在地是一所德國小型大學，我答應要在此講好幾週的課。比較重要的是那聲音，一個帶有異國腔調的女性。她請求和我約談，但只說我很可能會感興趣。至於她的身分，她也只說：「雖然你不認識我，我卻很認得你，可以嗎？」在約談見面那天，我相當不安。當天上午稍晚的時刻，她的鞋跟踩過大廳的大理石板，登登而來。她的外觀和她的聲音相符，穿的是黑色毛衣和黑長裙，謎樣的意味已瀕臨啟示之境。很快地，啟示就脫韁而出：對於她這一生的改變，我應負有責任！怎麼會？
> 　　烏麗可和一位比她年長很多的教授結婚，她一輩子投入的全都是大腦的生活。每天繞著她轉的就是書本、觀念和無休無止的討論。在她的繼續教育階段，兩年前她去附近的一所

大學，聽了我講的課。擁擠的講堂幾乎令人窒息，而我在講課當中已脫掉我的外套。她描述了當時的事件，我也霎時記起那回事：我的襯衫太短，因此每次我要在黑板上寫寫我講的東西時，襯衫就會從褲子裡拉出來。我一手在寫黑板，另一手則在塞衣服。我身陷在這套拉扯儀式之時，烏麗可記得，她的注意力被吸引到我的肚臍。每次我的襯衫開始拉起時，她都會抓住那一瞬間而瞥見了。於是她進入催眠狀態；我講的話已經沒什麼意思；唯一重要的問題變成：下一刻她是否又能瞥見我的腹扣。當她開始思索她自己的那陣頑念時，她也開始發現她的婚姻是失敗的。新的人生律令出現：應當恢復熱情，重新過完整的生活！她的婚姻果然轉變了，而她希望能向我表達她的謝意，因為我對她「所做的一切」！

⊕

關係還是滿載著參與者們的身分認同，而繼續前行。這是一場無限的延展，且**無人**可以隻手來施加控制。就像大海中的浪，「我」只能在停格的狀態下暫時以單身來顯現；一旦停格中止，浪頭也恢復其無休止的波濤起伏之狀，沒有任何可分離開來的浪可言。　46

關係之流：敗壞與繁榮

　　我們已經掃描過協作行動過程如何受到限制，以及其中具有多麼延展自如的無限潛能。任何活生生的關係都必定同時包含兩者，前者對於任何意義的創造都是必要條件，後者則在保障脈絡轉換的敏感度。由此，我們可以見及一個**關係之流**的過程，在其中確有兩

向的持續運動，其一是朝向限制，其二則開放給意義的演化。[15] 在這關係之流的過程中，我們在我們所處的在地條件下，一起生產了可延續的意義，但就在如此的行動中，我們也會不斷依照關係本身的多態敏感性而改革我們介入關係的方式。理想上，如果關係之流本來就了無障礙，那麼在我們面對面之當下，或在所處的社群中，或在周遭的社會中，或甚至在廣泛的人世間，都應該會有意義的完整分享，以及創意不斷才對。在每一個關係時刻，我們應該會和周遭世人共鳴，吸收日月精華，煉造出新合金，並且能對造就我們的大關係之流進行全面迴向。

⊕

蘆葦
偃身
讓
風通過[16]

——阿蒙斯（A. R. Ammons）

⊕

讓我們把這種洞見再向前推。我們的日常生活中充滿著各式各樣緊張與異化的關係；到處都是不可容忍、討人嫌、不光彩、看不起和卑鄙下流。而在更大的世界關係中，同樣的情況已變本加厲到瀕臨死境。如果真能找到和諧，那也經常只在關起門來的社區大門之後，或在加強巡邏的邊界之內。對於異化關係的關切，在本書的以下章節中將會成為核心課題。但在這先行之處，先來想想關係之流的幾種不同形式，會很有幫助。我特別希望作出的區別是：

47

關係之終局爲**生機性**（generative）與**敗生性**（degenerative）的兩相對立過程。後者是腐敗，是把共同行動帶向中止。前者則是**催化**（catalytic），是爲關係注入生機。

　　擴大開來，試想想你對這些常見的說辭會有些什麼反應：
　　我認爲你已經犯了錯。
　　你已經無藥可救。
　　你怎可能想到這樣的東西？
　　我想你和他一起沒幹對事情。
　　我認爲你不公平。

在普通的傳統中，以上的每一句話都可視爲對你的行爲所作的攻擊，把你的意義擊垮。還好我們的傳統中有增補的機會，你會抓住機會來爲你自己的行動辯護。你大可質疑這些人有何權利來說話；你可以批評他們的判斷；你甚至可以回咬他們一口。但所有這些增補都會把你導向異化的局面。以平常的標準而言，這樣的來回程序相當正常，但其效果卻會帶來關係的腐壞。爭論通常都採取這種形式，作出的言詞也就是如此互相漠視。這般敗生性的交換過程，其極端的結局就是爭出你死我活。攻擊與反擊的程序也許都有高度的

15　與此相關的理論是巴赫金所區分的語言**向心力**和**離心力**，前者朝向統一，後者朝向解組。Bakhtin, M. M. (1982). *The dialogic imagination: Four essays.* Austin: University of Texas Press.

16　譯註：這幾行詩正好對上了我們所熟知的成語「風行草偃」，但是，一定要倒過來理解：「草偃而風行」。

座標參照，但其軌跡顯然指向相互的摧毀。

相對於此，我們有必要打開生機性過程的能見度，也就是那種新形式的交換之流，在其中可展開的盡是豐富的潛能。舉例來說，一位好老師知道學生們對於世界有理所當然的認定，但她可讓認定都先予以擱置，然後以愉悅來點亮他們的知識燭火，誘導他們進入新的、可能性的世界。在科學研究中，生機性的挑戰可能導入一種和本學科一向視爲當然者剛好相反的理論，使得原有的假定必須懸擱，好讓新的探究形式得以激發。[17] 在日常關係中，生機性的挑戰可使人區分出厭倦與興奮之別。當幽默、諷刺、反身自省的深思、動人心弦的幻想等等出現時，我們的平常生活被打斷，才使得我們不會陷入死氣沉沉的重複之中。

生機性的過程激發了意義的廣延和流動。最終，這樣的過程可能變成跨入未來幸福的關鍵。我們一直扛著當作生活南針的堅實意義，有很多是潛在的病態。我們在尋仇報復時，就認爲「本當如此」，並且還樂於見到受害者倒地呻吟。我們看到那些恐嚇我們的人被丟入監牢，自然覺得很滿意。很多人主張要對恐怖份子施虐。一報還一報的攻擊與報復鬥爭可以延續好幾世紀。到此，我們總算可以轉過來賞識一下生機性的挑戰有何重大意義。這樣的挑戰會讓我們開啓反思：我們有何破壞性習慣？也會讓我們開啓討論：我們有沒有其他選擇？我們可在任何時刻站上最有利的交點，匯集我們的過去，把它們往前推，並在此薈萃地創造出未來。我們既可在此刻互相交談，我們就可依此而描繪出未來的輪廓。我們可以延續傳統；但我們也可自由地改革和轉變。以下幾章會專鶩於面對這些轉變所帶來的實際挑戰。

你的恐懼會傳染

　　你的忿怒如野草蔓延

　　　　你的喜悅傳播快如好消息

當你同我交談，你創造了世界

——瑞巾‧沃特，藝術家

17　進一步的討論，可參見：Gergen, K. J. (1994). *Toward transformation in social knowledge* (2nd ed.). London: Sage.

3 │ 從因果到匯流

轉變傳統的挑戰引發了最後一個議題，關乎以下幾章的內容，那就是因果（cause and effect）的問題。對於要如何理解人的行動，我們承接了一個極強的傳統。其中特別是兩種主要的解釋形式——對於「為何」人會有某種行為。一方面是**因果**的解釋，這也是大多數社會科學的偏愛。人之所以會改變，是因為有外在力量施之於其身。譬如很平常的說法是：人們可以「受影響」、「受教育」、「受酬賞」、「受威脅」、「受逼壓」而改變他們的行為。另一方面則有些解釋是奠基於**志願行事**（voluntary agency）的認定，對此有所偏愛的是我們的日常關係，還有法庭。譬如我們會說：人可以在對錯之間作自由選擇，或決定他們自己的一生要做什麼。然而，對於人的行動，在發展了關係論的觀點之後，我們會發現上述兩種傳統解釋方式的不足之處。兩者都在維持圍限存有的傳統，也都無法認識共同行動在人的事務中有何顯著的意義。實際上，要解釋人的行動，有另一種方式已經在伸手邀請我們，也就是把共同行動的**匯流**擺到關切的核心中。以下，我要先仔細說明因果解釋的缺陷何在，然後較簡短地談談志願解釋有何短處。在此分析之後，我才會轉而討論什麼叫做匯流解釋。

✦

一開始，我們很難否認因果之為顯然的真實。我們觀察到：爐火把水煮成沸騰，我們的腳踩在油門上會使車子加速，我們對同桌的朋友說「麻煩傳一下鹽巴」，那鹽巴罐子就會傳到我們手邊。

我們不清楚的是：沸騰的水、加速的車、傳過來的鹽，是不是其前 50
一事件的直接後果？如果沒有這些「前事件」，則我們看到的那
些現象就不會發生？這種因果關係的觀點——若 X 則 Y，若非 X
則非 Y ——有其古老的源頭。亞里斯多德稱之爲**效果因**（efficient
causation）。[18]十幾世紀之後，在牛頓（Issac Newton）的影響之
下，吾人確實可以把宇宙想成「一個大機器」，其中的每一個成分
之間都有因果關聯。每件事都有個起因，因此要想像「無因之因」
就會走到科學領域之外。用這種**機械論**的觀點來解釋人的行爲，至
今仍然流行不衰。

　　說得仔細一點，在社會科學中，我們會觀察一些被稱之爲
攻擊性的、利他的、偏差的行爲，而且我們對此都甚爲關切。爲
了讓社會變得更好，我們會想讓某些行爲多一點，其他行爲少一
點。這般的關切最後卻得讓位給如下的問題：「這些行爲的原因
是什麼？」是什麼力量、影響、因素或生活情境把它們給造成？
這個原因問題一發動起來就產生了多如牛毛的研究計畫。從這些
研究中，我們會得出如下的結論：攻擊性的示範者會造成兒童的
攻擊性行動；酬賞的承諾可增加利他之心；或同儕壓力會造成偏
差行爲。正如經常所提倡的，社會科學對於人類行爲的研究應該
導向更爲精確的預測，因此才能提高對於未來的控制。如果一個

---

18 亞里斯多德作的是四因論，而最爲流行的**效果因**僅爲其中之一。對亞里斯多德而
　言，與此相對的是**終極因**（final cause）。終極因是用來解釋一個行動的目的或結
　局。是以我們可說：有人買了一個禮物，**因為**他想讓他的父母高興。不過，一般而
　言，我們現在的看法是：終極因雖可用來解釋自由選擇的行動。然而，倒過來說，
　自由選擇的行動本來也就不是什麼原因造成的。

社會可控制住偏見、憎恨、犯罪等等的原因，我們就可邁向更好
的世界了。

✛

幾世紀以來，哲學家們一直在爭辯著因果解釋的概念。到了近幾
十年，當量子物理學放棄了因果解釋而轉向場論（field theory）的
說明時，這些爭辯就逐漸衰退了。但是，懸而未決的，主要仍是
關於因果關係之本質的問題。在這些問題當中，最突出的就是，
一件事的「發生」或「產生」如何改變了另一件事？我們看見爐
火，然後觀察到沸水。但爐火如何「造成」水的沸騰？如果你請
我傳一下鹽巴，是什麼東西決定了我會把鹽巴罐子傳過去？我們
被拋進一個迷離困境中。有不少人建議，我們應把因果決定的觀
念根本放棄。我們只要集中回答預測的問題就好。我們可以相當
可信地預測一鍋水放在爐火上會發生什麼結果，或是預測有人在
晚餐時請求傳鹽巴，會發生什麼事情。因果決定的概念是無法證
明的，也是多此一舉。

✛

51　　注意，我們常會受誘惑去想：自然可以切割為一個個分離的事
　　　態，其中每一個都會有個「父親」（原因）以及一個，或幾個
　　　「兒子」（後果）。這種看待世界的方式把人導入陳腐的醬缸
　　　問題中。

　　　　　　　　　　　　　　　　──韓森（Norwood Russell Hanson）

✦

　　我們有進一步的理由，要把因果的概念置入括弧（即懸擱起來）。這個概念以許多意義重大的方式而扶植起圍限存有的意識型態和社會體制。當我們爲一個人的行動找尋因果解釋時，我們就開始把世界割裂成一個一個獨立的實體。一邊是原因的條件，另一邊則爲其後果。緣於是，我們把攻擊、利他、偏見的行爲看成後果，則我們必須將它們各自的原因套件給找出來。這麼一來，我們已將個體定義爲在根本上就和周遭世界分離的、孤立的，並且會隨其波而逐其流的東西。在社會互動的狀況下，用因果關係來認定某個例的發生，這對於社會生活的涵義，肯定具有嚴重的傷害。在前章中我們已經踏查過圍限存有的意識型態，知道其首要價值是置於自我及其發展上；同時我們就會因此而對他者，及由它們而來至我們生命中的種種限制，產生根本的懷疑。[19] 這種意識型態就會把我們對我們自己的看法誘入「無因之因」（uncaused cause）。在此觀點下，我們都巴望著把自己看成他人行爲的根源，但絕非他們的玩物。[20] 於是，此一問題就會成爲每一關係之上的陰霾：「我是否正在控制著局面，或他人是否正在控制我？」我們會憎恨那些想把控制加諸我身的人，也會對我們控制之下的人失去尊重。我聽過一位哲學家這樣說：「每一次我碰到其他哲學家時，最重要的問題就這

19　譯註：在「同時」之後的半句，其意思可簡述爲「我們會懷疑我們所碰到的種種限制，是否都來自他者」。

20　可參見：DeCharms, R. (1976). *Enhancing motivation: Change in the classroom.* New York: Irvington.

麼一個：我會贏過他，或他會贏過我。」但凡控制成為問題之處，威脅也就如影隨形。

☩

在一個因和果的世界中，每個人都會嚷著說自己是因。

☩

對於因果解釋應用於人類行為上，我作的這種批評，其實有不少伙伴。[21] 就在這一點上，我們才開始臆測因果哲學之主要的另類，即志願論（voluntarism），及其伴隨而來的會是什麼問題。特別是人本主義學者，他們對於任何否認「人的行動出於志願行事權」的說法，都會強烈抵制。對他們來說，我們時時刻刻都可以決定自己的行動，這是顯然為真。[22] 如果你請我傳一下鹽巴，我可以選擇傳或不傳。更重要的是：如果我們縱容因果決定論的流傳，致使「自由決定行動」的概念被排擠，我們就會淘空了道德責任的基礎。如果我們所有的行動都被理解為「超過控制範圍的原因」所導致的結果，那麼，我們就不能對我們的所作所為負有任何責任。我們的搶劫、強暴、施虐都不是我們自己所能控制。然而，這樣的爭辯還沒完。對於決定論的科學家而言，這些出於志願論的訴怨都毫無益處。你把一個搶劫銀行的人說成出於他自己的選擇，這只是個循環論證——無異於說：他搶劫是因為他搶劫。在這裡你就什麼也沒學到，在未來你也不能減少這類行為的發生。你只能讓搶劫者為他的選擇而受懲罰。如果我們想要更好的未來，理論上，我們就必須發現該人從事該行為的影響條件。[23] 更概括地說，允許志願行事權進入社會科學，就等於承認人類行為之毫無章法可言。任何人皆可

選擇不守法。假若科學原則預測我有攻擊性，我就可選擇非攻擊性。那麼，預測和控制對於社會科學而言，就變爲永遠無法達成的目標。[24]

在決定論與志願論的兩造主張之間，不但爭論已久，並且沒完沒了。不過，我建議把這爭論擱到一邊，或擱到歷史的殼子上來就行了。爲什麼？至少有一點：如果因果概念可以放棄，那麼，與它對立的志願論也一樣可放棄。從大尺度來衡量，會發現決定論的概念和志願行事的概念根本是互相定義的。你不能只顧揮著決定論的大旗，而沒看見它所要對立的是什麼。假若我倡議的理論說：整個宇宙都是由花崗岩所構成，那就不可能有個對立的理論來說什麼不是花崗岩。所以，要把一套二律悖反中的一方給排除，就等於同時排除了另一方。

53

21　譬如可參見：Taylor, C. (1964). *The explanation of behavior*. New York: Humanities Press; Harré, R. and Secord, P. (1967). *The explanation of social behavior*. Oxford: Blackwell; Merleau-Ponty, M. (1967). *The structure of behavior*. Boston: Beacon Press; Rychlak, J. F. (1977). *The psychology of rigorous humanism*. New York: Wiley-Interscience.

22　只用自明的基礎，就確實足以支撐存在主義哲學的發展。

23　譬如可參見：Skinner, B. F. (2002). *Beyond freedom and dignity*. Indianapolis, IN: Hackett Publishing Company.

24　對於這場爭辯的進一步討論，以及用關係論所提的另類出路，可參見：Gergen, K. J. (2007). From voluntary to relational action: Responsibility in question. In S. Maasen and B. Sutter (Eds.) v *On willing selves*. London: Palgrave.

若沒有不義的話，那正義之名要意指什麼？

——赫拉克利圖（Heraclitus）

✛

以目前的觀點來看，最重要的是：志願行事概念和因果概念有其相似之處，就在於兩者都護持著囿限存有的意識型態。對志願論者而言，我們的行動之源，完全在我們自己。我們是以小型神的方式在行使功能，我們的未來就由此創始；也由此而引出前一章所敷陳的人之所病。

✛

批評者會被此說激怒：「是呀，自由行事者的觀念也許有些問題，但我們還是被困在道德責任的難題中。總之，我們必須堅持，在行動之中，還是人人有責的。如果什麼事都不需有人負責，那這世界不就變成凡事皆可了嗎？」這是個重要的批評，也值得密切注意。但此刻，我只要指出：堅持人人有責的傳統並非沒有問題。譬如，在道德和法律責任方面，個人主義觀點在美國一向佔據最高統治權。我們對於所有的越界者都施以懲罰。因此，很不令人意外的是：這個國家的人口只佔全世界的 5%，但它的監獄服刑者竟佔了全世界的 25%。有超過七百萬人在這個國家中不是在坐牢，就是在緩刑、假釋中，因為他們自由選擇的犯罪而然。其他國家，不論其大小，都不會把這麼多人歸入拘禁的狀態。換個觀點實有其必要。下一章我就會引介關於行事權能的關係論觀點。而到了第十一章，我也要用關係論的立場來擔起道德責任的課題。

要想取代傳統的因果解釋和行事權解釋，我們能怎麼做？有沒有一種解釋的取徑可以充分反映世界上的關係論觀點？為了把這種可能性的輪廓給描繪出來，我們得回到共同行動的概念來。依我之見，所有的意義都必須透過協作行動才能產生。因此，因果觀念和行事權能的觀念本身，正是關係所生的兩個孩子。它們各自具有歷史和文化上的特殊性，而它們之間的鬥爭在本質上也就是意義傳統之間的競爭。那麼，共同行動的概念在此脈絡中又能怎樣帶我們走向下一步？

　　我們把行為的因果解釋再拿來考量一遍。在此觀點下，人就像撞球一樣，互相碰撞而撞出效果來。每一顆球原都是獨立的，直到有別的球撞過來。然而，除了效果之外，我們如何還能辨認出原因的本身？假若沒有一個可稱為「效果」的東西，就根本不會有所謂的「原因」，反之亦然。因和果就是如此相互定義的。[25] 讓我們用詳細的事例來擴展說明：你在散步時經過公園，看見一個男人向他 54

25　我們很習慣說原因先於效果。然而，從關係論的立場來看，其中有一種道理，使得順序剛好顛倒。平常我們是先指認出一種我們想要理解的行為，然後再去尋找它的原因。然而我們所能發現的原因就只是在習俗中所謂的原因。如果我們看到了攻擊性的行動，我們就問為什麼。不過這原因必須是某種能讓我們維持該行為定義的事態，而該事態又必須指向我們對於攻擊性原有的定義。因此，我們不能說它的原因是一次「碰巧的撞擊」，正如我們說「攻擊性的原因是碰運氣」一樣毫無意義。我們必須找出一種原因來為攻擊性講出道理，譬如說是「壞運氣」，或說是挫折。以此而言，一旦我們指認出一種效果，我們也同時決定了它的原因。於是，效果就先於原因了。

前面的開闊空間擲出一球。你猜這大概是毫無目的之一舉，在夏日的此一時刻幾乎沒人會注意。現在，試想同樣的舉動，但這球擲向了一個戴著捕手手套的人。突然間，這個人的行動可以辨認出是在「投球」。所以就效果而言，若沒有接球就不會有投球。我們繼續看下去，發現有個人手持球棒，還有一些壘包擺成個鑽石形，有些戴手套的人散佈在場子裡，等等。至此我們就可以結論道：這是一場「棒球賽」。我們傳統上看作「獨立的」因素——持球棒的人、壘包、各野手——其實並不獨立。他們全都在相互定義。一個人戴著手套單獨站在球場上，不叫做打棒球，而壘包也不能單獨構成一場比賽。每樣東西個別來看幾乎沒什麼意義可言。只當我們把所有這些因素帶進相互定義的關係中，我們才能說是「打棒球」。我們接著就可稱棒球賽是一場匯流，一種生活的形式——在此例中就是由一些相互定義的「實體」所構成的陣容。[26]

為了試圖解釋和預測人的行動，我們來把原先使用的隱喻——撞球和不動的動者——換成烘焙和化學實驗的隱喻。我們的關切就會從孤離的實體轉換到成分的組合。我們攪拌了麵粉、奶油、蛋、奶水和一個承盤，這就會弄出個鬆餅來。讓氫和氧化合，我們就會得出水。由此觀點來看，點燃火柴並不是汽油燃燒的原因；不如說，燃燒是由火焰和汽油之特殊組合而成就。同樣的道理，學者們可能稱為知識上的攻擊，並不是導致一場爭辯的原因；要達成爭辯，所需的是對方所作的答辯。

全體等於關係的總和

在轉入二十世紀之時，有一場藝術的運動興起，其名為點描主義
（pointillism）。點描主義畫家用細小的筆觸和彩點來創作他們的繪畫題
材。畫中的主題從未以其本身來描繪。確實的，你可以説，其中根本沒
什麼「其本身」，只見主題在細小的彩點排組之中浮現。保羅·辛軋克
（Paul Signac）的畫作：馬賽的港口，頗具代表性。

⊕

　　　　每事每物，包括每一個人，首先是

　　　　以及一直都是一張關係網

　　　　　　　　　　　　　　　　——布倫特·史萊夫

26　把「實體」放在引號中，意在指出其中沒有獨立的身分認同，只有關係中的認同。
　　在序曲章中已經說道，任何被我們認定為「獨立實體」的東西，都必定是某個「位
　　場持住者」。經過更週延的分析，這實體本身也可認定為一場匯流。

✛

56　　瑪莉（Mary）[27]和我有一次一起冒出個疑惑：每年的聖誕節，
我們幹麼花那麼多力氣在裝飾我們的房子？裝飾既費時又花
錢；顯然也是一無所獲。假若我們沒弄成，也不會有什麼天打
雷劈。我們就問：為什麼要弄？現在我們曉得，這是個誤導的
問題。我們弄裝飾既沒有什麼內在理由，也不因為有什麼外在
壓力。不如說，我們弄裝飾是因為我們存在於一個匯流之中
——擺個相互定義的陣仗，以便和周遭打成一片。季節降臨
了，此舉就是最顯然的過節方式；在匯流中意氣相投吧。如果
我們參加晚宴，我們就吃東西；如果我們聽音樂會，我們就拍
手。我們的這些舉動沒有任何私人的理由，也沒有別人叫我們
「非做不可」，而是因為我們參與了一個關係的匯流，在其
中，這些舉動都是人人可懂的。[28]

✛

批評者馬上注意到了：「這是在暗示說，你這肉身之軀沒有自己的
意志。你的行動沒有重要性可言；唯有匯流才能算數。這樣的觀點
難道不會扼殺了你對於改變的動機嗎？難道不是在肯定現狀，又暗
示了個人的努力完全無效嗎？」不然也。你在任何處境中當然會輸
入一套自己較偏好的表現。但這並不一定能代表「意志力」；還不
如說，是代表了一套已建立的關係在此彈出。而其重要性的大小也
決定於彈入哪種給定的匯流。試想想：即使只用一個字、半句話，
進入某種給定的脈絡，會具有多強的力道：「你被解雇了，」「我
不幹了，」或「我們完蛋了。」同樣的道理在人的一舉一動中也隨

處可見：對人舉拳相向，笑聲中帶有嘲弄之意，或給個擁抱。甚至只是一次在場的現身，也會改變匯流的意義。依狀況的不同，一個

這個喜悅的時刻無法用照片中的任何個別因素來指明。喜悅只產生於匯流中。

致謝：安．瑪利．呂斯曼（Anne Marie Rijsman）

27　譯註：這位瑪莉（Mary）是指序曲章中出現的 Mary Gergen，即作者的夫人，下文將一再出現，只此一人，不指其他。

28　這裡發展出來的匯流概念，和布赫迪厄（Pierre Bourdieu）所謂的**住性**（habitus）頗有些家族相似性。不過，對布赫迪厄而言，住性是指個體的一套習性系統，來自家庭、教育、居住地等等的決定性結構。以此而言，布赫迪厄之說帶有內心／外界二元論以及因果解釋的顯著痕跡。參見：Bourdieu, P. (1977). *Outline for a theory of practice*. Cambridge: Cambridge University Press. **脈絡主義**（contextualism）的哲學著作也與此頗有關聯，這主張是說：所有的字義都仰賴其脈絡（語境）的決定。把這意思擴張些就可說：任一事物的存在也要仰賴其在脈絡中的作用方式而定。

人只要站在那裡，作為觀察者、示威者或哀悼者，都會使情境改變定義。我們也同時必須考量出現在現場的物件。一瓶花、一個燭台、一隻狗、牆上掛著的一支武器……全都可成為轉變情境潛質的微妙手段。可以肯定的是，在一個匯流中區辨出其形式所佔的是為核心位置，或邊緣位置，這點很有必要。但在任何情境的既有定義中，人仍有極大的彈性或創意，用各種人員、物件或舉止，來作與時併進的維護。

57

⊕

批評者仍咬住懷疑而不放：「務實一點來說，我看不出這種匯流的觀念能把我們載向何方。就科學預測而言，你能怎麼說？用此觀念究竟會比老式的機械論模型好出些什麼？」我的回答是：匯流的取向沒排除任何預測，而只是不管。前文已經指出：共同行動過程較傾向於知道什麼是可信賴的，或值得重複的關係形式。譬如打高爾夫球，我們完全可以預知一個人的下一步會幹什麼：當他把球打進沙堆之後；或他們的球距離獎盃只有幾吋遠時。你也完全可預知瑪莉和我在聖誕節之後的假期會幹什麼，或在晚宴中、在音樂廳中會幹什麼。無論如何，匯流取向的有益之處在於我們不需用任何獨立的因素或變項來作預測。譬如，對於一個小孩在學校的表現，與其去探詢收入、教育水平、是否在單親家庭長大等因素的「效果」，我們寧可轉而關注這小孩所參與的關係生活有哪些條件。用民族誌（俗民誌，ethnography）的描述優先於用實驗法的操作。我們的關注從影響轉向匯流（from influence to confluence）。

58

　　匯流取向也為長期預測打開新的眼界。譬如在社會科學中，從兒童早期事件來預測成人的行為，其預測力之薄弱，盡人皆知。

父母對待兒童的方式對於其成年後所追求的幸福爲何，也只有很勉強的預測價值。像**提前開始方案**（Head Start Program）之類的東西，也都無法有效地預測低收入戶兒童的積極未來是什麼。然而，從匯流的觀點來看，我們比較會關注的是貫徹於時間前後的課題。我們會把和父母住在一起的家庭生活，或是在提前開始方案之中的生活，都視爲一種匯流。這種處境或那種處境的生活也許沒什麼差別。如果你關心的是要創造積極的未來，那麼該關注的就應是兒童所經歷的**關係路徑**（relational pathways）。即各種形式的匯流如何得以連結，致使路徑也一一打通，而能走向積極的方向。對於低收入戶的兒童來說，家中的生活如何可能和學校生活更爲接通，學校生活經過幾年的發展如何建立爲一個和家之間的連續體，也更能連接到較高階的教育，乃至連上有前途的職業？

最後，不能不問的是：爲什麼社會科學需要如此倚重傳統的價值去從事預測？如果我們關心的是人類福祉，爲什麼可用檢驗目前模態的方式而臆測其未來？如上文所述，共同行動中的轉型是常見的，但今天的研究就只能應用在今天；明天的世界有很多條件會產生又廣又深的差異。如果我們所期待的是產生更有希望的未來，那麼，主要的挑戰應在於如何以協作創造來產生新的匯流條件。我們該問的不就是：如何能從我們的關係歷史中抽引出新的途徑，亦即更有希望的匯流結果嗎？

預測未來的上上之策乃是：把它發明出來。

——阿蘭・凱（Alan Kay）

⊕

以匯流而得的理解是永遠不會完成。科學確定性所作的承諾已經誤導眾生，我們不能如此，而必須維持謙虛。我們之所以有此自知，部分是由於我們所認定的匯流之存在，也正因我們將它定義為此。我們可以這麼說：匯流之本質即係「一個行動」，而我們必須為它不斷增補，以使之成為存在。每一次企圖去辨認匯流時，就必得從某一特殊的關係傳統來下手。因此，通常我們所要辨認的棒球賽，就是在探究：要具足什麼條件才可使它成為存在？但在物理學或生理學的傳統中，棒球賽果然不存在。因此，不論我們所說的匯流是什麼，它永遠有賴於我們用以探究的傳統是什麼，而得以存在。

謙虛的另一來源乃是此一事實：匯流不受圍限。我們可將棒球賽辨認為一場匯流，但如此一來，我們已經是任意地將它從所有的其他事項中切割出來。一個投手，若沒有食物、水和空氣，行嗎？一個「全壘打」，若沒有圍牆，成嗎？實際上，要將任何事物定義為匯流，就得暫時令我們對於它所屬的廣泛脈絡形同盲目無視。我們可以在此想像一場終極的匯流，使一切一切皆由此而得以存在，包括目前的我們在內。這樣的終極匯流其實已超過一切描述。我們在其中不但無言，亦可能因敬畏而靜默。我將會在最後一章回到這最終的道理。

第三章
關係的自我
The Relational Self

日常交談中的一些片段：　　　　　　　　　　　　　　　　60

「我**希望**那……」

「我很**生氣**……」

「你**認為怎麼樣**……」

「我**記不得**他的名字……」

「我**沒有那個意思**……」

「我真的**想要**走了……」

「她的**態度**實在太差了……」

　　這些片段句子平常不太會引人注意，但在社會生活中，它們
的後果卻堪稱深遠。試想想：我們在談話間對於關係過程會有什麼
貢獻——我們要說有什麼「真的」、「好的」，就無不從此衍伸
而來。以此來看，想想這些片段句子如何而致能建構出一套人格。
至少有一事態從中凸出：它們都在肯定**心的真實**。對於希望、忿
怒、思維、記憶、意向、想要、態度的聲稱，都使得心理事態「成
真」。有一本字典在手的話，我們還可彙集超過 2,000 個此類的字
眼……需求、恐懼、懷疑、快樂、態度、想像、創意、曖昧，等

等。如果我們進一步參看心理學百科全書，我們還可再找出 1,000 個詞彙……憂鬱、分裂的意瑪果（split imago）、快閃記憶、基模、壓抑……我們眼球後方的世界，真是何其豐富驚人！

⊕

61　在此，真正的課題並不在於字眼詞彙。不如說，我們的日常生活就是繞著心的論述（discourse of the mind）[1]而轉個不停的。人的一生花了大部分時間在他們所認定的生命信念、**愛情**、**理想**、**宗教信仰**和生涯**抱負**上。然而和這些生命緊緊相隨的，就是死亡：

- 自豪感的受傷，會引來殺機。
- 無助感，會把人導向自殺。
- 在法庭上，對於動機的估量，使得判決有自由與受刑的天壤之別。
- 某種的優越感，導致種族屠殺。

我們可以很保險地說，至少在西方文化中，生命的基礎就奠定在心的真實之上。

⊕

我們必須知道他是誰：他必須能夠感覺到他自己既是行動的作者，也同時是對象。他的人性需求要能得到真實滿足，其唯一之道就在於發展成為完全個別化的人，也自認其本身即為存在的中心。

——儒滕貝克（H. M. Ruitenbeek）

144

1 ｜ 從囿限中解開的存有

心的眞實即是囿限存有的眞實。心理狀態構成了個體內在的成分。
一個人在思考、感覺、選擇上所表現的能力，即標記了此人是否
爲一「完整人」。一個小孩沒有能力感覺到苦樂喜怒，他不就是
不正常了嗎？人的正常發展不就是讓能力擴張到能作抽象推理
（reasoning）、良心判斷和長程計畫嗎？一個人在社會中若不具有
價值、態度和意見，他還能夠發揮適當功能嗎？以上所有的認定都
在支持並榮耀囿限自我的傳統。

❖

我在開頭那章中即已倡議：對於內部或心理世界的假定會引來異
化、孤寂、不信任、權力階層化、競爭和自我懷疑；其所偏愛的社
會也會把人變成商品，而關係則被低貶。然而在上一章我的倡議則
是：這種囿限存有的概念其實不是導源於個體心理的內部，而是來
自共同行動。只有從關係過程中才能創造出「內在世界」這樣的觀
念。要談人的思想、情緒、意向等等，並不需要動用自然的事實。
如果我們不會使用這些語彙，那並不等於我們抓不住這種眞實。毋　62

1　譯註：作者在本章引入一個關鍵詞「論述」（discourse），但在全書中卻沒給予
　　任何說明。很可能是因爲英文的 discourse 可以視爲一個日常用詞，相當於「話
　　語」，或最多是指有方向、有發展潛能的一套話語，而不像在當代的詮釋學、敘事
　　（narrative）研究及論述分析（discourse analysis）著作中對此詞的用法那般嚴謹。姑
　　以此視角來看待此詞。

寧說，所謂內在的語言，其實是來自某種特殊的關係傳統。同樣的
道理，我們也可以一起來創造新的言說和行動方式。我們不必永遠
囿限於歷史之中。

那麼，我們如何能轉變我們賴以為生的語言；如何在我們的所作所
為中辨認出關係的優先性？這就是本章和下一章所要面臨的主要挑
戰。我的希望在於將「心的論述」重新打造，使之能夠讓人的根本

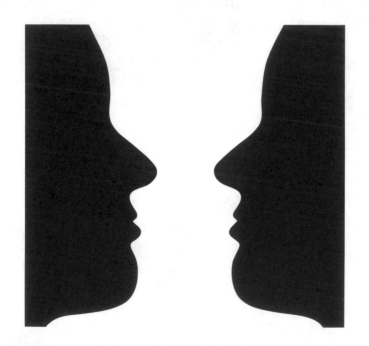

我們在此面對的是兩個獨立的存有，在空間上和心理上都是各自分離的。
我們所遭逢的挑戰是要把理解中的「場」作個翻轉。把原來對兩個獨立存
有的聚焦轉到兩者「之間」，於是有個壺狀的形式就會從其相互存在中冒
出來。

眞實轉爲以相互聯繫來取代相互分離。我們對於內心世界的理解要以新的方式來重建，使隔開內外的那道牆得以移除；也使所謂的心理不再能從關係中分離而存在。當這些重建的形式得以就位時，本書的第二部分和第三部分就可以專鶩於把概念連結到實踐中了。如果關係存有的想法能夠導致不同，那就得讓它在我們一起的生活中實現。

　　在本章，我要先鋪好路來移除那個傳統想法，就是所謂「眼睛後方有個確然存在的心理世界」之觀念。我要說：我不能，也沒有任何別人能，知道這樣一個世界。我們所用的心理生活詞彙並非什麼內在空間的地圖或鏡子。但同時，這些詞彙確有其鉅大的社會後果。我們的未來有賴於我們要如何，或在何時，來使用這些詞彙。因此，我要改口說：我們所稱的思維、體驗、記憶和創意，實乃關係中的行動。即令是我們私下所作的遐思（reverie），也都存在於關係中。到了下一章，我會再提起身體和情緒的問題。

2 ｜ 所謂「自知」這一觀念

在兒童雜誌中，我們常看到如下這樣的字謎遊戲：在一欄中有些字，在另一欄中有些圖像。孩子要做的就是把字連到正確的圖像，「樹」字連到樹圖，「蛋」字連到蛋圖，等等。每個字都指涉了一種特殊的對象（物體）。現在，作爲成人，試想想這一可能性：在一欄中放了約一打的字，用來描述心理狀態，譬如「愛」、「希望」、「態度」、「意向」等等。在另一欄則畫上一些相關的圖

像。當你開始用「連連看」來解字謎時⋯⋯「等一等⋯⋯」你會說：「你要我把心理狀態的『圖』連出來。這是什麼意思？」是的，我可能會是什麼意思呢？

　　愛是什麼顏色？希望的形狀呢？態度的尺寸大小？意向的輪廓？這些問題看來毫無意義；它只會讓我們啞口無言。但為什麼會是毫無意義？至少有一點：因為我們所說的「內在世界」根本就不像「外在世界」。「內在世界」裡根本沒什麼東西可用圖像畫出來，沒什麼東西會像是說：「那是個蘋果，是綠的。」如果你閉上眼，向內專注，你在看的究竟是什麼？而如果你的眼睛是閉著，你還能用看來看什麼？

✣

我們常把意識視為外在世界的鏡子。但如果意識的功能像鏡子，它又怎麼能鏡照它自身的狀況呢？兩千年來的哲學對此都沒曾提出過值得注目的回答。實驗心理學家長久以來試圖為心理世界解謎。然而，到了 1930 年代，其中很多人都放棄了「內省知識」（introspective knowledge）的觀念，也就是放棄了心的知識可由向內觀察的結果中得來。當時最主要的反對意見之一是說：試圖觀察自身體驗的這一行動，就已經改變了體驗本身。

　　笛卡爾在他的《方法導論》一書中首度為一種基本的真實定位，就是界定一堅實基礎，可從而起步邁向存在本質的理解。[2]笛卡爾發現他很有理由懷疑權威的意見，或是同儕的聲稱，或甚至由他的感官傳來的證據。但是，他無法懷疑他自己的懷疑是存在的⋯⋯他的「思」乃是事實。然而，我們必須追問的是：笛卡爾又怎麼知道他自己正在思（想）？什麼東西恰恰是個「思想」，而他

可以肯定他有此？一個思想有什麼顏色、形狀、尺寸、半徑或重量？會不會是笛卡爾只在默默地對自己說話？他會不會是把公共語言誤用在私下的思想中？笛卡爾可不可能知道他的懷疑確是在他從公共論述中取得「懷疑」一詞之前？

⊹

很少有個觀念會像自我的觀念那麼重分分又滑溜溜的。

——傑若·西格（Jerrold Seigel）

⊹

佛洛伊德的主張是：心的最重要內容——基本的慾望、深刻的恐懼及難以安置的記憶——都是隱藏於意識之外的。這是個關鍵性的主張，它不但為精神醫療專業啟航，也為此後大多數的心理治療實踐奠下基石。更重要的是，佛洛伊德告訴了西方文化：我們無法知道我們的心。我們最想知道的，都藏在層層的壓抑之下。

在理性思想之下，是無意識的慾望。
在公開聲稱的愛之下，可找出恨。
在改善世界的願望下，尚有把世界毀滅的慾望。

佛洛伊德是不是說對了？在什麼基礎上可加以否証？還有，佛洛伊德又是怎麼知道這些東西的？他究竟如何窺探了自己，並認出

2　Descartes, R. (2001). *Discourse on the method of rightly conducting the reason, and seeking truth in the sciences*. New York: Bartleby.（原出版於 1637）。

意識之下還躺著些什麼？他怎麼就能區分出什麼是壓抑、慾望或願望？還有更怪的是：佛洛伊德怎麼弄來弄去，而可以把壓抑的障礙移除，並顯現出他自己的慾望本質？

        ⊕

65   很多人會認為他們在思想

      只當他們在重新安排自己原有的偏見之時。

                           ——威廉·詹姆斯

        ⊕

我來給你一些建議：

    拿你的**所思**來與我分享，

       告訴我你**愛**我，

         把你的**希望**向我顯現，

           告訴我什麼會讓你**興奮**，

             你對未來的**恐懼**也讓我參與，

           公開聲稱你的**意見**，

             告訴我，你**懂**了，

               把你**記得**的給說出來，

你**並不是**在報告你的私己世界狀態。我們的話語從未顯得能夠為我們所確定的任何事物命名。我們將會看出來，這本來就不是話語的功能。

        ⊕

    我為這些事情而沉思了好幾年，難題重重。在我的婚姻早期，

瑪莉要求我們每晚在沉入昏睡之前，一定要交換一下幾個字，來向對方示愛。聽見「我愛你」是能夠沉靜下來的必要保證。這麼簡單的要求……但我卻為之苦惱不已。我怎能確定我的心理狀態……我怎能向內窺視而得知我的情緒本質……這情緒究竟是在心、在身還是在其他某處？我作了夜夜苦功，以便得出可以清楚宣稱的東西。有一晚，在我竭盡力氣且沒完沒了的哲思之後，瑪莉給了我救贖之道：「不就把話給說出來嗎？」這倒是我很樂於說的，而從此以後，我們都睡得很好……

3 ｜ 對專家的召喚

如果自知是超過個人自己所能掌握，那我們該怎麼說明，為什麼會有那麼多「心的語彙」？為什麼我們會有那麼多種方式可以談我們自己的心？批評者在此又走了進來：「好吧，個人要試圖往內觀看，結果是問題重重。但這是我們要走向心理知識時的唯一途徑嗎？這些事情，有很多權威可以告訴我們。」可以肯定的是，宗教權威長久以來一直在告訴我們：我們的精神生活、我們的慾望、我們的恐懼等等的本質是什麼。到了二十一世紀，這些權威大多已被心理健康專家取代。我們的二十世紀「內在世界專家」很典型的是擅長於訪談，同時也裝備有很多心理測驗的道具。我們難道不可仰賴這些專家，來告訴我們內在世界是什麼樣子？

66

先暫時把你自己放在精神科醫師的座位上。你在聽你的案主，弗瑞德，說的話：

> 「自從我父親過世以後，我就覺得什麼都不對了。我不能做任何事情。我就像是沒法啟動一樣。我感覺不到動機。工作都變得很沒趣。我不知道我是怎麼搞的了。」

弗瑞德說的話夠清楚了。但這些陳述對於他的心理生活而言，究竟告訴了你什麼？基本上，你要面對的困難挑戰在於如何使用：

話語（字詞）
外部
表面
可觀察的

來抽繹出以下幾項的結論：

心
內部
深層
不可觀察的

有趣的事情開始了。顯然在案主的話語（「在他心中」）之下到底存在什麼東西，你沒有任何直接取及的途徑。你不可能透過他的眼簾來窺探其後方有什麼。所以，你是怎麼能抽出結論來，說他的內

在世界裡真正驅動他的是什麼，他實際的感覺是什麼，或他正想說的是什麼？

$$\oplus$$

對於你如何能辨認出弗瑞德心中有什麼東西，如果你在猶豫該如何回答這問題，那你就有伴了。事實上，辨認他者之心的問題，已經對西方一些最有學問的學者構成了長達數世紀的挑戰。[3]其深刻的程度不下於憑藉《聖經》上的話語來企圖理解神的意向；或是要由權利法案（Bill of Rights）的宣布中獲知其作者們的意圖；或是為一首詩的字裡行間意義解謎；或是企圖理解一本複雜的哲學著作到底在講什麼。很多人會在到達「正確詮釋」之後就掛在那裡了（確實的，個人常會因害怕他人對自己所說的話另作出詮釋，而牢掛在那裡）。大約三百年來，**詮釋學**（hermeneutic studies）一直在殫精竭慮地追尋能為詮釋作證的最佳理路。重要的是，至今也沒達成一致同意的解決之道。[4]

67

3　在哲學中，此一問題常被稱為「他者之心的難題」，譬如可參見：Avramides, A. (2001). *Other minds*. London: Routledge. 對於將心設定為存在於身中的問題，可進一步參見：Ryle, G. (1949). *The concept of mind*. London: Hutchinson; Malcolm, N. (1971). The myth of cognitive processes and structures. In T. Mischel (Ed.) *Cognitive development and espistemology*. New York: Academic Press.

4　詮釋學大致是起源於企圖澄清《聖經》文本的意義。Hermeneutics 這個字源自希臘文，指的是翻譯者，而其意象則取自希臘神話中的 Hermes，因為他的任務是將神的信息傳給凡人，但我們也知道他常會在中間搞鬼。因此需有特別的技巧來決定信息中的真義何在。當代詮釋學最著名的作品是 Hans-Georg Gadamer (1975). *Truth and method* (eds. C. Barden and J. Cummming). New York: Seabury. （德文原版出版於 1960。）不過，Gadamer 未能說明一個人在所參與的文化傳統之外，有何可能另外產生值得注意的詮釋。

◈

「對是對……不過，」批評者的反應是這樣的：「情況不是像你講的那麼沒指望。我確可仰賴一整個歷史。在我之前有千千萬萬的精神科醫師留下的遺產，他們的理解可給我指引；他們知道我該找的是什麼。舉例來說，在目前這一個案上，他們可能會指引我去探究案主的自尊心，或可能受壓抑的忿怒，也或許是認知系統的失能。」可以肯定的是，這幾種認定在精神科社群中可謂意氣相投的知識。但是，這整個社群對此知識是如何獲得的？我們會有「自尊心」、「壓抑」或「認知系統」等概念，是由於前代的專家以此而解決了若干詮釋學上的問題嗎？他們是如何建立此等功績的？

◈

《費城探索者》（*Philadelphia Inquirer*）雜誌的科學與健康版面上，最近有一則頭條：

> 有時，苛責與易怒，其實是憂鬱症。

這究竟是客觀知識，是神明啟示，還是別的什麼玩意？

◈

批評者再次反駁：「但我可以用直覺來檢驗。我可以用我的詮釋作底子，來向案主提問題，而由他的回答就可知道我是否走對了路。我甚至可將我的結論和患者共享，來看看他是否同意。」於是你會向案主暗示說，他可能在憂鬱……他點頭贊同。好啊，現在你覺得

你走對路了。

　　但在這裡到底發生了什麼事？這位案主可曾以轉回自身的方式來考量你的暗示？他可曾試圖把「憂鬱」一詞拿來對照他的內在狀態，且以此而看出你對了？「啊，對了，我現在就在此鎖定一個憂鬱症患者……我怎會看走眼呢……你真是說對了。」對才怪！

　　「好吧，」批評者回嘴道：「案主的自知也許有點搖擺。但總之，我並不需要全然信任他的一面之辭。我可以觀察他的舉止作息——他吃了多少、睡得多久，他有幾天沒上班工作，還有他如何花掉他的休閒時間。他的行為可給我一些線索，來看出他是否為憂鬱，或是別的什麼。假若我無法直接觀察到這些行為，我還可以利用仔細設計過的憂鬱測驗。在這些測驗上就可評量出他是否經常「感到疲累，」「有睡眠的麻煩，」或是「缺乏精力」。[5]

　　這樣說夠公平了。我們若要從人的內在生活中抽出一些結論，難道不都是根據他們的行動嗎？也許我們都是，但現在的問題在於：對於處理這樣的事情，我們是否都站在堅實的基礎上？人的行動都會像窗戶一樣讓我們真實看見其內心嗎？試想想：原則上，身體行動和話語言說，用來抽取關於心的結論，到底有何不同？在這兩者上，我們都是以外部且可觀察的，來抽取內部不可見的結論。如果我露出個微笑，你雖知這是外顯的表現，但表現的究竟是快樂、滿足、迷狂、驚喜或只是傻笑？或甚至是在表現忿怒、愛意、

5　這類的測驗現在可從不勝枚舉的專業服務網頁上擷取，使得個人可以知道自己是否有心理疾病。以我目前的觀點來說，這些個人除了知道一些針對特殊人但基礎不全的詮釋之外，並沒有學到任何知識。如果他們用同樣的行為來問神父、祭司或和尚，則在他們的主要詮釋中，「憂鬱症」根本不是一個選項。

暈眩？以什麼爲基準可把以上的任何一種詮釋予以排除？因爲我告訴了你嗎？我怎會知道？如果我在測驗上的報告是我常感到疲累，或吃、睡有些麻煩，你怎麼知道這就是暗藏的憂鬱症所露出的症狀？到頭來，我們究竟從何處得知憂鬱症存在於人的心中？只憑著觀察嗎？實際上，我們的行爲舉止——不論是觀察而得或在測驗上報告出來——在表現心理狀態時，並不比話語表現要「講」得更流利、更透明。

69　　　要決定一個印象到底有多長
　　　　試用碼錶來量量看。

——維根斯坦

我們就直接面對著這樣的結論：我們沒辦法知道一個人的心裡有什麼，或更確實說，人到底是否眞有那個「心」。不論一個人用什麼方式告訴你他有多憂鬱，並且不論你取了多少相關的行動來當作說明，畢竟你在某種共同行動的傳統之外，根本沒什麼路可走。你可以在一個詮釋之上再堆另一個，在成堆的詮釋中作出結論，但畢竟你沒有走出一步，超過我們自己編織的網。[6]

6　關於詮釋的流暢性，進一步的研究可參看：Gergen, K. J., Hepburn, A. and Comer, D. (1986). Hermeneutics of personality description. *Journal of Personality and Social Psychology, 6*, 1261-1270.

4 ｜ 從心到關係

我們已抵達一個轉捩點。我們有好幾千個詞彙可用來指稱我們的心理狀態；我們所引以自豪的許多體制就建立在這些心理狀態的信仰上；如果把這些詞彙刪除，我們所熟知的生活就會停止運轉。然而，我們也發現，我們無法由向內觀看而找到這些狀態；連專家也沒有任何根據可以聲稱他們知道我們的心裡有什麼。實際上，我們就是擁有一大堆沒有任何顯然可見基礎的詞彙。說得更徹底些就是：心理狀態純屬虛構。

　　然而，這樣的結論並未吹起絕望的號角。把心理狀態認定為真實，就只會將自身導入囿限存有的諸般病痛，如第一章所描述的那樣。如果我們相信人的行動都導源於心理內部，則囿限存有的體制就會因此而更為鞏固。個人主義的傳統依舊穩若泰山。不過，我們若能把「心存在於腦袋內」的假定予以懸擱，我們就能走進一個墾荒的起點，並從此而有效地展開關係存有的視野。我們要如何往前進呢？從一開始，我就不相信我們必須放棄心理狀態的詞彙。這些詞彙對於我們之所以能過我們的生活，就是非常核心的因素。文化的生活裡，像這樣的一些事情：「我有意於」……「我認為」……「我希望」……「我想要」……「我需要」……「我喜歡」……等等，如果都不能說，那還叫文化嗎？不過，假若我們可以為這一大堆詞彙的理解而重新型塑，則其關係的基礎會變得清晰可見。我們會開始看見：我們的心理詞彙基本上就是關係的詞彙。如果我們的這趟冒險之旅可以走成，我們就會發現：我們並不是一些分離的自我，反而在最孤獨的時刻，都是在關係中緊緊相連。

70

✛

爲了能鋪好這條道路，我想先提出四個主要的建議。如果這些道路的邏輯是足夠清楚、值得注意的，這些道路就會爲我們的理解開竅，發現整套心理詞彙原來就源自於關係，並且都在關係中起作用。然後在本章的後續部分，我們才能夠提出一系列的案例，來說明諸如：理性、意向、體驗、記憶和創意等等的意思。接下來，就是第一個建議：

（1）**心理論述源自於人的關係**。像思想、感情、慾望這樣的字眼，到底是源自於何處？在前一章中已經扼要地提到，其答案就在共同行動的過程之中。所有的詞彙要獲得其**可理解性**（intelligibility）——即其用在溝通上可使意思明白——都必須取自相互參照的行動中。若沒有共同行動的話，說出口的語彙就會變成雜訊和噪音；而這些聲音之能夠形成意義，是因爲人與人可用周遭的行動爲座標來相互參照。以此而言，我們所有的心理生活之詞彙就在關係內創造出來。

✛

孩子們並不是一開始就認得他們在想什麼、感覺什麼、意欲什麼，並且還能爲這些什麼的狀態定位下來，貼上標籤。毋寧說，在關係之中，他們學到一些心理世界的詞彙，其中隱含著這些狀態的存在。父母親會說：「喔，我看見你很**難過**，」「你一定很**生氣**，」「你記**不記得**那時……，」或是「你不是**有意**這麼做的吧……」而不必一定有管道能看見孩子「腦袋裡的什麼」。只是在他們的關係

間會讓悲傷、忿怒之類的狀態變成孩子生活中的種種現實。

✛

批評者要找話說了：「我們在世界上到處旅行，碰到其他文化的種種人，但我們不太會被他們的舉止動作嚇呆。他們看起來仍然蠻有道理的。當我們可以進一步互動時，看起來更清楚的是：世界各地的人都有能力作理性的思考，有他們的態度、動機、慾望、情緒等等。到處的人都似乎有某種可等同於愛的心態。所以，難道不是可以合理地假定：人和人之間有心理上的普同物（mental universal）存在？」是的，表面上這些說法似乎合理。但我們為何會這麼有信心說這些是普同的？譬如，請看看，假若：

> 一個印度人問：「你的**阿怛摩**（Atman）[7]是什麼狀態？」
> 一個日本人問：「你是不是常感覺到**阿媚**（amae）[8]？」
> 一個奇瓦甕族人（Chewaong）問：「你真的在**顫**（chan）[9]嗎？」
> 一個以法路族人（Ifalukian）問：「你覺得很**慄給**（liget）[10]嗎？」

71

7　譯註：梵語的 Atman 在漢傳佛教中常簡譯為「自」（自己），在此用不譯其義只譯其音的「阿怛摩」。

8　譯註：日語的 amae 只部分對應了漢字「甘」，但詞意有點接近阿諛諂媚。在此只以近義譯其音。

9　譯註：奇瓦甕族是北美印地安人的一支。把 chan 譯作「顫」只是取其音。此字的字義接近於「怒」，但不可等同。

10　譯註：liget 應是 Illongot 而非 Ifaluk 的用語（作者弄錯了），其字義接近於「怒」，譯作「慄給」也只是取其音。

……你曉得該怎麼回答嗎？總而言之，他們不也相信世間人都有那些狀態？在文化與文化之間，人們對於「內在世界」的屬性歸類之不同，幾乎到了無所不用其極的地步。然而卻也有某些文化，對於所謂的心理生活，幾乎是無話可說。[11]

⊕

批評者力圖頑抗：「好吧，不同文化的人可能會用不同的字眼，但他們仍可能都在指涉同樣的內在狀態。」這種可能性是很迷人，但，什麼叫做「同樣的內在狀態」呢？還有，我們又怎麼可能知道什麼和什麼是同樣的？在此我們回到如何辨認心理狀態的問題。對於像 amae 和 chan 這類字眼的翻譯者就永遠不清楚（要是有可能的話）他們所指涉的心到底是什麼。[12]我們這就轉向第二個建議：

（**2**）**心理論述的功能在為關係服務**。如果心理語言不是內在狀態的反映，那我們為什麼還要加以使用？能為此問題指引答案的，應是前文所討論的源起。換言之，如果心理語言是產生於社會關係，那麼我們就可沿路追溯其用途，而到達同樣的起源之處。我們不必問它們是否指涉腦袋中的什麼，而該問它們在關係中起了什麼作用。試想想：

當我們說了這些話：「來我家玩！」「看那落日！」或「那是 9 路公車嗎？」之時，就都有其後果——這些話會讓人搭上車，或注視遠方，或給出資訊。簡言之，話語具有語用學上的（pragmatic）功能。心理語言不就是這樣起作用的？當有人說：「你讓我好生氣」或「你讓我好快樂」之時，那就有事在等著你

了。忿怒的典型用途是在矯正你的行爲，或把你逼回到線上；快樂
的表現就是在邀請你重複你所做的事。

語句：	邀請你：
「我覺得好悲哀。」	安慰
「我對你很失望。」	質疑
「這是我的信仰。」	尊重
「我需要你的注意。」	好奇
「剛才的事，我覺得很不好。」	原諒
「這讓人沮喪。」	同情

72

⊕

有件事在話說出口之時
就已被那說話的人做了。

——奧斯丁（J. L. Austin）

⊕

這些問題似乎都已搞清楚了，但仍有些暗伏的危險。想想一對深情
的愛人。每個人都使用了特殊的示愛方式，但示愛的後果則是皆大

11　對於心之建構（construction of the mind）的文化間變異情形，可進一步參閱：Lutz,
　　C. A. (1988). *Unnatural emotions*. Chicago: University of Chicago Press; Rosaldo, M. (1980).
　　Knowledge and passion: Illongot notions of self and social life. Cambridge: Cambridge
　　University Press; Russel, J. A. et al. (1995). *Everyday conceptions of emotion: An introduction
　　to the psychology, anthropology and linguistics of emotion*. Dordrecht: Kluwer.
12　我會在下一章來處理如何成功作出翻譯的問題。

歡喜。不過，我們不要遽下結論道：他們之所以這樣使用話語是為了帶來這樣的後果。我們說心理語言會有社會後果，這並不意指我們總是在策略性地使用語言，以便達到既定的結果。下了那種結論，會使我們的關係觀點全部崩盤，而淪落爲「社會關係都只是爲了操弄」。把人視爲表演者（角色扮演），在社會科學中一向很流行，而其含意就是如此。[13]由這觀點來看，愛的話語必然是不眞誠的，其用意都只不過在於用自我來打動人，或用來「讓人上床」。這完全不是我所建議的意思。要下這種結論，其唯一可能的條件就是人能辨識他人的意向──即他人行動的「內在理由」。一個人怎麼能根據意向而行動呢──如果連他自己都無法辨識的話？然而就在這種內在自知的問題上，我們發現是無解的。於是，我們來看看：一個男人，會對他身邊所有的女人調情，那麼他是在補償他深刻的不安？或是在分享愛慾的喜悅？對小資產階級的習俗進行報復？或是在幹什麼？我們要如何來斷定？而他自己又怎能向內觀看而認出他的行動是根據哪一種衝動？我們已經看出：這裡根本沒什麼手段可以達成此一認知。如果我們連自己的動機都無法辨識，那麼我們也必然無法將他人視爲自身目的之手段。讓我們把這種陰沉無聊的社會生活觀點都給拋光吧。我們可在此轉入第三個建議：

（3）**心理論述乃是關係內的行動**。試再想一遍心理論述的社會用途。這樣想想，我們也會體悟到心理論述本身實爲關係之內的一種行動形式。[14]回到我們的那對愛人。他們各自有示愛的話語，但這些語彙不是像漫畫裡的人，頭上冒出氣泡，裡頭裝著字詞。他們的話語是關係之內的行動，因此，等同於身體其他部分的動作──嘴唇、眼神、手勢、姿態等等。講出來的語言不過是整套社會演出

73

的一個成分。一個語詞僅是一套行動總譜上的一個音符。在語詞和行動所構成的座標間不能互相參照的話,關係的生活會變得怪異費解。

試想想剛才那對愛人之中有一人,在示愛的同時做了如下的動作:

　　用大拇指壓壓鼻子。

　　把小指插進嘴裡。

　　彎下腰,從兩腿間往上倒看。

　　做出擲標槍的姿態。

　　伸出中指向前比。

他的示愛語言會霎時變為一個成分,並由茲構成了背後那整套鬧劇、羞辱或純係無聊。

---

13 高夫曼的社會生活劇場觀(dramaturgic view)常被當作此一觀點的範例。參見:Goffman, E. (1956). *The presentation of self in everyday life*. New York: Doubleday.(譯註:作者在此似乎將流行的「角色扮演」〔role playing〕概念和高夫曼的劇場行動混為一談,但在下文中談到的「社會演出」、「關係演出」〔relational performance〕,其實都是接近於高夫曼而不是接近於「角色扮演」,因此,作者說高夫曼「常被當作此一觀點的範例」就有些語病,應予澄清。)

14 此一觀點在 Roy Schafer 的 1976 那本書中已經出現了預告:*A new language for psychoanalysis* (New Haven, CT: Yale University Press),在其中,他倡議將所有的心理語詞從名詞改為動詞。如此一來,譬如記憶,我們就不再會把它視為一物或一地,而會變為一行動(一事)。

✛

我們可把這整套座標的相互參照稱爲**關係演出**（relational performance），也就是說，行動總是與他人，或爲他人，而做的。在此狀況中的演出就包括了心的論述。[15] 在稱之爲演出時，注意力會被導向社會技藝精湛的演員。譬如說：當你告訴別人「我是在想……」之時，你不太可能會用尖叫，或在地上打滾。你的語氣毋寧是很有節度的，而你的手勢減至最低程度。而當你說「我很生氣」時，你不太可能露齒微笑或用單腳跳。你最可能的是抿緊了嘴唇講話，且可能會伸出緊握的拳頭。實際上，「思想」和「忿怒」都不是在裡面，找著機會來向外表露。它們就是各項身體演出之間完整的座標參照，其中的語詞「在想」和「生氣」常常（但非必然）得以形構。我們演出的思想、忿怒是和我們的踢球、駕車一樣的道理。「在思想」、「感到生氣」、「踢球」和「駕車」都是易懂的（intelligible）行動；唯一的不同就在於前兩者引用了心的語彙。[16]

✛

感知、思想和情感……乃是實務活動的一部分。
　　　　　　　　　　──麥可‧威斯特曼（Michael Westerman）

（4）**論述行動乃鑲嵌於共同行動的傳統中**。到目前爲止，我們的焦點都只在演出者。不過，把注意力再轉回到共同行動過程來，仍然非常重要。在此脈絡下，演出的意義才能清楚顯示，其要點不在於只是擁有演員。其意義是產生於座標間的參照。我們來看個詳細

的說明。榮恩擁有一套漂亮的參照方式，來展現他對於辛蒂的愛：
話語、姿態、口氣、眼神……構成發光發熱的奉獻形式。或者，是
嗎？從共同行動的觀點來說，要有其他人的增補才能核驗他的意思
爲此或爲彼。因此，不論榮恩的演出有多高明，其命運仍落在辛蒂
的手中。她也許會回應道：「喔，榮恩，我想我也愛你」，以此而
確認榮恩的行動是爲示愛。

不過，試想想其他的可能性：

　　—唉，榮恩，你真像個依賴的小孩。
　　—你講東講西，就是沒個頭緒。
　　—是耶，但你上禮拜對蘇西講過同樣的話。

　　在此很重要的是要考慮到辛蒂在回應榮恩之時，是否有完全的
自由。以上這些回應在西方文化之中都算是容易懂的，但如果辛蒂
像公雞那般啼叫，或竟問起榮恩說「你有沒有爆米花」，那就變成
意思不明了。我們都浸泡在一定的座標參照習俗之中，若你讓自己

15　James Averill 把情緒解釋爲文化演出，我在此受惠良多。參見：Averill, J. R. (1982).
　　Anger and aggression: An essay on emotion. New York: Springer Verlag; Averill, J. R., and
　　Sundarajan, L. (2004). Hope as rhetoric: Cultural narratives of wishing and coping. In J. Eliott
　　(Ed.) *Interdisciplinary perspectives on hope.* New York: Nova Science; Edwards, D., and
　　Potter, J. (1992). *Discursive psychology.* London: Sage.

16　「演出」這個隱喻非常有用，因爲它使我們注意到行動的完全體現以及社會角色這
　　兩面向。不過，對某些人來說，其中也會有虛飾、僞裝及娛樂性等等含意。以本書
　　的目的來說，那只是不幸也且無關宏旨的意義軌跡而已。

與這習俗完全脫線，你就會使自己陷入無人能懂的險境。[17]最終，我們必須在更廣的脈絡中來考量這些共同行動的傳統，因為它們只是大脈絡之中的局部。按照肯尼斯‧柏克（Kenneth Burke）的道理，行動只能在其發生的場景中獲取其意思的明白。[18]譬如，這場景會包含行動發生的時空定位。示愛的表現若是在搖滾樂表演場中以吼叫的方式來說出，通常其比重會遠不如在床上做愛之後所說。前者可能被記下來，叫做「只是感情過剩」；後者則是在豐沛感情剛過之後。關係演出只發生在能給予正當性（legitimacy）的匯流之中。

「我沒說過『我愛你。』我說的是『我愛呢。』差多了！」

致謝：The New Yorker Collection 2002 and Leo Cullum，取自 cartoonbank. com。版權所有。

到此，我們已有了四個建議：第一，心理論述源自於人的關係；第二，此一論述的功能在本質上是社會性的；第三，其表現方式係為文化所規定的演出；最後，此種演出鑲嵌在共同行動的傳統中。要有心理生活就是要參與關係的生活。以上這些建議通通就位之後，我們就有立場來為心理生活擘劃出完整的重建。

5 │ 心之為關係中的行動

把心建議為關係的演出，其問題性和其挑戰性可謂不相上下。目前，重要的是，該把剛冒出的圖景填滿，在我們取用的例子中仔細探究其潛能，並發現其可能的不足之處。接下來，我們就把焦點移向一些特殊案例，譬如理性、意向、體驗、記憶、創意等等的過程。以何而言，可稱這些為關係的行動？我要開始詳述這些案例，不只是因為在日常生活中「談起這些過程」本就扮演了重要角色，還因為這些談法似乎都明顯地在說「它們發生在腦袋裡」。我們要如何將它們重新定位在「之間」的區域呢？在此之後，即到了下一章，我們才能夠進一步挑戰「心理狀態的生物學觀點」，特別是關

---

17 依 Jan Smedslund 的看法，語法的習俗也以同樣的方式統轄著大部分意思明白的言說，而我們對於心理事件所能說、能懂的，也正是被這樣的習俗所統轄。參見：Smedslund, J. (1988). *Psycho-logic*. New York: Springer-Verlag; Smedslund, J. (2004). *Dialogues about a new psychology*. Chagrin Falls, OH: Taos Institute Publications.

18 Burke, K. (1952). *A grammar of motives*. New York: Prentice Hall.

於情緒，尤其在談苦樂之時。

理性乃是關係

　　如果我問你對於目前政治、國家債務或墮胎權的想法，你一定會以一些話語來回答。你不會揮舞手臂，跳上跳下，或抽緊肌肉。人家問的是**思想**，他們典型的期待就是用**話語**來回答。我們之所以期待話語的理由之一，乃是因為在西方文化中長久以來的認定：「話語裡承載著思想」。就像今天我們常說：「這些話沒有完整表達我的想法。」或是：「你能不能把你的思想表達得更清楚些？」[19]對於這樣的觀點，我在前幾節裡已經試圖減弱其價值了。接下來就讓我們把理性思想當作社會演出，來想一想。

⊕

如果好的推理思考是一個社會傳統之內的某種演出，我們就可問：一個形式完整的演出具有哪些特色？同理我們也可問：某一演員所演出的哈姆雷特是否令人信服？我們在此所問的是：對於理性的有效演出，其品質為何？對於理性之優良演出，首先最接近的有如下幾種說法可供選擇：

> 我經過研究得來的意見是……
> 上上之策應是……
> 這議題我作過兩方面的考量……

77　　然而，如果我們把上述的幾個句子講完，那又會變成如何？請看：

我經過研究得來的意見是：我們的祖先源自青蛙。

上上之策應是去地獄走訪一趟。

這議題我作過兩方面的考量，結果使我混淆難解。

　　我們這就看到了，句子在開始時相當接近於優良的理性思維，但加上一些話語之後竟轉爲怪異難解。我們從來就無法從「理性過程之內」去接近理性，而只能作字句間的轉換和安排。在話語的安排間，我們作出判斷，而不是靠舞台之外的心來運作。值得我們注意的，使我們信服的，與其是優良的思考，毋寧是巧詞妙句。那麼，好的推理和好的修辭果然是攜手同行？[20]

✛

　　雖然我們會覺得我們的認知都是在各自工作，但我們最重要的知識工作卻都是靠文化網絡的成員結合而有以作成。

　　　　　　　　　　　　——莫林‧唐諾（Merlin Donald）

✛

然而，我們可不能誤以爲話語本身的性質，就足以歸類出「好思考」和「壞推理」。我們必須把關係的傳統再考量一遍，看看演

19　對於語言的這種理解有很長的歷史，至少可上溯到亞里斯多德。語言與思想的關係到今天還在學者間熱烈辯論著。經常的提問就是：語言是否影響我們的思想。這些辯論大多以心的二元論爲其前提——而這正是本書所要質問之處。

20　也可參見：Billig, M. (1996). *Arguing and thinking*. Cambridge: Cambridge University Press; Myerson, G. (1994). *Rhetoric, reason and society*. London: Sage.

出是如何鑲嵌在其中的。別人的話語不會自動加入而變成「好思想」，除非它們成爲共同行動，除非我們這些旁聽者判定它們是爲「好」。到底什麼會讓我們認定爲**好推理**呢……

——在經濟學圈子裡的說法是用經濟獲益的極大化與損失的極小化。

——在浪漫主義的領地內是說要反抗經濟獲益的邏輯。

——在唯物論的陣營中就說要推崇對於物質幸福的所有貢獻。

——在靈性論的群體中就招引出對於身體享樂的超越。

⊕

這意思是說，所有的說法都可能在某些關係中受到合理化而成爲一種道理。在此，很吸引我的是傑濟·柯辛斯基（Jerzy Kosinski）的獲獎小說和電影《無爲而治》（*Being There*）。其中的主角，尙西（Chauncey），是個心智單純的園丁，他的口白稀稀落落，且只不過是些從園藝工作和電視上學來的簡單、有限的片語隻字。然而，就在這些短短字句中，別人聽來竟是高深莫測的智慧，以致有人覺得尙西足以成爲總統候選人。當然這只是些虛構的東西。是嗎？試比比看許多社會運動所擁戴的大道理：自殺攻擊、刑虐、種族屠殺，還說他們頗爲令人信服？

⊕

我擁有許多健全的思想

正與我所參加的社團一樣多。

批評者還是不滿意：「好吧，我到底算不算是關係論的，要靠社會
習俗來決定；但就在那時，我正在書寫，或正在講話，那仍是我把
話語生產了出來。還有，面對著非常重要的事情，是我在默默地深
思熟慮。對一位悲傷的朋友，我會花時間來考慮給他的信該怎麼
寫；或者，對我的兒子，當他認為他可能是個男同志時，我又該說
什麼。這些都不是公開的演出，而是發生在我裡面的事。所以『思
想』一詞正是指涉此事的最佳方式。不然的話，你勸人家『思而後
言』，那會有什麼意義呢？」

這確是這場爭論中最上道的地方，有助於把社會演出觀點的真
髓顯示出來。這裡有兩個重要課題。首先，重要的是須辨識這位批
評者所謂的私下思想，其實並不能和社會生活分割開來。譬如所謂
私下推導一個數學公式或解一道數學難題，這其實是在參與一個社
會傳統。在心理學上，這條論證路數首度由維高茨基提出，[21]一路
發展到了今日，對於思想的文化基礎之討論，已有一群相當扎實的
學者可為代表。[22]維高茨基有一句名言：「凡在心中者，無一不是
先在社會。」[23]因此，譬如我們所謂的思考，其實只是公開交談的

---

21 Vygotsky, L. S. (1978). *Mind in society*. (M. Cole Trans.) Cambridge, MA: Harvard University Press.

22 舉例來說：Cole, M. (1998). *Cultural psychology: A once and future discipline*. Cambridge: Belknap Press; Wertsch, J. J. V. (1991). *Voices of the mind: A sociocultural approach to mediated action*. Cambridge, MA: Harvard University Press; Bruner, J. (1990). *Acts of meaning: Four lectures on mind and culture*. Cambridge, MA: Harvard University Press.

23 Vygotsky 上引書，p. 142。

私下版而已。不然還會是怎樣？如果我要你**想想政治狀況、國家債務或墮胎權**，而你從未聽過這些語詞，那麼你的思想裡還能有什麼東西？[24]

再來談第二個重要課題。我們為何要論斷說「默默的深思熟慮」是發生在人的「裡面」？這已然是在重述二元論的前提，亦即話語的後面有心的存在。我們不如來重新考量：我們獨自在做的「某事」本身是否即為一種關係的演出。看來它既非「內在於此」亦非「外在於彼」。它是一種體現的演出，只是在此例中沒有立即的聽眾，也沒有作出完整的表現。畢里葛（Michael Billig）朝此方向而指出了：應當把思維想成「靜默的爭論」。[25]實際上，那就是極小尺度的社會演出。人可以對著他人把話大聲說出，也可以向不在場的聽眾以無聲的方式說話。同樣的道理，演員可以默默地排練他的對白，你也可以對自己哼唱。我們私下的舉止並不是發生於「內在世界」——所謂的心裡——而是參與了社會生活，只不過沒有觀眾在現場。在我們私下的邏思之中，總是會有隱含的聽眾與我們長相左右。那麼，私下的深謀遠慮就可說是**局部的演出**——這個話題，我們回頭再談。

⊕

> 在孤獨中我們也未嘗停止與我們的夥伴溝通。
>
> ——托鐸洛夫（Tzvetan Todorov）

行事權能：意向乃係行動

西方文化中有個珍貴的觀點，就是把個人視為自由但負有終極責任

的行事者。我們珍惜我們作抉擇的能力，以及能根據我們的決定而導引我們的行動。由於堅持人負有責任，我們會感覺到這樣的基礎是為一個道德社會而舖設的。內在行動泉源的觀念可上溯到亞里斯多德。在其中，我們看到：人格中有積極的動力，可為身體的活動而負責。這種動力被亞氏派定了一個概念，其現代的翻譯稱為「靈魂」（soul）。靈魂擁有「既可生產運動也可生產休息的力量」。[26]此一概念經過往後幾世紀的演化，終爾吸收到基督宗教的傳統。在此傳統中，人犯原罪乃是出於志願的行動，因此而把靈魂帶入不潔之境。到了啓蒙時代，此一觀點被世俗化。靈魂被有意識的意向取代，而原罪則變為罪行。國家取代教會，成為意向的仲裁者。人的犯罪行動只可能是有意的，亦即是志願或有意識的行事權能（agency）之一種操演。把尺度放大，我們就可把當代放在「自由意志」上的價值追溯到基督宗教的傳統，也就是將靈魂擺在存有核心上的意義所在。既知此一概念的社會來源，我們就可來探究行事權能作為關係行動的這套論述：

❖

首先，很清楚的是，雖然心是不透明的，但**行事權能論述**卻既顯要且處處可見。譬如我們通常會說：　　80

24　這一標竿論證——人不可能不參與社群而能進行私下的思想——使得社群主義者有以抵制自由派的個人主義。譬如可參見：Sandel, M. (1988). *Liberalism and the limits of justice.* Cambridge: Cambridge University Press.

25　Billig，前引書，p. 5。

26　Aristotle (1951). *Psychology* (p. 127) (P. Wheelwright, Trans.) New York: Odyssey Press.

　　我有意要去那裡。

　　她在試圖做什麼？

　　我選擇了這個來替換。

　　先生，您的意思是？

　　我無意冒犯。

　　我去那裡的目的是……

　　我的用意在取悅。

從上文的討論中，我們應都很清楚，當我們說出以上的句子時，我們並不是在報導什麼心的內在狀態。譬如當一個人同時在開車、赴芝加哥、把他的岳母載回家、欣賞路過的景色、和岳母談談一些家事、填滿他自己當個丈夫的角色形象等等，那麼，他此時的**用意**是什麼？這個人的用意是這些行動之中的僅有一項？或是同時包含所有項目？或是每一項佔半秒鐘？或是其他的什麼……？他怎麼能給這樣的問題作出個回答來？他要檢查他心中的哪一部分呢？[27]

✦

　　根本不必有個「在行事後面的行事者」。

　　　　　　　　　　　——朱笛思・巴特勒（Judith Butler）

✦

把意向設定為「在腦袋裡」，這想法早該拋了，然後才會有利於重新考量日常生活中的**意向論述**如何起作用。看看我們使用這些語言所造成的後果：

174

「我無意要傷害你。」減低了受責備的可能。

「我要說的意思是……」可作為一場澄清的序曲。

「他的用意再好不過。」可給一個人加分。

「他的本意甚佳。」可當作輕微的嘲諷。

「我說的就是我的意思。」告訴我們要認真看待他。

意向的語言在我們的文化生活形式中佔有核心的地位。

這確實是許多社會科學家所達成的共同結論。我們對此已看出其理由，就是對於我們的行動，我們總是受到同樣的盤問：為什麼你會用這麼奇怪的方式做事？為什麼你會作出這麼不尋常的結論？為什麼你偏要這而不要那？我們的反應就是社會科學家所謂的**交代** 81 （accounts）。我們在犯錯或行事有某種偏差時，就一定需要作些交代：「你怎麼可能作出這樣的決定……？」在這樣的盤問下，作出什麼交代，就會和我們「受到什麼對待」有緊密的關聯。因為交代的不同，我們可能會得到原諒，乃至受褒揚；但另一方面，也可能因此而下獄。[28]

27　對此我受惠於 G. E. M. Anscombe 的 1957 那本書，*Intention*. Ithaca: Cornell University Press.

28　Shotter, J. (1984). *Social accountability and selfhood*. Oxford: Oxford University Press. 交代也可用來維繫溝通的流動，Buttny, R. (1993). *Social accountability in communication*. London: Sage；或用來調節責難，Semin, G. R. and Manstead, A. S. (1984). *The accountability of conduct*. London: Academic Press；或用來降低衝突，Sitkin, S. B. and Bies, R. J. (1993). Social accounts in conflict situation: Using explanations to manage conflict. *Human Relations, 46*, 349-370.

批評者愈來愈不耐煩：「你這不可能是在說認真話。如果我開車去撞電話亭，我一定很清楚這是不是有意的。如果我把熱咖啡倒在你的腿上，我絕對可確定我不是有意的。當法庭在要分辨謀殺和殺人（無意造成的死亡）時，不是任何交代都可以說得過去。」這位批評者倒是有幾分合理。我們確實需要分辨有意的或意外的行動，且我們在大多時候都相當能夠確定我們在該情境中的用意是什麼。於是，我們的問題就變成：事實上我們時常對於自己的意向都有現成的把握，這和意向之為關係演出，在兩種觀點之間該如何調和？

要回答這問題的話，請再想想：當我們在「辨認我們的意向」之時，我們到底是在幹什麼？我們已經談過，認定我們可以直視內心，可以把意向的定位找出，這說法已是毫無意義。但我們可從共同行動的傳統中抽出辨認行動之法。當我站在一班學生面前，我是在從事於一種演出，傳統上就叫教學。學生們可以辨認這種演出叫做教學，其程度和我不相上下。那麼，接著我怎麼知道，在此情境中，我所嘗試要做的（意向、企圖、努力）究竟是什麼？對我而言，我明知這不是要向內觀看，而是要直接就我的演出中來進行分辨。我可以毫不猶豫地告訴你，我是嘗試要教，或有意要教，因為我所從事的正是一般都認得的教學演出。我很難告訴你在此刻我真正嘗試要做的乃是煎個蛋或種下鬱金香的球莖。我之所以能辨認我的意向，正如一個演員能辨認他所演出的角色是哈姆雷特而不是奧賽羅。要給我的意向取個名字，其實就是在為我所從事的演出命名。

✦

82　讓我們用這一面向來考量二元論的問題。批評者也許會說：「如果

你不能向內觀看而知悉你的意向,如同你所論,那麼你怎可能知道你有沒有說謊呢?譬如說,你怎知道你是不是有意犯罪?」這答案既然是說,因為我們可從我們所從事的演出中辨認,於是,如果我辨認出我正在獵野豬,而子彈打到另一位獵人,我就可以誠實地說:「我不是有意的。」如果我辨認出我正在為我的國家從事間諜工作,而我告訴我的房東說我在做考古學工作,我也可以知道這對於我的意向而言,是在說謊。在公開的地方,我們為我們的行動貼一種標籤,但同時也把其他的定義方式給壓了下來。

✧

> 我的行動向前躍進,後面拖拉著我的理由。

✧

批評者開始哀嘆:「好了好了,如果你把人的行事重新定義為社會演出,你難道不是把自己玩進了決定論者的手裡,也就是那幫要拋棄自由意志的人?有名的心理學家史金納曾論道:志願行事的觀念不只是個神話,而且是有害於人的。社會心理學家甚至更極端地說:志願選擇之說構成了『基本歸因謬誤』。這些觀點的結果是把人格給予去人性化,把人的核心價值丟光,也讓我們無法區別於機器了。人變成了物,和其他物件無異,沒有特別的價值。我們再也不能認定任何人該為行動負責。把世界交給決定論者,將會是文化的一場浩劫。」

我很能欣賞這個論證的力道,並且也願意分享其中對於社會科學決定論者所持的保留態度。不過,根據共同行動的邏輯,我們必須首先認出,這自由意志論者和決定論者的兩方,其實都是一鼻孔

出氣的結果。正如我在上一章裡的主張一樣，自由意志和決定論之間的爭辯，並不來自事物的**實情**，而是來自兩種談論其生活形式的傳統。我們的根本問題反而在於向他們提出質問：凡是擁抱這些理解形式的人，在生活中究竟真正發生的是何事？在這兩造之中，我們都可發現其有價值的產品。但正如我在本書中所論，這兩造的概念都在製造同一個基本旨趣，就是分離的世界。在此狀況下，我們的企圖在於重新打造行事權能的概念，致使我們能超越志願論／決定論的爭辯，並且能把關係帶回到我們的關切之中心位置。把行事（權能）看成關係中的行動，我們就已在朝此方向移動了。

體驗與記憶：不是我的，而是我們的

在我們的世界裡，每個人都生活在我們自己的體驗中，但還有哪個世界裡有比這更基本的生活事實呢？我生活在我的主觀世界中，你則在你的，我們從這樣的日常體驗中發展出我們的記憶庫。記憶，在平常的傳統中，大部分是體驗的堆積。那麼，從哪裡說起，可把我們的體驗和記憶理解為關係的現象，並可將此歸屬於不是每個人的私己，而是大家的全體？讓我們先來想想體驗，然後再轉到它的後代，即記憶。

◈

我從一個故事講起，這故事是一位外國助理讓我想起的。老汀正要嘗試協助非洲某一貧窮地區的農夫，讓他們接受一種新的、也更能增加產量的種植方法。為了傳播此一信息，他和他的同事們用影片來展示這種新的種植與收割之法。影片放給

一群貧窮農夫看過之後，助理們就請農夫談談他們的所見。有位農夫馬上說道：「有隻雞，有雞……」。全場觀眾一齊喊著幫他肯定。助理們被搞得傻眼了。這影片明明不是關於雞的，而是種植方法的。影片裡沒有雞。觀眾堅持說有。於是助理們把影片再放一次。讓他們大吃一驚的是：在影片的一個要緊片段，有隻雞在那裡走來走去，而過去**對他們來說**那隻雞一直只被當成背景。

‡

我們的世界體驗之間會有這般的不同，對於實驗心理學家的理解來說，就叫做注意的差異。助理和農夫所注意的是影片裡的不同面向。由於注意在人類功能中具有如此核心的地位，因此它成為心理學中最古老的傳統課題之一。[29]關於注意，其最重要的事實是：它會把我們眼前的世界塑造成形。汽車駕駛人對此一定知之甚詳。當眼睛專注於路況時，就無暇欣賞路過的風景；而當手機響起時，其對注意的高度要求，常會給駕駛人帶來危險。實驗室對此留下最清楚的證明就是利用雙重聽覺的設計。實驗參與者會體驗到兩耳由耳機傳來的不同訊息。這些研究前後一致地證明了：由一隻耳朵中聽得的理解，會被第二隻耳朵聽得的訊息減弱。如果完全聽懂了第一隻耳朵得來的訊息，就幾乎會對第二隻耳朵聽得的訊息不敏感。即令第二隻耳朵所呈現的訊息是用聽不懂的語言，這些參與者們也幾

84

29　譬如可參見 James Sully 在 1892 出版的書 *Outlines of psychology* (New York: Appleton)，在其中指出：注意是心的一個「基本」向度，並以將近二十頁的篇幅來說明其功能。

乎都沒注意。我們可以說：看見不一定就會相信，但相信卻會成爲看見的序曲。

如果我們的體驗大部分會受到注意的方向所支配，我們就必須問：爲何注意會朝著某一方向而非其他？對此問題，顯然的答案就座落在關係的場域中。正是由於共同行動，才使得世界中的眞實得以如此顯現。有些人的價值在於雞，有些人在意種植的方法。母親讓她的行動和嬰兒互相參照，才使得嬰兒會注視到熊寶寶而不是地板；教師要求學生們注視她而不是個人自己的手機；讓四目久久相接乃是情人們特有的要求；而當我們對交談對象不加注意時，我們馬上就要挨罵了。注意所當朝向的對象、時機以及場合，其所受到的社會傳統限制，和公共談話相比，可說是一分也不少。

⊕

當生物學家透過顯微鏡觀看時，
他們所見的和我們不是同樣的世界。

——韓森

⊕

有一項古典的社會心理學研究讓我著迷很久。研究者關注的是普林斯頓和達特茅斯兩所大學的學生對於校際足球賽的感知有何不同。他們的球賽相當粗魯，雙方都會有很多人掛彩。然而在問起球賽時，85% 的普林斯頓人認爲是達特茅斯人先動手的；但只有 36% 的達特茅斯人相信此說。更戲劇性的發展是在一週後播放球賽紀錄片，普林斯頓學生看見達特茅斯隊的犯規次數比達特茅斯學生之所見多出兩倍以上。作者就結論道：

「當人們在那裡『觀看』時，沒有一種叫做『比賽』的『東西』會以它本身的方式存在『於那裡』。比賽對一個人的『存在』只是他所體驗到對他而言顯著的事情，並且也只是根據他的『目的』而定。」[30]當然，「他的目的」在此案例中和他所屬的學校有高度的相關。 85

Walk In - Dance Out　　©2007 Gary W Priester

這種立體攝影證明了我們的視覺體驗仰賴於我們所參與的關係過程。對於要如何注視動態的立體攝影，當遵循的指示方式如下——把聚焦於對象的視覺傾向改換成開放而無指向的注視——這樣一來，你就進入了一個嶄新的視覺世界。讀者可看看譜力斯特（Gary W. Priester）的立體攝影，「走入舞出」（Walk In-Dance Out），你會看見三個形象結合成朋友似的三人行。

致謝：給瑞‧W‧譜力斯特

30　Hastorf, A. H., and Cantrill, H. (1954). They saw a game: A case study. *Journal of Abnormal Psychology, 1,* 129-134.

批評者很迷惑：「你是不是在說，我們只會看見我們所想見的？假若情形是一輛卡車失控而朝著你的方向衝過來，你當然不希望你被撞上，那怎麼辦？這聽來就很荒謬嘛。」當然很荒謬。但這不是我們剛才所談的問題。我在上一章中已經指出，並不是「關係之前，無物存在」。而是說：無物**為我們**存在。在我們生活的世界中，卡車失控是非常要緊的事件，我們會把價值設定在「不要被撞上」。因此，這事件對我們而言就會充滿意義。但我們還可轉向更細微的案例。如果有個四歲小孩，看見路邊有個打開的可口可樂瓶子，他的眼睛為之一亮，並很可能會去拿起來喝。這樣的體驗是正面的。但作為成人，我們不但會把瓶子看成「垃圾」，並且還會做出負面的反應。我們幾乎無人會想喝那瓶子裡面的東西。我們已經共創了一個世界，在其中，看不見的細菌早已是人人心知肚明。人眼所看不見的東西對於我們而言也可大有意義。在我們的習俗慣例之外，很少有東西會吸引我們的注意。

✢

> 人必須在看見之前就先知道。
>
> ——陸維希‧弗列克（Ludwig Fleck）

✢

如果體驗乃是關係行動的一種形式，那麼，我們的記憶要怎麼說？傳統上，我們都把記憶當作私己事件。我們會說：我的記憶只是我的，也只存在於我自己之中。這麼說吧，讓我來回憶一場很讓我覺得受辱的體驗：

在六歲時，我的朋友威弗瑞和我獲得允准，搭公車進城去。但我們在過街時，威弗瑞被車撞了。一大堆人擠上來；我被鏟到一邊。不久，救護車來了，載著我的朋友呼嘯而去。這事態弄得我非常訝異；我還在驚魂未定之中，而擁擠的人群使我在救護車開走之前，根本摸不著邊。一小時後我回到家，一把眼淚一把鼻涕地對我父母訴說了這故事；但故事中也沒提到威弗瑞的狀況到底如何。我的父母後來終於向一家當地醫院探聽到威弗瑞的消息，並且獲知威弗瑞只是腿部骨折。不過，我所留下的，是我終身都「沒開竅」的感覺。

現在來看，表面上，這記憶只是屬於**我自己的**。沒有別人會以我這種方式來留取故事。不過，讓我們來作進一步的探索。我的注意在此事件中是被綁在意外事故及救護車上；一場亂流的劇碼上演了。但我有可能把注意導往別的方向。譬如我可以檢視那整群人穿的鞋子，看看他們的種族成分是什麼，他們的表情、年齡分布，甚至天氣狀況等等。然而這些都不是我或旁觀者會感興趣的。我們的注意早被社群釘牢在某個方向。這是因爲在我們的文化內，我們都在共享著注意的實踐方式。而這些實踐又密切連結到我們共享的價值——在此案例中，就是一個男孩的傷勢，或可能的死亡。實際上，我的體驗之爲我的，僅僅在極其有限的範圍內。我身上的感官是在行動中；而我的身體所在，同別人相比的話，也是在一個特殊位置。不過，我的體驗之性質卻浸透了我和威弗瑞的關係，或更概括地說，浸透了我和整個文化的關係。

我們再把記憶從其起源轉向其末端的話語表示。威弗瑞的故事有許多見證人，每一位都站立在不同的所在，並且也都來自不同的背景。然而，如果他們能一起來談談，他們會很典型地想對於「發生何事」達成共識：是不是威弗瑞的過失；是不是駕駛人的疏忽；誰叫了救護車；威弗瑞是不是傷得不輕？由這個共同行動的過程，很可能產生出一個關於「發生何事」且博得一致同意的版本。對他們來說，這種交代看起來就是「真相」或「事實」。記憶的這種社會面向，長久以來，確實激發了許多學者的興趣。早年的著作，譬如英國的菲德瑞‧巴列特（Frederick Bartlett），法國的摩希斯‧哈布瓦克（Maurice Halbwalchs），開啓了將記憶理解為社會過程的研究之途。[31]根據巴列特的標註，記憶不太像是感官資料登錄在腦中，而更像是「意義之後的努力」。為了回應此一觀點，當前許多來自歷史學、心理學與社會學的學者就把此一過程稱為「社群的」、「集體的」或「社會的記憶」。[32]這些文獻中很多都在顯示：所謂「發生何事」乃是由種種社會商議的方式所決定。透過共同行動的過程，我們建構出「我們如何掉進戀愛」，「我們的假期」，或「上一次的家庭聚會」。我們也以同樣的方式建構歷史──「偉人」、國家與民族。

共同記憶不只穩住了我們的世界，也拉緊了我們的社會黏結。很讓我吃驚的是：情愛伴侶之間對於要「把他們的故事講白」也總有緊急的要求。我見過有些伴侶們，因為對於「我們之間發生了什麼事」之互不同意而大動肝火。不同意就是逸出了「相與」的世界。我的穩定性和我的黏結關係之受到威脅，起

初都是發生在我和我媽之間的小事故。在成年之後，我常和我 88
的孩子們講起我幼年時的故事，就是有一次在我三歲時，我在
家鄉坎布理治城離家未歸，我的父母悲痛得不得了，好在後來
警察把我送回到他們飢渴的懷抱。不過那時我比較關心的似乎
是我的鞋子丟了。後來，我媽變成我孩子的奶奶，我聽到她還
在講那個同樣的老故事。不過，這次我的反應有點莫名的迷
惘。故事裡說的竟然不是我，而是我的哥哥約翰！當一個家庭
的成員在共同記憶區域裡出走時，他／她也就等於讓自己脫離
了這一家庭的基石。

不只是記憶的報告會透過共同行動而持續創造出來。還有社會習俗
也在決定什麼才算是記憶的適當演出；什麼是演出的適當時機與場
合。要能賞識這一觀點，就請試想想法庭的場景：在此次開庭之
前幾個月，你目擊了某些事件，因此現在必須在陪審團前出庭作
證。在回答律師的問題時——你當晚看見了什麼——你答道：黑黑
的……窗子……光線……碰撞……奔跑……幾棵樹……。律師滿臉

31　Bartlett, F. C. (1932). *Remembering: A study in experimental social psychology*. Cambridge: Cambridge University Press; Halbwachs, M. (1925). *Les cadres sociaux de la memoire*. Paris: Albin.

32　對於此一研究工作，有一本極佳的討論，參見：Middleton, D. and Brown, S. D. (2005). *The social psychology of experience*. London: Sage. 還可參閱：Connorton, P. (1987). *How societies remember*. Cambridge: Cambridge University Press; Misztal, B. A. (2003). *Theories of social remembering*. Buckingham: Open University Press; Wertsch, J. V. (2002). *Voices of collective remembering*. Cambridge: Cambridge University Press.

疑問地對你勸說：「那不行。我要你告訴陪審團，當時發生了什麼
事情。」你又回答：「我已經說了，那就是當時發生的事情。」律
師傻眼了，只好請你下台；你也許會發現法庭裡有很多不屑的眼光
傳來。爲什麼？因爲你沒有說出一個形式完整的故事或敘事報導。
你要想獲得人人的認可，那你就得說：「當晚的光線很暗，但我從
窗口往外看時，看見快速通過的車燈；搖搖擺擺到路邊，撞上停在
那裡的休旅車；那時，駕駛人很快下車跑進樹叢裡。」這後者所作
的交代就是結構成傳統上的敘事形式。其中有開頭有結尾，也有顯
著的事件（碰撞）；故事中所有的元素都與此事件相關；且各元素
都依照時間順序的安排。這種「講出好故事」的規則早在你步入法
庭之前就已存在。不論發生的事態爲何，只當它合於此規則時才會
成爲被認可的記憶。同樣的道理也適用於我們所說的身世故事，或
是國家的歷史，或是人種的演化。[33]

⊕

89　批評者還在滴咕：「是啦，但這都是語言的限制。何不看看攝影；
　　如果沒有造假的情形發生，那不就構成了無可否認的過去事態圖
　　像？」是的，攝影確可將事件凍結在時間之中。不過，任何一種再
　　現過去的形式——話語、攝影、文物——無論哪一種，都必須先遵
　　循社會習俗才能（或不能）獲得認可的分數。以此而言，攝影也就
　　是一種語言，像書寫的語言一樣，必須先遵循若干規則，才能算是
　　準確。譬如說，要爲一個人攝影，其取相的方式幾乎有無限多。相
　　片拍照時可從不同的距離、不同的角度，或用不同的濾光鏡、不同
　　的銳利度和聚焦方式，等等。我們一般所謂「精確的取景」事實上
　　只限於非常狹窄的可能性之內。[34]

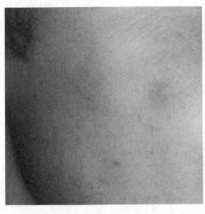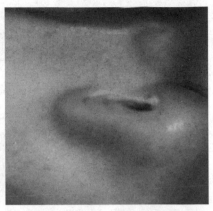

世界並不要求我們對它體驗出什麼。毋寧說，我們從關係中現身時才會以特殊的觀點來看見世界。實際上，「直接的體驗」都是由社會所塑造。試看看此處兩張人臉的照片。對大多數觀看者而言，看到的都是了無意義或與人臉毫不相干。這是因為我們沒曾參與這種傳統，也無從獲悉這種觀看人臉的特殊方式中，有何價值可言。

　　　　　　　　　　　　　　　　致謝：安‧瑪利‧呂斯曼

批評者生氣了：「那你是不是在說，沒有所謂準確的記憶？難道陪審團的篩檢證據、傳喚證人、重建真相等等，都是一無是處？歷史　　90

33　將自傳視爲敘事，可參見：MacIntyre, A. (1984). *After virtue: A study in moral theory* (2nd ed.). Danvers, MA: University of Notre Dame Press；將歷史視爲敘事，可參見：White, H. (1973). *Metahistory: The historical imagination in nineteenth-century Europe*. Baltimore: Johns Hopkins University Press；將演化視爲敘事，可參見：Landau, M. (1984). Human evolution as narrative. *American Scientist, 72,* 262-268.

34　與此相關的研究有 Mary Gergen 所作的。她把她面前出現的景象每隔二十分鐘拍攝一次。後來她把所有的照片在研究參與者前攤開來，大多數照片中的主題都是無法辨認的。照片若從作者的活動敘事割離，並且沒有再現任何「準確的」主題，那就大多會成爲不可辨認。參見：Gergen, K. J., and Gergen, M. M. (1991). Toward reflexive methodologies. In F. Steier (Ed.) *Research and reflexivity*. London: Sage.

家只是在編造故事？而你對於二戰的**大屠殺**又該怎麼說？你的論證方式，對於那些想要否認發生此事者，不就正中下懷？你怎麼可能採取這種立場？」這是相當嚴重的批評，因此，把我所倡議的論點釐清，實有必要。如我所一再強調的：透過共同行動的過程，人才能創造出穩定的世界，其中有真、有善、有理。在這些世界中，自會有非常嚴謹的標準來說什麼才算是準確。數學就是個好例子。我們在此獲得社群的無上成就，而在此社群中，準確的規則總是有嚴明的定義。準此以言，法庭確可篩檢證據、尋求真相，歷史家可以判別事實與虛構，而我們也可確信**大屠殺**暴行的存在。

只不過，重要的是，在這些狀況下，準確性的辨認仍都是在某種特殊關係傳統中獲得其定義。同時，我們會被引發的考量是：在任何狀況中，最受尊崇的究竟是誰的傳統？誰的價值大行其道？誰的聲音不得在場？正是在這些方面，才使得少數族群能夠對於美國的標準歷史提出質疑；他們覺得他們的過去被寫得不見了。**大屠殺**在此是個重要案例。**大屠殺**並不是什麼超越性的真實──或說它的證據在所有可能的詮釋世界裡都是準確無誤的。然而，這個故事以其現有的形式存在，對於未來的文明定會造成鉅大的影響。它是個定時敲響的警鐘，告訴世人說：人類在其自視的優越性與隔離之下，會有些什麼恐怖的潛能。[35]實際上，此一故事的重要性大多來自於我們不敢失去的道德律令。

◈

我們用以談論體驗的方式，之所以能行得通，根本上不在於其再現了體驗的本質或本身，而在於此再現方式能用以構成或維

持某一種，或另一種，的社會秩序。

──蕭特

✦

創意乃為關係的成就

「有才能的人像是個射手，他會射中別人無法射中的標靶；天才則像另一種射手，他會射中人家根本看不見的東西。」[36] 1883 年，哲學家叔本華（A. Schopenhauer）如此寫道。這種褒揚的方式在十九世紀晚期並不少見。這個時期是浪漫主義的高潮，在其中，偉大作品的泉源一概被定位在個人內心的深處。你可以說一部作品「靈感豐沛」，或更直白地說，作品是由內在的靈魂所產生。依照法蘭克‧巴倫（Frank Barron）的看法，這種天才觀裡夾帶著〈創世記〉的隱喻，亦即含有神之為創造者的意思。因此，我們對於創意天才的稱頌，以及我們有時也體驗到的敬畏之情，就很微妙地等同於崇拜了。**靈／感**（In/spiration）承載著**神靈**（the Divine）的痕跡。[37]這種浪漫主義觀點在二十世紀的現代主義中，其實也找得到落腳處。準確地說，現代主義文化所強調的不斷進步，也是對於創

35　對於此一論點的延伸，可參見：Gergen, K. J. (2005). Narrative, moral identity, and historical consciousness: A social constructionist account. In J. Straub (Ed.) *Narrative, identity and historical consciousness*. New York: Berghahn.

36　Schopenhauer, A. (1886). *The world as will and idea*. Vol. III. (R. Haldane & J. Kemp, Trans.) London: Trubner and Ludgate.（原著出版於1883）。

37　Barron, F. (1995). No rootless flower: An ecology of creativity. In R. E. Purser and A. Montuori (Eds.) *Social creativity*. Cresskill, NJ: Hampton Press.

意改革的大力稱頌。這種強調在二十世紀藝術中就由前衛主義（the avant-garde）的概念所代表。[38]天才就是能突破傳統的人。在二十世紀之前，藝術改革的要求幾乎不為人知。

如我們所見，創作藝術的這一觀念，伴隨著其中所持有的自許、自尊，乃是某一關係傳統的副產品。[39]我們無法透過任何精密的研究來揭露「創作的本質」；大多數對於藝術創意的研究，確實只能維護其存在的現狀。在此困境中，韓普登-透納（Charles Hampden-Turner）的看法也許可帶來一線曙光：「對於創意，我們一直受困於一種刻版印象，以致總要為之貼上可笑的標籤，說（藝術家是）什麼半人半神、玄秘莫測、孤寂、混亂之類的。」[40]為什麼我們會「受困」於這種刻版印象？這答案的大部分就在於囿限存有的傳統之中。浪漫主義和現代主義的兩大傳統觀點都在稱頌孤立的個體；他們把隔離視為創作靈感的主要來源。因此直到今天我們都還維持著這樣的階層結構：創意天才居於頂端，疲倦的作坊工匠在中層，底層則是一大群的烏合之眾。和價值尊貴的創意天才相比，在這關係的根底裡，就把我們都逼成了不敏感的大眾。

⊕

讓我們對於此一關係的根底再作仔細的考量。打從一開頭就已有一種判斷的行動，把某一作品判定為有（或沒有）創意。對於這樣的行動者，我們沒有任何手段可憑以斷定他們「心裡頭」到底在想什麼。依我所見，「創意過程在腦袋裡」這一觀念正是從共同行動裡衍生而出的。無論如何，我們確實會做出這樣的判斷，但該弄清楚的是：判斷乃根源於關係史之中。對於我們大多數人來說，若有某

人和自己的鞋子鬥嘴，或在人行道上單腳跳，或把帽子戴在肩膀上——這全都是相當不尋常之舉——但我們簡直無法稱之為有創意。那些舉止不過就是怪異吧。但是，當傑克森‧波洛克（Jackson Pollock）把油畫顏料潑到畫布上，或約翰‧凱吉（John Cage）把鋼琴的琴弦給釘上釘子，[41]這時，「創意」這字眼已經到了我們的舌尖上。這泰半是因為我們瞭解，創意之舉必須和人類的意義實踐傳統有交融的關係。在現代繪畫的傳統中，波洛克算是個前衛派；在現代音樂的傳統中，凱吉就是個天才。在此傳統之外，他們也一樣會被看成怪人。實際上，一個人會步入創意之境，必得透過的途徑就是參與到關係的歷史之中。

為了詳細說明傳統的力量對於創意有無的判斷有何影響，伊藍納‧布瑞格（Ilana Breger）和我曾經執行一項研究，在其中，

---

38 譬如可參見：Burger, P. (1984). *Theory of the avant-garde*. Minneapolis: University of Minnesota Press; Shattuck, R. (1968). *The banquet years: The origins of the avant garde in France*. New York: Vintage.

39 與此有高度戲劇性反差的乃是「歌舞伎」（Kabuki）劇場的傳統。在此對於演員的要求就是盡其所能地複製傳統。任何逸出傳統的偏差立即受到唾棄。（譯註：此處的「歌舞伎」〔Kabuki〕一詞係以日文拼寫，就是指日本的歌舞伎。）

40 Hampden-Turner, C. M. (1999). Control, chaos, control: A cybernetic view of creativity. In R. E. Purser and A. Montuori，前引書。

41 譯註：作者在此的原文是：「凱吉把鋼琴的琴弦扯下來」，事實上，凱吉為"prepared piano"（動過手腳的鋼琴）所作的一系列作品並沒把琴弦扯下來，而是在琴弦各處打釘子、綁繩子等等。譯者據此事實予以更改。

我們對實驗參與者展示了一系列的抽象畫。[42]我們給的挑戰是
要他們以創意高低來評鑑那些作品。不過,他們也曉得某些作
品只花了六分鐘就完成。其他有些花掉六小時以內;有些則花
了多於六個月之久。最後的結果顯示:畫畫花掉六小時的,被
判斷為創意最高,顯然高過其他兩端。很顯然,對他們來說,
創意不是瞬間燃燒出來的,但也不需勞苦六個月才能完成。

✛

「親愛的莫札特,(你的)音符太多了。」

——約瑟夫二世大帝(Emperor Joseph II)

✛

93　　既然對創意的判斷是發生在某一社會傳統之內,我們也可因此而結
論道:我們所謂有創意的人,他們的活動就是指其演出在該傳統內
能獲評為真實。譬如當代的文學理論中就認為,詩人的靈魂並非能
在複雜思想情緒中上下自如。毋寧說,他們總是在參與著某一種寫
詩的傳統。[43]在此傳統中自有其發展良好的形式,以及如何算是好
詩壞詩的標準。在前衛派的傳統中,詩人總是處心積慮要「打破窠
臼」。不過在此之後,詩究竟有沒有創意,還是要由許多反覆商議
才能認定。於是,詩中有沒有什麼發明,就必須看它是否成為一個
可理解的行動,並且離不開它所浸潤的詩藝對話過程。此中有一深
義,就是詩人之寫作,不外是為了其他的詩人。[44]

✛

有生產力的觀念誕生於聯手思維,或有意義的交談,或共享的

維護與奮鬥，由是而能在思想的夥伴間達成新的見解。

——維拉・約翰-史戴納（Vera John-Steiner）

⊕

批評者要求我們給個說法：「創意只能在某一傳統中辨認，指出這一點似乎是對的，但在任何傳統中都會出現卓然出眾的人物。他們就創意的能力而言，顯然就是鶴立雞群。試看看才華出眾的這幾位：喬艾斯（James Joyce）、艾略特（T. S. Elliot）、畢卡索（Pablo Picasso）等等。他們不是證明了有非常特殊的天賦存在，使他們都作出了超乎別人當時所能想像的東西來？」我當然同樣讚賞這幾位人物的作品。但是，撇開英雄人物如何被社會所行銷的問題（透過畫廊和美術館都一樣），只結論道這些成就超過任何關係，就毫無必要，也不會增加生產力。把創意視為個人靈感，孤立於他人之外，這樣說，對於促發可能的創意活動而言，等於什麼也沒說。創意僅僅是靈感之有無，如此而已？然而，如果我們能看見創作行動乃是關係中的活動，那我們不是更能去問：怎樣的關係條件會更有

94

42　Gergen, K. J. and Breger, I. (1965). Two forms of inference and problems in the assessment of creativity. *Proceedings of the American Psychological Association, 20*, 215-216.

43　LeFevre, K. B. (1987). *Invention as a social act.* Carbondale, IL: Southern Illinois University Press; Sawyer, R. K. (2003). *Group creativity, music, theater, collaboration.* Mahwah, NJ: Erlbaum.

44　Suzi Gablik 在她的著作中論道：現代藝術已變得如此自滿自足，以致其相貌變得曖昧難辨，也漸漸和廣大的文化中深刻的意義與議題失去接觸。參見她的 2004 作品，*Has modernism failed* (2nd ed.). London: Thames and Hudson；還有她較早的 1992 作品，*The reenchantment of art*. London: Thames and Hudson.

利於這樣的創發嗎？

　　談到促發創意，最有用的是先考慮有利於創發，或產生「新觀念」，的條件何在。如同本書第二章的闡述，關係的參與，很典型的產出就是對於真理、美善的共識。一旦共識達成了（且維護住了），參與者就很難棄守。一旦已在「真實」的水中泅泳，人就很難同時站在岸上觀看泳池。創意革新會被停格而不動。只當不同傳統發生碰撞時，改革才會誕生。在此，會有不尋常的排列組合、新的隱喻、不穩定的整合源源而出。在同一的傳統中，電話就只是電話。然而當你也參與了高科技的發展時，電話就會開始變形為手機、照相機、時髦裝飾、電腦、娛樂系統，以及⋯⋯。一個人參與了多重的傳統，創意行動也會跟著起飛。正因此故，改革常發生在主流之外——在一般接受性的邊緣地帶。

除了探問有利於創發活動的條件之外，關係論觀點也會把注意力放在行動者所捲入的關係網上。豪沃・貝克（Howard Becker）在研究過藝術家的生涯之後有此結論：「藝術家⋯⋯在一個能把人聯結起來的網絡中心工作，而他的作品就是該網絡的重要產出物。」[45]在此，頗具啟發性的是，許多作品曾探討過有創意的配偶之間如何以精細微調而相互依存。我們發現天才果然不是產自個別心智，而是產自關係。[46]有創意的個人常常受益於父母和教師，他們「能夠認識、鼓勵、肯定稟賦優異年輕人的興趣和能力。另外，還有心靈導師（mentors）也常成為老師、資助者、朋友、諮詢者和楷模。」[47]更有甚者，在藝術中的個人常會面臨孤寂、貧窮以及對其能力的懷疑。此情形在以偶像崇拜來取代創意的地方尤其嚴重。一個人若正

在打破窠臼，但未受辨識時，他會被人唾棄的風險必定很高。是否
碰到能給予支持的人，就變得無比重要。莫可羅斯（Mockros）和
齊克曾米亥里（Csikszentmihalyi）的看法是：「社會支持系統和互
動對於創意的生產而言，終其一生都是關鍵因素。」[48]

95

$\oplus$

就我們的發現而言，理性思考、意向、體驗、記憶以及創意，並非
先於關係生活，而是從關係中誕生。這些都不是「在心中」——從
世界及從他人中分離開來——而是體現於行動，並在關係中得以型
塑和維護。

---

45 Becker, H. S. (1982). *Art worlds*. Berkeley: University of California Press. 同樣的情形也出現
    在科學重大發現的歷史中。

46 譬如可參見：John-Steiner, V. (2000). *Creative collaboration*. New York: Oxford University
    Press; Pycior, H. M., Slack, N. G., and Abir-Am, P. G. (Eds.) (1996). *Creative couples in the
    sciences*. New Brunswick: Rutgers University Press; Chadwick, W. and de Courtivron, I. (Eds.)
    (1996). *Significant others: Creativity and intimate partnerships*. London: Thames and Hudson;
    and Sarnoff, I. and Sarnoff, S. (2002). *Intimate creativity: Partners in love and art*. Madison:
    University of Wisconsin Press.

47 John-Steiner，同前引書。

48 Mockros, C. A. and Csikszentmihalyi, M. (1999). The social construction of creative lives. In A.
    Montuori and R. E. Purser (Eds.) *Social creativity* (p. 212). Vol. I. Cresskil, NJ: Hampton Press.

第四章
身體之為關係：情緒與苦樂
The Body as Relationship: Emotion, Pleasure, and Pain

96　如果問你一生中最重要的是什麼，最可能立刻浮出來的一字就是
「愛」。這可能是指愛配偶、伴侶、孩子、父母，或愛人類。也可
能是指愛自己的工作、嗜好或愛上帝。還有可能浮出的字眼是「樂
——享福、快樂」。我們不都會選擇我們樂於從事的活動，而會
避免苦事嗎？我們的生活於是乃繞著情緒性的感覺，有苦有樂地打
轉。和思維、意向、記憶、創作——上一章的主題——不一樣的
是：情緒以及苦樂都和身體密切相關。苦樂情緒看起來就像是身體
的天生功能。以隱喻的說法，我們把某些情緒叫做「心事」，我們
也把苦樂的根源定位在神經系統。我們常相信，情緒收發的能力是
與生俱來。[1]而且我們更深信不疑的是：我們的遺傳基因中就有趨
樂避苦的傾向。這些身體的傾向是自然秩序的一部分；正常健康的
生命就該把它們表現出來。是這樣嗎？

　　上一章中已陳述過：所有的意義都在共同行動中產生。我們應
該在這同一個關係矩陣中來追溯情緒、苦樂等概念的蹤跡，以及更
97　確實說，就是要追溯身體本身。換言之，我們本來並沒有「愛」、
「怒」、「苦」、「樂」等字眼，因為它們原都是在世上發生之
事，而我們為了要對存在的事物都有個譜，故必須為它們一一命
名。我們毋寧是先有了一些關係，從其中我們才相對地創造出一些

眞實，又從其中衍生出它們的重要性。

◆

如果這樣說會讓人迷惑，乃至覺得荒謬，那就試想想這個詞：**身體**。一般的看法是把皮膚當作容器，或劃分的界線，區隔出什麼是或不是「我的身體」。對於許多目的而言，這種劃分法也許很有用。然而，如果沒有大量的運動來穿越這種區隔，人類就根本無法存在。氧氣、水分、食物、排泄物等只是其中比較重要的幾項穿越障礙之物。但就此而言，把皮膚當作容器的觀念就不適當了。篩子的隱喻還比較好些，可讓物質在此作雙向的運動。一方面，我們可說：沒什麼穿越物是確然屬乎我的（我身）；另方面，我們稱爲「我身」的一切，都屬乎更大的世界，而其中有些只不過是暫時在此匯聚。

歷史研究顯示了：身體對柏拉圖來說是一座墳墓；對使徒保羅是聖靈的殿堂；對笛卡爾是一部機器；對沙特來說則是個自我。[2]物理學是界定宇宙之構成及成分的最先進科學，而在物理學的語言中，人的身體並不存在。實際上，我所謂的**我身**，乃是以我在某一關係傳統中的定位才能說的。

1　參見：Gergen, K. J., Gloger-Tippelt, G., and Glickman, P. (1990). Everyday conception of the developing child. In G. Semin and K. Gergen (Eds.) *Everyday understanding: Social & scientific implication*. London: Sage.

2　參見：Synott, A. (1992). Tomb, temple, machine and self: The social construction of the body. *British Journal of Sociology, 43*, 79-110；亦可參：Blood, S. K. (2005). *Body work: The social construction of women's bodies*. London: Routledge.

✛

當我在工作之時，我會把我的身體留在門外。

————畢卡索

✛

要點在於：當我們認定我們都活在一間一間各自分離的屋宇，名之為身體，而且其中的寓居者包含有情緒和苦樂，在此時，我們就已經為囿限存有的意識型態增添了不少份量。我們變得相信我們作為人的行動，其基本的驅動力來源是鎖在神經系統中的某處，並由演化和基因的構成來為之保障。在此情況下，對於本能和對大腦作用到我們行動上的功效，我們可說是無從置喙。

正在此處，對本章的挑戰橫在眼前。我們是否能夠進入新的境界，而能理解：情緒與苦樂所顯現的，並不是私己的身體，而是關係？以下我要先談情緒。將前一章所展開的邏輯放大，我的主張很像在談推理、意向、記憶等過程那樣，就是說，情緒在本質上也同樣是關係中的演出。這種主張當然會引發強烈的反彈。對於人類的一般行為以及特別在情緒上的表現而言，我難道不是在罔顧那些立基於生物學上的浩瀚文獻？因此，本章的第二部分就會直接面對生物決定論的挑戰。這麼一來，我們就有理由去質問：先天傾向的觀念中，還能留下的東西是否已所剩無幾？以何程度可說，我們的命運並不來自內部，而在於我們之間？經過這樣處理之後，最後探索的舞台就已架設好，好讓我們能下探苦與樂的關係基礎。

1 │ 歷史與文化中的情緒

我們是否在我們身內攜帶著情緒？就像笛卡爾一樣，他不懷疑他在思想，我們也幾乎不曾懷疑我們覺得忿怒、快樂、厭煩之類的。在情緒的狀況中，我們就是知道！但，是嗎？歷史在警告我們不要輕信情緒狀態的「自明性」。譬如，學者們曾經嘗試了好幾世紀，細細地辨認和清算情緒。亞里斯多德在《修辭學》（*Rhetoric*）第二部中分別出十五種情緒；幾世紀後，阿奎那（Thomas Aquinas）的《神學大全》（*Summa Theologiae*）中也分辨出六種「情感的」情緒和五種「精神的」情緒；在《靈魂的熱情》（*Passions of the Soul*）一書中，笛卡爾區分了六種基本的靈魂熱情；十八世紀的道德學家大衛・哈特利（David Hartley）定位出十種「人類本性的一般熱情」；而二十世紀的心理學家西爾凡・湯姆金斯（Sylvan Tomkins）和沃特・以薩德（Walter Izard）各描述出約十種可以區分的情緒狀態。[3] 如果情緒狀態是這麼明顯的，為何對於其數量多寡卻很少有互相一致之論？

　　在這些學者間還有互不同意之處，就是在他們所發現的內容之間。譬如亞里斯多德所區分出的幾種情緒狀態有：**寬和**（placability）、**信心**（confidence）、**仁慈**（benevolence）、**魯莽**（churlishness）、**熱忱**（enthusiasm），但這些在當代討論情緒的

3　Tomkins, S. (1962). *Affect, imagery, and consciousness*, Vol. I. New York: Springer; Izard, C. E. (1977). *Human emotions*. New York: Plenum.

著作中卻都無人提及。阿奎那相信**愛**、**欲**、**望**、**勇**是情緒的核心；但亞里斯多德和他相互同意的只有愛這一項，其他就不然了。在湯姆金斯及以薩德的科學取向研究中，上述的幾項無一被辨認爲基本情緒。霍布斯區分出的情緒狀態有**貪婪**（covetousness）、**奢華**（luxury）、**好奇**（curiosity）、**野心**（ambition）、**好心腸**（good naturedness）、**迷信**（superstition）和**意志**（will）。在當代心理學中也無一被認定爲情緒。湯姆金斯和以薩德兩人同意**驚喜**是一種情緒，但他們所相信的定會使他們的前輩們感到費解，也許連一般大眾也會有此同感。儘管以薩德相信**悲哀**和**罪疚**是主要的情緒，但在湯姆金斯的分析中這兩者都不算。

如果情緒就只是存在於心中，對於感覺到的人也顯然如此，爲什麼還會有這麼多互不一致之論？如果情緒有些可辨認的特徵——就像房間裡的椅子那樣——我們不是很容易就會同意它的數量和種類嗎？事實上，我們可以準確辨認的情緒狀態究竟含有什麼性質？在辨認情緒時，像這樣的混淆再次暗示了：情緒不僅僅是存在於腦袋或在身上，只等著讓人發現的東西。毋寧說，我們所謂的情緒是在共同行動中才能創發出來的。

◈

這確實也是文化人類學可以告訴我們的訊息。已有無數的民族誌顯示出：我們西方文化中認爲屬於情緒性的語詞和行爲，和各不同文化之間實有極大的變異。[4]譬如，在研究了南太平洋小環礁上的以法路族人之後，凱瑟琳・陸滋（Catherine Lutz）描述道：該族人有 Fago 和 Song 之類的情緒，但在西方語言中就完全找不到與其對等的語彙。[5]更極端的差異包括新幾內亞的「野豬」症候群，患者在

面臨挫敗的情境下發病，之後他開始四處亂竄、打家劫戶、用箭射自己的鄰居。他可能竄入附近的森林，在那裡，村人把他逮住，之後就會送他去作個「返家」（redomestication）儀式。在馬來西亞還有個更致命的情緒表現形式，叫做「奔狂」（running amok），在這情況中的人首先會有一段時間的退縮或沉思默禱，會前後搖晃著身子，口中以宗教語彙念念有詞。[6] 到了某一時刻，他會一躍而起，抓住一把刀，開始對所有出現在他眼前的人（或活著的東西）猛殺猛砍。當他到了發作的終點時，他的武器可能砍向自己。「野豬」和「奔狂」這兩種行為在當地都是人人認識的文化表現方式；要是在西方出現的話，那就只會令人歎為觀止。

100

4　譬如可參見：Rosaldo, M. Z. (1980). *Knowledge and passion: Ilongot notions of self and social life.* Cambridge: Cambridge University Press; Heider, K. G. (1991). *Landscapes of emotion: Mapping three cultures of emotion in Indonesia.* Cambridge: Cambridge University Press; Wulff, H. (2007). *The emotions: A cultural reader.* New York: Oxford University Press; Lynch, O. M. (1992). *Divine passions: The social construction of emotion in India.* Berkeley: University of California Press; Heelas, C., and Locke, A. (Eds.) (1981). *Indigenous psychologies: The anthropology of the self.* New York: Academic Press; Jain, U. (1994). Socio-cultural construction of emotions. *Psychology and Developing Societies, 6,* 151-168. 關於情緒的理解，在文化與生物學間互相對立的持續辯論，可參見一本特刊：*Ethnos, 69,* 2004；還有：Loseke, D. R., and Kusenbach, M. (2008). The social construction of emotion. In J. A. Holstein and J. F. Gubrium (Eds.) *Handbook of constructionist research.* Thousand Oaks, CA: Sage.

5　Lutz, C. A. (1988). *Unnatural emotions.* Chicago: University of Chicago Press.

6　Averill, J. R. (1982). *Anger and aggression: An essay on emotion.* New York: Springer Verlag.

歷史研究也支持情緒是爲「人所建構」的觀念。[7]譬如，我們常會談到「我們的感覺」，我們也會很關心地問問他人的感覺。但在這些情況中，我們到底在談什麼？說「我覺得很好」時，是在報告一種心態，而這和「我覺得這個理想很好」，「我感覺到你的苦」，「我感覺有冷風吹進來」，「我肚裡有個感覺」，「我覺得我們該走了」等等，是一樣的感覺嗎？無法回答這問題，才明明指示了：「感覺」（覺得）一詞不能用來讀出內在世界。歷史學家巴費爾德（Owen Barfield）指出：從早期羅馬時代到中世紀，一般人總傾向於把外部條件看成比內部狀態更爲重要。譬如一個人會說「這場會開得眞無聊」或「他講的話好讓人尷尬」，而不是說「我覺得眞無聊」或「我覺得好尷尬」。事實上「感覺」一詞在大約十七世紀以前根本還沒發明出來。是以，巴費爾德認爲，直到十七世紀以後，人才開始會長篇大論地談他們的內在生活。[8]

⊕

> 感覺（感情）不是在我們的血液中可找到的物質，而是某種社會實踐——我們用故事來將它組織成形，並以講說和行動來使之呈現。
>
> ——米謝爾・羅撒多（Michelle Rosaldo）

⊕

試也來想想「憂鬱」（melancholy）的歷史。此詞在今日的英文中，已經很少人用。我們在工作時若需請假也很罕用「憂鬱發作」來當藉口。然而在十七世紀時，這樣的藉口可說是恰到好處。羅勃・波頓（Robert Burton）的早期著作《憂鬱的分解》（*The anatomy of melancholy*），有將近六百頁的篇幅，仔仔細細報導了形形色色的憂鬱，及其顯現和療癒。在佛洛伊德之後，很多精神科醫師都提議要把憂鬱視為今日所謂「憂鬱症」（depression）的早期用語。[9] 然而，波頓的描述不僅不為此議背書，反而更幫助我們看出，我們的情緒世界和先前時代有多麼不同。試看看下段摘自波頓的文字是怎麼說：

> （憂鬱者）都有愛情的傾向，也易於被看作⋯⋯會很快掉入迷戀，陷溺不拔地深愛一個人，直到他們看上了另一人，然後又溺在這新愛情之中⋯⋯他們的幽默感真是無與倫比，有時很愛大笑，非常開心，但一下子又會無緣無故地啜泣起來⋯⋯唉聲嘆氣、鬱鬱寡歡⋯⋯他們也常毫無道理地裝出荒謬之狀。他會扮狗、扮雞、扮熊、扮馬，扮成杯子、奶油，等等。[10]

7　譬如可參見：Stearns, P. N., and Lewis, J. (Eds.) (1998). *An emotional history of the United States*. New York: New York University Press; Harré, R. (Ed.) (1986). *The social construction of emotion*. Oxford: Blackwell; Graumann, K., and Gergen, K. J. (Eds.) (1996). *Psychological discourse in historical perspective*. New York: Cambridge University Press; Stearns, P. N. (1994). *American cool: Constructing a twentieth-century emotion*. New York: New York University Press.

8　Barfield, O. (1962). *History in English words*. London: Faber and Faber.（譯註：在此所談的「感覺」是指 "feeling"，中文又譯「感情」。在漢語的歷史中，「感」「覺」「情」都是自古以來即有的字，但「感覺」和「感情」這樣的詞彙確實是在現代漢語中才出現的，其出現時間都不早於二十世紀。）

9　譯註：「憂鬱」和「憂鬱症」在現代漢語中不如作者所說的 melancholy 和 depression 那般差距分明，可見漢語傳統確實是把兩者視為同一了。

10　Burton, R. (1624/1982). *The anatomy of melancholy*, p. 393. New York: Vintage Press.

批評者請求給他一點時間說話：「當然，在文化和歷史中總是有變異，但也會有很強的例外。就拿浪漫愛情的事實來說吧。我們在古往今來中始終可發現愛情的表示。譬如我們就不難響應卡圖勒斯（Catullus）寫於紀元前一世紀的詩：

> 我若得允吻你的蜜眼
> 如我想要的那麼多遍
> 我願吻上三萬三千
> 我心猶覺未曾滿填

愛情的歷史在其長流中確實顯現了相當不同的表示；對我而言，這就不過是同一主題的許多變奏而已了。[11]愛情的事實，作為基本的情緒而言，從來沒有改變。」

　　這位批評者確有些點子。我們大多數人有時會覺得有普世的情緒存在——就像愛情——可把我們統一起來。但要下這結論，就不能不更謹慎。我們之所以會大步走上帝國主義之途，就是我們認定世上所有的人都具有西方情緒。為什麼以法路族人就不能相信 fago 具有普世性，而印度人的阿怛摩（梵我）也一樣普遍？但再接近點仔細想想：首先，縱然我們在各時代中都能確切指出浪漫愛情的事實，我們仍知有太多例外，以致無法假定此情緒是與生俱來的。在不同文化和歷史中，就有很多民族根本不認識浪漫愛情，或視之為無關緊要，使得普世性的假設不能成立。浪漫愛情對於那些身處於牢獄、戰場、礦坑、稻田、運動場、修道院等等地方的人而言，到底有多重要？異性戀與同性戀的關係型態在歷史與文化之間的變異更是無邊無際，使得當代學者在進入基本情緒的討論時，常常不把

愛情列入候選名單。

　　在閱讀卡圖勒斯的詩句時，還有個特殊的問題。像這樣的作品確實可以對西方的情緒語彙有些貢獻。我們會藉由這幾行詩來認識自己，因爲這樣有助於我們繼續模塑自己已經參與的傳統。我們若要把他種文化的作品視爲普世性的證據，就會迎面撞上更進一層的問題。人類學家都很清楚意識到：一個人既受限於自身的文化詞庫，又站在其他文化的門檻之外，那就無論如何也不可能對他文化的作品作出詮釋。有一塊遠方土地上的人，正在作放縱無度的親吻，而這就是他們「懂得愛情」的指標嗎？或只是對於浪漫愛已有概念的人而言，才會是如此的意思？沒有這概念的話，我們怎能說親吻就是情緒的表現？想要詮釋他文化中的行動有何意義，就先得把那些行動吸收到意思明白的世界來，讓它泡熟再說。[12]

2｜情緒之舞

如果情緒的話語和行動都得在文化傳統內創造，那麼，我們就可恰

11　譬如可參見：Hunt, M. (1994). *The natural history of love*. New York: Anchor; Kern, S. (1992). *The culture of love, Victorians to moderns*. Cambridge: Harvard University Press; Luhmann, N. (1986). *Love as passion*. Cambridge: Harvard University Press.

12　這裡其實還有意識型態的課題須加以考量，就是把浪漫愛的情緒性概念特別歸屬於女性。可參見：Lutz, C., and Abu-Lughod, L. (Eds.) (1990). *Language and the politics of emotion*. New York: Cambridge University Press; Robin, C. (2006). *Fear: The history of a political idea*. New York: Oxford University Press; Ahmed, S. (2004). *The cultural politics of emotion*. London: Routledge.

當地將情緒視爲關係的演出了。[13] 它們是行動的形式，但須在關係中獲得其可懂的意思，在其社會用途中獲得價值。我們與其說「感覺到情緒」，不如說是把情緒作出來。[14] 而這種「作」（行事）之意思能明白，也必須是浸淫在某特殊的關係傳統中才能成立。要想賞識這種論點，可試想想三個新命題，來和上一章的邏輯互相呼應：

（1）**情緒演出是一種意匠的成就**。一個行動要如何才會被辨認爲情緒呢？至少有一主要手段是通過話語的使用。我們先認爲自己有情緒：「我今天覺得很快樂……」，「那會嚇到我……」，或是「我仰慕您……」。沒有人能有特殊的管道在私下世界中取出可辨認的情緒。然而使用話語來宣稱，對於我們要如何繼續發展下去，就非常重要。最典型的是話語和身體行動間有如管弦樂團的配器法一樣合作無間。話不只是說出來而已，還得和音調、手勢、眼神、姿態配在一起。於是出現了眼淚、笑聲、嫌惡、鬼臉等等。要想恰當地演出忿怒，那你就需要大量的文化教養。要想表現我們認定的真實情緒，就可能須先行彎弓搭箭：繃緊下巴的肌肉，穩住眼光的睜視，挺直上身，等等。哪怕只是一個小動作，譬如手腕稍稍鬆了一下，就可使你全部張牙舞爪的怒氣功虧一簣。要辨識一種情緒，就類似於能認出一個演員到底是在演李爾王或是哈姆雷特。演員可以演得好或不好，若是前者，我們就可放心地觀賞這個腳色。但當一種情緒演出得很差的話，我們就會根本懷疑其存在。一個尚未掌握演技的小孩常會被我們看成神祕兮兮：他在生氣，你卻只看到他的「壞脾氣」。[15]

我生命中有一段時期對於忿怒的演出很成問題。我在美國南部成長，那裡人最看得起的標準是世故老練和姿態優雅。一般人都會同意：「你若燒斷保險絲，你就輸了。」我也常在觀察我父親，當別人搞砸事情或惹惱他時，看他會有何反應。他只會變得很沉靜，毫無笑意，就這樣維持了半天。這是一種很容易掌握的演出，過了一段時間之後也會覺得很自然。接著婚姻生活開始了。瑪莉對於忿怒的作法是透過疾速的爆發，然後再回到正常。天哪，我們倆所偏愛的忿怒形式根本不搭嘎。如果我們互相過不去，瑪莉會立刻爆出來然後讓它過去，我卻會好幾個鐘頭一直冷峻不語。於是，我們就此談了開來，瑪莉說服我的方式是：當我被惹惱時，「就讓胸中的東西冒出來」。這訊息就是說：「讓自己放手吧，」然後我們定會言歸於好。於是我照辦了。結果竟是一場災難：盤子摔爛了、傢俱敲破了、門板上出現凹洞。這樣的爆發，我們承擔不起。所以我們回到製圖設計板。這次我們比較能夠專注於避開麻煩的起事點，以

104

---

13 將情緒視為文化演出，還可參閱：Averill, J. (1982). *Anger and aggression: An essay on emotion.* New York: Springer-Verlag; Bodor, P. (2004). *On emotions: A developmental social constructionist account.* Budapest: L'Harmattan; Sarbin, T. R. (1989). Emotions as situated actions. In L. Cirillo, B. Kaplan, and S. Wapner (Eds.) *Emotions in human development.* Hillsdale, NJ: Erlbaum.

14 並可參見：Schafer, R. (1976). *A new language for psychoanalysis.* New Haven, CT: Yale University Press.

15 關於情緒教育的討論，可參見：Shields, S. E. (2002). *Speaking from the heart: Gender and the social meaning of emotion.* Cambridge: Cambridge University Press.

及看出其導向惱怒的路徑。這套策略設計，結合了難題的演出和意識，把我們引入一片綠草如茵的牧場，而我們至今仍歡居在此。

✦

批評者在抗拒：「把情緒描述成這樣，看來就像一切都是計畫好的安排。我有情緒性的時候應該是自發的。我被感覺所動，而根本不會去想它。有時，譬如說，我會後悔，因為我的手沒握緊把手。但如果在那時我還得計畫要有什麼情緒，那種感覺就根本不是真的。」這是很公道的說法，但你還是要想想你怎麼走路、讀書或騎腳踏車。做這些事時，當然會覺得都是不謀而發的；然而你花了多少時間才學會這些演出技巧？反覆練習直到精熟，那就當然完全「是我自己的」。感覺到很自然，這本身就是一種文化教養的成就。[16]

✦

為什麼這樣說會聽來很奇怪：「他有一秒鐘感到深深的悲哀」？只因為這難得發生嗎？我們是否可以想像人會……有好幾小時在一秒長的深刻悲哀和一秒長的歡欣喜悅之間來回交替？

——維根斯坦

✦

（2）**演出的效度要靠時間和地點來決定。**如果一次演出可算作一種情緒，它就必須發生於社會指定的特殊情境中。如果一個人不能

遵循這種地點的規則，則其演出就會有被取消或遭否決的危險。[17]
一個人不能在熙來攘往的街道當中喊著：「我起乩了，」或是「你
嚇到我了。」在物理條件下這麼做並非不可能，但其結果是別人會
躲到安全距離外。所以，要點就是：若不在大家同意的場境時宜作
出表現，那就不會有情緒。如果大家所定義的「值得喜悅」條件不
存在，那麼也就不會有喜悅。如果我們把忿怒的條件合理化且加碼
放大，那麼忿怒就會傳遍全社會。關於愛的表現，其可能的條件既
多且繁，因此說出：「我愛……」就變得瑣碎無謂。反正，人人都
可能愛紐約，愛披薩，愛她的小貓、狗狗、甜奶酥、秋天黃葉、螢
光粉紅……在愛你之外。

✦

批評者要來挑撥了：「你不就只是在談情緒的各種表現規則嗎？當
然，表現都會有習俗，而且也會有文化間的變異。但那都是在表現
某事，也就是表現情緒本身了。情緒就內在於那某事之中，並且也
一定先於表現而存在。文化規則只是在保障社會生活可以流暢無阻
罷了。」是的，聽來有道理；這些也確實是許多作情緒研究的心理

16　亦可參見：Marsh, P., Ross, E., and Harré, R. (1978). *The rules of disorder*. London: Routledge. 由此書可看到很好的說明：足球球迷在有規矩的性格之下，也會很自發地爆出流氓、無賴般的舉止。

17　參見：Shields, S. (2002). *Speaking from the heart*. New York: Cambridge University Press，其中討論到「情緒權」（emotional entitlement），或是一個人在何種社會條件下才可以適當地宣稱自己擁有某種情感。

學家所採取的立場。[18]但從前面的討論中，你可以看出：當你試圖辨認什麼是「隱藏在下」的情緒時，你會立刻碰上這樣的問題：有多少？是什麼種類？其實，為什麼我們必須認定有什麼東西隱藏在下？如果我們把身體一層一層剝開，來為這「內在世界」定位時，我們要剝到哪裡才能停止呢？就在皮膚底下，在層層腦殼組織的下方……？在此狀況下，把身體活動視為整套服裝，不是更合理嗎？正如我們看到一位駕駛人，或一位舞者一樣？不是什麼「感覺」在使他動；我們所見的只是一整套體現的行動。

⊕

批評者還是不服氣：「別說得這麼快。我仍然知道我會感覺到我的情緒，即便沒表現出來。譬如說，我會使盡力氣來隱藏我的忿怒，或不讓我的失望顯現出來。這就是私下的感覺，而不是公開表現的情緒。對我而言，流暢的社會生活就要靠你能不能控制情緒的表現。有些人會稱之為情緒智商（EQ）。」再回答一次：這問題已經在上一章碰過。我們明知，你在原則上無法向內觀看而辨認任何情緒。但很顯然是有些什麼重要的事情在發生，卻沒有公開展示。有時會有這種催促，譬如會讓你抗拒爆發，即令你非常惱怒，你也只能縮緊你的腳趾頭。你會在你的愛人缺席時自己獨坐哀嘆，或當別人傷到你時暗自生氣。然而，我們沒必要把這種某事**結論為**情緒，而其表現則為另一事。毋寧根據上一章來說：在這些事例中所發生的乃是**局部演出**（partial performance）。你所從事的「作情緒」之所為，只是沒動用到一般公開演出陣容中所能用到的所有話語和姿態。所謂「你知道你的感覺是什麼」，也同理可說，是你相當明白自己私下哼唱的是哪首歌：你唱的是《星條旗頌》（*Star*

Spangled Banner），而不是《你不過是條獵狗罷了》（*You Ain't Nothin' but a Hound Dog*）。[19]你所從事的是一種關係行動，只不過是在私下進行而已。這些行動的關係基礎，在下一個命題中就更為清楚了。

（3）**演出的效度在共同行動中達成**。在第二章中已經勾勒出來的是：沒有孤立的演出；行動必須透過共同行動來獲得意義。可以肯定的是：我們通常會將良好演出的表現視之為真。在接受之時，也為它賦予了效度，為演出者賦予了真誠性。關係之舞因此可以不帶努力地繼續跳下去。不過，在表現和反應之間，可能會有意義懸宕的時間差。也有些時候，這場舞會被打斷：

> 「你說你為我感到高興，但我知道你是在嫉妒。」
> 「你說你愛我，但你真想的只是要和我上床。」
> 「你流的只是鱷魚的眼淚。」
> 「你不過是隻嚎叫的狼吧。」

就是這些挑戰會導致協商。演出是否為真？重點再次顯現：情緒演出的存在——其真誠性之完全與否——有賴於關係的決定。你可以

18　對此一立場的經典陳述可參見：Ekman, P., Friesen, W. V., and Ellsworth, P. (1972). *Emotion in the human face.* New York: Oxford University Press. 雖然證據暗示了從世界各地來的人在某種情緒中會出現相似的表情，但作測驗所用的材料是先翻譯成各種語言，以致這些詞彙會產生這樣的反應，幾乎是意料中事。

19　譯註：這兩首歌都有幾種流行的譯名，但未必相同，故在此只姑用其中一種。

大聲說出你有眞心，但除非有對方的肯定，否則再大聲也無異於山谷間幽幽的迴音。

3 │ 關係的場境

把焦點對準於情緒，可使我們爲新生的共同行動景象增添再進一步的向度。到目前爲止，我們主要的焦點還在於行動間的相互參照與增補，譬如說，提出個問題，就是要由對方的回答來爲之賦予意義，反之亦然。同樣的道理，如果你的動作是哀傷，而心理師所給的處遇是憂鬱症，那麼你是否哀傷，就變得懸而未決了。現在，我們試來把互動的順序再加以拓展。有個朋友在打招呼時對你說：「嗨，你好嗎？」你毫不猶豫地回說：「好極了，你好嗎？」對方就說：「還不壞，但我想我們可能會被颱風困住。」你接著說：「我聽說颱風要到晚上才會來。」在此例中，我們聽到的是一組有展延但不令人意外的來回行動。每一回的行動都對他者給了肯定和增補，使得交談得以持續。讓我們就把這延展了的來回順序叫做**關係的場境**（relational scenario）。[20] 正如跳華爾滋舞或打網球一樣，關係的場境乃是相互參照的行動延展到時間中。[21]

　　一個情緒的場境就是一場由情緒演出來擔綱所作的整合演出。情緒場境有可能非常簡潔，譬如有人對你說：「很高興我們終於有了陽光。」而你只回道：「正是！」[22] 但這種場境通常會延伸得更長、更複雜。試想想忿怒的演出：一開始，你就無法在任何時刻演出出忿怒。你無法突然衝到街上吼道：「氣死人了！」而能依

然維持著此一文化內人人可懂的狀態。我們所理解的忿怒，必須有個講得通的原因。這個原因之所以能講得通，就不是來自生物學的解釋，而是透過文化的協商。如果有人企圖偷你的車胎，你可以生氣；但你不能因爲有人偷走輪胎上的泥巴而生氣。忿怒的表現得以正當化，所需的是文化能夠辨認的理由，如此一來，那個場境才能有個開頭。

現在，假設有個朋友，他／她的怒氣正朝著你而來：「你把我給氣壞了！」於是在這一場境裡的下一回合就是你該接的。你不太可能回答說：「這個週末你要做什麼？」或「我很高興。」因爲這樣的回應在場境的習俗上可謂完全不通。事實上，幾乎無法想像，除了回問：「爲什麼？」之外，你還可能回什麼。之所以需要這樣的回問，是因爲有緊急的必要來辨認他／她的情緒表現原因何在。或改用跳舞的話語來說，你有必要知道你受邀起跳的，到底是倫巴，還是狐步。「舞名」之喻也給出了訊息，告訴了你關於忿怒表

20　譯註：scenario 是電影製作的一個術語，通常是指和腳本相關的「本事」，或某一場景、局面。在本文中，此詞被作者使用爲關係論的重要術語。譯者特別參照作者在序曲章中的說明，取其「場論」（field theory）的意思，而爲之鑄造出「場境」這個新語詞，來作爲 scenario 的譯名。以下章節出現此詞時，譯法皆同。

21　譯註：這種時間中的場境，在漢語中就可稱爲「時宜」或「時機」。

22　與此相關的一個概念叫**情色腳本**（sexual script），雖然該詞常指涉的是心理基模。然而關於情色腳本的研究，有趣之處在於：它把一般認爲生物決定的行爲重新證明爲受文化習俗有意的塑造。可參見：Gagnon, J. H., and Simon, W. (1973). *Sexual conduct: The social sources of human sexuality*. Chicago, IL: Aldine; Thorne, B., and Luria, Z. (1986). Sexuality and gender in children's daily worlds. *Social Problems, 33*, 1276-1290; Frith, H., and Kitzinger, C. (2001). Reformulating sexual script theory: Developing a discursive psychology of sexual negotiation. *Theory and Psychology, 11*, 209-232.

現可能的回應範圍。如果你的朋友說：「我生氣是因爲你每次都做得比我好，讓我覺得我被冷落、我有所不足。」在這情形下你可能作的回應會非常不同於他／她說：「我生氣是因爲你透露了一個秘密——我說過，不可以告訴別人。」——前一個場境，那是一種奉承，也是在討教；後者則是一場控訴。讓我們來試想，在控訴的場境中，你能有什麼選擇：

文化習俗大致會把你限定在三個選項上：第一，你可以**道歉**。你可以告訴你的朋友說，你講了那個秘密，非常對不起。你的判斷就是你錯了，以後絕不再犯。第二，你可以**重建**，或重述你朋友對於原因的說法，使其理由得以移除或化解。很多人的重述方式就只是否認他被指責的行動：「我才沒那樣做（說）。」然而，你也可以承認有那麼回事，但動機是在幫朋友的忙。於是，你的行動是爲了友誼，而非出於不尊重，這就使得生氣的理由消失了。最後，你可能的回應是**激怒**。畢竟，他／她爲何要拿這種秘密來讓你不堪負荷？所以，我們得出以下的場境基模：

說得通的原因

忿怒

道歉　　重建　　激怒

重點在於強調：忿怒的表現需在關係場境的進行中獲得其正當性。實際上，道歉的反應使忿怒的表現本身得到正當性。往重建的方向走，也反映出忿怒的眞實性，但移除了該表現的存在基

礎。被激怒也等於承認對方的忿怒表現，但卻已著手於反制性的懲罰。反過來說，如果你的回應是隨著一聲大笑而作的表示：「喔，少來了，別這樣……」那就根本不承認有什麼忿怒。所以，忿怒是在回應之下才誕生的。堅認忿怒會導致反應，就是一種**倒因為果的謬誤**。

　　我們來往前再推一點，試想想忿怒者對於以上三種選項會有何反應方式。假設是在相同的場境，道歉可以被接受或拒絕。在前者，此一場境就可關閉，參與者可以自在地轉往其他場境，聊別的事情。現在你就可以問：「這個週末你要做什麼？」探戈結束了；換邀來跳波卡。如果道歉被拒絕，交談還得繼續。在重建的基模下，忿怒者也還有兩個主要選項，即接受與拒絕。如果重建被接受了──「好吧，我看得出，是我太早鬆開把手了。」──這個場境的場子可以就此結束。你可以自由地做別的事。然而，忿怒者仍可以攻擊這個重建──「那不是藉口！」──使這個場境沒完沒了。最後，在被激怒的情況下，最常見的反應就是忿怒升高。如果你以正確之名來譴責他人的行動，他們也以斥罵來回敬你，則他的錯誤就又隨之而加倍了。那就是說，他們該接受更多的懲罰！用基模圖示如下：

說得通的原因

忿怒

道歉　　　　重建　　　　激怒

接受 拒絕　接受 拒絕　忿怒升高

109

在有關情緒場境的早期研究裡，我們已發現：忿怒的來回交換具有特別的危險性。[23] 當忿怒激怒了對方，激怒又使忿怒升高，繼之而來的就不外乎是持續升溫。更糟的是，幾乎已找不到任何手段來中止這個場子。你可以大步走出門，發誓說這段關係已經完畢，或是找別人出氣。很多其他類型的場境都可以成功地帶向良好的結束，但升溫的忿怒本身就像個自由落體，其結局不問可知，也很難避免。我很快會再回到此一未完的挑戰。

　　要結束這段解說，我們的發現就是：情緒的表現只有在關係的程序中才能為人理解。它們只能發生在某些可以明確指出的交換點上，而若沒有受到一些他者核可行動的影響，它們就不會以情緒的型態存在。所以，情緒不為個體所擁有，或是由我們的生物裝置所引起，而應算是經歷過關係的整體場境才得以湧現的存在。這些場境又會倒過頭來透過傳統回到我們久遠的歷史源頭中不斷承續。

批評者有意來挑釁：「我們的情緒生活有多少已經被化成腳本，我看得出來，但這種說法對於人的自發性卻沒留半點轉圜的空間。我已經提過，我們有些最為動人的情緒體驗——愛情就是最好的例子——其中包括新念頭的創造性爆發。我們會舉止若狂，但這也正是最令人心動難忘的。」這種追問並不難聽到，但其中意涵確實頗為深遠。我在上一章的說法是：我們常在多態傳統的交叉點上才變得

23　Gergen, K. J., Harris, L., and Lannamann, J. (1986). Aggression rituals. *Communications Monographs, 53*, 252-265.

汝在即吾樂兮

汝笑之祝我在也

吾樂寓汝心兮

吾笑之慕汝身也

歡兮喜兮自迴盪

——瑞巾・沃特，藝術家

有創意。如果我們的所知，譬如說，只限於學著「陷入浪漫情愛」的場境，那我們會演的戲碼就真的僅限於此。自發性已經被壓扁了。不過，在我們親眼目睹過幾千場愛情故事之後——拜大眾娛樂體制之賜——我們總算可以自在地跨越類型的套話，在時機的邀請下，作出新鮮的排列組合來。這並非說我們可以任意做什麼事；就連熱情的自發時刻，我們也不可雙膝跪地猛舔石頭，不可伸出手指去挖愛人的耳朵。這些舉動會落到任何類型所能理解的範圍之外。但我們可以翻個大筋斗、獻上小貝殼、用牆上的塗鴉示愛，或在嘴上咬一朵玫瑰。新意和自發性有其空間，但那是生活在多態傳統交界上的結果。

111

西方文化裡挺有意思的是一直有不停的壓力，要人創造新品種的情緒演出方式。在夏日散步時，愛人為他的甜心買朵玫瑰，算是很窩心的。買到第三次，那就叫陳腔濫調。這泰半是因為我們相信：情緒超過理性的算計和控制。情感是從深不可測的內在泉源中湧現。如果情緒是自我的「真情」流露，那就不能太像俗套的複製。當情緒被看出是經過舞台排演、借用、模仿，那就不可相信其為內在熱火的表現。[24] 於是，情緒表現的流行樣式就會不斷變化，而要維持住情緒豐富的關係，就需要一直作表現方式的冒險。

4 │ 中止危險的邀舞

在許多情緒場境中確有樂莫樂兮之感。在愛情之舞中最是顯然易見，但其中也有些場境會把我們從悲傷帶向安慰，從衝突帶

向復合，從失敗帶向成功。同時，另有些場境會帶向陰沉不祥的後果。有些是忿怒的加熱升溫，嫉妒的愈演愈烈，憎恨的逐漸飆高，最終的局面就難免是鬥毆和流血了。更糟的是，我們常常難免會捲入其中。警報一響，我們就被逼著跟上去。傳播學者柏斯與克洛南（Barnett Pearce and Vernon Cronen）把這種危險的跳舞稱為**討厭的重複型態**（undesired repetitive patterns）。[25]沒有人會想要把結果「打出來」，然而一旦開打，其中的人就很難找藉口「開溜」了。從關係的立場而言，這些具有殺傷力的型態並非不可避免。我們又不是天生就有這樣的基因。我們本是站在一起開創未來的。問題是：我們能不能找到值得利用的新臺階和新舉動，讓我們在災難爆發之前就可步下舞台。那我們又怎麼能夠攔住危險的邀舞呢？在此我要聚焦於怒火升溫的問題上。

112

◈

在我們小時候，我哥哥約翰和我之間會有一些惡鬥。不論是在臥房裡玩我們的玩具，或在沙池裡建造我們的城堡，最終都難免會拳腳相向。典型的型態是來自一方的小小冒犯，接著是另一方的報復，再來是挑起方以更激烈的攻擊來回敬，等等等，直到我們互相掐著對方的脖子。幸運的是我們都仰賴著父母來

24　這是賀卡製造業者的困境，想要生產出看來獨特的訊息，又要能夠讓大眾有感。搞笑卡之所以得人歡迎，就在於它常能打破俗套。

25　Cronen, V. E., Pearce, W. B., and Snavely, L. M. (1980). A theory of role-structure and types of episodes and study of perceived enmeshment in undesired repetitive patterns ("URPSs"). *Communication Yearbook, 3*, 225-240.

進行介預。以我目前來看，我們的鬥毆不是社會化不足；事實
上，這恰足證明我們是在開始掌控我們共有的忿怒場境。我們
在學習成為「真正的男人」。兄弟中如有一人在受辱後竟然畏
縮或落跑，父母們就會對於這個孩子的基因感到懷疑。[26]我們
不都期待我們的孩子在霸凌之下還能抬頭挺胸嗎？或我們的國
家對於任何有來犯意圖的團體或國家都能以「打到讓他怕」的
方式回擊嗎？「像男人一樣打回去」正是我們的榮譽口令。

✛

對於敵意升高的場境，依我看來，我們能用來作滿意解決的方案實
在不多。有多少次毆妻的個案可以追溯到惡言相向的根源，找出一
個熱點，由茲而使話語轉為拳頭？而在國際的水平上，當一個國家
的榮譽受到其他國家踐踏時，又能有多少反應的選項？敵意的升高
簡直毫無避免的可能。這些場境已經司空見慣，也就都變成自然而
然了。換句話說，我們相信對敵意的反應「只是常態」，亦即是生
物性的傾向，由演化而產生的「打或逃」之必然性。然而，我們若
能不再沉緬於生物性的故事，並真實瞭解這些場境的關係性特徵，
我們就會有解放的可能。如果我們能一起來共創這些場境，我們就
可自由地拋棄舊場、重開新局。如同艾弗瑞爾和楠里（Jim Averill
and Elma Nunley）所主張：我們當把自己打開，來過「情緒上有創
意的生活」。[27]

✛

113　事實上有不少人能過這樣的生活，能設法避免敵意升高。這如何能
與他人共享？在此一脈絡下，瑪莉和我曾經發展並演出一些「升高

交換」（escalating exchange）的小型場境，觀眾是心理師和傳播專業人士。譬如說，我們演出配偶間的爭論，其中的太太批評她的先生在紳士俱樂部裡花太多錢，他被激怒之下的反應則是指出她花了更多錢買衣服和化妝品，如是持續下去，直到雙方的口氣升高到樂譜上的最強音，到了這一熱點，先生出手要打太太。我們的演出就在暴力要開始之處喊卡，然後我們請求觀眾幫忙重寫台詞。他們能不能建議一些話語或舉動，可用來中止這場危險的雙人舞？我們接著就試用一些新台詞來探測其潛力。這項操演中最重要的是要對於「心口之疾」扮演出治癒的行動。換句話說，大家馬上可看出：「自然的舉止」不是什麼深藏的生物性爆發，用來為誠實或情緒的健康而服務。毋寧說，你其實會發現，所有的行動都可以有些選項，而每一行動對於該接下來行動是什麼，也都有其不同的暗示。假若這些選項中有某項（經過證實）可為關係所滿足，那麼，它也就會變得自然了。此一操演中產生了四個最有效的「革新點子」，我要在此與讀者分享：

（1）真實的重建：「這不只是看起來的樣子。」

　　由共同行動的邏輯我們得知：除非經過協作的確認，沒有什麼事情本身是真實的。你不可能真的生氣，除非其他人都同意你這確是生氣的演出。這意思是：通常表現的所謂忿怒，我們並非一定

26　好萊塢電影提供了豐富的場境庫存，其中有的是不令人失望的青少年，在受到強勢霸凌之時，他就能夠（1）以驚人的強度，對霸凌者飽以老拳，直至對方求饒，或（2）利用聰明的手段，使惡徒最終不得不投降。

27　Averill, J. R., and Nunley, E. P. (1992). *Voyages of the heart*. New York: Free Press.

要認可。我們可以自由發明其他的反應形式，而不必陷入升高忿怒的陷阱。譬如說，場境可以透過這樣的反應來予以轉型：「你知道嗎：我認為我們兩人都很緊繃。不然的話，我們就不會這樣互相對待了。」這樣就已把忿怒重新定義為緊張。或者，我們也可回應道：「我想你生的氣，其實是在表示你害怕。」或是：「你的忿怒告訴了我：你是很在乎我的。」或者：「我想我們只是在發酒瘋。等我們都清醒過來再說吧。」以上所有的增補選項都可導向不同的關係發展之途。

（2）後設移動：「我們在幹什麼？」

要從相互傷害的場境中走出來，最為新創而有效之法來自心理治療專業。我們稱之為**後設移動**（meta-move），意思是指交談中的一次移步之舉，可因反映而照見交談的本身。在此狀況下，在熱戰方酣之時，有一方可以移步出來問問這場爭戰本身究竟是所為何來。譬如說：「看看我們在互相幹了什麼？我們真的想要這樣下去嗎？」或者：「為什麼我們鬥了起來？我們不是相愛的嗎？這對我們有什麼好處？」或者：「等一下，我們得回頭問問我們到底在吵什麼。這真的有那麼重要嗎？」又或者：「你知道，我們也許可以用不同的方式來看看這問題。給我們自己一個挑戰，看我們是不是可以互相更開放些。」以上這些反應方式就是在邀引我們放棄敵意的場境，而能移步走往下一個更有可為的新方向。

（3）更換情緒的登錄：「我受到傷害。」

雖然對於忿怒的攻擊，我們的反應看來都很自然，但其他的情緒演出還是有可能的。譬如甘地式的和平主義已有世界性的迴響。

但就目前的案例來看，主要的替代方案應是在於傷痛的表現方式。譬如：「你這樣說，實在傷到我了。」或者：「我們會像這樣互相傷害，我很難過。」或甚至可能有這麼積極的回應：「你知道嗎，我覺得我們可以把心頭的束西都攤開來，這是件好事。」或者：「天哪，你能把話都說出來，看起來真是棒透了。」以上這些反應雖然像是偏離傳統的型態，但都已經為我們的場境另闢了出路。

（4）劇場式的移動：「我們再演一次。」

我們會很典型地認定他人的情緒演出為真，就是在當下肯定其效度。然而，我們也可意識到：如此的演出性格只是合乎習俗慣例。電視電影提供了我們多如過江之鯽的範例。注意看這些俗套，就可把其中的傷害場境給予顛覆。我們可以把其中的相似性召喚到意識中，就像在重播一場戲或一場球賽那樣。譬如：「欸，我們真是把事情搞得一團糟。為什麼不重來一次，看看我們可不可以有更好的談法？」或者：「我們真是很善鬥耶；而且還鬥得真不賴。也許我們可以暫停一下吧？」在曉得「人生如戲」之後，我們應該更容易把腳本甩開。

✢

在其他時刻會變成危險場境的，在上述的情況下卻不會，而這些都是可行且不難理解的。然而，我懷疑這些只不過是我們手邊可做的一些片簡而已。由於新舊傳統之間不斷的交叉混合，在處理衝突方面，我們也不斷產生創意。種種手段最終會發現在實踐上可廣泛共享。我再來細說個最後的例子。我最近聽到一位鰥夫在稱讚他剛過世的太太時說：她是「家中最了不起的和事佬」。他的解釋

是：當他們倆開始吵起來時，她就會說：「理查，你過來，坐在我旁邊。」他很不情願地攤坐在安全距離外的椅子上。「不，理查，再過來一點，就坐在我身旁。」當他聽話照做之後，她會把粉頰靠近他的臉：「喏，理查，你可以親一下我這裡嗎？」他就慢慢地這麼親了一下。「喔，理查，不是只沾到一點，給我這裡一個眞正的吻。」理查更快地靠上去。「現在，這裡呢？」她把臉湊上來，尖著嘴唇。在這種姿態下，生氣早已飛到窗外。雙方會互相道歉，通常是笑著互相擁抱了。

115

5 ｜ 情緒不都是生物性的嗎？

　　到目前爲止，我們的討論之上一直籠罩著不祥的陰霾。它叫做生物學。心理學家和生物學家攜手探究情緒的生物根源，已經超過一世紀之久。[28] 可以肯定的是：關於大腦如何影響我們的情緒，兩者間一直存在著不同意，[29] 或關於各種情緒是否都有其相對的特殊腦部中心，[30] 等等。然而，近幾十年來，由於神經學測量的進步以及演化生物學的發展，似乎已有了愈來愈高的共識，認爲情緒確實根植於腦部，而腦的結構也是由演化所備好的。實際上，種種情緒就是內建於神經系統中。我們對此已不能再多做一事，只能遵從。

　　這麼看來，生物學觀點和本書對於情緒所發展的關係論觀點，可謂涇渭分明、針鋒相對。從關係論觀點來論情緒這一觀念，加上與其併隨的種種演出，我們所看見的情緒乃是寓居於關係之中。我們的情緒生活並非由生物結構所固定。我已提出的主張就是要強

調：情緒的塑造與再塑造，都須透過相互參照的行動。不過，在歷史交會的此刻，既然生物科學那邊已經結合起來，提出如此厚重的證據，因此我們這一邊也必須賦予特殊的重視。我們到底有多少自由的分寸可以拿捏——可用以創出或用以放棄情緒的演出？

　　要逼進此一問題之前，讓我們回到一個熟悉的問題，那就是：我們如何辨認各種心理狀態，或曉得它們的存在？於是，這問題中的狀態就是指情緒，而其辨認的依據就是生物性的指標了。所以，我們就可這麼設問：（1）人可不可以用生物性的指標來辨認自己的情緒狀態？（2）科學家在擁有腦部掃描的裝備下，可不可以辨認受測者的情緒狀態？在前一個問題中，情緒果真是生物性的，那麼我應該能夠以注意自身的生物狀況，來認得並分辨各種情緒。而假若我無法用這種方式來辨認自己的情緒，那麼，腦科學技術就可以讓科學家來辦到嗎？如果日常生活中的我們或生物科學專家都無法成功地辨認情緒，那麼，生物學解釋的基礎就陷入險境了。我們這才有機會得以更充分地賞識我們的新主張：情緒不是生物學的副產品，而是來自關係的真實。

116

28　這段歷史至少可上溯到達爾文（Darwin）1899 的著作，*The expression of emotions in man and animals*. 較晚近的例子有：Panskepp, J. (2004). *Affective neuroscience: The foundations of human and animal emotions*. New York: Oxford University Press; Lane, R. D., and Nadel, L. (2000). *Cognitive neuroscience of emotion*. New York: Oxford University Press.

29　譬如，有段時間，科學家論道：身體的變化是情緒體驗的原因（詹姆斯-朗格理論〔James-Lange theory〕是一顯例），其他時候，則說：情緒的身體表現實是在遵循著心理衡鑑之道（坎能-巴德理論〔Cannon-Bard theory〕是其代表）。

30　Schachter, S., and Singer, J. (1962). Cognitive, social, and physiological determinants of emotional state. *Psychological Review, 69*, 379-399.

現在來看看第一個問題：我可以談及我的愛情、我的焦慮、我的罪疚等等，但我怎麼曉得我是感覺到這些情緒呢？我有可能說錯嗎？在前一章中，我們已經直接面對過那難以掌握的問題，亦即用「向內觀看」來試圖看見自己的心。但現在我們可以透過生物學的指標來再問一次：我們真的知道我們的感覺是忿怒，而非愛情或悲傷？在此，我們至少有一些便利的指標，就是感覺到心跳，或口乾舌燥，或血液湧向下體。這些不都是心理狀況的徵象嗎？這種觀念的歷史久矣，可上推到心理學早期的詹姆斯。詹姆斯的主張是說：我們會知道我們怕眼前的大灰熊，是因為我們體驗到自己的身體反應。我們看見熊，就拔腿奔逃，這種奔逃的體驗給了我們「恐懼感」。[31] 如果此一觀點可以擴延開來，我們也許可認定：每一種心理狀態都伴隨著一種確切的神經點燃組型。所以，轉過身來看自己，我們應可知道我們「真正的感覺」。

流汗、心跳、口乾、胃悶：這些不都是充分的證據嗎？重要的問題在於：這些，對於我們的情緒而言，都告訴了我們什麼？譬如說，如果我心跳，我怎知道我的**情緒**狀況是什麼？我當然很肯定我的心跳，但我就能由此而保險地抽繹出什麼**心理學的**結論來嗎？簡直沒法。我的心跳經常是這樣出現的：做運動、和小孩玩、看刺激影片、爬好幾層樓梯、跳舞、游泳……。在以上種種情況中，我的心理狀態都是一樣的嗎？或是其中哪幾種？或是別的什麼？在什麼特殊狀態中，心跳可算是一種情緒的表現？我怎麼可能回答這樣的問題？生物學對於我們的心理狀態，及其與生物活動的關聯，基本上是無話可說的。

⊕

我在十一歲時被送到鄉間的一所小學。我最親近的夥伴們都來
自虔信宗教的家庭，而他們都很勤於邀請我跟他們去參加教
會。我去教會的事情，讓我那對極端不可知論的（agnostic）
父母感到相當為難，尤其當他們知道我已被一群基本教義派
綁架之時。但我怎能不這樣？那些迷人的音樂、展露的喜悅、
對正直生活的看法，加上熱烈的承諾……更別提那些漂亮的女
孩！然而，有個問題威脅到我的投入。在一次有聖餐禮的禮拜
日，有人對著會眾宣布說：只有相信耶穌為神子的人才可參
與。一個人必須「真心相信」：這個世界的救贖者，以道成肉
身的方式，將他的肉身和血化作麵包與酒，好讓我們來吞食。
我確實被這宗教吸引，但其中是否還有些懷疑的遺存？我確實
真心相信所有這些事情，但我怎知道我是否**真心接受**這些基
本？我實在沒太多時間達成解答，已經有盛滿「基督之血」的
一個小杯，沿著快速進行的行列送到我面前。我該怎麼辦；要
是我沒有真心相信的話；要是我在假裝的話；什麼事會在我身
上發生？我的恐慌是我的發明之母：我抓住了杯子，並開始觀
察自己的汗水從手指湧出。如果沒有任何拍照下來的證據可
見，我可說是無動於衷：我根本不是個信徒；但如果我流的汗
被人見證到，那我就有了參與的通行證。科學和宗教果然是並
肩齊步。

---

117

31 James, W. (1884). What is an emotion? *Mind, 9*, 188-205.

試想想這種可能性：我們畫張兩欄的表，把所有可辨認的生理狀態
寫在一欄，把所有的情緒名詞寫在另一欄。現在，我們就可問：兩
欄間可以怎麼配對？我們怎麼知道哪些情緒可以和心跳加速、淚流
滿面、下體勃起等等配成對？當然，在開始這項任務之前，我們必
須先知道哪些心態實際存在，而哪些只是裝扮。「感覺到神聖臨
在」是實際的心態，或只是個神話？那麼，「鬧憋扭」呢？「萎靡
不振」呢？這些都是真實的情緒狀態嗎？說真的，我們憑什麼可確
定恐懼和忿怒是情緒狀態，或甚至它們是否真的存在？所以，我們
這項偉大的「連連看」任務要怎麼開始？如果身體真會發出情緒的
聲音，我們倒是要如何聽懂這樣的訊息呢？

> 我宣布我在害怕。我是在回想過去的半小時，才能這樣說；或
> 是我讓牙醫快快通過我心，以便看見我受到了什麼影響：或
> 者，我可以確定那實際上是在怕牙醫，而不是其他的身體不
> 適感？
>
> ——維根斯坦

118　如果生物信號不能夠通知我們「真正的感覺」是什麼，那生物學專
家如何？當代的研究者在各種腦活動掃描科技（譬如：MRI—磁振
造影，PET—中子掃描，EEG—腦波圖，MEG—磁腦圖）的發展
下而大受激勵。因此，當研究的受測者在從事各種活動時——解

決問題、回憶往事、討價還價、觀看電影、沉思默想等等——就
可測量出腦部的哪些區塊有較高的神經／化學活動。典型的研究企
圖就是要將那些特殊的腦部區塊和某一特定的心理狀態或行為作定
位連結。[32] 這些研究有相當戲劇性的涵義，因為看來就好像已可將
心理狀態在腦皮質層的基礎揭露開來。譬如說，當一個人在閱讀好
笑故事或閱讀悲慘故事、激怒人的故事時，腦部的活動區塊就應會
顯得不同。要說是想辨認情緒，以後就不再需要問人有什麼情緒；
只要直接用腦部掃描就可真相畢露。一個人是愛、是慾、是誑，
我們可以當下立判。腦部掃描科技乃是真正的靈魂之窗。果真是這
樣嗎？[33]

我們把上一章所碰到的難題拿來再作考量：他人心中有什麼，我們
怎能知道？我們聽到他的話語，就拿來當作隱藏心事所出現的徵
候。然而我們其實沒有任何管道可觸及他人的心事，除了透過我們
認定的表現之外。不管一個人說他的感覺是什麼，我們無從穿透話
語而直探入其底層。他們的行動也無助於澄清。譬如你告訴我你很
憂鬱，我就會看看你的行動。我看見你不想吃東西，你在床上躺
很久，而且你不太從事身體活動。但這些能告訴我，你的「內在狀
態」是什麼嗎？也許你在擔憂、哀傷、害怕或是很警覺。我除了再

32　譬如可參見：Lane, R. D., and Nadel, L. (2000). *Cognitive neuroscience of emotion*. New
　　York: Oxford University Press; Panksepp, J. (1998). *Affective neuroscience: The foundations
　　of human and animal emotions*. New York: Oxford University Press.

33　還可參看：Uttal, W. R. (2003). *The new phrenology*. Cambridge, MA: MIT Press.

拿些別的指標來參照說明之外，也無法說我很清楚知道什麼，何況那些別的指標都不能指向什麼特定的心理狀態。

在此脈絡下，你可以很欣賞腦部掃描科技的專家以及他們的熱切投入。因為這是歷史上第一次讓我們看起來可以「直接從神經活動而觀察到」心理狀況。那個關於他人之心的難題終歸是走上解決之途了。但要再想想，像憂鬱症這樣的心態該如何辨識的問題。身為一個探究者，你觀察到腦的特定區位有活動，然後你問過一大群有此活動的人，聽到他們的報告都說：沒有飢餓感，睡不好，沒氣沒力。有了！憂鬱症！是這樣嗎？我們如何決定觀察到的腦況（state of the brain）就是「憂鬱症」的指標？為什麼不說，那就只

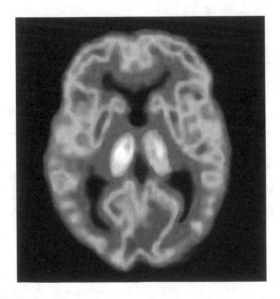

腦部的神經造影技術可顯示出皮質層的活動，這是當一個人在從事某種情緒演出之時，也可同時從事下棋、拌沙拉。但這些腦部活動並不比移動一只棋子，或澆上油醋，更接近於情緒演出的**原因**。

是不眠、無食慾、無力氣的神經相關項（neural correlate）？或者，就事論事的話，我們又為什麼不可說，那些神經狀態就是「精神不振」、「忿怒」、「被壓迫狀態下的畏縮」或是「認知整合與重組」等等的基礎？

實際上，腦部掃描的資料不足以解決如何辨識心理狀態的問題。這些資料只不過把問題從一個曖昧場域移向另一個曖昧場域而已。腦部掃描本身並不會為自己說話。把它們讀成某種證據，譬如憂鬱症、忿怒、愉快、哀傷、體會等等，都是在參與某種特殊的文化傳統。為腦功能作一番徹底的檢驗，從來就不能夠生產出一套情緒的語彙。你再怎麼努力嘗試，也不可能觀察到喜悅、希望、憂懼或驚異等等的腦況。要從腦況中得出情緒的結論，必然需要有這些語彙先在那裡等著取用。而那些語彙正是關係的成果。

我們是否具有吸引人的狀態，文化已經提供了成打的話語可供取用，譬如說： 120

> 我喜歡你。
>
> 我對你有強烈的朋友情誼。
>
> 我佩服你。
>
> 我很受你吸引。
>
> 我非常喜歡你。
>
> 我愛你。
>
> 我愛你無比。
>
> 我對你著迷。
>
> 我對你熱情難止。

　　我整個人為你傾倒。

我們不知道伴隨這些話語表現的腦況是什麼，但一個人的整個未來都可能仰賴於取用了以上哪一條的說法，以及在什麼場合說出口。語彙的佈局不是腦皮質結構的反映，而是反映了現代社會中的複雜關係。

✛

　　關於眨眼的意思，神經學可告訴我們很多，
　　但不能告訴我們眨一隻眼代表什麼。

✛

這是否意謂我們的腦和我們的情緒沒什麼關聯？不是這樣的。腦在進行情緒演出時的重要地位，就像在打棒球、作肖像畫時一樣。主要的錯誤在於相信大腦決定了演出，或竟是演出的**原因**。試想想以下這個腦科學的實驗：我們訓練了一組受測者來表演馬克白夫人的角色，另一組則表演茱麗葉。我們難道會下結論說：那些馬克白夫人和茱麗葉的行動是由生理狀態來決定的？一個演出馬克白夫人角色的人當然會在腦況上和演出茱麗葉角色的人有所不同。他們的手、腳和嘴部活動上也有不同。但表演馬克白與茱麗葉的決定因素，在腦部和在手腳應是不分軒輊。在演出這兩角色時，所有的身體功能都併在一起，為同一目的而服務。這些角色及其行動都是從一個社群傳統中長出來；而身體只是需要用來「做出關係」。[34] 身體可以為可能性設定範圍。但我們絕不應「一步登天」。肢體各部可為演出提供種種所需的裝備——在某種標準下，長短優劣各異。

一切意思明白的行動都需要某種腦物質來助其演出，但腦物質並不使行動變得意思明白。我們不能讓身體來綁架文化。

6 ｜ 身體之樂：共同行動的贈禮

自然把人類置於兩個統治者的管轄之下：苦與樂。僅僅由他們倆就可指出什麼是我們應該做的，並決定下一步要做什麼。

——邊沁（Jeremy Bentham）

這些來自十八世紀的話語一直持續成為我們一般意識的色調。人類有趨樂避苦的傾向，難道不是很自然嗎？這些傾向不是內建在身體的基因結構中嗎？我們不也常說：痛苦是身體有危險的信號？痛苦的接受器使我們在達爾文式的生存賽跑中得到有利的地位。但關於樂的部分，我們就比較模稜兩可了。有個相當站得住的傳統認為身體之樂對我們是有益的。凡能給我們快樂的，必也有貢獻於我們整體的幸福。[35] 但在同時，也有許多宗教對此追求提出警告，認

---

34 Antonio Damasio 在他的 2006 作品，*Descartes'error: Emotion, reason and the human brain*，之中對於「身體標誌」（somatic markers）概念的仰賴甚深。他是以此為手段來解釋大腦如何告訴我們該感覺什麼，作什麼決定才正確，等等。不管這種論調在神經科學之中是否已經證實，他對於本書的論點都沒什麼影響。神經科學不論證明了什麼，最後它總是要和人在文化生活中的所作所為一致。

35 此一觀點在今天可由不勝枚舉的老年研究文獻中看出，亦即證明在快樂與長壽之間，有相關存在。（譯註：也就是說，漢語的「福祿壽」成語中已經肯定了這個意思。）

爲許多享樂無異於毒害。無論如何，沒人否認的是：對於享樂的追求是自然的。讓我們先來接一接樂的問題，而後把比較困難的挑戰，即苦，擺到本章的末尾。

我們所謂的「自然」之樂，是指我們透過動物性而得的享樂。對於像阿爾卑斯山風景、日落餘暉、母親唱的搖籃歌、巧克力糖或皮膚上的撫摸，其中之美妙，毋需任何人來告訴我們。我們會說，這，就是自然。然而，這樣簡單的認定不是沒有代價的。在稱頌「**自然之樂**」這種德行（virtue）時，我們也是在慶讚著圍限的存有。也就是說：「我的享樂是由自身之德所保障；不需有別人，除非作爲激發此樂的工具。」這就是個自滿自足的意識型態。在同樣的理路之下，我們也會用懷舊的語氣說「回到自然」，逃離社會生活的要求，返回鄉間生活的自由之樂。然而，我們必須問的是：這些享樂眞是在關係之前就已經在那兒的嗎？我的三到五歲的孩子，看到阿爾卑斯山的日落，他們說很無聊。我的孫子對於電玩遊戲的偏愛遠甚於他媽唱的搖籃歌，而關於撫摸，落在性器官上時，究竟是不是樂，那還得看是誰的摸而定。就說是在作檢查的醫師吧？那簡直不可能。

◈

最近有位朋友給我帶來一瓶波爾多十五年的陳年老酒。嚐起來的味道說是讓人心醉神迷嘛，其實還差了一點呢。以我自己的生物本性來說，我的心醉只單純是化學成分和我的味覺受納器有了接觸而已。但，試想想：我第一次嚐酒是在我六歲時，一次晚餐間，我要求我爸讓我嘬一口。那次的體驗實在夠嗆，害我幾乎噎到喉嚨。但在六歲以後，究竟發生了什麼，讓我學會

「品嚐」這件事？那是和品酒成癖的密友，兩人在點了蠟燭、上了酒之後的單獨用餐，共享杯盤之樂；當其時也，還有許多取自媒體的酒影像和酒資訊綿綿密密地陪伴而來——全部和關係融洽在一起。當我朋友要上酒之際，和酒包裝在一起的，是關係的歷史，以及分享的暢快。我們一起參與的乃是個帶有陡峭傳統的「場合」（an occasion），在其中，甚至連杯子的形狀以及啜一口的量都要和品嚐的結果一起講究。酒的化學成分和我的口味受納器之神經結構，在此僅僅是一套載具，用來承載著帶有享樂意味的關係。

只舉一個簡單的例子，但關於其享樂的社會脈絡，事實上已有極廣泛的研究可以支持。試想想：

- 在研究吸食大麻的經典研究中，豪沃·貝克（Howard Becker）作了詳盡的文獻探討，說明吸食者的夥伴可以將吸食大麻而得的辛辣氣味、咳嗽、暈眩和迷失方向感等等都建構為享樂的體驗。正如貝克的結論，「很 Hi」的享樂感是由「社會（關係）中獲得……其獲得的方式和品嚐牡蠣或不甜的馬丁尼酒沒什麼兩樣。」[36]
- 歷史學家阿嵐·寇般（Alain Corbain）為十八世紀法國的嗅

36　Becker, H. (1953). Becoming a marijuana smoker. *American Journal of Sociology, 59*, 235-242.

覺史作出了一張圖表。[37]如他所論，關於空氣化學的一般理論開始轉變之後，對於氣味的體驗也跟著變了。當大家開始相信從污水池、沼澤和動物屍體上聞到的氣味是不健康的，這些氣味就變成了「臭味」。

- 我們通常以為母親對於孩子的愛是自然的。在哺育孩子的時候，其樂融融；母子的黏結是天賜良緣。然而，歷史學家伊莉莎白・靶丁特（Elizabeth Badinter）的研究顯示：母愛的實踐有很多變數。[38]她研究的是十八世紀前的法國文化，當時的小孩被看得不太重要，因此母愛也就沒有太多的社會或道德價值。一個女人只要有足夠資源，她就會把孩子送到鄉下去讓奶媽餵養。小孩的死亡經常是沒人哀悼的。

⊕

對於什麼會讓人覺得享樂，今天的我們通常會為人和人之間的鉅大差異而感到驚訝。對於我個人來說，我很難理解的是：

- 吃菜尾鍋、韓國泡菜、洛磯山牡蠣，其樂何在
- 北極熊俱樂部成員的冰洋之泳，有何趣可言
- 重金屬搖滾的趣味是啥
- 馬拉松長跑中有什麼讓人出神之樂
- 半夜裡去打小鋼珠，其樂何在
- 懸崖峭壁上的攀岩，有何刺激
- 用槍獵殺動物，何樂可言

我們可共同創造成為樂趣之事，到底有沒有底限？[39]

對於關係中產製的樂趣，要能更進一步欣賞，就必須考慮如何從其脈絡中抽取，也就是說，在什麼時機和場合中會有樂的規則出現。我們不太可能在海裡游泳之同時享用燒烤的肉食，吃美洲紅椒醬狗肉時配上紅酒，在公車上對於陌生人摸你的背而感到愉快，或在參加葬禮時邊聽流行歌。不是撫摸的撫摸就不是撫摸，其他情況的享樂，同理可知。

　　這是不是在否認身體？絕對不是。毋寧說，是要把身體在樂事　124中的權威地位作些位移。當我們宣稱「我樂」之時，某些腦部的特定區域也許正在激活，但這些區位，與其說是快感的發令者，不如說是被招募來的傭兵。[40] 人會有快樂乃是一種文化行動；正如會騎腳踏車、會跟朋友打招呼一樣，需要用身體來完成此舉。腦部並不決定喜悅的性質；而只是提供可能性，來完成喜悅關係的創造。

37　Corbin, A. (1988). *The foul and the fragrant: Odor and the French social imagination.* Cambridge. Harvard University Press. 亦可參見：Classen, C. (1994). *Aroma: The cultural history of smell.* London: Routledge.

38　Badinter, E. (1980). *Mother love: Myth and reality.* New York: Macmillan.

39　由關係所創造和控制的情色展示之樂，其進一步的討論可參見：Gagnon, J., and Simon, W. 前引書；Weeks, J. (1986). *Sexuality.* London: Tavistock; Seidman, S. (2003). *The social construction of sexuality.* New York: Norton.

40　神經學研究確實證明過，動物腦皮質層的某些區域受到刺激時，牠們會不斷出現某種行為，譬如按押身邊特定的桿子。這種研究暗示了腦部有特定的快感中心。然而，我們對於動物的行為反應固然不必懷疑，但該講明的是：其中並沒有任何指標可確定那是受到快感的驅使。

「我所樂於」從事的任何事，很少是我自己的事。我永遠都要感激致謝的是：

- 我的母親使我樂於讀書寫作
- 威弗列讓我喜歡藍色之美
- 湯馬斯讓我享受爵士樂
- 雪莉讓我對歌劇驚喜連連
- 瑪莉讓我感受到麥田裡的風中狂喜
- 卡霖讓我體會到克列茲馬（kletzma）音樂的迷人之處……
- 亞瑟讓我能享有園藝之樂

這張致謝表是列不完的，而我現在甚至不曉得我是不是「自自然然地」喜歡上雀巢的嬰兒食品。[41]

⊕

我們現在已看見：世事之中可創造成樂事者，有無限多的可能性。我們普通都會把美食、好音樂、日出、情慾等等都接受為樂事。但這些不外乎是前代人的成就，現在就如盛宴擺在我們眼前。我們該為後代人創造分享些什麼？我們該留下的遺產是什麼？我們大多會把這些創作的挑戰交付給藝術。我們允准的是，譬如像藝術家、詩人、作曲家等，來拓展樂的領域，讓他們來邀請或誘引我們進入奇妙的新世界──視覺的、語文的、聽覺的、觸覺的。但我們經常無法跟上他們的腳步；我們被留在不勝其寒的高處，對著玉宇瓊樓發呆。經常，專業創作者只為跟他們一樣專業的人創作──不可分享的對話，私下的語言。為藝術而藝術就這麼創造出了鴻溝。但為

樂而創作為什麼竟要限制在專業的圈子裡呢？為什麼我們不能大家一起來參與？因為我們自認為小孩，還在玩家家酒。「讓我們來假裝……」就是我們進入天堂的永恆入門之法。我們是不是一直耽溺在秩序井然的小確幸世界中，以致失去了進入堂奧的竅門？老天祝福痴愚的大眾吧！

⊕

我們之間若還有喜悅的聖徒尚存，就讓我們來為他們頌讚吧……　125

- 莎拉送來的禮物總帶著來自遙遠異國的色彩。
- 阿貞，來參加晚餐聚會時，總是穿玫瑰色洋裝。
- 麥姬，有口若懸河而語帶諷刺的幽默。
- 溥如，策劃了一次又一次神祕劇之夜，其中一個人要帶另一個人到某個全然不知的地方……一個老式的溜冰場……一個四〇年代的跳舞俱樂部……一間壁洞裡的餐廳，上的全是紐奧良的法式老菜……一場由法官主持的婚禮。
- 韋恩，他開懷的大笑讓大家也禁不住快活起來。
- 諾曼，可以在氣氛冷峭之時也讓趴踢開場。
- 到處跑來跑去的孩子們。

真正的挑戰不在於找樂子，而在於把樂子創造出來。

41　譯註：作者在此表列的是他和家人之間的喜悅關係。最後一句可以猜測，是指他會用雀巢嬰兒食品來餵孫子……。

原則上，沒有自說自話的自滿自足。就算是在私底下，
自我愉悅也需由關係的歷史來餵養。

7 | 苦：最後的挑戰

我們現在來到自然存有的最後一座堡壘：身體之苦。在這情況下，
我們面臨著撲天蓋地的證據，證明苦既是生物性的，也是普世性
的。我們可說，在文化之間與歷史之上的樂事，本來就有許多可塑
性，適足以讓共同行動的創意來上下其手，但苦事在所有的文化中
都是「本來就在」，也顯然早於關係而存在。如果有扇門在你的手
指尖前砰然關上，誰不會為此而嚇退一步？誰在牙醫的鑽子下而
能不叫痛？誰能懷疑痛苦的生物學基礎？不過，在上文談過的樂之
後，我們也有理由問問生物學觀點在此是否有其限制。在什麼意義
下，以及到何程度，我們也可把痛苦理解為一種關係的成就？這樣
的問題在今天尤其重要。在痛苦的管理上，我們早已投下鉅資，但
我們仍要探究「不用醫療介入的救濟法門」有何可能。[42] 當西方文
化變得愈來愈依賴醫藥治療來過日子時，找出替代方案的需求就變
得日益迫切。

對於痛苦，關係論究竟會有什麼貢獻，我們必須把這扇門打開來　126
看。試想想日常生活中的種種場合：

- 一個三歲的小孩在人行道上跌倒了，自己爬起來，一聲不吭
  地跑回家去找媽媽，可以想見接下來的暴哭場面。
- 一部紀錄片顯示，中國鄉間的小孩在接受疫苗注射時，面無
  表情。
- 在跳了一晚的舞之後，瑪莉的腳因為鞋帶太緊而磨傷了。
  她這一晚過得很愉快，但回到家後也花了很多時間來料理
  腳傷。
- 一位奧林匹克的體操選手作完例行練習，而沒管她的腳踝舊
  傷。
- 一位鄰居少女在她自己的手腕和腳上刀割處處。
- 我的朋友溫哥從橄欖球場走出來，他血流滿面，手腳多處嚴
  重瘀傷，但他帶著笑聲大喊：「這場比賽太棒了！」

　　而我們也知道，要是讓重量級拳手打上一拳，你就可能會痛得
滿地打滾。但有時，痛卻不怎麼是痛。

42　根據一本 1999 的生產報告，在美國，光是男性的慢性背痛，在當年就有超過一億工
　　作天的損失；超過四千萬人有慢性頭痛之苦；八百萬人有長期的臉部、頸部之痛。
　　各種照料方案都不願包含慢性痛苦的保險，一方面是由於所費不貲，另一方面則是
　　診斷與治療都不充分。

這些例子在一些對於苦痛的文化歷史研究中可獲得加持。歷史學家艾絲特·柯亨（Esther Cohen）告訴了我們：在伊拉斯穆斯（Erasmus）和蒙田（Montaigne）之前，很少人寫過痛苦的體驗；中世紀時代的作者很少描寫身體感覺，而自傳所傳達的大半是心理而非身體上的苦楚。[43]在十三到十五世紀間，一般人相信：痛苦並非在於身體，而係在靈魂。以此而言，苦（痛）是發生在精神向度上。因為基督是為人類而受苦，很多人會追求苦難，作為與基督共同受難，或作為救贖之道。鞭笞自身，齋戒，甚至殉道，都被虔信者全心擁抱。

　　大衛·模里斯（David Morris）在他那本綜觀之作《苦痛的文化》（*The Culture of Pain*）[44]也描述了苦痛體驗在歷史上有極廣的差異和變遷。譬如在早期的戰場上，傷兵會露出喜悅，因為他們的傷勢意謂他們可免除戰場上的死亡。對於十八和十九世紀的浪漫派作家而言，苦痛帶有高貴之美的涵義。渥茲華斯（Wordsworth）可用嚴肅的筆調寫他的心懷「在親愛而可餐的痛苦中腫脹」。[45]密克羅尼西亞群島上的婦女在分娩時幾乎看不出有痛的跡象，使得來自西方的醫師為了確定她們的子宮有收縮，只好用手放在她們的腹部來探測。

就是在此，有許多學者發現，把痛（pain）和苦（suffering）的感覺區分開來是很有用的。常見的主張是：苦的體驗中含有高度的文化成分。這就可以說明上文所描述的那麼多變異。不過，對於痛的主張仍以生物性與普世性居多，也就是在身體先於在關係。這樣的區分也許很有用，但卻不是毫無問題。如果痛和苦可以截然區分，那

不就可把所有的苦移除而只留下痛的體驗嗎？我們果眞把苦移除之後，難道不也攪壞了痛的概念嗎——痛中的難過、苦楚、悲慘？看起來，不要硬生生地把這個內在世界截然區分，才是比較聰明的辦法。毋寧說，我們應把苦痛視爲某一關係傳統中所體現的行動。

⊕

阿東和唐娜住在我家近鄰好幾年了。由於他們對於習俗的抗拒，他們決定要搬家。我必須承認我感到某程度的失落。幾年之後，我在信箱裡發現一張相當怪的明信片，是關於某種「黏結關係的用品展示會」邀請卡。我們想了好一陣子才搞懂，這展示會的女主持人，唐娜夫人，應該就是我們先前的鄰居。很剛巧的，我在同一日期受邀到展示會的同一城市去參加一場學術座談會。我的好奇心被陡然挑起。

到了座談會那天，唐娜幾乎不在我心上。那一天的工作要求相當緊密，學術交流一直持續到晚餐之中。總之，在晚餐即將結束時，我知道我已經挨到了我「該負責的交談」之極限，並且，很想去一窺那異國情調的邀請之情，登時躍上我心頭。一段長長的計程車旅程把我帶到城市的心臟地帶，我終於找到展示會舉行的老舊公寓建築。我有點遲疑地打開公寓大門，發現我置身於一個和白天大約相似的密集氛圍中。觀眾圍成一圈　128

43　Cohen, E. (2000). The animated pain of the body. *American Historical Review, 105*, 36-68.

44　Berkeley: University of California Press, 1991.

45　取自他的十四行詩 "Sonnet on seeing Miss Helen Maria Williams weep at a tale of distress."

坐著，專心地聽那位男性「教授」老練的講解。講的內容不是關於什麼自我概念的產生，而是種種鞭子的性能；一位女性裸身在前，那些鞭子是要用來鞭打她的臀部，但不會鞭出傷痕。在他的示範之後，整群人兩兩分開，各自去實驗那些新產品。不一會兒，房間裡皮鞭木笞重重打在皮肉上的聲音此起彼落，夾帶著狂喜的呻吟。當我向唐娜夫人告別時，她對於喜樂所作出的貢獻，正使她渾身發光。

✛

從我先前的論述來看，當我們在表現苦痛之時，就是在從事一套由文化備好的演出。我們不是在報告我們的心靈狀態，而是在某一關係的傳統內行動。換言之，我們所從事的行動就是達成了共同行動歷史中的明白意思。如果我閃到了腰，我不會喃喃自唸「我的奶奶呦」；如果我在冰上滑了一跤，我不會開始背起圓周率到小數點以下五位數。這樣的行動就是很可笑。不過，如果我尖聲慘叫，或開口咒罵，我就是個正常人了（當然，除非我的叫聲太尖，或罵得太髒）。

✛

批評者又來挑撥：「你走得太遠了。你如果把剛出生的嬰兒打一下屁股，他會哭。他在肚子餓或尿布濕了時也會哭。根本不需要什麼社會化。苦痛在誕生時就與生俱來。」這在乍聽之下似乎頗有說服力。但請再想想關於知道他者之心的問題。我們怎知道嬰兒當時的體驗叫做苦痛？這也許是受驚、需求、恐懼或其他的表現，而這些都可能只是某種原始的趨避信號。

　　我們要把問題再推進一點：身體發生之事確實會以不可預料的方式突入活動之流。跌倒、撞擊、爆發、割傷、壓力、收縮等等會不時地發生。然而，正如我們在世界中的任何動靜一樣，我們總會將這些發生的事態吸收到我們所參與的關係世界中。以此意義而言，身體發生的事件和他者對我們的行動幾乎是一樣的。對我們的行為來說，區分兩者並不必要，但在相互參照的行動之下，任何的發生就會成為某一事，而非另一事了。不是先有了苦痛然後有其詮釋，而是苦痛的事實在詮釋過程中誕生。

✦

關係論的觀點，透過亞瑟·法蘭克（Arthur Frank）的經典之作《受傷的講古人》（*The Wounded Story Teller*）[46]會從這起買賣中多掙到一筆。法蘭克顯示了一個人可以對自己的重病講出三個故事。第一個是將疾病詮釋為偏離正常的健康狀態；在此情況下，患者的工作就是**復甦**（restitution）。人在此所能期望的僅是把病清除並重新回到生活中。其次一個極端的故事講法，是把疾病詮釋為**混亂**（chaos）的開始。人把自己的疾病投入無用無助的狀態。在此之下，顯然失去了對策或解決之道。最後，一種不尋常的講法，是講成**追尋**（quest）的故事。在此，人把自己的疾病講成一趟旅程，在其中要努力尋找的是重要意義或啟明之道。譬如我的一位鄰居瑪

129

46　Chicago: Chicago University Press, 2nd ed. (1997). 另可參：Kleinman, A. (1989). *The illness narratives: Suffering, healing, and the human condition*. New York: Basic Books; Mattingly, C., and Garro, L. C. (Eds.) (2000). *Narrative and the cultural construction of healing and illness*. Berkeley: University of California Press.

姬，最近告訴我的是她的癌症發作，以及她從此而體驗到她的家人有多強健與重要。對目前這個論題的目的來說，要緊的是，人在受苦之際，把注意力放在幾個落差甚大的詮釋之間，會造成多大的不同。用復甦敘事，人只得忍受疾患，並苦苦追求恢復原狀。然而，如果疾病是混亂的話，那就只有放不掉的忿怒和挫敗。與此相反地，如果以追尋來接近疾病，人就有可能超越憂懼的通常定義；或可以在其中找出對於生命和關係的更深刻理解。而其結果，甚至可能是安寧、平靜。

⊕

批評者仍擋在門口：「說得都很好，但是生物學研究已經清楚指出痛覺接收器（學名叫 nocioceptors）的存在，當這些接受器被點燃時（釋出神經傳導分泌物，特別是谷氨酸鹽），受測者都會報告說是痛的體驗。更有甚者，由於人類這個物種在不同文化間其實泰半是一樣的，因此痛的體驗一定具有普世性。」好說。讓我們姑且把這個研究傳統所得的現實接受為真，不過，值得指出的是：在此一傳統中，甚至連「痛的問題」都還未解決。在神經中樞和邊緣之間的功能關係至今仍難以決定（譬如是神經中樞對於邊緣接受器的反應程度不同，或只是接受器所輸入的刺激量有多寡之別？）。還有一個問題：對於痛覺，至今仍未有普遍接受的測量之法。假若有兩人的報告是他們都在「中度痛覺」中，我們如何能知道他們是處在相同的心理狀態中？一個人的體驗要說是痛不痛，那還得靠他們的性別、年齡、宗教信仰、族群屬性等等來決定。[47] 我們在先前已有這樣的結論：認定人有內在世界，就只能肯定我們永遠無法相知。部分基於此一理由，才使得我們放棄了「身內有心」的觀念，也才

使我們得以將人視爲關係的演出者。對於苦痛的討論，我們也須沿此方向前進。我們就不要再認定人是內在的孤離者，而應說：人是關係生活的完全參與者。

我們的結論是：我們當面碰上一個重大的問題——如果神經學上的痛覺相關項可以辨認，那麼，在何種程度上可用意義的活動來將其痛覺效應壓縮？上文中所舉的例子至少暗示了：這些意義活動對於痛覺效應確實可產生有力的影響。痛是否被體驗爲痛，常要看那個人是在作健身運動，或在做休閒活動，才能有不同的決定。在這方面，最近很吸引我的是運用瑜伽或冥思來處理疼痛的種種方法。[48]受到這方面的實踐訓練，就是不使用藥物來減緩疼痛。對於苦痛的處理方式實在已經太多，但這種實踐方式仍值得我們的密切注意。

47　譬如可參見：Unruh, A. M. (1996). Gender variations in clinical pain experience. *Pain, 65*, 123-168; Zborowski, M. (1969). *People in pain*. San Francisco: Jossey-Bass; Zatzick, D. F., and Dimsdale, J. E. (1990). Cultural variations in response to painful stimuli. *Psychosomatic Medicine, 52*, 544-557.

48　譬如可參見：Kabat-Zinn, J., Lipworth, L., and Burney, R. (1985). The clinical use of mindfulness meditation for the self-regulation of chronic pain. *Journal of Behavioral Medicine, 8*, 163-190; Rockers, D. M. (2002). The successful application of meditative principles to treatment of refractory pain conditions. *Pain Medicine, 3*, 188; Kabat-Zinn, J. (1990). *Full catastrophe living: Using the wisdom of your body and mind to face stress, pain, and illness.* New York: Delta; Main, D. (1991). Chronic pain and yoga therapy. *The Journal of the International Association of Yoga Therapists, 11*, 35-38; Wood, G. G. (2004). Yoga and chronic pain management—telling our story. *International Journal of Yoga Therapy, 14*, 59-67.

第二部

日常生活中的關係存有

第五章
多態存有[1]與日常生活的冒險之旅
Multi-Being and the Adventures of Everyday Life

我們的一切所言所行都是在顯示關係。我們的所思、所憶、所創、所感——對我們而言的一切有意義者——無非就是在參與關係。像「我」這個字，並不是某一行動根源的引子，而是一套關係的成果。[2]

⊕

以上這些就是先前幾章中得來的核心結論。然而，這並非交談的終點，而是個起點，要準備用來作創意的探索，不論就理論、就實踐而言皆然。在本章和下一章，我們要探討的是日常關係的動力——其和諧一氣及其必敗之理。再接下去的幾章就要扛起專業實踐的問題：在科學、教育、治療和機構組織中。每一種情況中都會打開一個新空間，用來拓展關係存有的潛能和實踐方式。

　　本章首先要探討的是多態存有（multi-being）的條件。關係中的存在（existence in relationship）[3]最終會在行動的起步潛能中生出大量的積累。在共同行動之流的持續過程中，這些潛能就會被賦予一定的形狀而有其生滅，也會以不可逆料的方式拓展開來。每一個關係都是一個形成中的故事。對於多態存有的這種交代（解說）方式就是在為「關係發生之軌跡」（trajectories of relationship）架設

起可思、可議的舞台。互相參照的行動如何獲致其活力；穩定下來的成份又是什麼；衰敗過程的濫觴之處何在？──我們必須以關係論的角度來予以一一考量。

1 ｜ 多態存有

我是個指導教授，正在批閱學生里昂的論文初稿。在某一頁的頁邊空白處，我以潦草的筆跡寫道：「此處與上一章不一致；」在另一頁我又寫道：「不一致」、「文詞鄙俗」或「用意笨拙」。有些地方我則會寫道：「恭喜」、「優美」、「好點子」或「有用心準備」等等。我就這樣一頁頁地批閱下去，沒想太多。我不就正在參與一個傳統，要把一個個學生教到能夠寫出連貫（coherent）、清

1　譯註：Multi-being 一詞中的字根 "multi-" 有多樣態、多重（多層次）、多種（類）等可能的譯法。作者在本書中的用法應是包含以上幾種意思。譯者在此選用「多樣態」為主，並依造詞精簡原則而簡化作「多態」；但有些名詞早有其慣用的譯法，如「多重人格」，或某些地方強調的是多層次性，就會依其文脈而譯作「多重」。

2　譯註：值得參考的是漢文「我」字在甲骨文中寫作「執戈」或「置戈」之狀。這裡的「戈」是典型的武器，因此「我」是個會意字，指作戰中的「我方」，其涵義即是與「敵方」相對而言的，非常具有關係相對性。作者應不知此，但由關係論來談任何行動、事態，難免會有如此密切的巧合。

3　譯註：「存在」（existence）一詞在序曲章中就已頻頻出現，但它和存有（being）一詞間有可互換的關係，也有意義上的層次差異，在本章中應可看出。大抵上，前者是指存在實體，後者是指存在本身。但既然作者在全書中都沒有交代其間的異同，甚至在索引中也未將「存在」（existence）列為一個條目，可見作者只當此詞是個盡人皆知的普通名詞，不必特意解釋。

晰的思想來嗎？

　　然而，這種姿態本身就不無諷刺。我坐在這裡寫這本書的時候，整個人都充滿了疑惑和騷亂。對於我已寫下的每一個句子，我都會敏銳意識到使用其他語氣的可能性。要把任何事情寫下來，我無時無刻不在面對著好幾打的可能性，或好幾打的判斷標準。主要的努力就是要避免瞎扯，但要我不想東想西，我必定會寫不下去。要讓互爭長短的想法在騷亂中同時現身，必然會把我扯到離題。實際上，我所受的訓練以及你對我的期待，都會把我逼成另一個里昂——把我自己塑造成為一個心智連貫、統一的人。

　　一個理想人乃是個連貫的統一體，這種觀點在西方有其長久的傳統。在基督宗教的傳統中，則顯然強調了靈魂的聖潔，以及善惡的判然區分。哲學家杜爾敏（Stephen Toulmin）把這種邏輯連貫性（coherence）的強調追溯到現代主義（Modernism）的興起之時，尤其是受到笛卡爾觀點的影響：人類行動的樞紐在於理性。[4]良好推理要清晰且邏輯一貫，在理想上接近於數學。[5]成熟個人的抱負應是對於世界有連貫的思考方式，也就是能把事物萬端統合於一致而圓滿的理論中。這同樣的價值觀也銘刻在心理學的理論與實踐中。進入二十世紀之交時，詹姆斯曾這樣描寫「病態的靈魂」：「那些心靈正與肉身交戰；他們所祈願者乃是互不相容、乖張無常的衝動，經常會攪亂他們自己處心積慮的計畫，而他們的一生乃是一齣漫長的懺悔錄，以及要不斷努力修補自己的罪行和過失。」[6]喬治·凱理（George Kelly）著名的《個人構設心理學》也肯定所有的人都企圖要建立內在一致的概念系統。[7]這些都是自然而然的。有一組團隊曾研究**認知失諧**（cognitive dissonance），他們也認定人的思想有一種普世性的需求，就是降低其中的不一致。

[8] 進一步的迴響來自心理衛生的領域。譬如人格理論家普瑞斯柯‧列基（Prescott Lecky）就論道：一個功能「正常」的人所努力的，乃是在生命的各方面都保持一致性。[9] 心理上的苦厄等同於個人在連貫性上的失能。毫不意外的是，我們通常就稱之為「心理**失調**」（mental disorder），而此一專業為心理疾患所貼上的標籤包括：思覺分裂、雙極性、解組與多重人格。我對於里昂稿件的評價可說就是此一傳統的延伸。活在此一傳統中的人都背負著連貫性的重擔。

> 心懷二意的人，在他所行的路上，都沒有定見。
>
> ——〈新約‧雅各書〉

在統一、連貫、整體的門面後方，還有另一個世界。這個世界要就其資源之豐富或就其衝突之發軔方面來說皆可，而這兩面向都誕生於日常關係的得失之中。試想想其誕生：當我們投身於關係之中時，不論深淺，我們都是在吸收行動的潛能。每一種關係都為這

4　Toulmin, S. (2001). *Return to reason*. Cambridge: Harvard University Press.

5　毫無意外的是：早期的科學哲學都在設法將所有的科學推理都換算成統一的符號邏輯，或是當代的分析哲學也在儘量接近數理哲學。

6　James, W. (1958). *The varieties of religious experience*. New York: The New American Library of World Literature.（原出版於 1902。）

7　Kelly, G. A. (1955). *The psychology of personal constructs*. New York: Norton.

8　譬如請參見：Brehm, J., and Cohen, A. (1962). *Explorations in cognitive dissonance*. New York: Wiley.

9　Lecky, P. (1973). *Self-consistency: A theory of personality*. New York: Island Press.

些潛能提供了三個起點：（1）他人的行動變成可能性的**楷模**。當我們在觀察行動中的他人時，我們的意識中填滿了他們，因此而有機會將此吸收到我們自己的行動庫存之中。此一過程每每被稱爲模仿、楷模、擬仿（mimesis）或認同，也都被社會科學家認定爲社會化的基本動力來源。[10]因此，舉例來說，很多研究投身於將楷模視爲種種行爲的源頭：性別化、攻擊性、利他性、情緒性等等。[11]我們透過觀察而吸收了成爲他者的潛能。

⊕

「沒有他，就沒有我。」

——「昏頭」吉列斯必（Dizzy Gillespie）

談起路易・阿姆斯壯（Louis Armstrong）

⊕

（2）然而，廣爲接受的楷模觀點讓我們走得不夠遠。在任何關係中，我們實際上是**變成了某人**。也就是說，我們演出了某一角色或接受了某一認同。和我的母親在一起，我的存有便成爲孩子；和我的孩子們在一起，我便成爲父母，等等。每一套關係都會把我帶入某一種人的存有，而在其中習得的行動也會自動存入我的潛能帳戶，以供未來使用。就某種意義而言，我們是在模仿自己的種種版本，並以此而爲未來作準備。在我們當中仍有個小孩等在那裡，但等在那裡的卻不僅是個小孩，而是個多態的存有，等著要躍入種種關係：和父母、和朋友、和手足、和老師等等；我們可以是天使、是暴君、是溫良謙恭、是張牙舞爪等等。時日可以層疊，可能性也會積累。以此而言，人的「第三度青春」也許可視爲人生最富有的

年紀。愈近晚年——如果你敢的話——就愈可動用真積力久的功夫。人可以重新探訪和重新點燃年輕時不可能的種種方式。

❖

當我們覺得最為私己，最為「深入」自身之中時，我們就是（以某種其他方式而言）最為深刻連接到他者之時——透過此物，我們才學會如何變成自己。

——史蒂芬・米契爾

❖

（3）多態存有亦可由關係的第三種遺存來構成。我們可以從**共同行動的形式**本身中抽取行動，亦即在互動場境之內演出種種關係。

---

10 對於模仿的討論可上溯到柏拉圖和亞里斯多德，和他們所談的仿作。在社會科學中，模仿對於社會生活的重要性，則可見諸早期的著作，譬如 Charles Horton Cooley, William McDougall, E. A. Ross. 心理治療家 Karl Tomm 稱此吸收的結果為「內化的他人」，參見：Tomm, K., Hoyt, M., and Madigan, S. (1998). Honoring our internalized others and the ethics of caring: A conversation with Karl Tomm. In Hoyt, M. (Ed.) *Handbook of constructive therapies*. San Francisco: Jossey-Bass. 從模仿到吸收他人，再到製造衝突，其實只是一小步，特別可參見：Girard, R. (1977). *Violence and the sacred*. Baltimore: Johns Hopkins University Press.

11 這類研究有一傾向就是等同於行為主義的發展心理學，亦即將楷模視為兒童行為的原因。但在本書的脈絡下，我們放棄了因果解釋，而將楷模視為某種關係：楷模之所以為楷模，乃因為我們參與了其中某些可供模仿的特性。

12 Richard Schwartz（1995）在他論內化家庭的作品中指出這種取向的可能性。不過他所關切的主要仍是家庭成員（內化的他人），即作為「包含不同年齡、不同氣質、不同稟賦、不同慾望的內在人物」（p. 57）而不在於家人間互相的交換型態。Schwartz, R. *Internalized family systems therapy*. New York: Guilford.

¹²我們學會跳舞時，才學會用事先譜寫好的方式運動我們的身體；我們也才學會看我們的舞伴，才可能模仿他們的動作。同時，一樣重要的是，我們學會舞蹈本身的相互參照方式，學會怎樣往這邊動、往那邊動。同理，我們也才學會在爭辯中如何一來一往，如何在教室裡進行討論，如何在情緒場境中演出（見第四章），等等。
¹³總之，所有充滿意義的關係會把存有的其他方式留下來，成為一個透過關係而型塑的自我，還留下一本共同行動的舞譜。由這三項資源，我們讓存有產生了無數的可能性。

⊕

在進入任何關係之時，我所具備的言談方式多如萬花筒：看當時的場合，我可以是個正經的學者，可以是個輕鬆的 Ken，是個聒噪的主持人，是個浪漫派，南方佬，小蝦米，唯美主義者，理想主義者，愛道人長短，好謙恭收斂，是心灰意冷者，是冶情勵志者，長不大的孩子，永遠的學生，憤世嫉俗者，精神高昂者，還有好多好多其他的。一切盡在眼前，任我來擺弄。說不定給我來點吆喝，我還可以蠻上道地變成個女人、黑人、男同志、賈利‧古柏、東方人、心理師、葛培理牧師、義大利黑手黨、納粹軍官、我的出版編輯、我的狗狗……這只是開場的小玩意。我不只具備了那些話語，我的話語還都浸泡在腔調、口氣、眼神、姿態、動作之中。這些都可能只是埋伏潛行、蠢蠢欲動而已。給我一些得當的觀眾，和足夠的掌聲，天曉得我還可能變出什麼花樣？

⊕

此一觀點會造成幾個重要的後果。一開始就是和圍限存有的傳統視野之間產生極大的反差。原先的理想是一個內在整合、圓融和諧、前後連貫的心理實體；但這樣的觀點必須予以變更，而換上場的乃是個基本上既失序也不連貫的人。在圍限存有的傳統中，人是隔離孤立的；理性的功能須在社會真空中才可完全發揮。相反地，多態存有必定鑲嵌在社會裡，全然融入關係之流。對於圍限存有而言，連貫與整合均屬德行；秩序井然之心即是成熟的徵象。然而對於多態存有而言，連貫與整合也許有其價值，但還得看那是在什麼關係之中而定。最值得慶賀的乃是變幻無窮的潛質，能有效施於共同行動之上，而其施作的場子則是寬廣無比的關係。

另外還有些會讓人望而生畏的涵義。如果我們確實能擔起多態 138 關係的種種遺存，那就表示我們接受了該視野的暗示：任何能持之為善、為有理的觀點，必定隱含著其相對觀點。我們所從事的任何活動都隱含著具有異化能量的活動在內。每一位好心的自由派人士都很擅長於使用壞心的話語；每一位基本教義派信徒都深知原罪的吸引力；每一位成年人都還是個嬰兒；每一位負責盡職的公務員都具備貪污瀆職的潛能；每一位異性戀者都可能樂於享有同性戀情。衝突永遠都與我們潛在併行；我們的一舉一動都在我們的手腳上帶有異議的意味。

13　人際精神醫療學派（interpersonal psychiatry）的創始人 Harrey Stack Sullivan 會將這些遺存視為「我–你型態」（me-you pattern）。見：Sullivan, H. S. (1968). *The interpersonal theory of psychiatry.* New York: Norton.

我的良心有千百條舌頭，

每一條舌頭又帶有好幾個故事。

——莎士比亞，《理查三世》

⊕

這也就是說，我們生活於其中的那個看來穩定的世界，其實是脆弱
不堪的。在日常關係中，我們所遇見的都是人的局部、碎片，但我
們卻誤以為是整體人格。穩定性與連貫性只能在共同行動的同意之
下產生。但這些所謂的同意並非定好的契約，斷裂隨時可能發生。
我並不主張說社會生活就是一場大型的扮裝遊戲，其中人人都戴著
面具，並且都只看場面行事。「面具」的隱喻誤導了我們，並且也
同時暗示了面具之後還有個「真我」。在關係的存有中，沒有前後
內外之別；只有和他人之間體現的行動。回應前幾章的話題，我們
得說：誠信乃是行動當下的關係成就。

早期的先驅：深度心理學

　　要把多態存有的視野及其涵義予以填滿，拿先前一些對於人
格多重性（personal multiplicity）的說法來作比較或相對，應會有些
幫助。讓我們先來看看早期的精神分析，然後再轉至近期的精神
醫學以及社會科學。人格之中可能含有相互衝突的潛質——對此
產生的好奇，可上推至精神醫學的源頭。確實地，對於佛洛伊德
而言，理性連貫的自我只是「表層的自我」。在我們的生命中，
最重要的驅迫之力乃是被壓抑（repressed）到意識之外的。把無意
識（unconscious）潛能的閘門打開，就會使得驚人的慾望到處亂

竄——亂倫、殺人、性泛轉（perversion）和更多更多。意識和良心都一直和無意識的原初力量進行無止無休的戰鬥，而其結果則是被精神官能症式的防衛機制所撕裂的人格。在此脈絡下的心理治療，就是要把隱藏的力量轉變爲可加以控制的表現。[14]

　　榮格（Carl Jung）的觀點和佛洛伊德一樣，也看見深藏的無意識力量。不過他在原初的破壞力之外，還看見隱藏衝動的一片大好光景。他主張：從人類歷史的古早時期以來，一路傳下的還有價值連城的意象，群集而形成智者、大母、英雄、小丑……以及種種固定成型的情結（complex）。[15]在每一位男性之中都含有女性的衝動，反之亦然。對於榮格來說，這些衝動並不須予以抗拒；其實，健康的發展是把這些衝動帶入意識之中。由這種豐富的多態性之中，生命才可以衍生出意義。這種鑲嵌在深處的自我，尤其加上佛洛伊德的壓抑概念，形成一套浪漫的見解，流傳到心理治療工作中，至今鋒頭猶健。[16]

　　佛洛伊德所關切的人格「黑暗面」和多態存有的潛能之間，確有某種聲氣相通之處。不過，其間也有顯要的差異。首先是關於根源的問題。依佛洛伊德所言，「受壓抑者」的基礎在生物性，其兩大範限即爲**愛慾**（eros）與**死慾**（thanatos），或用比較通俗的話

14　譬如可參見：Freud, S. (1954). *The psychopathology of everyday life*. (A. A. Brill, Trans.) London: Penguin.

15　譬如可參見：Jung, C. G. (1968). *Man and his symbols*. New York: Dell.

16　精神醫學對於這種多重性的探究，有極佳的作品可資參閱：Rowan, J. (1990). *Subpersonalities*, London: Routledge. 較接近本書觀點的發展則可參見關係論的精神分析（relational psychoanalysis），譬如：Muran, J. C. (Ed.) (2001). *Self-relations in the psychotherapy process*. Washington, D. C.: APA Press.

139

來說，即是未經琢磨的性衝動與破壞衝動。然而在多態存有的狀況
中，人的潛能之根源不在生物性而在社會性。在每一個關係中發生
的乃是潛在的存有——支配的或馴良的，苛薄的或仁慈的，服從的
或叛逆的，等等。而此關係可以發生於和有血有肉的人，或是和電
影、文學、神話、網路上的人等等。以此而言，我們的「作惡」潛
能，用普通標準來說，也是鉅大無比。譬如說，新聞中通篇皆是的
性侵、自殺、家暴等等，正是這類潛能的明證。簡而言之，如果你
知道這些都是人做的，那麼你也可能動用做一做此事的潛能。[17]

⊕

> 我的生命中最大的樂事之一就是和小孩玩耍。在這樣的關係
> 中，我抽出了我自己的童年遺存。潛在我身上的小孩又活了過
> 來，且現在透過玩伴而變得更為充實。可以把「成人認同」的
> 責任卸下，讓人感到多麼輕鬆！在縱情嬉鬧的時刻會生出作夢
> 也想不到的世界來。那些對於兒童作性侵的光景久矣被媒體報
> 導灌入我身之中——而就在我們一起玩耍的背景對比之下，我
> 才會感到如此痛恨！在我看到新聞和螢幕的報導之前，我從來
> 不可能會有把兒童當作「性慾對象」的念頭。現在，我的天真
> 無邪已經喪失了。我看著孩子們在公園裡玩的時候，總會想到
> 那些性侵的惡徒是怎麼看他們的。在某些醜陋的時刻裡，我就
> 儼然是那惡徒……直到孩子們的大聲嬉鬧如雷貫耳，才讓我重
> 新肯定我的正常，以及他們只是在玩樂。

140

⊕

在精神分析和關係論觀點之間，還環繞著差異迴然的第二個問題：

為什麼像這般的「惡行」相對而言是不常見的？事實上，絕大多數人從未真正想過要性侵、亂倫或謀殺。照佛洛伊德的講法，其答案在於**壓抑**（repression），也就是一種無意識的心理過程，用以保護意識，免受這種慾望所襲。當邪惡的傾向開始朝著意識而滲透之時，精神官能症式的防衛機制（neurotic defense），譬如：頑念、妄想，就會把抵抗豎立起來。我們永遠都在與我們深處的慾望鬥爭；而為了維持我們的內在秩序，我們就進入了失調狀態。佛洛伊德確實主張：要是沒有精神官能症，則整個文明就會有崩潰之虞。

但在關係存有的狀況中，像「壓抑」這般異國情調的觀念，在我們的理解中根本不重要。我們身上帶著多態且互相衝突的潛能，以善或惡的方式來來去去。然而這些潛能中的大部分都很少達到意識的水平，不是因為我們在防衛著它們，而只是因為它們跟日常活動中的匯流無關。你可以讀到關於謀殺的消息，也因此學會了這種行動的模型。你知道怎麼做，但你就是難得會參與這類的關係（譬如街頭的流氓，或黑手黨）而在其中的謀殺，確為容易理解的行動。用比較不極端的話來說，大多數的成人都曉得如何玩跳方格、捉迷藏、轉瓶吻之類的遊戲，但這些潛能和我們的日常生活不太有關聯。文明之所以能由我們一起維護，基本上是因為關係中的日常需求就是要保持互相理解。

◈

我們全神投入當下事務之時，對於我們所具有的多重衝突潛能也許

17　此一觀點正表達了我們對於大傳媒體上以極大篇幅報導暴力、犯罪之事的關切。我們知道這些報導具有示範的作用。

會毫無自覺。然而我們也不致完全沉溺，因此衝突就常會在門邊徘徊。佛洛伊德的防衛機制（defense mechanisms）觀點與此頗有關聯。對他而言，心理上的防衛實屬自然。一旦有威脅性的衝動產生，則壓抑和心理障礙也會自動地、生物性地引發。與此相反，由關係論的立場來看，對於不連貫並沒有任何內在的阻抗。我們生活在相互對抗的衝突之中，這本身並不是什麼問題。不連貫性之所以成爲問題，乃是由於它在受斥責的關係中出現。小孩子常能夠在一片不連貫的廣場上自由流動；任何衝動都可以在頃刻間換成相反的衝動。此刻是個甜蜜的孩子，下一刻就會翻臉變成魔鬼。我們只能透過關係的先後發聲（voice）來維繫負得起責任的秩序。

✛

　　二加二等於五，不會沒趣吧。

——杜斯妥也夫斯基

✛

只有透過關係，我們才能抵制衝突的衝動，並尋求連貫。不只如此，我們還得透過我們的關係來獲取方法手段，用以抗拒衝突。譬如說，在日常關係中，我們都會壓制批評的衝動，避免講髒話、打呵欠，或表示沒興趣等等。這麼做是爲了獲取社交技能。而正是應用這些技能，我們才可處理多重關係中必有的衝突潛能之遺存。就讓我們把壓抑這概念換成**壓制**（suppression）吧。以此而言，我們經常稱爲「內在衝突」的，就會變成私下參與的公共衝突——實際的，或想像的。我們可以參與多重衝突的關係，但未必要以全身來從事。正如第三章已經談過的，我們可以作局部的演出。或者，回

應一下維高茨基的說法：我們所擁有的每一種「私下用來壓制衝動的手段」，其實都是得自公共生活的參與。

　　內在對話的隱喻，在此相當有用。每一個「去做」／「別做」的衝動都代表了一種來自過去關係的發聲。這些發聲可能來自他人（如前文所述），也可能得自我們與他人的關係。當種種發聲成排地衝過來時，有些會「勝出」；也就是獲得「最佳論述」之名。以俄國理論家巴赫金的話來說，有些發聲可證明是具有「內在說服力」的。[18]譬如說，生活在一個異性戀的文化中，就會鼓勵人把異性戀行為予以自然化，並將同性戀視為偏差。「偏差的發聲」是否可使用「自然的語氣」，不論如何精微細巧？我們該將此聲音壓住或給它換框呈現：「我簡直無法想像」，「那只是青少年式的趣味」，「好吧，我也許有一點 'bi'（雙性戀縮寫）」。依照麥可·畢里葛（Michael Billig）之見，佛洛伊德所謂的無意識之心，其基礎應在於我們的交談中，若碰到令人羞恥或不舒服的話題時，我們就學會了「換話題」的技巧。[19]當我們把這種實踐方式拿到私生活之中，我們就會停止內在對話；時間久了之後，我們會喪失對話張力的意識。我們變得「就是不去想那些事」。

142

⊕

這些泡芙看起來簡直是國色天香；兩片奶油酥皮中間夾著飽滿

18　參見巴赫金對於內在對話過程的討論：Bakhtin, M. (1981). *The dialogic imagination*. (M. Holquist, Ed.). Austin: University of Texas Press.

19　Billig, M. (1999). *Freudian repression: Conversation creating the unconscious mind*. Cambridge: Cambridge University Press.

的香草冰淇淋，上面還澆著法芙娜頂級巧克力醬，胖嘟嘟地秀色欲滴。我的身體正興奮得發抖。但，不一會兒，我的十幾歲夥伴們兜了過來：「想變成個肥仔，是吧？」緊接著我的家庭醫師也發言了：「你該注意你的膽固醇。」可是，哈利有話說：「你們多久才有這麼一次機會呀？」蘇西則說：「你可以用明天補回來啊！」是的，有格言道：「抓住這一天。」但在這當下，我講不出話來了，只好轉身問我的晚餐伴侶們說：「我們把泡芙分著吃，好不好？」

✦

在此要強調的是壓制的積極社會功能。在佛洛伊德的傳統中，防衛機制就是精神官能症。分析師的任務就是給人帶來舒洩的機會，使人能對己所不欲的衝動贏回自我（認知上）的控制權。然而，從關係的觀點來說，我們的「內在衝突」所反映的乃是生活上的社會衝突。因此，當我們會尋求減低社會衝突的手段和能一起活下去的手段時，以同樣的道理，我們也會利用一套壓制的設計，來維持我們所在其中的複雜關係。

在此同時，當壓制的防衛性變得要求太強時，我們會發現其中有危險。在壓制許多發聲之同時，我們只能「活在當下現實中」；我們把自己繫在其中，也因此而喪失了彈性。「良心之聲」的隱喻實在強而有力。對佛洛伊德而言，那針對誘惑而來的警告基本上就是父親的口氣。這就是他所謂的超自我（super-ego）之限制，然而，這超自我也是精神官能症。在處理內在的破壞性時，那是一種非理性的方式。不過，在目前這個案例上，你的「超自我」所帶著的不只是父親的口氣，而是夾帶有許多他人的聲音。而且，與其說是

143

精神官能症，不如說：留心這些發聲，有助於在社會中活得比較舒服。如果只限於聽這些發聲，就會使人癱瘓難行。我們要通過複雜的關係脈絡時，最重要的是保持彈性。然而，不留意這些發聲，我們就是在否認我們和關係之間的聯絡。這就譬如說：「我想幹麼，才不管我媽會怎麼說。」或者：「我現在作的選擇，不必把朋友算進去。」那些道德良心缺乏足夠強度的人既非「壞胚子」，也非道德推理能力不足。毋寧說，他們缺乏重要關係，來使得「好東西」變成意思明白、應該追求的生活形式。會使得軍人犯下暴行（性

「當我睡不著時，我發現，乾脆爬起來，
把我的焦慮摘記一下，會很有幫助的。」

致謝：The New Yorker Collection 2008, Drew Dernavich，取自 cartoonbank. com。版權所有。

侵、殘害、謀殺）的能力並不是原始驅力的釋放，而毋寧是在沒有
對話張力的脈絡下——否決的發聲出不來——則幹任何事都變得
可能。

✦

144　　我十四歲，我所就讀的初中在下午稍晚的時段，各大廳裡都空
無一人……除了剛練完足球的我們三個。我們在廳堂間邊逛邊
談，沒頭沒腦地說說老師、同學、校方白痴的笑話。在靠近梯
階的樓上，我看見一排置物櫃沒鎖在牆上。顯然那是準備要移
動到建築物其他地方去的。我開玩笑建議說：我們應該幫幫行
政長官的忙，把置物櫃推到樓下。大夥一陣狂笑，之後不到一
分鐘，我們已經把整組櫃子從陽台推下去了。櫃子掉落時發出
碰撞聲，我們則以最快的速度往反方向奔逃。我現在要自問：
為什麼我當時會幹下這麼沒頭腦的蠢事？當時的規勸之聲到底
何在？為什麼「在當下顯得非常對」的事情，在別的時候就是
這麼不對的？

當代的先驅：與他者共存

多態自我之間會有生氣盎然的對話，此論一直延續到當前，而其中
有不少是和目前多態存有的觀點相合的。最為突出的一些例子是許
多精神醫療者離棄了佛洛伊德的早期觀點，即認為人的生命受到難
以承受的生物性驅迫。他們寧可採取一些轉向，譬如轉往霍乃、佛
洛姆、蘇利文等人的觀點，也就是採取了以社會關係來理解人的看
法。這種社會觀在二十世紀中葉發展得最為穩固者，就是後來所

知的**客體（對象）關係**理論（object relations theory）。這些「客體（對象）」基本上就是指他人（他者），而其中最為顯要者，首推人人的父母。[20] 此一觀點還有後續發展，到了今日已可由一群有積極組織的關係論分析師（relational analysts）來繼承了。[21]

對於關係論的分析師而言，其關注焦點仍傾向於早期家庭關係對個人產生的無意識要求，以及對於「多態且不連續之自我」所造成的影響。然而，就心理治療實踐而言，最為戲劇化的改變，乃是將強調的要點從案主的內在衝突，轉為案主與治療師之間的關係。按照他們的道理，雙方在每次分析治療的時段內，都會有力地帶出過去關係的遺存，而療效也就會相當倚重於這種關係中的動力。案主和治療師雙方都會互相產生模稜兩可的情愫，這些情愫反映出他們各自的過去關係史。他們會特別關切案主與治療師之間的結盟關係，以及如此結盟對於療效的重要影響何在。如果兩者之間的黏結關係建立得好，則治療就更有可能獲得成功。[22]

雖然精神醫學的關係論取向，其基本關切在於衝突的克服與不安的減少，但還有其他取向者仍從正面觀點來切入。心理學家華特肯絲（Mary Watkins）用個案研究來聚焦於人與她所謂的「隱形來客」（invisible guests）之間的內在交談。她認為這些交談對於我

20　很有用的文獻探討，可參見：Mitchell, S. A. (1988). *Relational concepts in psychoanalysis: An integration*. Cambridge: Harvard University Press.

21　當代關係論精神分析（relational psychoanalysis）的代表刊物是 *Psychoanalytic Dialogues, a Journal of Relational Perspectives*. 另可參見機構網頁：International Association for Relational Therapy and Psychoanalysis (http://www.iarpp.org/html/index.cfm).

22　譬如可參見：Safran, J. D., and Muran, J. C. (2001). The therapeutic alliance as a process of intersubjective negotiation. In J. C. Muran (Ed.) *Self-relations in the psychotherapy process*. Washington: APA Press.

們的幸福感有重大的貢獻。[23]譬如說，一個人在仔細思考要不要結婚時，可能會聽到想像中的父親和母親在爭辯。其結果可能比自己一人對於結婚決定的正反意見還要更具有敏感度。對華特肯絲來說，這種交談還會連結到藝術創意之有無，以及是否能夠透過多元觀點來看世界的這種心智發展上。在類似的理路上，賀曼斯與肯本（Hermans and Kempen）也提議了一種觀點：人自有生以來即為對話性的。[24]他們避免了人格由固定特質構成的看法。毋寧說：人是透過內在對話的過程，才使得意義能夠持續不斷地發展。

為了回應以上的論點，瑪莉·格根在她有關**社會精魂**（social ghosts）的著作中也指出：種種潛在自我的角色選派，並不局限於我們實際認識的那些人。我們生命中最重要的角色包括媒體上的人物、演員、歷史上或虛構的角色以及鬼神。[25]試看看她的研究中這些青少年的意見：

- 搖滾樂團 Led Zeppelin 的低音吉他和鍵盤手是約翰·保羅·仲斯（John Paul Jones）……每次我的樂團在練習時，我覺得我就是他，這會幫助我彈得更好。他會增強我的能量。
- 我在打籃球時，喜歡用怪物果醬越野車式的打法。查爾斯·巴克禮（Charles Barkley，前職籃明星）和我是渾然一體。
- 看完有名的 F1 賽車手艾迪·奇弗（Eddy Cheever）之後，好多次我都會變得對賽車非常有興趣。實際上，他對於我想成為一個汽車機械師，有很重大的影響。

最後，社會心理學家還提供了一些鮮明的例子來說明行動中的多態存有。人具有如同變色龍般的變化能力，通常落在「情境效

146

應」範疇中，換言之，就是人在當下所處的情境中產生的效應。在情境的要求之下，人所可能做出的舉動究竟有何限制？這種研究可證明人在不同脈絡間游動之時的行為彈性。其中最有意思的是：人常會在此時做出一事，而在彼時卻對這行為嗤之以鼻。在實驗室情境裡，人會撒謊，會相互剝削，會贊同明知有誤的意見。其中最有名的大概要算是密爾葛藍對於服從權威的那個實驗。[26] 在此一案例中，有相當數量的實驗參與者是來自各行各業的人。他們進入實驗室之後，由實驗者告訴他們可以對隔壁房間裡的人施以電擊——那個人看不見實驗參與者，但電擊會使他感到痛苦，參與者看得見他被電的慘狀。參與者大多會聽從命令漸增電擊的強度，不論被電的人如何呻吟、號叫。甚至在電流強度已經達到可能致命的程度，參與者仍然聽從實驗者的命令，繼續施以電擊。密爾葛藍因此推論道：我們大多數人在聽命行事之時，是否就顧不得自己的殘暴了？[27]

23　Watkins, M. M. (2000). *Invisible guests, the development of imaginal dialogues*. New York: Continuum.

24　Hermans, H. J. M., and Kempen, H. J. G. (1993). *The dialogical self: Meaning as movement.* San Diego: Academic Press.

25　Gergen, M. (2001). *Feminist reconstructions in psychology: Narrative, gender & performance.* Thousand Oaks, CA: Sage.

26　Milgram, S. (1974). *Obedience to authority: An experimental view.* New York: Harper & Row. （譯註：在實驗中被施以電擊的人其實是個演員，電擊也是假的，但參與實驗的人並不知情。）

27　傳統的社會心理學在測量人的態度時，都認定這些態度是固定而統一的。然而，在多態存有的觀點下，一個人的態度是流變不居的，也經常會自相矛盾。對此較為詳細的說明，可參見：Billig, M., Condor, S., Edwards, D., Gane, M., Middleton, D., and Radley, A. (1988). *Ideological dilemmas, a social psychology of everyday thinking.* London: Sage.

一群人如果被完全隔離開來，沒有任何監視，也和過去、未來經驗完全切斷，那麼，他們會幹什麼呢？這是我們早期做的一個研究，關於人在黑暗中的關係；在該研究中，我們所問的就是上述的問題。[28] 我和研究夥伴一起先發出很多廣告，邀請志願參與者，在有酬勞的條件下，來作環境研究。在報到那天，參與者都是個別抵達，然後由專人帶他們到個別的房間去。他們在進去之前都得先把外衣、錢包、鞋子以及口袋裡所有的東西都留在外面，之後再一一帶進沒有光線的房間。在那裡頭要待個「一陣子時間」，過後，他們也會被個別地送走。待在暗室裡那段時間，他們都互相看不見。房間大小約為 12 呎×12 呎，牆壁和地板都覆有軟墊。其中沒有任何傢俱。如果任何人覺得有問題或不舒服，按一下門上的小紅燈，就可以輕易逃出去。每一梯次的實驗在每一房間中都安置六至八名參與者。由於無法預料會發生什麼事情，因此每一梯次過程中都會有位研究者在房間一旁的角落留守。

我們發現，這些參與者首先都會友善地彼此問問是誰？從哪裡來？很多人講的都是謊話。他們也會看出房間的大小，以及牆上裝有錄音的麥克風。大約過了十五分鐘，這些開開玩笑的話就消失了，不久後，只剩下靜默無聲。無聲換來的是相互觸摸。參與者對此體驗作了這樣的一些描述：「我很喜歡能夠不必用陳腔濫調的方式看著人」；「要從這裡過去那裏時，可以在人的身上爬來爬去，讓我覺得有種放蕩不羈的快感」；「我坐著，貝絲靠過來，我們就玩起摸摸臉、摸摸身體的遊戲，然後就摸遍全身上下……我們決定把我們的『愛』傳出去，跟別人一起分享。於是我們分開，而蘿莉就過來取代她的

位置。」

　　過了那一陣子之後，我們走進那些房間，告訴他們時間已
到，該走了，他們經常不願離開。我們發現，有大約 90% 的
參與者指出，他們是有意摸來摸去的；只有大約 20% 的人企
圖不讓別人摸。約有 50% 的人互相擁抱；80% 的人說他們引
起了性興奮。有位年輕女性後來告訴我們，她在暗室裡的行為
把自己都嚇壞了。她是個虔誠的天主教徒，並且下個月就要結
婚了。有很多人志願來參加下一輪的實驗，沒酬勞也不在乎。
我們也做了個對照的研究，用同樣的房間，招來另一批參與
者，但這次房間是全亮的。所有這些親密的行為都沒發生。

批判與連貫

我們必須留點空間，讓批判的發聲也能在此出現。對許多人來說，
多態存有的視野是兜不攏的。這些帶著抗拒意味的種種發聲，實在
需要更多的表現與回應，才能讓我們更加理解：

　　批評者一：「這幅多態存有的圖像，難道不是正好與我們深信
　　　　　　　的持續存有背道而馳嗎？我們大多數人都不是變色龍。
　　　　　　　我們日復一日維持著同一的樣子，而正因如此，我們才
　　　　　　　會有汗牛充棟的研究文獻，在討論基本的人格特質。如　148
　　　　　　　果我們像你所說的那樣不穩定，你簡直不可能看見這些

28　Gergen, K. J., Gergen, M. M., and Barton, W. (1973). Deviance in the dark. *Psychology Today*, 129-130; Gergen, K. J. (1993). *Refiguring self and psychology*. Hampshire: Dartmouth.

可信的人格特質。」

回應：多態存有的觀點並不在於反駁「人的行為在日常生活中
具有某程度可預知性」的事實。不過，我們可別認為那
就是某種「真實自我」，或「核心人格」的形式，認為
它們深埋在我們之中（某處），時時刻刻由它們來驅動
我們的行為。毋寧說，翻覽一下關係史──從過去到現
在──所有行為的可懂之處，莫不根源於此。我作為一
個教授，頗能與自己內外一致；我身為教授的舉止，在
歷經多年以來，也是相當前後一貫的。但在十六歲時，
對我而言，要整天坐在書桌邊，就是個其怪無比的想
法。以此而言，我的教授人格，就不是像胎記一樣不能
抹除的；也不像電腦軟體一樣，內建而不能變更。應該
說，那是一種有技能的行動方式，在關係中培養而成。
一旦離開大學校園，那種人格就會變得與生活無關，也
可能會逐漸衰減退化。

批評者二：「我仍一直覺得我是個有意識的決定者。我認為我
能覺察到自己的方方面面，就像你剛才說的那樣。但作
為一個有意識的行事者，我也能把所有的方面加以整
合；我會篩選、分類之後作決定，譬如說，會把我的幽
默帶進工作中。這種意識運作的方式，難道不就構成了
一個中央調控的自我嗎？沙特把這叫做『超越的自我』
（transcendental ego），但對我而言，那就只是『我自
己』罷了。」[29]

回應：這個稱為「自我」的普遍意識當然很值得注意，但我們
加諸其上的意義，可就是個綿長不已的辯論了。人文主

義者給「自我」賦予了深刻的顯義，認為這就是一切行動的資源；神經科學家則認為那只不過是藏在底下的腦功能之顯現。對他們而言，真正重要的活動發生在意識的領域之外。所謂「自我」竟是這活動的後知後覺者（見第四章）。對拉岡派（Lacanian）精神分析來說，一個連貫的「自我」乃是兒童發展早期所生的一種錯覺。而關係存有的強調又會把我們引領到全然不同的方向。回想一下第三章的論點就會記起：自我的意識內容乃是由關係史中苗長出來的。體驗必須透過關係才能變得有意義。因此，譬如，在講課時，自我是仰賴著我過去的關係史之所知，才能使我知道我現在所為何事。我的意識全部浹洽內涵於這個活動中。「自我」和講課活動合而為一。不過，如果有一忽兒我的意識狀態是在意識著我的講課，那我就會栽跟斗了。（譬如有一次在一個大班上課時，我感覺到我的褲子好像要掉到屁股以下。我嚇了一跳，發現自己忘了繫上腰帶！）以這種方式而得的自我意識，並不是進入一種不帶關係的狀態，而是從一種關係狀態進入另一種關係狀態。

149

❖

我們都是由層層疊疊的多重組織與觀點所構成，而我們的體驗

---

29 關於心理綜合（psychosynthesis）的更多討論，可參見：Vargiu, J. (1974). Subpersonalities. *Synthesis*, Vol. I. Redwood City, CA: Synthesis Press; Stone, H., and Winkelman, S. (1989). *Embracing ourselves: Voice dialogue manual*. Novato, CA: Nataraj.

則由一種連貫一致的錯覺給修得平平整整。

——史蒂芬·米契爾

⊕

批評者三：「不過，你是個有意識的存有，有辦法察覺到這一
　　　　切。正如你剛才說的，你可以關照各碎片的全面。在我
　　　　看來，前一位批評者就說到了要點。這個全面關照的意
　　　　識不就構成了核心的自我嗎？」

回應：對的，我是在意識的一瞬間把許多碎片整合起來的。但就
　　　連這樣的整合行動也是在關係中誕生的。由於我有這樣
　　　的關係史，我才有了其中一種整合的潛能。以此而言，
　　　整合只是一種選項；而其他選項還不少。譬如說，我也
　　　可以把這種整合改換成尋索對立，或探求某種陰陽互補
　　　的衝動。對於「我自己」的每一種探求都是來自某種的
　　　意義傳統。然而在大多時刻，我根本不這樣探求的。

為多態存有造形

為了能夠賞識此處發展的多態存有觀點，能有個視覺隱喻應會很有
用。在下圖中，一個人生命中的種種關係都用一個卵形片狀來代表。
試想像這些卵片為相互參照活動的持續過程。從每一關係之中都會
生出一種遺存，或一種資源，而其形式則為潛在活動（如：語言、
情緒表現、場境移動），其中的任一片（單獨或結合其他）都可能
在當下時刻中被激活。於是，一個人就這樣由關係的多態性而**構成**
了。有些關係會在充分使用之後留下許多遺存（沉澱物），其他一些

則沒留下什麼，除了一點點可能的繞樑餘音之外。充分使用之後留
下的沉澱物就變成手邊隨時可用的習套，譬如一個人跟點頭之交隨
便聊聊的那些。我們通常把這些叫做習慣；也可視為熟練的技能。　150
那些比較少用的看起來──在某時刻──就像是假假的，或像是
在扮演什麼似的。人可以從事於極廣範圍的關係，譬如像個世界公
民，帶有滿箱子的潛能到處跑；或像個宅男、鄉下人的潛能就少得
多。所以，我們具備的是無數的存有潛質，可以進入任何關係中。

個體代表的是
千千萬萬關係之中的一個交叉點。

如上圖的暗示，這些關係的遺存正像蝴蝶的翅膀。蝶翼使人能飛往
許多方向。然而，像蝴蝶一樣，翅膀必須成雙才能飛翔。我們在此
碰上的課題就是有（充滿）意義的共同行動如何產生。

2 │ 相互參照：飛翔的挑戰

很多兒童心理學家相信：人的相互參照能力不僅是天生的，也
會在早年中顯現出來。很值得注意的是寇溫‧澈華申（Colwyn
Trevarthan）的經典之作。他的母嬰互動研究使他結論道：「嬰兒
初步的愉悅或興奮發聲和母親的嬰兒語（baby talk）之間有極端緊

151

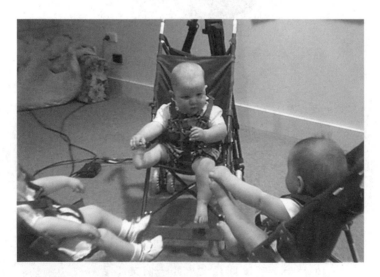

一歲以下的嬰兒正在進行相互關係，這是班哲明‧布瑞德里的研究。

致謝：班哲明‧布瑞德里

密的相互參照，此例多至不勝枚舉，也到處可見。很顯然地，相伴的雙方正參與著同一節奏，就像音樂一樣⋯⋯。」[30]

　　能爲這種可能性提供證明的，也許是班哲明・布瑞德里（Benjamin Bradley）的研究。布氏和他的同僚觀察到的不只是嬰兒和母親的互動，也有嬰兒和嬰兒之間的。[31]一個小孩和一個已經具備溝通技巧的成人之間的相互參照是一回事。但是布瑞德里所提的，嬰兒相互之間是否能進行舉止上的同步，那又是另一回事。比較具有挑戰性的是：若有兩個以上嬰兒在一起的話，那又會如何？ 152
爲了探究此一可能性，研究條件的安排就是讓三個一歲以下的嬰兒坐在互相靠近的地方。研究者發現：在很短時間內，這組嬰兒三重奏有很強的趨勢，會使他們之間的行動同步起來。布氏因此結論道：「嬰兒有能力進入的關係，預示了他們可以同時意識到一個以上的他人。換言之，到了九個月大的時候，有證據可說：嬰兒已具有『群』或『藩』的心態。」

然而，這個廣泛的相互參照潛能卻只對應著一張空白的畫布，在其

30　Trevarthen, C. (1977). Descriptive analyses of infant communicative behaviour. In H. R. Schafer (Ed.) *Studies in mother-infant interaction*, p. 102. London: Academic Press. 亦可參： Stern, D. (1977). *The first relationship*. Cambridge: Harvard University Press; and Richards, M. P. M. (Ed.) (1974). *The integration of a child into a social world*. Cambridge: Cambridge University Press.

31　Bradley, B. S. (2008). Early trios: Patterns of sound and movement in the genesis of meaning among infants in groups. In S. Malloch and C. B. Trevarthen (Eds.) *Communicative musicality*. Oxford: Oxford University Press. 要說明模仿的生物性預備條件，可見：Meltzoff, A. N., and Prinz, W. (Eds.) (2002). *The imitative mind: Development, evolution, and brain bases*. Cambridge: Cambridge University Press.

上，可以畫出的圖像多至不可勝數。任何有意義的關係都有賴於相互參照，但關係的形式卻沒有一定的原則可循。由於我們的生命造型與方向都在仰賴這樣的相互參照，因此進一步細探其過程實在非常重要。在本章接下來的部分，我將提出三個主要的課題：（1）對於相互參照的常見挑戰，（2）當關係在時間中展開時，我們要面對什麼樣的巔頗旅程，以及（3）讓旅程平順且不發生碰撞，可有好辦法？

⊕

要能賞識相互參照的挑戰，讓我們回到蝶翼圖像。我們給它加上另一邊的翅膀，就像一個人多加了一個夥伴。我們要面對的問題是飛翔。就把這想成蝴蝶吧。作為人的我們，既然攜滿了豐盛的潛質，到底該如何才飛得起來呢？甚且，這飛翔如何能飛得漂亮？我們如何能夠避免被敗生性拉到墜地，而能由生機性的氛圍牽引上升？我們的資源何在、障礙何在？在以下的討論中，我要先談多態存有以及關係的繁花盛開。然後我會轉而討論對於關係潛質之壓制潛能。最後我再來談談可以創生相互參照關係的一些藝術。

相會與相互性

第一步非常簡單，但意味無窮。在第一次相會之時，最核心的挑戰是**創發有生機的場境**，亦即可靠的關係程序。我們必須直接觸及「我們的做法」，特別是我們所跳的這支舞。這麼一來，我們就建立了最小量的可預測世界。如果我們一直隨意開口講東講西，則我們的溝通必定失敗。我們所參與的世界就不是我們能懂的。可預測的場境也能生出信任感。我們信任對方會跟著我們所發展的規

153

則走。眾所週知的是：沒有信任感，就不會有空間來發展出親密關係、家庭、組織與社會。

關係乃是羽翼接受飛翔的挑戰。

　　可預測的世界中，有部分的要求會生出**禮貌談吐的場境**（scenarios of civility）。這樣的場境就是相互參照的共同型態，所有的人皆可用之。因為那種談吐方式並不是為哪位特別的參與者而訂製的，我們就會視之為非個人之舉。互相打招呼、寒暄、談談新聞、說「請」與「謝謝」等等都屬禮貌談吐場境。我們傾向於將這些型態視為表面的樣子，但對於一個適合人居的世界來說，那卻是不可或缺的條件。幾句簡單的來回，譬如：「欸，你好像忘了關車燈，」……「喔，謝謝你。」──這就是社會秩序完好無缺的最佳徵象。

　　在禮貌談吐場境之上，則是**特殊脈絡場境**（context-specific scenarios）。這些就是我們可在公司、教室、法庭等等環境中看見

的共同型態。其中的關係法則非常清楚，也為大家所接受，但各種法則卻不太容易在脈絡間轉移。總之，持續不斷地遵循當地法則，可使人獲得一種踏實感。但就在同時，當人跨越了脈絡境界，做出全然對立的行動，也可能覺得「踏實到底」。一個人在全神貫注於工作時會覺得自己是自己；各種挑戰幾乎都是兵來將擋、水到土掩的。不過，到了週末，閒散的時間握著一根釣桿，也似乎可顯現「我的自然」。

154　　不論是緊貼著禮貌談吐場境，或是融入自己的工作場境，生活都可毫不費力地滑過去。只是，哎呀，這些場境對我們的存有來說，僅僅動用了一小部分的庫存。還有很多聲音沒曾發出來。比較具有挑戰性的是帶有曖昧意味的情況。一般共用的場境在此變得非其所適。此時，參與者被迫退回到他們原有的資源。合併著現況，他們會創造出**雜交場境**（hybrid scenarios），也就是他們自己的新穎參照形式。在這樣的世界中就出現了網路約會、網際聊天室、宿舍裡的新室友，或工作中碰到新來的菜鳥同事。這個世界同時也是國際會議、家庭危機、公共災難發生之處。這個人對我而言究竟會變成誰？我自己又會怎麼變？我們所跳的這支舞該怎麼跳下去？

⊕

因為自己年輕且又很痛苦地意識到自己的幼稚天真，我非常渴望能追尋更多的世故經驗。我必須跨欄跳過的顯著障礙之一就是我的處男身分。我從青少年期以來，和女朋友的關係一直都是相當理想化的，是傾向於純愛而非肉慾之愛。但現在我碰上的是瑪西，她在各方面都顯得比我老練得多。她是個渾身魔力的女神，而我則拜倒在她的石榴裙下。有一天很晚的時候，

我們回到她家。她的爸媽都睡著了，而我們有整間客廳可用。瑪西點了蠟燭，放了一首孟德爾頌的協奏曲，也拿來一瓶紅酒和杯子。這種場合讓我們都浸泡在美味的情慾裡。有一忽而，她把我推開，然後開始寬衣解帶。她以微笑來賣弄風情，並且說我也應該「讓自己輕鬆一點」。我心跳如雷電交加。這是不是要讓我從此進入「人生」？我在期待中簡直想要狂呼。但就在我們把衣服一件件脫下時，瑪西不經意地對我眨了一眼，問道：「你是個猶太人吧？」我一時傻眼……「這……呃……不……但是……」我的這一停頓登時變成一把利劍，斬斷了這陣風情。瑪西很輕柔地開始把衣服穿上，不一會兒，燈也亮了，我則被趕入黑夜清風中。

在這小小的人生樣本之中，瑪西和我實際上都沒曾使勁演出過這樣的場境。那就像是我們倆自己製造的經驗雜交。但如果我們可以把這次全新的事件演下去，我們就會知道，這場雜交是由幾道已知的「順一序」依序創造出來的：譬如說，我們有個浪漫的幽會，幾個回合的問答，以及最終的拒絕。以此而言，我們是從過去熟悉的關係遺存中抽取了一些，而共同創造出這場新戲來。

⊕

我們可以產出的戲碼會有多少種，那就有賴於我們對於資源作了多少動用，或不用。好幾年前，我在巴黎參加了一次正式的晚餐會，在其中，我看出整晚都充斥著毫無所謂的閒談。我逐漸感到蔓延全身的厭煩。我們似乎註定要重複唱念「這場面該說的」連禱文。一陣反抗之氣衝上來，我轉身向坐在我右邊

155

的一位可愛女士提議一起來玩個小遊戲。我們來玩五分鐘的互問和互答。在這段時間內，我們可以問任何問題，而對方必須儘可能真心地回答。她很開心地同意：「這一定挺好玩的！」她先開始第一回合，邊問邊想，而我可以看出她的猶豫一直升高。在幾個不成句的問題之後，她終於承認：「我想這可能不是個好主意。」我也點點頭，然後我們又都欣然回到傳統的殺時間方式之中。

有時我們會碰到某人，霎時間就有相見恨晚的友誼發生；我們簡直覺得我們老早以來就已相識。其他時候，我們碰見的人只一下子就覺得不對頭；我們巴不得趕快找到下臺階。我們經常會把這種反應解釋為人格特質（personality traits）。有些人逸趣橫生，有些人無聊沒趣。然而，從關係的觀點來看，我們的結論是錯的。我們在一個處境中的身分認同，有很重要的成分是由關係中的他人把我們的位置設定在何處。

我究竟是：

機智	或	笨拙
自信	或	自疑
很有品味	或	不修邊幅
自我肯定	或	一味順服
溫良謙讓	或	張牙舞爪
快樂	或	悲傷

全都要靠當時的我是和什麼夥伴在一起。[32]

可以肯定的是：如果我們年復一年生活在被圈限的一組關係之中，我們就可能發展出一套熟悉的行動風格，經常不斷地使用，以致喪失了其他行動的彈性。我們到下文討論心理治療的時候（第九章）會再回到此一議題。無論如何，從這幅多態存有的圖像中，我們學到的是：我們的社會環境並不會限定我們。我們是要和他人一起協作，來把我們自己創造出來。我們在此是要和社會習俗周旋，而不是和自然法則。因此，如果有人對我下令，我不一定會順服；如果有人待我有如沉沒在悲傷中，我可能以手指向遠方的彩虹。在有意義的支持之下，一整套潛能會排出新的陣仗。

156

在很多種關係之下，人的身分認同可能一日數變。譬如說，由於我是個教授，別人可能待我如權威。然而，我自己也曉得，如果我表現出權威的樣子，別人可能就會被設定成聽話者。實際上，我的權威會使別人沉默。所以，我可以把權威角色顛倒過來，問問他人有什麼想法。這時的他人被設定成「知者」，而我則變成學習者。偶爾，我邊聽邊想起些故事，就插嘴講了有趣的故事，我的身分也立刻轉變成一個搞笑者。倒過來說，他人也有趣事分享，於是我們的互相定義就叫朋友了。實際上，我們這樣的流動之間不必有什麼指令。我們是在共同創造場境，不太確定其最終的方向，而就當此時，多態存有已在展翅飛翔。

32　參見 Harré and Langenhove，前引書。亦可參見：Althusser 對於**召喚**（interpellation）過程之論。Althusser, L. (1971). *"Lenin and philosophy" and other essays*. New York: Monthly Review Press.

我有時會擔心我們生產雜交場境的能力會因為成年而逐漸削弱。我們在一個早被接受的傳統中逐漸成長，則雜交的範圍也會逐漸縮減。生活變得有條不紊；團隊組織也無處不在。當我們在孩提時代，一隻「貓」可以又是獅子，又是怪物，又是小寶貝，還有很多很多。成年人知道那是一隻貓，就不是別的了。其他的，「只是玩玩」。當我們說孩子們在「發展」時，我們是不是有意無意地把成人有限生活的價值硬加在他們身上？

維持與壓制

我們已經大致瞄過多態存有對於關係的茁長有何貢獻。原則上，在關係之內，沒有東西可以阻止我們的存有潛能作出完整的表達。然而，就算在有彈性的習俗之內，長久的關係也總傾向於讓潛能凍結。安全、信任和生活世界的意義感都可能變得岌岌可危。但也會有誠信和被人認識、被人接受的感覺同時發生。這些本都是意義的滋養之源。但就此而言，朝向互相信賴的關係型態發展，竟會變成最強勁的壓制力。[33] 我們帶進關係裡來的深厚潛質會就此而徹底損消。大多時候，我們會寧可保持我們既有的性格。維護社會秩序總是比衝撞邊界要來得容易。最危險之事就是諸如：一位業務經理露出情緒的弱點，一位教授表現了族群偏見，或鄰居間互相嫉妒家財；還要試想想那些出櫃同志所冒的風險。即令是最親密的伴侶，正當沉浸在：「你真漂亮」這句話之時，如果再加點像這樣的尾巴：「除了你的牙齒之外……」（除了你的尖嗓子，除了你的姿態、你的二郎腿之外），那就會完全改觀了。我們並不樂於聽到所有能說的話一起說出來。

✧

在這樣的脈絡下，我們對於謊言在情緒場境中的重量就可更為瞭解。我們在教小孩時，要他們不打折扣地說真話，以及說謊會使自己變成多難堪的受害者。對於已經建立的關係世界而言，愈有效的謊言所產生的破壞力就愈大。那就等於把共同相信的真實給拆了台基，也會使任何前進都變得寸步難行。每個人的身分認同都變成假面具。這時，真正受損的並不是誠信的原則。每個人都可以「為了好意」（譬如為了救孩子一命）而成為說謊大王。在此情況下，我們就認為：真實的公有秩序，以及與之相伴的生活方式，定會一併變得岌岌可危。

對於謊言的關係論觀點也可打開新的行動可能性。在謊言的後果中常常出現的暴怒以及懊惱，其實都是因為背後預設有錯誤的單一現實和連貫自我的認定。我們一旦佔領了一座理解之島，就會把四週的大海給忘了。我們對於很多關係會失去意識，也連帶忘了我們在關係中所扮演的角色。我們把出現在眼前的場面視為連貫而完整的呈現。我們覺得互相認識，充分信任。不過，謊言之所以可能產生，是因為人擁有許多另類的現實，他只能以秘密的方式留存，否則可能傷害別人。實際上，說謊者是冀望保留至少兩個真與善的世界。如果你有個十幾歲的孩子對你說謊，是關於下課後這段時間他（她）在什麼地方幹了什麼事，那麼，他（她）的用意可能在於維護一種正面的關係──對你或對他（她）的朋友皆然。「我在蕾

33　我們在交談之中，會製造出什麼「不在場」，或是我們知道但卻不能使之顯現的事物。在此狀況下，交談就是在製造某種形式的無意識。見：Billig, M. (1999). 前引書。

碧卡家裡」（這謊言）維護了一種屬於家庭的現實──「我只是個小女孩而已」；相對的另一個現實，可能是她和男朋友之間的。是的，當氣泡被戳破時，其結果可能是一陣紛擾──對所有的關切者都不能除外。然而，從關係論的觀點來說，這陣紛擾也同時是在對這場關係中所有的忤逆致意。在忿怒、困窘、懊悔之中，說謊者、被騙者雙方不都是在宣示自己的關係價值嗎？於是，兩者之間就可能引發一場新的對話。[34]

✥

158　雖然停留在劃定的關係型態之中自有其安樂處，但也有強烈的催促力，要擴張潛質的影響範圍──亦即要張開滿翼，任其飛翔。在某些關係中，譬如婚姻或密友，能夠互相開放的價值就會被擺在核心位置。其中有個浪漫的理想，就是相互間的完全透明。我們會堅認：理想的愛是雙方毫無保留地知道對方的一切。但在某些時刻，擴張的催促力來自厭膩的理由。完美的秩序就是無盡的厭膩。也因此，活在緊密關係的私有世界中會帶來強烈的厭倦。活在其中的人可能埋在某種愧咎中，或藏著可怕的私心私慾。惟有自我展開才能帶來鬆動。

　　然而，這些展翼飛翔的挑戰──展開人的過去、未來之全部潛能──也會導致險象環生。我最近讀到一位虔誠佛教徒、環保人士、素食主義者，說他很驚訝地發現，他也很喜歡槍械。在我認識的人當中，有很多都強烈地期望能夠再抽菸。有數以千計的男人私下愛穿女人的服裝，而在他們週遭有多少人可以輕易接受他們在性別方面的開放？我也見過這樣的配偶，因爲其中一方透露了早期的外遇而導致雙方分手；骨肉至親因爲選擇了不同的生活風格而致

形同陌路；親密伴侶中有一位告白說她先前穿過的皮草大衣是偷來的，而導致關係破裂。所以，我們得接受的挑戰就是：要保有能夠互相滋養的關係，而不能使之停滯成止水。我們要怎樣才能拓展存有的視野，不破壞關係的基礎，而能繼續前行？這樣的問題必須放在日常生活的寬泛脈絡中來予以檢視才會有意義。

3 │ 日常的禍害：關係中的關係

到目前為止，我們的焦點在於關係如何苗發、如何開始變成穩定的真實、價值以及身分認同。有許多關係會鎖定在一定且可知的型態內，多年不變，甚至一輩子如此。成年人回家鄉去探視父母，結果被對待得如同小孩；五十年後的高中同學會上，大家都變回青少年的模樣。「你一點都沒變」這句話並不只是指身材面貌。然而這種對於穩定性的聚焦方式也會使人目盲。它看不見任何長久的親密關係中必然伴隨有緊張和衝突──夫妻、伴侶、孩子、姊妹兄弟和好朋友皆然。正因為我們所參與的是多重關係，包括過去與現在，在任何時刻中的行動都會像漣漪般擴展到所有從事的範圍。其迴響在某些脈絡中受到歡迎，而在其他脈絡中被排拒。從關係論的觀點來看，這些衝突不算是什麼人格缺陷，而應視為多態存有的存在方式中，完全可以預期的事態。於是，日常關係就會如同關係水流中一 159

---

34 對於欺騙在關係脈絡的現實中再作延伸的討論，可參見：Gergen, K. J. (1994). *Realities and relationships*. Cambridge: Harvard University Press. Chapter 12.

些小型激流的水利工程演習了。

⊕

想像出一幅新手媽媽和新生兒的圖象。兩者在抵達這一點之前完全沒有交會的歷史。他們開始用行動來互相參照時，緩緩慢慢、走走停停。他們共同演練，好讓嬰兒可以很快在母親的乳房上找到她所需的營養。再進一步的運動同步化，包括眼神、表情和發聲，使他們創造出一個有意義的世界。我們就是在此發現和諧參照的最佳圖象。同時也就在這最初的幾個月裡，建立起母子同心的關係，非任何其他關係可以比擬。

⊕

把這同一位母親和她女兒的圖象再呈現一次：這回，女兒已經十幾歲了。母親正在為晚餐上菜，女兒坐在一旁，拉長著臉、默不作聲。

　　母：怎麼回事啦，翠施？你不是餓了嗎？

　　女：（不語）

　　母：很顯然你也沒講話。你今晚是怎麼了嘛？

　　女：（表情怪怪地）媽，上禮拜我特意告訴你，我真的不要再吃肉類了。你顯然沒在聽，或是……也許你根本不關心我要的是什麼。最典型的……

　　母：翠施，你聽著，我沒辦法給家裡每個人準備不一樣的飯菜。你看，你爸就是愛吃燜燒肉，你弟弟也大口吃完了。你為什麼不能好好成為家中的一份子呢？

　　女：你就是聽不懂我在說什麼，是不是？我不吃這些東西了，

　　　　完畢。事實上（站起來），我連站著看都辦不到。我要進
　　　　房間去了。（離開餐廳）
　　父：欸，翠施，你馬上給我過來！

（翠施進房間，猛地矽上門。）

　　　　　　　　　　　　　✧

你也許會說，是「最典型的青少年」。但從關係的立場來看，問題
永遠不會只在哪一個人身上。這個場景和上一幅母嬰圖，最大的不
同在於：母親和女兒都浸著各自的關係，而不在相互的關係中。他
們帶到餐桌上的不只是一些長遠、複雜的關係史遺存，還同時就地
帶來他們和朋友、家人、各種傳媒的關係遺存。他們真是完完全全
鑲嵌在其中的、關係的存有。

　　要點在於：當他們兩人把各自的關係網絡暫時切斷時，這兩人
還是可以各自創造出他們的真實、理性與價值，而完全不受到上述
挑戰的影響。事情就是這麼簡單；我們做我們的；這樣就好。可是
當來自他處的聲音加入時，這當下共享的世界會頓時成為反思乃至
拒斥的焦點。你在其中可看見事情還有其他可能，這也不像我們原
先所想的那麼好，因為還可能更好，或可能有害。生活在多重多態
的關係中，不和諧就埋伏在每一個角落裡。

　　　　　　　　　　　　　✧

　　很多社會科學家相信我們可以發現人類行為的法則。希望能
夠建立普世的法則，使得人類行為從而可以預測。但無論如何，經
過將近一世紀的各方努力，追尋可信的型態、模式，結果並未獲得

有價值的基點。而一個個比個體更廣大的文化組型則經歷著水銀起伏的變形。其中至少有個主要理由，說明了預測的失敗可追溯到關係的多態存有。我們都帶著各式各樣的佈局潛能而進入關係之中，使得關係的排列組合會趨近於無限多。各式各樣的雜交也總是瓜瓞綿綿。

這種不可預測性帶來了令人振奮和著迷的結果。這裡頭就有個道理，可說明爲何孩子們會比較喜歡跟人玩，而不只愛玩玩具。這道理也同時說明了成年人爲何在他們的親密關係中還要繼續追尋不可預測的因素。新鮮在關係中絕不比在電影、藝術或烹飪中不重要。但在同時，也恰恰是因爲關係中有這麼多波動的表現、組裝的可能性，才使得關係本身被焦慮、忿怒和衝突弄得疲於奔命。平順流動的參照過程在任何時刻都很容易受到新來的異樣潛質所擾亂。在多態存有的情況中，任何一種行動的表示都可能有個「反表示」發生。實際上，我們就可將所有的關係視爲一趟冒險航程，而我們就成爲滄海之中漂動的一葉扁舟。在本章剩下的部分中，我想先談談這趟航程上的一些礁岩、淺灘。然後我們才可能演練出更可行的通過或搶灘方式。

對立邏輯與關係之惡化

我們在關係中可能追尋著和諧，但，試想想這樣的挑戰：正因爲我們有多重的關係史，所以我們都帶有多重的衝突潛能。依此而言，關係的兩造可能共享著邏輯、價值以及存有的方式，但同時也共享著相互批判。譬如：親密關係的兩造都擁抱著勤奮工作的價值，但同時也都很看重休閒。實際上，就像這樣共享的傳統價值之

161

間，就存在著衝突的潛能。我要工作；你要玩。讓我們用**對立邏輯**（counter-logic）來重新看看這個問題。任何一個看來合乎邏輯的（理智的、善良的）行動都可能有個對立的行動，而竟也同樣合乎邏輯。每一套邏輯都會形成一個鮮明的「應然」（ought）意象；同樣的道理也適用於其對立面。每當我們發動一套邏輯時，它的對立邏輯也已就位。擁抱其中之一，就已擠出對立他者（alter）。並且，由於兩套邏輯都頗有份量，因此沒有**高手／低手**之別。衝突本身是內在地不可化解。一旦縱身到對立邏輯之爭，戰鬥雙方的關係就是受害者；而除了傷痕之外，雙方無有所得。以下就是個鮮明的例子：

自由 vs. 投入。在親密關係中，最嚴重的戰爭常和個人自由或關係投入之間的爭執絞在一起。這場戰爭可以溯源至西方歷史的兩段不同時期。在所謂的前現代時期（大約相當於中世紀），最具支配力的社會單位乃是團體或集體。最典型的就是家族，亦即一個可以為個體成員下定義的超級單位。每個人的勞動──不論年齡或性別──都是為了家族，而每個人也可以一輩子仰賴著家族的支持。所有的成員都帶著家族的姓氏，每個人都可以為了保護家族或為家族復仇而效死不移。力道強勁且情緒賁張的邏輯保證了每一個體對此單位的投入。與此相反的是，十七世紀興起的現代主義，讓個體的重要性漸漸取代了集體。如第一章所概述的那般，我們到現在已經有好幾世紀成了個人主義的子裔，讚揚個人為自己著想的能力，要發現和發展自己，並且要跟隨自己的星星向前行。這些邏輯現在波及於我

們，讓我們困惑、瓦解：

這是你對家庭應盡的義務。

我得走了；有件事對我很重要。

每次我們需要你時，你都不在。

我自己的事情都忙不完。

我們沒有聚在一起的時間。

你根本不曉得我的需要是什麼。

⊕

有時我們會認爲這些邏輯具有性別：女人在家護巢，男人在外奔波。這種模樣容或有其歷史性的道理，但經過婦女解放以及各作抉擇的價值勝利，我們也許正在親眼見證各種偏好的轉變。總之，要點在於：這些邏輯都是到處漂流的；任何一個人，不管他投入的是親密關係、家庭或組織，都是唾手可得。[35]

競爭 vs. 合作。和上述的衝突有密切關係的乃是把精力投資於「個人最佳狀態」，或是投資於社會性的「合作」。在個人主義傳統中，由於個人具有優先性，最高價值常擺在個人的成就，要「拿第一」，要「能掌握」，要「傑出」。但同時，前現代集體價值至今仍有迴響，人還是有很好的理由要「形成團隊」，來「為此合作」，以及「好好互相照顧」。在我們之間，一個野心勃勃且過分「出鋒頭」的人會讓人產生敵意。在組織之中，「人人搶著當頭頭」和「成為團隊合作者」就會造成衝突。

162

理智 vs. 情緒。現代主義興起之後，個人的理智受到讚揚，最受稱道的是每一行動都基於「好理由」。今天，假若我們問一個人為何作了這般的行動——譬如說，換工作、選擇渡假地點、輟學——我們期待的是值得如此的理由。如果得到的回答是：「不知道，我就是覺得喜歡這樣，」我們會很困惑。我們會說：作決定沒經過大腦，定是個笨蛋。和這種理智修辭堪為對照的乃是遺傳自浪漫傳統的情緒性。我們極度稱揚對於愛情、憂傷、悲憫的表現；這些表現都像是發自肺腑。我們會說：壓制情感是不健康的。甚且，我們還會不信任或瞧不起一些經過「算計」的表現。在此，又有衝突橫梗於前。任何看起來全然情緒性的行動——昂貴的禮物、時間精力的過度支出、自我犧牲——都會因其非理性而被視為不值得。「你沒想過那代價嗎？」「我們又不是印鈔票的！」「怎會做出這種蠢事……。」不過，這種批評不就道出了這個人格是如何冷血、算計、無感的嗎？「你就管錢錢錢！」「你是不是沒心肝哪？」這些修辭競賽是特別難以避免的，因為我們總會說：再好的理由背後也會有情緒波動；而每一種情緒底下也總是有精明的算計。

這三套對立邏輯在社會中都很普遍，向我們大家招手，引我們走進　163

35　對於此種對立邏輯有延伸的說明，可參見：Bellah, R. N. (1985). 前引書。

敗生性的關係。還有很多其他的，也許不如上述三種這般鮮明，但也一樣攄拾即是，可立刻派上用場。以下每一個開口宣稱的方式，都會激起對立行動：

「我（想）要……」	「但何莫……」
興奮	平靜
找樂子	負起責任
一貫人格	往前走去
掙更多錢	過得夠好
堅固的傳統	創新性
活在自然中	過文明生活
安全	興奮
進步	維穩

在任何時刻都可能產生任何方向的行動。如果我產生了奢華的心情，我的伴侶就可能對我發出節儉的警告；如果她建議過個平靜的週末，我就預期這週末會興致敗壞；如果我受邀參加一場週末露營，我就會開始惋惜沒能在城裡渡個週末夜；如果我為一個研究計畫工作到很晚，我的伴兒就會怪我為什麼不能放下工作，好好在一起享受一下。傳統給我們提供了衝突的所有庫存。但正因為其中的價值都言之成理──對錯是非已在人心──所以它們都很危險。

這些互相衝突的衝動在關係之中並不都預告了麻煩。相反地，任何重要的關係都必須先把對立邏輯給淀泊停當。關係中的生機可由多重發聲而獲得滋養。真正的挑戰不在於讓我們的關係中弭平衝突，而是要讓我們避免疲弱不振的效應。這就是以下最後一節的主題。

4 │ 相互參照的藝術

我在本章中描繪出的圖象顯示了一個人可以成為多重潛能的泉源。當我們進入相互參照之時,這些潛能也被帶動、轉型或受到壓制。實際上,所有的關係都是潛在的冒險——其中充滿了表現、改革或詭譎、衝突的可能性。在這最後一節裡,我們來討論如何啟航,航向關係的激流。這路途可能在任何時刻都會巔巔頗頗地搖擺於迭有創意的興奮和四平八穩的流俗之間,且因之而導致異化或爆發敵意。關於火爆的衝突,要留到下一章再來討論;更複雜的關係難題則留給治療實踐那章(第九章)。目前,比較有用的是先來考量如何使進行中的關係減低其巔頗的程度。可以肯定的是:對於要如何改善關係的建議,不但到處都是,且是沒完沒了的。而且,正因為對我們的關係而言,最核心的真實和價值總是不斷變動,所以我們也不會得出最終的答案。這裡的討論有其獨特之處,在於關切點不是個人,而是好關係。我們與其處理囿限存有的幸福,不如把焦點對準「關係如何可以善待」。我們首先碰到的是關於如何維持有生產性的相互參照方式,我們來看看以下三個最有貢獻的提議。

164

瞭解:行動的同步

我們要如何從衝突移向相互瞭解?為何一般來說,瞭解好像很容易,但不久在無預警狀態下,它就消退不見了?要回答這種問題,要點在於,我們所謂的相互瞭解到底是什麼意思?這是個大哉問,因為從長遠過程看來,這就是心和心如何相連的問題。很久以來的

認定是：當我可以抓得住你的話語和行動底下的思想感情時，那就叫瞭解你。因此，親密關係就是指雙方可以共享他們的心事——觀念、夢想、態度、回憶和情緒。我們對於書寫作品之能夠接近於瞭解，也多半是基於同樣的道理。我們相信作者「心中有物」，而取道於白紙黑字就可抵達他們的思想。有些時候，我們會因為看不懂某人寫的東西而感到挫折——譬如一首詩，一份法律文件，或哲學作品。作者在此到底是「想講」什麼？

在此，你一定可看出，這種瞭解的觀點是來自圍限存有的傳統，認為心定是隱藏在眼球後方的某處。請回想一下第三章的討論，其中我們考量過許多專家們所面對的問題，即他們想確定「某人的心中到底有什麼」。後來我們發現，想取道進入他人的心理狀態時，其實根本無道可取。說到底，你能做的就不過是猜測罷了。想用證據的累積來支持一項詮釋，其實並不多於進一步的層層猜測。於是，當瞭解就是指主體之間的連結過程，那我們將會陷入永遠循環的無知。

⊕

請試試根本不要把瞭解想成「心理過程」——因為正是那說法把你搞迷糊了。毋寧這樣自問：在哪種情況中，在什麼事態下，我們會說：「現在我知道怎麼做了。」

——維根斯坦

⊕

那就讓我們從「心理的相會」移向「關係的行動」。首先試想技藝精湛的探戈舞者們如何移動舞步。每一人的每一步都必須與另一人

相互參照；他們的動作可說是完全同步。我主張把這樣同步的相互參照視爲互相瞭解的精萃所在。如果我們相遇，你開始聲淚俱下地告訴我，你的一位家人如何不幸早夭，那我該如何回應？假若我很誠心地回道：「喔，那，那也不必哭成這樣，覆水難收嘛。欸，我們去喝點啤酒吧。」這有很高的機率會造成你的驚愕；我怎麼可能用這種方式回應？你認爲我是你的好朋友，然而我對於這種失落到底有多重要，似乎全無瞭解。現在，對比一下：我的回應是靜默無語，夾著零星幾個安慰的字句。這樣的話，你大概比較會感覺到我的瞭解。相互瞭解就是指在我們這個文化的共同場境之內，做出相互參照的行動。[36] 瞭解不成並不是抓不住他人的情感本質，而是不能夠參與到他人所邀約的那個場境之中。

朋友最近邀我們去參加一場非正式的晚餐。我們在廚房裡碰到這對佳偶正忙著作菜。他們倆的動作是交互穿插。兩個都在快動作，但看來沒有一人是在負責某一單項任務。莎拉開始把洋蔥切丁，但一忽兒她就隱身到冰箱去拿蘑菇和胡蘿蔔。汗恩本來在調製醋酸沙拉醬，但他停下來接手把洋蔥切完，放進鍋裡。同時莎拉把蘑菇攤在砧板上，就去把沙拉醬調好。汗恩這時開始把蘑菇切丁。他們持續地作這場流暢的換位補位，幾乎沒說什麼話，直到菜都作完。廚房裡有兩位廚子，但他們的動作形同一體——這就是行動中的瞭解。

---

36 亦可參見奧斯丁對於有意義溝通的「得體條件」（felicity conditions）所作的討論。Austin, J. L. (1962). *How to do things with words*. Oxford: Clarendon.

我們在此所談的可能就是**同步的敏感度**（synchronic sensitivity），亦即以相互行動來仔細調好反應的調子。每一個動作自始就一一順暢地流動。它同時既在肯定前一個動作，也在邀引下一個動作。實際上，參與者們之間產生最高度的調諧，使得他們的運動交織纏繞在一起。各別的動作本身遠不如它對全體的貢獻那麼重要。參與者所專注的即是關係過程及其結果。

166　　　試想想同步的敏感度在交談之時會起什麼作用。[37] 在大多數的交談中，參與者所專注的是其內容而不是其過程。我們所談的**東西**優先於我們所談的**方式**。其結果有時會導致關係出現裂痕。當某人的評論中帶有批判或羞辱意味時，我們常會掉入很熟悉的報復場境。很快地，這關係就會碎片滿地。然而，有了同步的敏感度之後，問題就會變得不同：「他這樣叫我，對他而言有什麼意義？」「假若我一報還一報，他又會怎樣回報？」「對我們雙方來說，什麼樣的關係才是理想的？」「我該怎麼回應他說的『可以讓我們變得更理想的方式』？」在此，關切點變成「過程優先於特殊的內容」。同步的敏感度需要的是雙重聆聽（double-listening），一面聽著內容，另一面則聽著關係的軌跡。

批評者又進場來挑撥：「好吧。我看得出為何對於瞭解的這般說明可應用到面對面的交談關係。但我卻看不出把這放在閱讀上為何可以說得通。我在閱讀時，並不須把我的行動和紙上的文字同步。而在讀沉重的哲學或複雜的詩時，我覺得我就像在努力嘗試穿透作者

的心，或是他的意圖。怎麼不是這樣？」是的，我同意會有這種努力，想弄清一篇複雜的作品到底想說什麼。在學生時代，也許我們都曾奮力寫報告，像老師要求的那樣，把許多小說或戲劇的意義給寫出來。但我們怎會曉得自己走對了路？看起來好像我的心在試圖穿透作者的心，但，容我再說一遍：咱們還是先移出囿限存有的不可能視野吧。我們何不**把閱讀看成一種關係的行動**？

試先想想我們學習閱讀的方式。有人在聽——父母或老師——我們試圖把眼前寫著的文字轉換成說出來的句子。我們向別人傳達這些文字時，他可能接受或糾正我們的表現。實際上，我們在學習閱讀時就是在獲取一種社會技能，基本上和學騎腳踏車、學彈鋼琴沒什麼兩樣。有很多成人在閱讀時還會喃喃動著嘴唇，宛若有人在一旁聽著似的。我們大多數人不再這樣；我們只是在從事一種社會行動的「局部演出」（參見第三章）。在我們長大後，老師要求我們瞭解複雜的文本，他們已經不要我們逐字讀出來。（試想想一位老師要你談談你對一首詩的瞭解，而你只是把詩背一遍，那會怎樣？）我們被要求的毋寧是把文本轉換成另一種可被接受的形式——在一個文化場境內，尤其是教室裡普遍可見的場境——以及這位老師特別偏愛的那種場境。我們離開教室後，發現我們在複雜的文本間跟蹌難行，這時的問題並不在於我們是不是「走對了路」以抵達

167

---

37 對於「交談中的同步」早有一些關切。譬如可見：Condon, W. S., and Ogston, W. D. (1971). Speech and body motion synchrony of the speaker-hearer. In D. L. Horton and J. J. Jenkins (Eds.) *Perception of language*. Columbus, OH: Charles E. Merrill. 而同步對於爵士樂團的重要性則可參：Schogler, B. (1999-2000). Studying temporal co-ordination in Jazz duets. *Musicae Scientiae, 3* (Suppl.), 75-92.

作者的心態。我們切莫以爲我們的失敗是跟不上作者的聰明。毋寧說，我們是在努力闢出一條途徑，來把這些文字擷出一種形式，好讓我們能夠成功地與人交談。閱讀完完全全是一場社會行動。

⊕

> 我的朋友中最有修養的哲學學者，就是有能力發現海德格的複雜哲學中含有深意的那些。幾年前，我參加了一場晚宴，與會者是一群實證主義哲學之徒。在晚宴之後，主席從書架上取下一本海德格，讀了起來，不是為了什麼深意，而是為了取樂。接下來的一陣陣猛笑在這群體中互相證明了：那些讀出的段落都屬於可申請專利的荒謬。

肯定：協作之誕生與重建

在我講話的當下，你在爲我的意義作媒。這是共同行動的關鍵時刻；我在這關係中能夠繼續講下去的活力潛能都有賴於你的支持。有兩種增補的主要形式在此成爲可能，一是能用意義來肯定或投資於所講的話，另一則是會掏空或否定其意義。前者不但賦予我有意義行事者的地位，也把價值投資在我的話語中。肯定就是把講者辨識爲關係中值得的參與者。否定則是把理解的可能性予以阻絕。肯定的動作簡單得像是點頭、微笑，或一點點認可的聲音。但若處在敗生性的場境中，則這些維持關係或恢復和諧的肯定就會具有扭轉乾坤的作用。[38]

⊕

試想想：對於一個被錄用的機會，我對於作決定頗有恐懼，於是我告訴了你。你這樣回答：「你真驢；那是你非作不可的……。」你對於我的表達作出否定，就是在製造我的疏離。以通常的習慣來說，我也可能否定你對我的回答：「你沒在聽我說。」「你以為事情都那麼簡單嗎？」不過，我仍有肯定的選項對我開放著：　168

> 「好吧，我可以想到你會這麼說……」
> 「是的，從某種立場來看，那是合理的反應……」
> 「一個人能有這麼明確的看法，真不賴……」

對於你講的話，我以這種方式來肯定，那就有可能維持住我們的關係，雖然我仍對你不表同意。

✛

　　把肯定撤除，也就是身分認同的終點。

✛

肯定的語氣也許是能繼續前行的最簡單之法。其中有部分原因在於我們都是多態存有。我們的港灣裡停泊著多態的邏輯與價值，其中有些甚至是我們尚未採納者。每一個維生的（pro-life）提議都會撥彈到合理善擇（pro-choice）之弦，反之亦然。每一個熱烈擁護槍枝持有權的人，都曉得槍枝管制派的論點何在，即令他不會為這些論

38　亦可參見：Hyde, M. J. (2005). *The life-giving gift of acknowledgement*. Lafayette, IN: Purdue University Press.

點背書。於是，我們就有了種種行動法門，可用來爲肯定的潛能定位，而同時也曉得這些行動可能具有反面的疏離作用。

賞識的探索

在此同時，我們的多重潛能並未使我們變得全知全能。我們仍經常碰到不在我們瞭解之中的他人行爲。我們會疑惑地問道：「怎麼有人會這樣幹？」這麼愚蠢、這麼殘酷、這麼恐怖……每天的新聞裡充斥著這些令人瞠目結舌的字眼。對大多數西方人來說，要叫女性在公共場所都把臉遮蓋起來，這是無法想像；但對於許多穆斯林國度的人來說，也認爲西方的放蕩墮落是無法想像。正是在此節骨眼上，關係存有的邏輯才最能派上用場。如果我們瞭解：所有的道理和價值都源自關係，而其根本的作用也是要維繫這些關係，那麼，我們的選項就會大增。我們都不是註定要愚昧無知、憤世嫉俗、冤冤相報。很特別的是，這些衝突其實也可以用來激起好奇心。我和很多人一樣，通常都不願意和立場「愚蠢」或「不人道」的人交談。同樣的道理，他們也必定不願意和我交談。然而，這才是我們最需要對他人的眞實多作積極探索的時刻。這不是要輕蔑地探聽他人隱藏的缺陷，不是要備好軍火以便在遭逢時可以迎頭痛擊。毋寧說，這個時刻向我們展開的是呼籲，讓我們得以探索：他們的立場爲何足以維繫他們的傳統或生活方式？以什麼意義而言，那些立場可以說得通？我們要籲請的，乃是一場帶有賞識意味的探索。

⊕

169　　批判和衝突是我的學術生涯中固有的整套裝備。從人類福祉的

觀點而言，那些看起來沒頭沒腦、僵滯不化、有害無益的理論和實踐，我一直都是反對的。反過來說，很多人也會對我施以攻擊。然而，一個充滿反感的專業世界幾乎令人無法活下去。在我的經驗中，帶有賞識意味的探索就是唯一最有力的載具，用以把我們帶向關係的善境。與其要從一位同事的作品中挑出毛病來（這是我們最擅長的），我的最佳選項毋寧是對他（她）所從事的研究多表興趣。「最近什麼觀念最讓你開竅？」或是「你在研究什麼，告訴我一點吧？」這樣的說法通常最能帶來生氣勃勃的交談。而假若我夠專心聆聽的話，我發現我常會爬進他們的邏輯裡，並且從其內部空間來欣賞此一作品。棒極了！毋寧唯是，我常發現他們的說法中有些面向和我所投注的觀點頗能相互呼應。我和他的距離感就此消失。更有意思的是，在我聽完他們的說法之後，他們也會以同樣的欣賞之意對我作同樣的探索。相互間的張力仍然保持，但親和性卻就此展現。

✦

批評者耐心地等待到這一刻：「我覺得這些都太易如反掌了！人家在疏離、異化之前作垂死掙扎，你還在大唱同步、肯定、賞識的高調。那何不回到老套的『誠實的反對』，或批評就好？如果我無法忍受別人的行動，那怎麼辦？爲什麼我不可以大聲說出來？如果我認爲別人的作爲太無理，爲什麼我不可以對著他的腦袋彈些邏輯進去？套用你的話來說，這些衝動不都是我的多態存有的一部分嗎？爲什麼我要否決它們的表現呢？」

我可以回答說：是的，當然，使用批評的論證可以對關係產生

有價值的貢獻。我們都不願輕易失去批判的發聲潛力。不過,重要的是該考慮在何時、何處、以何種方式使用,才能有效地對生產性有所增益。譬如說,批判最有用的時機就是當參與者都知道他們的「談話」是被擺在舞台上,也就是說,他們正在進行一場文化的演出,也知道自己在扮演什麼角色。這些角色有時是很形式化的,譬如在辯論會上;也可能是很專業的,譬如我請求一位同事來擔任我的評論人;又或者是以非正式的方式,譬如在餐後的笑鬧爭論。當信任的程度足夠時,批判就可能有益。人人都會希望知道自己的毛衣是否穿反了,身材是否太胖了,牙間是否還黏著菠菜,拉鍊是否沒拉上。不過,在許多場合中,批判會造成困窘。這有部分原因是來自個人主義的傳承:用批判作為攻擊,以表現個人的本質是善於思考。但很多人會把批判視為人身攻擊,其中必帶有居心叵測、不懷好意以及報復。時機、場合以及關係,對於批判畢竟是有生產力或是有破壞力的考量因素。

◈

170　研討會在西班牙的吉羅那城舉行;大廳裡擠滿了學者,準備來談談社會科學的未來。很不幸的,我發現我被安排為上台發言的第一人。好幾年來,我一直避免在公共場合唸講稿。這種演講的形式不只對於聽眾會造成死寂的效應,也同時因其隱藏了人人皆有的瑕疵而造成場面的異化。我原先的期望是能夠籲請學者間作更有人性的觀念交換。而此刻,聽眾裡還有些頂尖的哲學家在場,譬如柏克萊的約翰・瑟爾(John Searle)。在這樣的場合下,我尤其不情願顯露出我的短處。當我開始上台演講時,我注意到瑟爾的腳不耐煩地搖擺。我記得在前一晚的晚

餐時，側耳聽到我太太和瑟爾的談話。當我聽到她驚呼：「如果你認為我的說法很瘋狂，那你就等著碰碰我先生吧。」我當時就有了最壞的打算。

在我的演講結束時，我發現我的打算還沒算準。瑟爾立刻舉起手來，大會給他的是綠燈，他不是要來提問題，而是從座位直接跳上台。他聲如洪鐘地發言，提出槍砲齊鳴的批評。開始時，我很吃驚，但仔細聽去，發現他的修辭多於理由。接著我也上台回應，但後來聽我的同事們轉述，我們爭辯的內容他們記不得了，但忘不掉的是那形式：那是一場鬥牛好戲，而且還沒鬥完呢。

瑟爾的演講是安排在最後一天。我坐在那兒蠢蠢欲動。當他一結束，我也立刻舉手，對他轟出七顆連珠砲。瑟爾覺得我最好能收束在一個論證上，接下來就是一場又辣又嗆的爭辯。在下午的告別宴之後，我避開了瑟爾。生命已經夠讓我感到滿足，即令以後再也不要碰見他。但他就在那兒，走過來，臉上堆著微笑，還向我伸出手！「好傢伙，格根，」他喊著說：「我們應該把這場戲帶上路。我們可以大撈一筆錢呢！」啊！早知如此，我就該把學術觀點的共享看成一場綜藝節目。

⊕

這三種相互參照的藝術——同步、肯定與賞識性的探索——當然未必窮盡了過關的可能性；日常生活中仍然波濤處處。這些嘗試不在於說盡什麼，而毋寧是希望鋪好基礎，好讓我們能建立有效的語彙，來讓生產性的相互參照更易於發生。大門已經開啓。我們的在地語彙自會抽引出未來的挑戰，也會成爲我們共享的資源。

第六章

黏結、障礙及其超越

Bonds, Barricades, and Beyond

171　「他怎麼能這樣對我？」我在九歲時碰到大衛。他的想像力、機智和好奇心非常吸引我，因此我們很快變成了最速配的朋友。每天下午和週末我們都會互相填滿了我們的「計畫」——在密林深處建造一個村莊，把螯蝦解體，創立一間收藏歷史文物的博物館，籌劃一場魔術秀以娛鄰近諸友等等。我們也有調皮的一面——在《國家地理》雜誌上搜尋裸胸的初民部落，用鞭炮把鄰居的小孩嚇得魂飛魄散，還在經過車輛的輪間滾錫罐。我們之間的友誼是一條永遠不會斷的黏結（bond）。[1]至少我是這麼想的。

　　有一天下午，我從大衛他媽那兒聽到他在傑克家，我就想過去把他找出來。在我走近傑克家後院的儲藏室時，隱約聽到他們倆的笑聲。當我走得更近時，他們清清楚楚互相嬉鬧的聲音弄得我一時傻眼了。他們是在談**我**，而大衛的機智正用來把我的每一個怪癖解體。傑克則在每一個刀口上狂笑不止。我一語不發地轉身回家。如果我不是個**男孩**，我一定會哭出來。我從未因此而質問過大衛；事實上，自此之後我幾乎就不再和他講話了。進了新學校，交了新朋友，我**簡直**把他忘了。直到三十年之後，我們才能夠為這鴻溝再搭起橋樑。

當我們以話語和行動來相互參照時，我們也登錄進了一套新關係。　172
我們所面對的是一個創造黏結的可能性——最直接的是友誼、親密
關係、婚姻、家庭——稍稍延伸一點就是社團、團隊、社區、機
構、宗教和國家。我們的生活常圍繞著這樣的關係而建立。忠貞團
結、兄弟之義、親愛精誠和奉獻投入就是大家追求的理想。很多生
命甚至以此作為犧牲的祭壇。然而，最悲哀的諷刺就是：這些同樣
重要的關係也淀積著力量無窮的潛能，用來相互異化、敵對和相互
摧毀。

在本章中，我要談的是建立黏結的過程，潛能，及其種種難
題。首先我要考量的是源起的問題：黏結是為何和如何建立，以及
為何不能如此。接著我要聚焦的是在建造關係之際，參與者所付的
代價。我的主張是：每次對於建立黏結而發生的衝擊也都會產生一
些危險的障礙。在追求理想之際，我們也奠下了摧毀的基礎。在這
樣交織的脈絡中，我才能談談轉型對話（transformative dialogue）的
挑戰何在——以及這種對話如何可以跨越敵意的障礙。

1　譯註：在古代世界，以及由此遺存到現代的幫會組織中，"bond" 最好的對應漢字應
　　是「盟」，譯成語詞就是「結盟」、「盟約」（譬如歃血為盟）。在現代世界就不
　　宜作如此的理解，尤其在本書中，雖然 bond 還都帶有血親、血盟般的關係，但真正
　　的意思只表示密切的連結（其定義見下文），故譯作「黏結」，也可視為關係論的
　　一個新術語。

1 │ 對於黏結的衝擊

如果要我很快地說明一下我的身世，我幾乎無法不想到幾個里程碑，都刻有黏結關係的名義：我的父母和兄弟，從有生之年起，就一直在那兒了；在青少年期有大衛；在中學時代湯瑪士和「希臘幫」是我最親密的朋友；大學時代則儘是麥克、格斯、莫洛和柴克。還有就是幾場深戀的羅曼史：小珍是我十幾歲時的「海誓山盟」；倫娜是朵異國情調的奇葩；卡蘿簡直十全十美。接下來就是婚姻和孩子們了——這些黏結關係持續擴展延伸，直到今日仍生意盎然。這些關係乃是湧湧不盡的泉源，帶來了歡愉、驚喜、快樂和著迷。生命中若沒有這些，就會變成味同嚼蠟。[2]

⊕

這些關係固然重要非凡，但我們還得仔細考量的乃是其來源何在。為什麼我們會互相結合成黏結關係——或為什麼不如此？當然，這問題的答案要看「黏結」是什麼意思而定。最常見的黏結關係是指人和人之間以緊密的情感而綁在一起的那種。一般都說，這種關係本身即是值得的，而不必成為其他目的之手段。正因為這樣的「值得」沒有任何外在的酬賞價值，才會逼使許多研究者拼命鑽研：這樣的黏結應作何解釋。多年來，對這問題已經產生許多作品，但我卻無法贊同其中的大部分。我不會相信這樣的解釋：人類是「社會性動物」，亦即，人類在基因上已經內建了群居生活、形成友誼、陷入愛情、創立家庭或疼愛孩子等等本能程式。[3]因為我們眼見著太多的例外：破碎的家庭、裂解的友誼、告吹的愛情，還有遺棄孩

子的母親，和許多寧願獨居的個體。確實的，在工業化之後的世界，選擇獨居的人口已經逐漸成為多數。

我也不願接受更為犬儒式的觀點，說：黏結就是產生於個人私下的理性算計。有些心理學家會推論道：愛情的結算方式乃是從對方導引出來的歡愉，減掉我方付出的代價，之後所得的淨利。[4] 這種觀點不只把我們又推入個人主義的樊籬之中，而是，如果我們竟爾相信愛情之源在於獲利，我很懷疑是否人人都會因此而迴避這種關係？我們怎會願意看見：對方對關係的投入，所根據的竟是最近以來的好壞行為結算清單？在婚姻的宣誓中，我們不都說：不論對方健康或有病，我們都會一樣投入嗎？因此，我們必須以關係論的觀點再來考量：黏結究竟具有多大的推動力。

2 │ 可凝聚的黏結

在前一章，我用發展中的關係來處理相互參照的課題。現在我們要

2　關於激烈的社會性排斥，很值得參考的調查研究，可參見：Leary, M. R. (Ed.) (2001). *Interpersonal rejection*. New York: Oxford University Press.

3　譬如可參見：Baumeister, R. F., and Leary, M. R. (1995). The need to belong: Desire for interpersonal attachments as a fundamental human motivation. *Psychological Bulletin, 117*, 497-529; Lawrence, P. R., and Nohria, N. (2002). *Driven, How human nature shapes our choices*. San Francisco: Jossey-Bass. 前者是目前可見文獻探討得相當充分的作品之一。不過，有意思的是，Baumeister 和 Leary 的結論說：「可取（但尚未定論）的是：歸屬的需求是人類的生物本性之一部分⋯⋯到目前為止，接受這樣的假設作為暫時的定論，堪稱公允，但還要等待進一步的證據。」

4　譬如可參見：Hatfield, E., and Walster, G. W. (1978). *A new look at love*. Reading, MA: Addison-Wesley.

談的是，以這樣的相互參照作為起點，如何可導致黏結的建立？我們必須把關係過程的說法予以拓展。我們尤其需要說明的是建立黏結的三個精要成份：協議（negotiation）、敘事（narration）和著迷（enchantment）。

真與善的協議

我們所參與的關係有如萬花筒；多數是來來去去、短暫即逝。用我們早已深陷其中的經濟話語來說：「我們在其中投資不多。」若換用關係論的說法，那麼，怎樣才能構成傾力投注的關係？其中至少有一個核心成分是共創真與善的價值世界。在短暫或表淺的關係中，有些聽來愚蠢或無知的意見，我們儘管讓它過去，不予置評。因為那些都只是無關緊要的「小話」。但是，什麼才叫「大話」呢？試想想：瑪莉和我會絕對肯定這是「我們的房子」、「我們的狗」、「我們的家人」。我們也許會和我們的馬克思主義朋友談談私有財產的邪惡；和我們的精神醫學朋友談狗狗像是孩子的替代物；或和我們的人本主義朋友談談男權至上的家庭。但無論如何，我們的房子、狗狗、家人乃是「真實」的棟梁，若沒有照顧好，定會帶來自己都饒不了的愧疚。

不只如此：這些被我們視為有價值的真實也不僅是說說而已；還會在日常生活中和我們的一舉一動緊緊相隨。我們會給自己的屋子上漆，會餵狗遛狗，也會花很多時間養育我們的兒孫。話語和活動相互賦予意義。合在一起，就形成維根斯坦所謂的**生活形式**。像這樣的生活形式可能需花上好多年的工夫，以話語和行動的協議來達成。如同在上一章所討論過的，能建立起相互仰賴的真實、

174

價值和行動的結果者，就在於信任感（sense of trust）。世界及其價值都各安其位。會把這種信賴世界腐蝕的條件，乃是雷穎（R. D. Laing）所描述過的**本體不安**（ontological insecurity）。[5]在此條件下發生的湮滅敗壞會使得我們手足無措。本體不安鄰近門口的徵象是：

　　—你的親愛伴侶對你說：「我不再愛你了。」

　　—你最喜愛的運動員打假球被抓包。

　　—你的教區神父誘拐教堂裡的男孩。

　　—你在自己的青少年兒子抽屜裡發現一把手槍。

　　—你最親切的隔壁鄰居成為謀殺被告。

　　—你最親密的人，死了。[6]

在當代世界裡，安全的真實愈來愈難以維護。大眾傳播技術——尤其是網路和電視——對於意義進行了水銀泄地般的侵蝕。[7]我們每天都暴露在意見、評價、合理化等等的密集火網之下。對於傳統

175

5　Laing, R. D. (1960). *The divided self: An existential study in sanity and madness.* Harmondsworth: Penguin. 雷穎（Laing）的分析是以個人體驗為基礎的說明，強調了個人私下體驗的重要性。關係論的分析則可提供對這種體驗根源的進一步說明。

6　對於親密的人死亡，及其後的世界重建過程，有比較週延處理的著作，可參見：Neimeyer, R. (2001). *Meaning reconstruction and the experience of loss.* Washington, DC: APA Books.

7　參見：Friedman, T. (2005). *The world is flat.* New York: Farrar, Straus and Geroux. 亦可參見：Gergen, K. J. (2001). *The saturated self* (2nd ed.). New York: Perseus，要點在本書所談的科技對於意義建構的衝擊。

的攻擊與辯護無日無之；沒有什麼重要的事情不受挑戰。譬如，試想想：「家庭」最普通的真實何在？發展心理學家大衛・艾爾肯（David Elkind）注意到：美國的傳統家庭最在意的就是「要待在一起」。最基本的價值在於親密關係、忠貞、相互的愛；家庭之內的情感投注優先於家庭以外。[8] 然而，艾爾肯也認為：這個一向受重視的觀點，在近幾十年已經逐漸腐蝕。過去堅固的家庭如今已經處處沁漏。在家庭內外之間的關係界線也已日漸模糊；每個人對於工作、友誼、社團、團隊、機構的義務常超越於家庭之上。對於「待在一起」的要求已經被彈性、流動性所取代。對於核心家庭，還正滋生一些替換的另類：單親家庭、同志家庭、繼親家庭（blended families）、彩虹家庭（rainbow families）、公社家庭（communal families）等等。[9] 每一種另類都會對於家庭生活之為何以及可能如何產生新定義。[10] 幾乎所有傳統的真實現在都得開放給意義轉變的新潮流了。

總之，建立黏結的第一步就是共創同享的真實，及其伴隨而來的安慰、仰賴、信任。在很多方面，當代世界對於安全真實的侵蝕可能會強化對於黏結的要求；其實，對於腐蝕的威脅正在起著基本教義派的反彈作用——對於固著傳統的要求。

敘事：從自我到關係

如果問起你過去的身世，你可能會描述如何被帶大，上學，如何經歷過戲劇般的成敗起伏，等等。確實的，我們大多數人有時都會覺得我們可以寫出一本動人的自傳。我們可以把獨特的體驗串連起來——可笑的、秘密的、悲劇的……。但是，不論這些故事多麼屬於

一己之私，卻不可說那只是我們自己的。回想一下第三章所談的，在講說自己的過去時，我們還得遵循講故事的規則，或是敘事法。如果我們要把過去發生的事情說出來、令人能懂，那麼，除了遵循這種傳統之外，我們可能別無選擇。[11] 敘事規則用於自我瞭解簡直像是天羅地網，以致芭芭拉・哈第（Barbara Hardy）會說：「我們以敘事法作夢，也以敘事法作白日夢，我們還以敘事法來回憶、期待、希望、絕望、相信、懷疑、計畫、修訂、批評、建構、學習、愛恨、說八卦。」[12]（p. 5）

　　在本文的脈絡中，要點在於：我們的生命故事都和黏結的過程密切相關。黏結的建立，即是在我們對世界的敘事之中作出主要的型塑。說得更仔細些，就是對於真實的敘事建構中，首要之事即是把「我」擺在核心地位。在談我們的身世時，敘事者、經歷者、感覺者、決定者無非就是「我」。凡是與此核心角色無關者，就沒什麼重要。一個人可能這樣說：「**我**在紐約出生，後來**我的**父母遷居到坎布理治，**我**在那兒渡過童年。不過，**我**最鮮明的記憶開始於

8　Elkind, D. (1994). *Ties that stress, the new family imbalance*. Cambridge: Harvard University Press.

9　Chilman, C. S., Nunnally, E. W., and Cox, F. M. (Eds.) (1988). *Variant family forms, families in trouble series*, Vol. 5. Newbury Park, CA: Sage.

10　亦可參見：Skolnick, A. (1991). *Embattled paradise, the American family in an age of uncertainty*. New York: Basic Books; Reiss, D. (1981). *The family's construction of reality*. Cambridge: Harvard University Press.

11　對於敘事結構的更多討論，可參見：Gergen, K. J. (1994). *Realities and relationships*. Cambridge: Harvard University Press. Chapter 8.

12　Hardy, B. (1968). Towards a poetics of fiction: An approach through narrative. *Novel, 2*, 5-14. 亦可參見：Eakin, J. (1999). *How our lives become stories: Making selves*. Ithaca: Cornell University Press.

我進幼稚園的時候……。」這種自我中心（ego-centered）的世界很難說是來自天生的需求。如同在第一章中已作過的概述，那是因為我們從啓蒙時期開始歡喜接受的**我知**（cogito）而然。後來，由圍限存有接手細細加工，才爲這個「我」的表達形式鋪好路，讓他發展而成爲核心。我們多半是經由這樣的傳承而發展出自傳、個人日記，以及小說中的主角形式。[13] 我們的意識型態和我們的書寫形式

這是我的身世故事──
或至少是一個故事
一種身世
由身邊像我們一樣的人
用今天大家說故事的方式所說。
有些故事適於博人一笑
有些故事讓人掬把熱淚
沒有這些故事，我們還會在哪？
沒有我的故事，我還算是什麼？

　　　　　　　　　　　　致謝：瑞巾・沃特，藝術家

經常是比肩齊步的。

　　以第一人稱單數來過生活，常會對於**強黏結**（strong bonds）的建立造成障礙。自我敘事基本上強化了自我與他人之間的界線。我們的相互認辨就在這基礎上分道揚鑣。在此情況下，我們的黏結就非得動用對於個人自主權的「不自然」限制不可。人會選擇「走自己的路」幾乎從未成爲問題。不過，我們還是會好奇，一個朋友爲何決定要結婚、爲何要信教。於是，要回答這些問題，典型的答法就是說：因爲出於個人的需求、欲望或不足。人會想要小孩，需要安全，想要安定下來，等等。或者人會因爲工具性的理由而作了某種選擇。一個男人結婚，好讓她生下**我的**孩子；他會賺取足夠的麵包；她會讓**我**滿心歡喜；他給了**我**足夠的支持。

177

⊕

要建立成功的黏結，則需要用敘事法來作出轉型。作爲故事中心的「我」必須逐漸由「我們」來取代。這個「我們」現在變成生命敘事的主角，所有的事情都要和這中心發生關係。在此脈絡下，**統一神話**（unification myth）就佔了關鍵地位。這樣的神話基本上會把各個分離的單位轉型爲一個整體。這種故事的典範就像是一對配偶所說的：他們如何相遇、如何在一起、如何掉入愛河。還有些其他的故事，譬如「我們的樂團如何組成」、「我們的公司如何合

13　McKeon, M. (2002). *The origins of the English novel, 1600-1740*. Baltimore: Johns Hopkins University Press; Porter, R. (Ed.) (1997). *Rewriting the self: Histories from the Renaissance to the present*. London: Routledge; Mathews, W. (1950). *British diaries: An annotated bibliography of British diaries written between 1442 and 1942*. Berkeley: University of California Press.

併」、「我們的國家如何誕生」或「我如何與基督合一」。入教、
入伍等形式，譬如進入兄弟會、進入陸軍部隊等，爲統一神話提供
了素材，然後人們就互相成爲兄弟或姊妹。以同樣的方式，共同行
動產生了「我」的眞實，而相互參照則團結成了「我們」。[14]

✦

因為我們是互相為肢體[15]

——以弗所書（4: 25）

✦

要爲**我們**作出敘事絕不簡單；經常會伴隨出現並且造成競爭的乃是
我的現實。對我們的婚姻而言的好事，卻未必「對我好」；「爲我
們的事業奉獻」可能和「我個人的需求」衝突；「我們團隊的成
功」可能意謂「我不能成爲一個明星」。這些在個人主義的生活中
可說是固有的衝突。更且，什麼才算是「我們」，其界定也總是晦
暗不明。年輕的單身者常常對於**我們**的定義問題保持高度警覺。
把肌膚之親明確界定爲兩人一體的日子，早已一去不返。把「有一
腿」和「享有共同利益」分別屬於性關係和黏結關係，就是切分的
明證。在此也說明了一夜情的空虛性質。「那只是表面」、「那沒
什麼意思」之說都表示那不是在建立黏結關係。一夜情的風潮實與
交融的幻覺併起，過了之後，死寂相隨，並且徒留懊喪。

✦

瑪莉和我曾分別受邀為一本敘事法學者的生活史各別撰寫自傳。然而，我們對於分別撰寫的方式頗有保留。這根本是在為囿限存有的設定而背書。於是我們發明了一種雙人傳（duography）的敘事法，用關係來取代個人，成為書中的主角。要讓這種形式誕生，可是個不小的挑戰。我們決定在開頭的幾頁，先以第一人稱書寫。這樣就容許我們先各自說明我們相遇之前的身世。然後我們生產出一種統一神話，用以描述相遇與結婚。這就使得接著的故事可用「我們」來寫下去。這個挑戰實在不簡單，我們必須在「我」與「我們」相互拮抗的論述之間掙扎。寫到作品的結論之處，我們是在奮力讓各自的身分認同變得模糊。我們形成了一種「我」（Me）和「你」的對話，兩者都不帶有性別認同。於是，在某處，「我」作了一段關於書寫生命史的獨白，相當冗長：

179

> 我：……真實和虛構之間的差異已被抹除了，而所謂敘事路線的觀念──即生命史──也被顛覆掉。

14　關於關係敘事的文獻實不勝枚舉，但這些著作所關切者，幾乎全部都是兩個獨立存有之間的關係。譬如可參見：Josselson, R., Lieblich, A., and McAdams, D. P. (Eds.) (2007). *The meaning of others: Narrative studies of relationships*. Washington, DC: APA Press. 對於敘事法所關切的關係單位之作，尚可參見：Gergen, K. J., and Gergen, M. M. (1987). Narratives of relationship. In P. McGhee, D. Clarke, and R. Burnett (Eds.) *Accounting for relationships*. London: Methuen.

15　譯註：「肢體」（members）也就是「成員」。這句譯文是根據《聖經》（啓導本）。

> 你（不耐煩地）：「哇噢⋯⋯等一等。我不還是原原本本
> 　　在這裡嗎？」
>
> 我：「喔，不，再說一遍，你到底是誰呀？」
>
> 你：「你驢呀？我不就是我嗎？」
>
> 我：「等一下，那是我呀⋯⋯我想，我們這裡出了點問
> 　　題。也許我們該到哪兒去私下談一談⋯⋯[16]」

⊕

如果建立的黏結需要維持，這個由敘事而形成的「我們」必須伴隨
有一些相關的行動。一般都會說，參與者們必須「且行且談」。對
於關係投注的潛規則本都是多般多樣且也都還可以商量的。[17]對於
很多人來說，時間就是黏結關係最好的證明。不論是時間的準確性
或是在一起共渡的時間長短，都是關係投入的最佳測量。在手機流
行的時代，兩人不在一起而互相打了手機的次數多寡，也是好測
量。無論如何，說出的敘事和活在敘事中，兩者必須相伴相隨。

著迷的「我們」

建立起在地的真實，並且能認之為「我們的」，乃是黏結成立的第
一步。但其中必須加上一個關鍵的成份：著迷（enchantment）。
[18]我以此意指的是內攝於黏結單位（每一份子）中的價值。伴侶關
係、社團、團隊或組織中的個別單位，其本身並沒有價值。各成員
之間必須共創出表現價值的手段，使之內攝於全體存在，產生一種
超越性的重要感。這種魂迷心竅的方式超越了關係形成之中的任何
單一實體。傳統上，我們總是把價值擺在個別的人身上：卡羅斯很

180

有智慧，安娜很聰明，查克精力充沛等等。但若我們讓卡羅斯、安娜、查克成為一個工作團隊，就會產生一種新價值，而此價值並非原屬於任何個人。能成眞的，乃是價值的匯流。

著迷可用許多方式誘發。語言當然是基本的載具，其中最重要的則非價值論述莫屬。關係之茁長是長在自創的重要意義上。「我們眞的敲響了」、「我們能在一起，眞棒」、「這個團隊不可思議」、「我們學校是最了不起的」等等話語都帶有奇特的魔力。在歡慶儀式中也會產出著迷之效，譬如結婚典禮、猶太成年禮、一百週年慶等等。小小的舉措也可能造成這種迷魅的氣氛，譬如在起居室裡擺幾盆花，帶一盒自己烘焙的餅乾到辦公室，或在聚餐時自掏腰包請這群朋友喝酒。對著朋友們講一段「我們」的老故事也顯然很能打動人。以這種種方式，可為枯燥的日常生活塗上一抹不尋常的情調。

181

⊕

> 捏捏手⋯⋯掌中小小的姿勢；跪在身邊久不移開的膝；手臂伸展開來，挺自然地，橫越過沙發椅背，而另一個頭部緩緩地靠在這手臂上歇著──這就是精微奧妙的天上人間之徵象：某種

16　Gergen, K. J., and Gergen, M. M. (1994). Let's pretend: A duography. In D. J. Lee (Ed.) *Life and story, autobiographies for a narrative psychology*. Westport, CN: Praeger (p. 97).

17　亦可參見 Erving Goffman 的討論：對於我們和別人交往「共在」之時受到何種潛規則的擺佈，Goffman, E. (2005). *Interaction rituals: Essays in face to face behavior* (2nd ed.). New York: Aldine.

18　對此，我受益良多的是 Morris Berman（1981）的著作：*The reenchantment of the world*. Ithaca: Cornell University Press.

Pilobolus 舞劇團正在創造「我們」的迷魂舞陣

致謝：約翰・肯恩（John Kane）

非屬感官而屬意義的節慶。

——羅蘭・巴特（Roland Barthes）

⊕

有意思的是，這種著迷的過程常伴隨著情緒的表現而來。至少在西方，情緒表現和黏結關係是相互攜手的。我們會說，這樣的關係叫「深情」，其中包含著關照、愛護的表示。我們就說：「我愛我的

家人」、「我的團隊」或「我的國家」。當「我們的團隊」獲勝時，我們歡騰；輸掉時，我們落寞。親人的死亡令我們悲慟。像這樣的情緒表現，常會讓我們認為在此情境中當屬自然而然，但在第四章中，我們已推知：情緒實為關係的成就。或換句話說，黏結和情緒之間的結合乃是在歷史中偶隨而成的建構結果。

在西方文化中，黏結關係和情緒表現之間形成結合，至少有個原因是傳統上把理智與情緒區分為兩個範疇。我們常把理智連上工具性的目的；理智之為用就是為了獲得酬賞、規避懲罰。相對於此，情緒被我們的傳統視為比較原始、生物性的反應。大家都說，思想需要訓練，但情緒則是連嬰兒都有。就在這種傳統的區分之下，才需要仰賴黏結關係來表現情緒。情緒上的捲入表示這關係不只是理智行動的結果；它超越了工具性的衡量。這種關係乃是起於更原始、自然、基本的根源。因此這樣的結合乃是相互定義的。如果我們把自己建構在黏結關係中，那麼，我們必定是情緒的；如果我們表現了情緒，那麼可想而知，這必有黏結關係。用熱烈的情緒來接待人，表示了關係之深。家人死亡時若表現得漠然無感，則表示了淺薄的黏結關係。

＊

在此脈絡下，我們才能瞭解企業機構為何需要為著迷的問題而賣力經營。一方面，企業本身就是典型的工具性產物。企業的目標無非是要把理智的力量轉換為利益所得。在此本就沒什麼著迷可言，並且，企業中很典型的乃是讚揚理智的討論，而譴責強烈情緒的表現。但在同時，企業又需要各份子對於組織的**全心奉獻**，要盡力關懷，並能為其成功作出**必要的犧牲**。為了營造出著迷的氣氛，企

就需要借用「大家庭」、「團隊」等等修辭來當作自稱。然而,各份子依然不斷受到工具性的審判(「你對我們有什麼好處?」),這樣努力搬弄的修辭必定功虧一簣。真是一家人的話,哪會因為表現不佳而被排斥?[19]

✥

如果處境帶有支持性,則很快就會產生著迷。當一個團體受威脅時,要生存下去必須有集體努力,這時很快就會發現相互的價值。戰場上袍澤之間的同志情誼就是顯著的例子。他們不多久就會成為「生死與共的弟兄」。運動團隊以及社區劇場的夥伴也很可以說明這一點。廣為人知的同學會之類更可證明——有時是畢業五十年後的相聚——這種情誼可以綿延一輩子。著迷還可發生在不需多話的狀況下——有些佳偶在互相不太認識之前即已定下愛情的盟誓。心有靈犀的氣息很強烈,但這並不是基於天天相見。互相著迷也很容易在網際網路上互不相識的人之間萌芽。參與者可以用對方的片言隻字相互增補,因而擴大了相互的情感意義。然而,這類關係放進日常生活中,會因為鑲嵌不足而至無法形成有意義的黏結。

✥

在耶魯的宿舍裡作功課時,我的思索之眼會不時溜向窗口。我的凝視沒有焦點,只是偶爾會被對街公寓裡活動的人影所打斷。通常這樣的打斷都只是一下子,沒什麼值得注意。但這次有個例外,是位年輕女性,有秀麗的臉龐和身材,穿著合身又入時,舉止嫻雅。那是個東方美人!在作功課時,我發現我愈來愈常搜索著她的身影;而當她不在時,我滿心期待。後來,

有一個放晴的星期天下午，她就在那裡，躺在躺椅上。我的想
像力穿透窗子，四處尋找那個神聖閨房的入口。不過，很顯然
的，這遐思不是我一人的專利。有一道強光很快在她的躺椅後
方牆上亂舞，那是我們這棟宿舍的其他人用鏡子反射過去的光
線。接著牆上又有另一道強光。我和這些人如此共享著陶醉。
接下來的十五分鐘，多不勝數的追求者在同一面牆上交錯現
身。她的整個房間亮光四射。終於，這位公主知道有一大堆眼
光落在她身上。她從椅子上跳起來，推開窗戶，揮舞著手臂和
拳頭，大吼了一聲：「你們混蛋！」亂舞的光線霎時熄滅；而
同時黯淡下來的，大概有上百個著迷的年輕小伙子。

3 │ 黏結與界線

此刻似乎到了該結束本章的吉時良辰。我談過的有建立此生最重要
關係的過程，這種關係對我們而言是值得信賴、意義重大，並且能
滋養身心。我也掃瞄過一些能建立起黏結關係的過程。實際上，我
把黏結關係放在一個人安身立命的中心位置，並且建議了幾條可以
通達此中心的路線。從此，每個人就可以快快樂樂地安渡餘年了。
哎，故事其實才剛要開始，而前途遙迢崎嶇。在很多方面，我們的
價值、喜悅和安慰的資源──亦即黏結關係──也同時是苦惱的根

19　尤其值得參看的是：Smith, R. C., and Eisenberg, E. M. (1987). Conflict at Disneyland: A
　　root-metaphor analysis. *Communication Monographs, 54*, 367-380.

源。世間的流血衝突多半可以溯源及此。

⊕

這種黑暗的主張，有何根據？提醒讀者回頭想想本書的開宗明義之說：我們所維繫著的傳統，就是在自我與他人（他者）之間劃上清清楚楚的界線，這就引來數不盡的災難後果：不信任、不關懷以及相互戕賊；製造出傷害人的評價階層；個人自己的福祉優先於一切其他。在前文的討論中，我們訴諸於深刻黏結的形成，以解決上述的種種問題。為了他人也為了關係，我們要開始放棄個人主義的傳統。「我們」在個別參與者和關係之中取得優先權。

　　不過，黏結關係一旦獲得了保障，有個要點會使得個人主義夾帶著報復，重新肆虐而來。根本上，黏結的建立過程也會創造出另一個新形式的圍限實體。這不是「你」／「我」的對立，而是「我們」／「他們」的區別。也就是用「我的婚姻」、「我的家庭」、「我的社區」、「我的宗教」、「我的國家」等等來和「他們的」相互對立。這只是用一種圍限的關係來取代另一種圍限存有。把圍限存有放大，不僅擴充了險境的範圍，也會把個人主義傳統的內在缺陷增強到危及他人的程度。因此在下文中，我要先來談談這種新的威脅，然後再推到圍限存有更為病態的後果。

關係的切割

在前一章的概述中，我們為關係的行動潛能引進了寬廣的道路。所有這些潛能都代表了其他關係的遺存。以某種要義而言，我們對於自己過去關係中的所作所為都會相當珍惜。不過，當我們進入新關

係時，我們也會看見其中併隨著一種傾向，就是查封某些舊的潛能，或讓它們隨時等待檢覈。我們會壓制以前的衝動，我們「咬咬嘴唇」，說些「白色謊言」等等，來讓新關係維持在平衡的線上。然而，受壓制的衝動原本是另一個關係的遺產。當我們同意「和新群體走在一起」之時，我們也許正在否定舊的關係，並聽到這樣的聲音：「這也許不是個好主意。」實際上，對於當下現場的關係投注，就傾向於減弱了自己在其他關係中原有的重要性。

✛

　　對於一場關係中所負的每一責任裡，就隱藏著關係之外的不負責任。

——胡博鈞（Bojun Hu）

✛

可以肯定的是：為了達成一個良好關係，就很難不以一定量的壓制為代價。無論如何，在建立黏結關係的過程中，壓制定會加強。在此也冒著高度的危險。「你到底是跟，是不跟？」「我們對你重要嗎？」「你真的相信？」這些問題都帶著濃濃的情緒，而只要一回答，那就是加入或叛離，就是生與死之間的差別。

　　試想想平常人何以都會快速地為關係貼上標籤。我們是朋友、好朋友還是最好的朋友？這場愛情是偶然邂逅或是以身相許？你是我的真心朋友、我最好的死黨、我的靈魂之交、我的伴侶、我的盟友、我的……？我們急著把我們的關係裝箱並放入信任的櫃子。至少有一個好理由可為之解釋：名稱是行動的保險。對「咱們關係的名稱」之互相同意，就是在保證我們雙方都會遵守此一名稱所附著

185　的種種潛規則。順著名稱而來的乃是一張長長的權利義務清單。在黏結關係的標籤上——「我的家庭」、「最好的朋友」、「團隊夥伴」、「愛人」、「夫妻」、「伴侶」——期待可是很高的。我們冀望關係中有全心奉獻。其中投了保險，就是讓他人絕不能來摧毀我們共建的私人意義空間。用一般的標準來說，我們不會把我們的秘密洩漏給關係以外的任何人。我們也許樂於分析關係以外的（別人的）秘密，但對於別人想參進來評價我們的關係，我們總是小心翼翼。

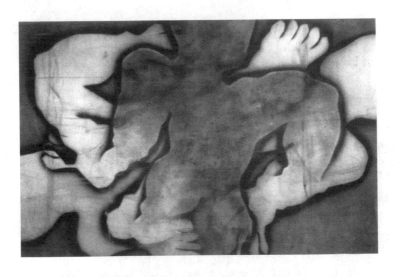

我繞著你的行動豎起樊籬，為你取名；
你的行動也是樊籬，圍起我的生命。
為你取了名，我們的未來已完成投影；
我們共享的名號即是我們的世界盡境。
我們若不取名
則自由無限——
卻無事可行。

致謝：瑞巾‧沃特，藝術家

由是，我們有了處處可見的日常陣痛：

——青少年結成狐朋狗黨，以便能隨意霸凌同學。

——結了婚的配偶對於親家的家人保持距離。

——孩子和母親的關係比父親還親密。

——年輕人因為皈依其他宗教而和家人劃清界線。

——政治自由派的信徒無法容忍自己的保守派兄弟……

更廣義來看，試想想政黨的黏結對於國家福祉的破壞效應。因為效 186
忠於「黨」，國會議員寧可犧牲國人的利益——健保、教育、社會
福利，莫不皆然。[20] 這種黏結關係的目光短淺傾向，還可在更偏激
的行動中看見：公司的執行人員假公濟私，以詐騙公眾或受僱者；
還有穆斯林用炸彈自殺來攻擊其他的穆斯林。

發自內部的腐蝕：手牽手，我們一起淪亡

黏結關係所要求的集體一致性確實產生了安全、可信、滋養的存有
空間。至少在一段時間內是如此。但對於關係的投注也會生產出極
為諷刺的副產品：內部的小派系。黏結關係的成員為他們之間的異
化播下種子。發自內部的腐蝕有好幾種根源：[21]

20　亦可參見：Trend, D. (1997). *Cultural democracy, politics, media, new technology*. Albany: State University of New York Press.

21　Jack Brehm 在他的心理反作用力理論中指出一種普世性的反應，就是針對限制自由的舉措而發的。不過，在此對於阻力的說明，並不認為它來自遺傳或係必然的行動，而是根源於關係。Brehm, J. (1966). *A theory of psychological reactance*. New York: Academic Press.

——所有的黏結團體都會創造出良好行為的標準，也作為對團體本身的效忠之用。不過，某些成員總是會比其他成員在此表現得更為充分。有些人就是會閃閃發光；而其他人則在拼命迎合其中的最低標準。「你今天遲到了……」、「你讓我們失望了……」、「我們的犧牲難道不如你們……？」這些實際上就會累積出一種以正直為名的統治，其中有接近於完美的人可以蔑視有缺陷的人——反之亦然。像這樣的阻抗在學校體系中極為常見。威李斯（Willis）在他對於青少年的研究中結論道：低階層的男孩在學校強加的標準下總是失敗，使得他們回過頭來瞧不起成功者。這種對於「乖寶寶（好學生）」的敵意降低了他們的自我期許，他們也因此而始終滯留在低階層中。[22] 這種區隔的方式也會威脅到婚姻。堅持著「好婚姻」的標準，配偶中有一方可用來責備對方；相對的，另一方也可因此起而反抗壓迫……「為什麼這樣就是罪過？」「婚姻不應該是個監牢。」「我受不了你的嘮叨。」

187

——第二種的區隔源自對於參與者對外關係的壓制。譬如婚姻的黏結常會危及一個人的其他友誼關係；對於組織的忠誠則會妨礙婚姻關係，等等。原來很有意義的關係，一旦受到壓制，定會產生憤懣。在關係中吃了閉門羹的人就會找那個被牢牢黏結的人去理論。朋友們對於結了婚的成員會罵道「見色忘義」；婚姻中待在家中的一方會責怪那些忙不完的業務把自己的伴侶搶走；一個朋友會邀你去私下談談另一個朋友的八卦。當這些「外來的」聲音溜進黏結關係時，通常都會成為互相批判的源頭。在每一組黏結關係中，其中的每一個成員也必是個

潛在的不滿份子。

——在黏結關係中還有第三種微妙的促反因子。每當我們認定一種價值時，也就同時創造了一個潛在的「沒價值」世界。[23] 一個宣稱信仰神的團體也同時創造了「不信」的意思；每一塊科學的領域也定義了什麼是「非科學」。在黏結關係之中，這個被否定的世界也必定被視為禁地。信徒總不能說他同時也不信。譬如一個生物學家說他的研究證明了神力，或是個企業的業務執行人透露了自家產品的瑕疵，就等於要面對自己職業生涯的結束。在此同時，一個黏結圈子裡的成員對於所謂「禁地」必然早已知之甚稔。這就是多重存有的基本論點。亦即，一個黏結單位裡的參與者對於禁地的意識是永遠潛在地不離其心的。但凡黏結關係中出現了敗績、憤懣、失望之時，禁地之門也會因此而打開。以此而言，婚姻中的忠貞要求也生產了不貞的意思，學校中的嚴格校規也建立了破壞的潛能，等等。以上種種就是說：黏結一旦受到衝擊，就已播下了瓦解的種子。

真理的暴政

188

除了內在的磨擦之外，強黏結關係中還帶有癱瘓的趨向。我特別要指出的就是鍾情和滿足於所謂「我們的生活方式」，即一種行為型

22　Willis, P. (1977). *Learning to labour: Hoe working class kids get working class jobs*. New York: Columbia University Press.

23　肯定總會招來潛在的否定，這種理論已有長長的學術史，其中最有貢獻的應數康德、黑格爾和索緒爾（Saussure）。

態早已變得「自然」得很，以致我們幾乎不能再有別的行為。飲食的偏好是個好例子。對於很多西方人來說，早餐沒有咖啡就不叫早餐了；牛排加上草莓奶霜是孰不可忍也。不過，無論我們說的是家庭生活、機構組織或學校教室，我們就一直生產著拒絕干擾的關係型態，並謂之可靠。一個兒子在晚餐時坐上父親的座位，一個學生坐上老師的辦公桌，一個工友坐上執行長的大椅子，這都算是侵入危險領地。[24] 這些不容忍看起來都像是夠合理的，但就是在鼓勵對外界的排斥。相互參照的能力在此可說是武功盡廢。

我們所信賴的型態以正常之姿不受任何挑戰；我們的作息安排依然如舊，所以我們不太會逸出這個安然的範圍。不過，我們大多數用以區隔族群、宗教、經濟群體的敵意，正應該由這種關係的癱瘓來負責。**我們**無法忍受**他們**講話的方式、他們聽的音樂、他們奴性的崇拜方式、他們愚蠢的穿著……因為關係形式已經結晶硬化，我們已經無力從事於任何相互參照。安然維持這種瞧不起人的樣子最是容易。

要讓自己著迷於這種安然的型態，一種最有效的手段，就是和**真理論述**結盟。要擁有「真理」，就是保持與現狀的接觸，毋須多辯。在黏結團體中，真理宣稱具有無上的價值。它們首先會為此團體加上著迷的氣氛，為「擁有真理的我們」抹上香精。美國的獨立宣言讓這個國家統一在「人人生而平等」的「自明真理」之下。以同樣的道理，我們也以種種方式讚揚著「敢對權力說出真理」、「為神宣揚真理」、「無畏無懼追求真理」以及「用科學來發現真理」的人。真理宣稱也使人信任關係內所創的種種真實。譬如，對於癌症之特殊療效的科學報告就帶有科學社群對於公眾的承諾在內。他們所聲明的是：在已被接受的科學社群傳統之內，此療效不

是子虛烏有，而是確確實實發生的。依此同樣道理，宗教團體也以
真理宣稱的方式說「耶穌是神之子」，「穆罕默德是神的先知」，
等等。毋寧唯是，這些宣稱也同時聲揚著該既定傳統的真實、理性
與價值。

✧

> 讓我們將自己投身於真理，如實看見，如實說出，找出真理
> 來，說出真理來，並活在真理中。
> ——李察·尼克森（Richard Nixon）對共和黨的講詞

✧

但我們必須作進一步的考察：在傳統上，凡是說「真理」就表示用
話語來將世界作出準確的描繪。其中所認定的是：某種話語的陳列
特別適於如實地說出世界。然而，如前面幾章所言，語言的意義是
透過共創而成；話語之所意指是與關係中的言說者互相投合的。除
非受制於特定的習俗，我們對於話語的使用可就所處的任何事態而
自由地作任何安排。沒有哪種論述帶有真理的特權，除了某傳統中
賦予的特權之外。與此有關的知識與教育問題，會在後面的章節再
來詳論。

　　因此，當真理論述可用以整合既有的社群或傳統時，其危險就
會發生於誤把地區性的確知視為全球性的**真理**。每當「真的」跳過
傳統的界線之時，癱瘓與對立的種子就已經播下。在某一傳統中所

24　對於日常行為之導致失能，有個經典的說明，就是 Garfinkel, H. (1965). *Studies in ethnomethodology*, New Jersey: Prentice Hall.

謂的眞,在另一傳統中卻可能找不出相似的眞。因此,譬如接受科學的眞,就可能封閉了宗教的另一種眞;[25] 接受民主黨的眞理就會使共和黨的眞理備受質疑。要宣稱「X 爲眞」實際上就是要把一切非 X 的聲音都給平息,於是也使得協作行動的可能性都給掩蓋。傳統的長城也於焉變成了監獄的高牆。

4 │ 從腐蝕到消散

到目前爲止,我已觸及了來自黏結過程的種種難題。關係的壓制,內在的顚覆,以及癱瘓,都由緊密黏結的關係而來。然而,還有另一種潛在的代價,可能比上述那些更會把人類福祉推向危殆之境。回想一下,對於他人,個人主義如何招徠異化、競爭、鄙視(第一章)。這些趨勢在黏結關係中只會變得更爲劇烈。何以然?大多是因爲黏結關係對於某種單一的眞與善,在創造、使力、施魅之時特別有效之故。參與者們一直在傳播,並透過共同行動的過程而不斷支持著「我們的生活方式」,及其伴隨的眞實與價值。所有偏斜的聲音都被壓制,特別是懷疑的聲音。相對而言,各別的個人就會身處於曖昧之中。因爲我們都是多重的存有,是以特定的目標總是難以釐清。沒有哪一個是特別值得去反對、批評或制裁的。因此,對於緊密黏結的團體而言,互相區隔的界線總是堅不可摧。

到此,我們闖入了熟悉久矣的群體仇恨領域。正如汗牛充棟的研究文獻以及千百萬人的死亡所見證,由眞實信徒所形成的黏結群體對於所有處在界線外的人來說,就是潛在的危險。[26] 其中首要的

趨勢乃是自豪自誇。不論我們所說的是配偶、死黨、團隊、社群、組織、宗教或國家，有個強烈的趨勢就在於創造「我們最好」的真實感。緊隨著**我們**的自我榮耀，必有對於**他們**的貶抑。結果就會引來相互仇視、避不接觸，並且將對方製造成「邪惡他者」。這條道路既然舖成，於是對於不想要的人予以激烈的責難、隔離、監禁乃至終極的消滅都不可免。我所談的並非只及於眾所週知的罪大惡極之事——集體濫殺、侵門踏戶、滅種屠殺、恐怖攻擊等等——而是包括了日常生活中，在朋友、運動團隊、兄弟會、社區、族群、社經階級、政治運動、宗教與國家之間所樹立的圍牆。所有這些都有值得追求的一面，但也都帶有隔離、貶抑及其種種後遺症的種子。

> 偏見、遷怒、憎恨都是針對責難的標的而生的嫌厭之情。當這些人物在舞台上出現時，那倒成了取樂的對象。在鄙視之中有快慰；在正直的貶抑中有歡心；在掃除邪惡他者時，我們喜悅難名。所有這些都是在慶賀黏結的存有。

25　基督教所歡迎的上帝智慧設計論（intelligent design），有個問題在於：這不是因為理論本身，而是因為它來自備受擁戴的科學理論。若從科學本身來看，這種理論並不具備如此崇高的價值。不過，如果把智慧設計放在社會的道德行動來加以審視，那倒是比起演化論要強得多。

26　許多社會科學對於群體之間的仇恨頗有理解並有詳盡的描述，可見：Brewer, M. (2003). *Intergroup relations*. Buckingham: Open University Press; Ashmore, R. D., Jussim, L., and Wilder, D. (2001). *Social identity, intergroup conflict, and conflict reduction*. New York: Oxford University Press; Levy, S. R., and Melanie, K. (2008). *Intergroup attitudes and relations in childhood through adulthood*. New York: Oxford University Press.

5 │ 超越障礙

我們現在的立足之處是個關鍵的交會點。所謂的真實、合理與善良總是在生產過程中。而我們在黏結關係中所付出的努力帶來和諧、信任、滿足和喜悅時，我們會覺得很高興。然而這些黏結的成就當中也帶有隔離、自我抹除、對抗和相互消滅的種子。在我看來，在今日的全球化之中帶有一種力量，正在加劇障礙的形成，以及流血的後果。傳播科技把原先散佈各地的聲音串連起來，啓動了他們的行動期程。譬如，透過無線廣播和電視，一個宗教的基本教義派可以環繞著轉動的地球而找到其意識型態和情緒的支持者。透過網路，一個白人至上主義者可以找到約會和結婚的對象，以便保證他們可以終生維持此一信仰。透過手機和網際網路，恐怖份子可以策劃及進行其全球性的破壞。結黨和黏結不再受制於地緣條件，把馬車圍成一圈再也防不了外來的侵襲。

對於這些層出不窮的挑戰，我簡直無法提供真正有效的解決之道。不過，關係存有的觀點倒是確實能強調一種重要的資源：對話。如果共同行動是一個群體之內的靈感和行動資源，這同樣的資源也可動用於降低群體間的衝突。然而，這種對話要如何進行？衝突中的兩造總是厭惡向對方開口。一個國家的總統把其他國家按上「邪惡軸心」的牌號之後，對話還有可能嗎？在下一節中，我們就用關係論的視角來面對這個挑戰。

6 ｜ 激烈衝突與轉型對話

在以下的章節，我們將會在各種專業脈絡中來處理對話的過程。目前我們該關切的情況乃是：意義的邊界關閉了，邪惡他者的觀點四處流行，而相互消滅的衝動仍過於強烈。在這種險境中，我們該如何繼續推進？這是個複雜的大哉問，但我現在的目標並不在於作梗概式的回答。毋寧說，我想開啓的討論是如何能以關係論的觀點來建立和平的對話。

降低衝突的問題是必不可免的，但也有大致的共識：要能有點收獲，其必經之途乃是語言的交易。投資於此實來自人類的智慧，但就在同意「我們必須談談」之下，我們已架設了一個舞台，可上演百百種不同的戲碼。可能性雖高，但結果卻不一定樂觀。「一起談談」也可能導致責難、誹謗和凌辱；徒使障礙益發堅深。因此我們所要參與的對話必須是個有互動、也有產能的場境。放眼望去，我們能找到的這種對話取向，可有以下四種：

爭論（Argumentation），其中的參與者試圖以進逼式的語彙，就他們各自的立場而言，說服對方：哪些可接受，哪些不可。典型的例子是法庭的訴訟、政治決策，以及道德上的辯論。

商量（Bargaining），其中的衝突雙方互相就損益的問題及其他後果進行討價還價，包括應使用何種交易方式來獲得最可能的賠償。商量最常使用的場合是在商業或國際關係的衝突上。[27]

27　譬如可參見：Lebow, R. N. (1996). *The art of bargaining*. Baltimore, MD: Johns Hopkins University Press.

協議（Negotiation），其中發生爭執的雙方在衡量己方最大可能的獲益，或是雙方最可能的共同獲利。譬如在《達成肯定》（Getting to Yes）、《繞過否定》（Getting Past No）這兩本暢銷書中，作者烏理（William Ury）和費雪（Roger Fisher）列出了許多策略，來讓兩造有「達成雙贏的可能」。[28]

仲裁（Mediation），其中的參與者在傳統上是透過第三方（即仲裁者、調停者）來達成爭議的解決或妥協。仲裁的實踐有相當古老的根源，以及當代的許多變形。離婚通常都會透過第三方仲裁來達成協議，還有更多法律上的爭執都在仰賴仲裁者的介入。

可以肯定的是，以上幾種實踐形式最適於經歷過相互破壞或交戰之後，且都曾有過一段時期的成功歷史。只不過，這些存在的實踐形式仍有烏雲罩頂的壓力。首先，每一種實踐都認定的前提乃是囿限存有的想法。亦即，都認定了各方基本上是獨立的存在，不論說的是個體或群體。大家都認為協談的驅力來自各方的最大獲益與最小損失。此外，這些傳統的實踐方式也都認定了一種固定的真實，亦即不需共同行動的獨立運作。金錢就是金錢，財產就是財產。就整體而言，傳統的實踐方式中還包含著「對話基本上仍是另一種戰爭」的言外之意。因此這些實踐依然在維護著互相隔離與終極衝突的現實。恢復關係之流的潛能在此也都變得曖昧難見。

✛

193　如果意義和真理都有共享的必要，那麼，我們也須做出點不同的事情。

——大衛・玻姆（David Bohm）

於是，我們得接受的挑戰乃是：不帶著圍限存有包袱的對話形式，何處可尋？有沒有任何手段可降低熱烈衝突的危險性，而致使界線可模糊，相互性可顯示，存有的多重性可恢復，且關係存有的意識可受到鼓勵？這裡有些新近的發展很能提高我們討論的士氣。對於大規模組織的效率不彰，引起了極大的不滿；對於當前問題的迫切性，也激發了各種團體去闖出新的實踐。這些實踐大多不是在哲學的背書下施展的；它們常是激烈衝突之下的即席反應。雖然這些新起的實踐尚未臻至羽翼豐滿的境界，但它們足以代表一些模範，告訴了我們：未來可以重新導向何方。[29]

所以，我將扼要地描述這種革新實踐的三個範例，用以結束本章。我把這些貢獻名之為**轉型對話**（transformative dialogue）。我以此來意指一些對話的形式，它們企圖穿越意義的界線，就是那些讓爭議者認為天經地義而實為鴻溝裂隙的現實，從而得以恢復多重存有的潛能，甚至，更重要的是，促使參與者產生新的、有希望的，且足以共享的意義領地。特別值得注意的是：包含在此的幾種實踐方式都避免了對於內容作莽撞的爭辯。毋寧說，在內容之外，主要的強調乃在於參照關係的過程。這些實踐對我們的提示在於：如果

28　Ury, W., Fisher, R., and Patton, B. (1991). *Getting to yes, Negotiating agreement without giving in* (Rev. 2nd ed.). New York: Penguin; Ury, W. (1993). *Getting past no: Negotiating your way from confrontation to cooperation*. New York: Bantam.

29　對此方面的發展，有較為週延的探討，可見：Bojer, M. M., Roehl, H., Knuth, M., and Magner, C. (2008). *Mapping dialogue, essential tools for social change*. Chagrin Falls, OH: Taos Institute Publications.

具有生產力的相互參照過程得以達成，則對於內容的投注就可相對地減低。意義的界線軟化之後，自然會讓出路來，給新的真實、合理、價值和實踐去邁步行走。

公共交談方案

1989 年，麻州的水鎮（Watertown）有一群夥伴開啓了一個「公共交談方案」（Public Conversation Project），他們應用了家族治療中發展出來的技巧，以處理陷入僵局的公共爭議。他們的實踐已有數年的演進，並產生了令人印象深刻的成果。試看看他們如何企圖把有關墮胎衝突的雙方激進份子邀在一起。這就是個典型的雞同鴨講爭辯案例，因爲雙方各用了全然不同的方式在建構他們的真實與道德。他們對於「案情」（譬如「什麼叫做人性」）根本就是互相極不同意，導致他們認定的價值危機（拯救生命 vs. 人生幸福）也大相逕庭，使得傳統的對話形式毫無用武之地。更且，狀況既然如此危急，對立的氣氛高張，故其結果很可能會徒勞無益。

在此案例中，有意願討論問題的激進份子和對方成員一起被邀來，組成一個小團體。方案的主持人向大家保證，有任何讓他們覺得不舒服的活動，他們就可不必參加。聚會的開場是個自助餐晚會，進餐時，所有成員都可以向大家暢談個人自己的身世，但先**不要觸及**墮胎的立場問題。他們會談談他們的孩子、工作、居住的社區，還有他們組成的地區代表隊獲得哪些勝利等等。此時，轉型對話的地基就算舖設好了。你可以看到，他們在此能夠分享的真實與價值很可能比他們之間不同意的地方還要寬廣得多。晚餐之後，協談者邀請大家進入「很不一樣的交談」。協談者出的題是要每個人

談談自己和墮胎相關的個人體驗，向大家分享自己的心得與感想，並且可以對於好奇之處提出問題來。當這一會談的節次逐漸展開時，成員們都會被要求回答三個主要的問題──每人逐次輪流，其他人不得打斷。這三個問題是：

1. 你如何開始接觸到此一問題？你對此的個人關係，或個人史是怎樣？
2. 接著，我們想多聽聽你對於墮胎相關的問題有何特殊的信仰和觀點。就你來說，你對此的真心話是什麼？
3. 有很多和我們談過的人都表示：在他們接觸此問題時，他們發現不少的灰色地帶，還有對他們的信仰產生的兩難困境，甚至有些衝突……你是否體驗過像這樣暗藏的不確定，或有一點點不確定，任何你所關切的、價值的衝突，或一些混雜的感覺，想和大家分享？

　　對於前兩個問題的回答多半是說出種種個人體驗，常是些極度痛苦或喪亡、受難的故事。對於企圖跨越意義的界線來說，談個人故事遠比對道德抽象原則的爭論要更能讓人進入狀況。個人故事可招引聽者去想像自己就是那場旅程的主角；聽者實際上變成了演員。成員們也談出許多的懷疑，並發現最讓自己驚訝的是：對方的人居然也有這麼多的不確定。在聽取那些懷疑時，常聽到對方說出的話竟可以支持自己的立場。意義的邊界再次被穿越了。

　　在談完那三個問題後，成員們有機會互相提些質疑。協談者請求他們不要只提出「裝模作樣的挑戰」，而希望能問些「你自己真正感到好奇的問題……我們很想聽聽你的個人體驗和自己的信

195

仰⋯⋯」這些討論也可以用來燭照出對方一些行動的意思，因爲在其他狀況中很怪異難明。在每一節次之後幾週的電話追蹤都顯現了有持續性的積極效果。參與者們感覺到他們離開時是帶著比先前更爲複雜的瞭解，以及對於鬥爭中的「他者」可以重新用人的觀點來看待。他們的基本觀點其實並未改變，但他們不會再把問題看成非黑即白，也不會把不同意的對方看成魔鬼了。[30]

敘事的仲裁

許多助人工作者一直想在法庭之外尋求解決爭議的手段。商量、協議都是常用的法外替代之法，但正如上文所言，這些方法在根本上還都持續把爭議者們定義爲圍限者——互相對立，但求己方的最大獲益。仲裁的專家找到的是「比較溫和的」衝突解決之法，而在近年來更敏於讓過程變得像在建立關係。在這些實踐中，進境最高的代表就是所謂的敘事仲裁（narrative mediation）。[31]打從一開始，敘事仲裁者就瞭解衝突乃誕生於共同行動之中。也就是說，人之所以會變得相互反目，泰半是因爲他們所投入的世界就是迥然相異的建構。他們帶著的故事總是說，他們自己行爲有理，而對方則舉止有咎。實際上，衝突就在敘事建構之間發生，而敘事可以透過對話產生轉型。緣此，仲裁者要啓動的乃是交談的形式，可用以引發對雙方更爲有益的另類敘事。譬如說，爭論者可用某種局外人的形式來談衝突，談談什麼東西擋著不讓他們進行協議。到頭來，他們可能會說：「這問題簡直把我們吃得死死的，**我們**得想辦法來讓它停止。」他們以此而能夠捐棄過去習慣的相互指責（譬如只會說：「這都是**你的錯。**」），然後就可以聯手來對付共同的威脅。

　　仲裁者也可能請求參與的雙方回想過去何時有過良好關係。　196
（譬如：「告訴我，你們倆什麼時候曾經一起過得不錯？」）在
講這些故事時，參與者發現他們時時會互相用些讚賞的詞句來說對
方，並且想起過去確實有過很值得的關係。其結果不只是軟化了彼
此敵對的界線，也生產出一些材料，可用以建構新的敘事。仲裁者
還可邀請些其他人來參與──家人、朋友、同事等等。對此仲裁過
程最有助益的人乃是在衝突過程中曾經受害者，也是最能深入解決
過程的人。他們可能激勵雙方，給予支持，還會幫忙發掘一些彼此
看待、彼此處境的新觀點。其結果是發展出新的敘事，或對於雙方
處境的新理解。尤其當這些建構可由他們的家人或朋友分享時，雙
方的衝突極可能會由具有生產力的相互參照所取代。[32]

　　我們碰上了三天的集體地獄。研討會的開場是全員出席的主題
辯論，主辦者的用意在於讓社會建構論和建構教學的認知論
互相碰撞。為了讓兩者的差異凸顯，這場子安排成兩組，讓
對立雙方的觀點都能先作個概述。我擔任社會建構論的一方，
而一位值得尊敬的同仁，恩斯特‧封‧莴拉瑟斯費（Ernst von
Glasersfeld），則擔任建構教學的一方。不過，主辦單位還另

30　這個「公共交談方案」的成果著實令人印象深刻，並且也引發了後續的許多試探和
　　變化。可參看網頁：www.publicconversations.org

31　Winslade, J., and Monk, G. (2001). *Narrative mediation*. San Francisco: Jossey-Bass.

32　與此密切相關的是國立社群仲裁協會（National Association for Community Mediation）
　　的工作。他們致力於建立關係網絡，以避免群體間的破壞性衝突。可參見網頁：
　　www.nafcm.org

安排了兩位評論人，分別對各方作些批判。由於對立被兩極化了，於是攤開的整個場子就交由聽眾們來發揮。批判的意見很快就讓位給敵意的攻擊，之後就只見滿場的咆哮和揮舞的拳頭。瘋狂的喧騰！研討會從這兒開場，還能接得下去嗎？

是沒接下去。主辦者很有意識地將原有的議程延宕了。他們請了卡爾・拓畝（Karl Tomm），一位出席研討會的傑出治療師，來介入處理。在前文討論多重存有之處，讀者可能還記得這位拓畝，[33] 他把焦點放在我們心目中的他人。研討會的聽眾都聽著拓畝所說的程序：他首先要和我晤談，但要我以角色扮演的方式，現身為恩斯特；然後要恩斯特扮演我來和他晤談。由於我和恩斯特已經相識多年，我實際上可以換用恩斯特的立場來講出許多他對我的感覺，以及對我的作品有何瞭解。他也一樣可以做到。在這樣的程序中，我們逐漸弄清的是：封・葛拉瑟斯費和我並不是完全獨立，也不是根本對立的存有。我們身上都帶有對方的聲音。這樣一場介預處理的結果非常戲劇化。敵意完全中止了，研討會參與者們在往後的幾個場子中都可以相當尊重對方，並且相互表示了對於對方作品的高度興趣。當然，不同立場之間的緊張依然存在，但這不表示關係不存在。

公義的復健

在很多衝突的情境中——從內政的爭辯和公開場合的侵犯，到壓迫少數族群等等——總有個公義體系（system of justice）會進來干預。這個體系（包括法律、警政、法庭、監獄等）的作用在於判定

誰犯了罪、該接受怎樣的懲處。[34] 不過，就其對於關係過程的衝擊而論，公義體系有明顯的缺漏。監獄會製造出犯罪的文化，這是眾所週知的。較少為人知的則是監獄對於犯罪者和受害者關係的不利效應。受害者永遠無法得到所需的致歉；犯案者也少有機會提供彌補。犯錯者和被侵犯者之間的關係就只是一直停留在相互異化，而關於道歉、彌補、寬恕等等的傳統場境永遠都不能完全表現。

國際的公義復健運動（restorative justice movement）目前正把這種關係推上檯面，並且生產出對話的手段，以達成關係的和解。[35] 這種對話可用於許多不同的關係脈絡中。最明顯的是可用以帶來囚犯和被害人之間的和解。甚至對於死刑犯都可達成相當程度的療效。在某些社區中則可用來替代標準的司法程序，譬如可讓青少年虞犯來和他們的受害人面對面交談。在成功的和解之後，參與者甚至可免除赴監服刑。這樣的嘗試在某些國家尤其受到重視，譬如南非，那裡曾有超過一世紀的大規模族群隔閡，以及殘酷的對待，即使在推翻舊政府之後，仍遺留著深刻的忿恨、恐懼和罪咎。

雖然在實踐方式上有多樣變化，大多數復健公義的企圖都是讓加害者與受害者面對面交談。受害者最典型的就是說，要利用這機會對於他們所受的苦難作更充分的說明；而加害者也有機會解釋他 198

33　譯註：見第五章，註10。
34　我寧可稱這類「懲處」為「矯治」或「再社會化」，但實質上這樣的作法是愈來愈少了。
35　譬如請參見：Umbreit, M. S., Vos, B., Coates, R. B., and Brown, K. A. (2003). *Facing violence: The path of restorative justice and dialogue*. Monsey, NY: Criminal Justice Press; Hopkins, B. (2005). *Just schools: A whole school approach to restorative justice*. Vancouver: University of British Columbia Press. 並可參見：http://www.restorativejustice.org/

們的處境，以及願意道歉並提供傷害的補償。接下來的步驟就是把雙方整合起來，成為一個社群。若有家人、朋友一起來參與對話，則這種過程會更為成功。至於在敘事仲介的情況中，家人、朋友一樣會付出最有力的支持來使復健、和解更易達成。其實，成功的復健也會對社區的活力作出貢獻。

以上三種實踐——公共交談、敘事仲裁、公義復健——只是許多有創意的對話實踐在目前發展的幾個實例。如果我們對於其他幾種，譬如方興未艾的同情聆聽方案（Compassionate Listening Project）、和平種子營（the Seeds for Peace Camp）、深度民主方案（the Deep Democracy Project）等等都能加以描述，定能讓我們眼睛為之一亮。還有其他成打的實踐在世界各地展開中，不也一樣可以讓我們大開眼界嗎？[36] 在我看來，廣泛而富含生機的運動在今日正到處展開。這個運動所關切的就是有意義的對話可以為我們創造有希望的未來。退讓一步所強調的正是改善與強化個人的實體性——以身分、組織或國家來體現。慢慢地，我們會真正認識：由關係而展開的實踐到底有多不尋常的重要性。我希望能在接下來的四章中，把這個運動的潛力作個仔仔細細的說明。

---

36 可參看：www.compassionatelistening.org, www.seedsofpeace.org 以及 www.democraticdialoguenetwork

專業實踐中的
關係存有

第七章
知識之為共同創造
Knowledge as Co-Creation

　　關係在我們的生命中具有促發生機的重要性。可以眞切有此見識，那是一件事；要把這種見識付諸實現，則是另一件事。對我而言，後者才是本書的終極目的——在我們的生活實踐中，激發出必要的轉型。我希望關係存有的視野可讓我們躍出這些紙頁，而能一起去支持、詳述、轉變我們的生活。在現有的公共體制下，以關係論的實踐而能做到遍地播種、處處開花的地步，這是第三部的幾章要致力奉獻的心力所在。本章和下一章，我所關切的是如何以實踐來建立和傳播知識。接下來，我們會移向心理治療和組織改變中的關係實踐。談過這些之後，我們才能進入第四部，來擔起道德和靈性的問題。

⊕

　　知識和**教育**是啓蒙時代以來的一對寶貝子女，雙胞胎。前一個寶貝讓我們從教條中解脫出來，並保障了我們的未來將會永遠不斷進步；後一個則讓我們以進步的果實來讓子子孫孫永寶用。然而，既是啓蒙的子女，則知識與教育這兩概念也就不得不同時嫁入圈限存有的大家庭之中。在我看來，這是一條巔頗的婚姻之途，無論是走向進步的漫漫長路，還是尋求幸福的日月運轉，一概崎嶇難行。在

解脫了教條之後的自由中，我們也發現知識的宣稱常伴隨著壓迫；在進步之外，我們也常發現降格與破敗。在許多方面，我們的傳統教育體系把這些結果固定下來，並繼續照此延伸。雖然我不想為烏托邦背書，但我的確相信：對於這些概念和實踐，我們若能就其所鑲嵌的脈絡換用關係論來重新抽繹，定可更充分地實現人類的潛能，並獲致整個生態環境的福祉。

　　在本章和下一章，我要以關係論的立場來對知識和教育兩者再作思量。本章首先要拿來檢視的就是傳統對知識的概念：它有何缺陷？關係論又能提供什麼替代？當這些說明都到位之後，我們就有立場來重新思考知識生產的實踐。在此我必須作些選擇。不過，既然前一章的關切是在於界線與障礙，我們在此就可把焦點放在區分（分門別類）以及關係的恢復上。

知識之為社群建構

對於知識，我們傳承著　個觀點，就是同時既為個人主義又是實在論。知識的一般定義就是：「對於事實或真相的清晰、準確知覺」。在這樣的說明中，我們一方面有個體心智（「感知」），另方面則有真實世界（「事實」）。獲得知識乃是指心智可以準確地反映或描繪出世界的真實。我們在一般用語中就會問道：「**他是否作了精確的判斷？**」「**她**對於**他**是否有正確的理解？」或「**他**對於**剛才發生的事情**是否判斷偏斜？」在大多數的科學上，我們使用各種記錄儀器來取代直接體驗（譬如心電圖、感光儀、輻射顯微鏡、

202

速讀器），而我們更習慣這樣問：「**這儀器**是否準確地紀錄下**地震的震幅**？」「**腦波儀**是否顯示出**腫瘤**的存在？」當然，到了最後，還得有一個人把這些危險的讀數給讀出來。以此而言，科學測量只不過是個人體驗的擴大或延伸。

⊕

雖然這就是一般的訴求，但像這樣把**知者**和**所知**予以分離的習慣，卻在我們的門口堆積出數不清的哲學難題。從遠古的柏拉圖著作，到啓蒙時代的洛克、笛卡爾、康德，再到當代的心靈哲學，沒有人解得了這堆思想的謎團。譬如說，我們怎能證明人有「心靈」？一個心靈怎知道自己就是心靈？而且，如果我們願意說我們是活在我們的心靈中，那麼，我們有什麼基礎可說「有個世界**就在那裏**」（a world out there）？我們憑什麼知道：在我們的心靈之外存在的是什麼東西？更且，如果我們只是把這不可解的問題懸擱，那麼，接著我們就得面對更困難的問題：我們如何知道世界中的「物質」和我們腦袋裡的「心質」有什麼關係？對於這些叫做「質」的東西，我們該說：是「世界東西」銘印在「心靈東西」中嗎（如洛克）？還是說：經過心靈的篩選分類才知道有什麼東西存在（如康德）？若說是後者，則任何兩個人體驗到的，是否可能屬於不同的世界？而且，如果人與人所感知的世界俱不相同，那麼我們該相信哪個人的感知，並可用以建立正確的規則？此外還有關於腦結構的問題。如果我們的感知都受限於神經系統的結構與功能，那麼，我們對於世界的設定，到頭來不就都只是腦結構的副產品了嗎？

⊕

本書實在不適於把這些林林總總的哲學論辯一一攤開來檢視。知識論與心靈哲學的問題早已延展了好幾世紀，而至今也還在等待大家都能接受的解決。不過，讓我們來想想：如果這些問題都奠基在囿限存有的設定之上（即「知者」只衡量外面那個獨立的世界），那麼，如果我們把這囿限的設定棄之不顧，是否就可消除掉那永遠無解的難題呢？如果囿限存有這觀念只是我們發明的一種建構，那麼，心靈和世界有何關係的哲學問題不也多半只是論述的問題而已嗎？這些問題並不是人類存在的根本問題，而只是些老練過度的語言遊戲。[1]

本書的前幾章曾致力於削弱「腦袋裡的**知者**」這一設定。根據第三章所作的推論，「心」的觀念實乃生之於關係。我們所謂的「內在世界」──在腦袋裡有個行動之源，在語言背後有個「我思」──其實根本都是關係的成就。關於心的論述，不必用到「就在那裡」的事物，反而更需要的是從共同行動之中導出東西來。

　　批評者在此跳進場內：「我可以欣賞你對於心的論證。我們也可姑且將此稱爲人類的建構。但是，關於**世界**，也就是知識的『客體（物）』，你又該怎麼說？物質世界不就一直存在於關係之外嗎？你的意思當然不在暗示說：在有關係之前，沒有太陽、沒有月亮、沒有山川草木吧？並且，經由仔細的研究，我們對這些東西難道不可以知道得更多？更何況，我們早已知道地球不是平的。既然

1　關於知識論問題之爲語言遊戲，更多的討論請參見：Rorty, R. (1979). *Philosophy and the mirror of nature*. Princeton: Princeton University Press.

204　知此，我們就可以安全地預測：船隻在海上航行，不會在世界的邊緣墜下。像這樣的知識對於我們的生存而言，都是極為根本的。」

　　這樣的肯定當然合理，但還是讓我們看得更仔細點。正如我在前幾章中所試圖釐清的那樣，我很同意在共同行動之前，已經「有東西存在」。但當我們想說清這「東西」到底是什麼時──動物、蔬菜、或礦物──我們就已動用了關係的資源。要看你所身處的社群何在，你才能把「這」稱為分子合成物、雌性、生物實體、藝術作品、神的子女、我腦中的意象，或是媽咪。無論如何，要是不在任一論述社群中，你能把「這」叫做什麼？

　　只當社群的同意達成並且各就各位之後，我們才能開始談知識。如果我們同意「這」是個生物體，我們就可將它的功能、特徵拿來和別的生物體作比較。如果這是媽咪，我們就會漸漸知道她如何養育孩子。如果這是神的子女，我們也會對於她的精神性質有更多的知識。不過，這些知識都屬不同的種類，每一種都誕生於不同的社群。這樣一群群的知識，對這些社群而言，有助於達成他們認為有價值的目的。因此，生物學的知識可用以增長有機體的壽命。不過，這種知識對於你要如何讓孩子社會化，或你要如何過你的道德生活，就完全派不上用場。以此而言，任何形式的知識都攜帶著該社群的價值。要想擁戴某一知識宣稱，就必須同時加入該知識社群。[2]

✛

　　讓我們放棄這樣的設定：知識是某些個體心智和自然之間的特權關係。我們毋寧採用這樣的觀點：**知識乃是關係過程的結果**。人類是透過共同行動過程來創造出他們信以為真的世界。在一個關係傳

統中，某一特殊的論述被算作「知識」，某些人被認作「很有知識」，而某些實踐被當作「知識生產」。知識之能獲得其風雅的定義，必須由其對於社群內認定的價值作出貢獻而然。西方醫學知識 205 並不僅由於其「眞」，而是對於共享著西方信仰與價值的人頗有其功能。西方醫學所代表的**進步**基本上仍只是在某一同意的圈子裡才有效。[3]

◈

科學家乃是些隔離的個體，孤寂無限。站在舞台中央的明星周遭，其實還有許多不太顯眼的工作團隊在維護著他的光芒——他的同事、他的技術人員、他的研究生、他的秘書，可能還有他太太。另有些不在檯面上的則是贊助者或影響他工作的一些政客。

——琳達·希丙葛（Linda Schiebinger）

2　如同傅柯之所論，要擁戴某一社群的知識宣稱，就必須「乖乖地」成爲它的成員，不思不想地臣服於該社群的權力之下。譬如接受生物學知識，必然會增進生物學對於人類的霸道定義（因而和人文定義或靈性定義扞格不入）。傅柯依此推論而對於任何奠基於知識的社會體制都予以抵抗。本書的說法和傅柯可謂聲氣相通，但不一定接受他的抵抗之論。要抵抗所有的關係傳統，就是要完全踩出意義系統，甚至包括抵抗的意義。抵抗可用合宜的批判反思來取代。參見：Foucault, M. (1979). *Discipline and punish: The birth of the prison*. New York: Random House; and (1980). *Power/knowledge*. New York: Pantheon.

3　對於知識的這種關係論觀點目前受到學術界廣泛的青睞，這證明了科學知識是仰賴著社群共享的論述、實踐與價值。在這方面特別有意義的作品在於科學史、知識社會學、科技與社會研究、科學修辭法以及批判理論。對於這些作品的摘要綜述可參見：Gergen, K. J. (1994). *Realities and relationships*. Cambridge, MA: Harvard University Press; and (2009). *An invitation to social construction*. 2nd Ed., London: Sage.

用關係的觀點來接近知識的話，我們就可以向心物二元論那些帶刺的難題告別了。我們也可因此而得以賞識變化多端的知識宣稱，譬如經驗知識（empirical knowledge）、直覺知識（intuitive knowledge）、實踐知識、靈性知識、視覺知識、音樂知識、默會知識（tacit knowledge）、常識知識等等的宣稱。毋寧唯是，對於某一群體的知識宣稱會被另一群體大打折扣之事，我們也就毫不訝異了。我們也能瞭解：世上多數的主要大學都會把特權賦予經驗知識，而非藝術或體育知識，其理由並非基於經驗研究有何內在的優越性，而只不過反映了某些人在歷史的某些時刻所認定的現實與價值如此爾爾。

關係論觀點的知識對於實踐而言有何意義——尤其在學術、科學和教育上？我們知道在此有很高的潛能，但目前的說明必須是選擇性。本章的下文將要把上一章所討論的黏結和障礙都予以放大和延伸。我要聚焦之處特別在於長久以來一直向隔離與異化傾斜的三種知識生產社群。這些傾斜的狀況在傳統的研究和書寫實踐中，既阻斷了具有生產力的互動和交換之流，並也製造出腐蝕性的衝突。我們首先要提的是知識生產社群何以有自我隔離的傾向，包括相互隔離以及與公共社會隔離。接著我要轉向這些社群之內的關係，特別要把焦點放在傳統書寫實踐的異化效應上。到第三節，我轉到社會科學研究和他們研究對象的關係。我們在此發現傳統的研究方法乃是異化作用的根源。在這三種情況下，我們面臨的挑戰在於如何發

展更具協作性質的實踐方式，亦即一種生活形式，在其中，關係之福才是最高的目的。

1 | 製造困擾的學科分化

我在校園裡逛逛，先經過了生物學館，然後碰到工程館，之後來到英文系館，如是如是。在每一棟大型建築物之內一定有非常令人愜意的生活。因為裡面有熟識的同仁，用功的學生，還有電腦設備可使其中的每一份子都很容易跟世界上的同行聯繫起來。最重要的是：這裡頭有一套對於世界本質的共享設定，以及什麼是值得努力工作的目標。對於參訪其他科系，可說是沒什麼必要；真的，在許多大學裡，各系館之間的距離都蠻遠的，讓人難以涉足到系外的領域。每一棟建築物都圍著高牆，以防止不速之客的入侵。有時這些高牆非常顯眼——石牆、磚牆或不鏽鋼圍欄。不過，更重要的圍牆則是隱形的；那就是樹立在各種領域之間的研究實踐，包括級別高低之分，以及學院與公眾之分。

⊕

把知識區分為各個分別的領域，這概念顯然可連結到囿限存有的設定，並且也強調了：心就是用來對世界作準確的鏡照。站在這個立場，沒有人能夠同時觀察每一件事。於是，知識的累積就必須先分門別類，然後各不同的觀察者才可以注意到世界的方方面面。有些人的焦點在植物生長，有些人抬頭望向穹蒼，另有些人則專注於經

濟實踐，等等。每一位都要有他自己的方法論、邏輯和測量工具。如同杜爾敏所說的，這些企圖的終極成就，應在於將所有的知識整合起來，而形成能包羅萬象的理性。[4] 不過，在此同時，讓各個專業領域能夠精益求精，也一樣重要。

207　　這樣的邏輯聽來很有道理，但其前提是你必須先接受傳統的觀念，認為自然世界有其自然的區分，而這些各個不同的觀察合起來可以構成一個天衣無縫的世界理論。然而共同創造的知識論所當質疑的正是這一群前提設定。從關係論的觀點來看，植物、天空、經濟都不是自然的事實；毋寧說，它們都是來自觀察者所參與的關係而生產的「研究對象」。只有透過這樣的參與才使得學科區分的道理能讓人明白。我們的學問分成各個科系，這並非世界本身具有如此的形狀，而是在歷史的特定時刻，經由特定的文化所形成社會同意，才有以然。由此可知，這些知識的社群建構就不可能毫無扞格地銜接。各個社群所投注的價值與目的在實際上各有不同，我們根本沒理由期待它們可以構成一個融洽無間的整體世界。在生物學的世界裡，原子毫無用處；在原子物理學家眼中，不會有經濟結構；對經濟學家來說，神也不存在。確實地，從任何一個邊緣群體的觀點來看，任何一種綜合的宏圖都是危險無比的。因為這定會造成一些真理的噤聲，一些實用潛能的喪失，以及許多關係的輕忽怠慢。[5]

該注意的問題在於：學科分化是否能為人性的需求而服務。最普通而顯然的回答當然會說「是」。生物學研究使我們可以管理森林，物理學協助我們發展了核能科技，人口學的貢獻在於能有效制定社會政策，等等。這些績效必須在專業化之後才能達成。然而，如果

知識是關係的成就，我們對於上述的結論就應更小心。前文所討論的黏結和障礙曾要求我們對於專業化的衝擊更多加關切。把世界的知識劃分為科系必導致有害的結果。在此我只提提其中的四個。

四處蔓延的對立

科系基本上就像達爾文的物競天擇世界一樣。實驗室的空間，新的設備，長聘教授的名額，薪資層級，以及高階委員會的職位都是些搶手的商品。這些都是零和遊戲，其中任何一系的所得就必造成其他各系的所失。常見的後果就是毒計、密謀、忿恨與羞辱。系主任下台，院長換人，系裡的教師辭職去別處尋找更合適的職位。相互敵對的趨勢甚至在一系之內就已出現。一位二十世紀文學的教授很少讀中世紀文學的期刊，而當某一系被高層要求減少師資時，教中世紀文學的教授就會開始惴惴不安。一系之內經常就為這樣的問題而分裂，競爭的各方在校園內以不同的名義四處出鋒頭。目標總是希望自己的領域可以繁榮發展；如果其他領域的人進來阻撓或「搶奪」資源，那就是學院內的戰爭了。

208

$\oplus$

　　學院工作……乃是學術異化與科系國族主義的蠻橫混合物，用

4　　Toulmin, S. (2001). *Return to reason*. Cambridge, MA: Harvard University Press.

5　　這同時也在呼籲各種跨領域的知識整合，以及質問關於真理標準的連貫性問題。以 E. O. Wilson 的例子來說，他在 1988 那本書，*Consilience: The unity of knowledge* (New York: Knopf)，之中的提問是：誰在執行這種統合？以何設定為始？在這樣的知識大傘之下，誰的真實被遺漏了？其知識基礎何在？

來形成我們問他們的問題，同時也是他們所給的回答。這些學術價值還會回過頭來促進——以及獎賞——學院生活各階層的異化與攻擊。

——大衛‧丹若許（David Damrosch）

科系紀律與能力衰減

「科系」（規訓）一詞本就帶有衝突的語意。一方面我們認為知識的進展需要運用有系統的、嚴謹的、理性的行為規則；於是在學術上會受到的責備就是「缺乏訓練」。透過對一科系的投誠才形成一個社群，其職位也就此在學術世界裡建立，同時其四周就圍起壁壘，防止外人的攻擊。甚且，一位學者遵循規則就會獲得會員資格的保障。然而，科系的這種積極氣氛中還同時夾帶著一種較不起眼的潛規則。在此，科系（規訓）形成一種壓制。它的作用就是對於不附和者施以懲罰。[6]我們必須對於這後一種意義多加留心。

我在第五章已經主張：當我們在一群體中發展出共同的瞭解時，我們也傾向於限制自己的可能性。我們在進入學術機構時是以多態存有的身分；我們入港時就帶來多種興趣、才華、價值與想法。不過，正因為有了系裡的共同的瞭解，上述的種種反而多半會變得不相干，甚至惹人嫌厭。以廣義而言，科系規訓的效應就是將大多數參與者的潛能予以削減。經濟學者在探討文學理論時，要四處瞻望；物理學者在轉向神學時已經成為一個嫌犯；心理學者醉心於馬克思主義就是自找麻煩。在科系的規訓中，有很強的壓力在消除一個人所能的發聲，除了該系所要的聲音之外。這不只意謂一系與文化內的關係失去大方向的交流；它也同時意謂該科系本身潛能

209

的關閉。越出該系認定有價值、經批准的範圍，包括研究的題目、研究的方法、提出統計的證據、合於格式的寫作、對於此議題的傳統談法，或是適當的出版管道等等，都等於是走在失敗的險路上。長聘的決定、薪資、流動性、研究補助金額，和同儕的接受度等等都在維持這個科系規訓的平衡。很多種明暗力道都在不斷使力，爲的就是保留傳統。

◈

那真是令人開心的趣事。我滿腦子都是這種浪漫的實驗法，目的在建立人類社會行為的法則，而我對於這種主要方法論的巧妙運用也使我獲得在哈佛的第一個學術職位。喬許和我一起聽邀請來的訪談者講話，我們之間很快就開始互相交換眼神，然後互相傻笑，後來就乾脆一直竊笑。訪談者可以對於我們這些現象大膽說出他們的評斷，而不必有任何經驗證據的支持。「真是無禮；」「多蠢哪；」「他怎麼敢說自己是科學家？」在每次談完之後，我們會模仿和嘲弄，直到我們笑得前仰後合為止。我是這門學問完全入戲的局內人。

由於我曾花了不少時間「在學科間遊走」，在私底下我其實對於這樣投入的研究感到懷疑。這些懷疑開始逐漸擴大，大約是和喬許這樣鬧過十年之後，我把這些懷疑寫出來與同行們共享，但卻埋沒在本學科領域旗艦刊物的最後幾頁上。我提出的主張至少有一項是說：人類的社會行為並非基本上都合於

---

6 可參見：Foucault, M.，前引書。

規則，且若把研究結果都告知那些受試者，則他們的行為通常
就會改變。我尤其主張：這樣的事實是因為當我們這些心理學
家把人的行為貼上附和、攻擊、偏見之類的標籤時，我們實際
上是在作價值判斷。因此，實驗研究並非對於行為類型的中立
觀察，而係一種社會影響方式。如果我們的影響遍及於整個文
化，那麼我們就會把我們想要研究的行為都給削弱。實際上，
在教學中談附和、偏見、服從等等題目之時，很可能就在降低
人們從事這些行為的傾向。我認為，社會心理學這門學問不只
是在紀錄歷史，而是在改變歷史。

只要把這些觀點公開出版就很接近於玩鬥牛，也把牛刺傷
了。毒辣的辯解開始四處出現，也有很多人將此寫成社會心理
學的危機。爭論一直持續下去，直到這份旗艦刊物登了一篇專
文，對我的論點作了長長的批判，並聲稱不再接受有關於此的
辯論文章。在實驗社會心理學的全國會議中，甚至宣布這場危
機已經「結束」，然後此一領域才回復到原來慣有的狀況。現
在我已經變成了個局外人。

⊕

如果學術上具有革新性的作品就叫做雜交、不純，或是模糊了不同
領域的界線，那麼，科系訓練就真是學術的敵人了。要是「框框外
的思考」不許存在，那就很難不危及那個框框本身的存在。

優雅自足的無知

當我們認定不同形式的研究乃是由於世界本身的差異所造成，那

麼，學科領域區分的邏輯就會變得無止無休。之所以如此，是因為世界本身並沒有為知識的區分劃好界線；這些劃分實來自社會交換。因此，知識生產者恆能自由地宣稱世界的區分方式，發展出一種學科訓練的道理，並創造出一種相應的體制結構，來讓它發芽結果。同時，在學術的競爭市場中，創造新的學科，[7] 常比在舊學科中爭寵要來得更容易獲利。當學科分化得愈細，則其中重要的知識和關切就會逐漸集中減少。以次領域及再次領域地分下去，這個專業一定會愈來愈窄化。一個人可以花一輩子的學術生涯只探討一本書，或歷史上的一個事件，或鳥類中的某一特殊種屬。然後就會有一小圈、一小圈的學術朋黨活在他們自以為快慰的小世界中。

⊕

柯思婷是實驗心理學的一個研究生，擔任系上一位資深研究者的助理。他們的研究焦點是語言理解。在暑假中，柯思婷很好奇文學研究的人是以什麼取向來探討語言理解的問題。我給她的建議是先看看鄰近的幾個學科，特別是詮釋學的研究。好幾世紀以來，詮釋學的學者們挖開了不知多少具有挑戰性的謎團，道出了多少能達成文本有效詮釋的結論，包括對於《聖經》或對於其他早期歷史著作。對柯思婷來說，詮釋學確實讓她眼界大開。到了秋季開學後，她在她的教授所開的討論課上報告了她的暑假讀書心得。當她開始說明她所讀到的東西時，

211

7　在美國心理學協會（American Psychological Association）中，現有的次領域共有五十六個分組（divisions）。

她的教授以鐵板似的口氣打斷她：「等一等，這個『錢氏學』是什麼東西？我從沒聽過他在我們的領域中有過任何出版。」

⊕

廣泛涉獵也有其危險。一個學者對於其他學科的好奇總會被該學科的居留者視為擅自闖入的外來客。他很快就會被遣送出境，因為他無法「真正抓住」主要題材的意思。而在他自己的本科中，這個學者也會被驅逐出境，因為他的想法顯得太陌生或古怪。對於一門學科的護衛者來說，「玩票的」「業餘的」之類稱號在他們手邊撿拾即是。學院的安全感就建立在他們懂得如何對愈來愈少的小眾開口講話。

⊕

由化約論的學科所生產的獨白式資訊，其典型就是和其他知識沒有接點的異化認知和異化存有。自閉式的知識論在此運作自如，而其中的所有成員也都只在各忙各的，猶如封閉界線內的單片電路，也形成完全自滿自足的學門。

——J・L・肯啟樓（Joe. L. Kincheloe）

知識：讓誰獲益？

知識生產社群既已有如此孤立的趨勢，我們還是必須再提提「讓誰獲益」的問題。對於那些社群內部的人來說，這根本不是問題。在這樣的社群內，對於進步早有共識，而每個人的工作對此共同目標有所貢獻即堪稱足矣。在一門學科中，對於「什麼是值得研究」的

標準早已是明確無疑。不過，從關係論立場來說，從一個既定傳統的**內部**來討論獲益的問題，就肯定是不足的。眾所周知的問題就是知識生產社群對於社群以外是否有貢獻，或能貢獻到什麼程度。譬如對於科學的大量投資必然是基於這樣的信任：科學可以使廣大社會都能獲益。然而，我們一直發展的盡是意義的孤島，於是社會的價值也隨之而逐漸沉默。對於「純知識」和「基本研究」的傳統概念很有效地支開了超過一門學科之外的任何關切。擁戴「純知識」者就意謂他認為「你們這些門外漢的價值，我不知道，也不必管。」同時受到貶損的乃是把那些「不純」的精神消耗在應用研究上。因為他們所跟隨的只是工商業界或政府的吩咐或呼喚，而非遵循高級的純知識之道。

212

✦

以上所談的當然不是要把大學研究對於社會的貢獻一筆勾銷。種種貢獻，譬如化學對於醫療實踐，生物學對於保護海洋生命，物理學對於外太空探測，比較文學對於欣賞異文化，哲學對於人類處境的深思，都是令人讚佩的。毋寧說，此處的根本關切是在於優先性以及潛在性的問題。如果更多優先性能被擺在有更多善果的研究上，那麼，社會貢獻的潛能不也會隨之而擴大嗎？

✦

我有好幾年擔任了國家科學基金會和國立心理健康研究院的計畫審查委員。審查委員會所提出的基本問題一向是：研究方法是否嚴謹。雖然申請者都被要求在研究計畫中寫一段「本研究對社會的貢獻」，但這段文字很少有人會看，也從來都沒人會

討論。這不是因為申請者們的失察,而毋寧是因為眾所週知,所謂社會貢獻都只是一些後知後覺,泰半是櫥窗性質的產物,也都是來自國會議員好奇的質詢。

⊕

在此舉出一些取自「十大」(Big Ten Universities)的 2006 年博士論文標題樣本:

- 雙重電壓的功能性分級壓電陶瓷學
- 話語美人:坦桑尼亞選美會上的語言使用與語言學意識型態
- 透過表層醣蛋白變化在年輕、年老田鼠身上提高的 T 淋巴球功能
- 論交互連結底層結構之適度能力與適度調節
- 根源、權利與歸屬:宏都拉斯北海岸的嘎里夫那本土性與土地權
- 在古典約瑟夫森結串列上可能的量子行為

　　　　　但有誰會讀呢……

⊕

對於社會福祉這麼普遍的忽視,質問此一問題的哲學家費爾拉本(Paul Feyerabend)就曾經提議在研究經費補助的審查委員會中加上幾名外行人。[8]如果納稅人繳的稅都可以這麼大方地拿來補助大學裡的研究計畫,那麼納稅人的代表就應該參與審查人的行列。我強烈支持費爾拉本的建議。[9]同時,我也向我的同行們建議,有一種評審標準是我長期以來所倚賴的:**理髮師考驗**。如果我不能把我

的研究計畫說到我的理髮師能聽懂，乃至能引起他的好奇心，那麼我就應該重新考慮這計畫的價值何在。

✛

我有位朋友是大提琴家，他最近說：他們的樂團如果只演奏 1930 年以後的音樂，那麼他們的聽眾將大幅減少，樂團也會關門。傳統的交響樂之所以廣得人心乃是因為那些音樂的根源在通俗樂句。二十世紀的作曲家開始實驗用完全基於理性的體系來作曲，他們作的曲子一傳到了圈外，就變得幾乎不知所云了。學術研究面臨的窘況與此相似。當他們不再和社會一般人對話時，社會對他們的支持也會停止。美國的議會對於各大學的研究貢獻總是持著懷疑的態度。他們的懷疑也使他們一再質問道：大學教授的教學負荷為何這麼少？這也同時使稅收分配給大學的補助費大為減縮。對社會大眾而言，在可疑的外太空探究以及核子加速器上花了幾十億經費，已經很令人厭憎，更何況貧窮、犯罪、吸毒等問題卻都顯得無人聞問。

2 | 跨學科的初探

任何一種知識生產都必須結合一群心智相似的人才有辦法做到。但

8　Feyerabend, P. (1979). *Science in a free society*. London: Routledge.

9　有人會爭論說：這樣的修正方式已經在眾議院當中實現了。但是，以我的經驗來說，眾議院的質詢鮮少及於研究計畫的內容。眾議院的興趣基本上只在於某些既有的研究，其發起的構想（譬如生物複製、幹細胞研究等）是否能多獲得一些選票。

214　同時，我們也由此而發現了一大串不幸的後果。一門一門學科的發展在知識生產社群之間相互樹立隔離的高牆，也讓他們和周遭的世界隔離。其結果就是相互的敵對、無知、窒息了創意的氣氛，也弱化了他們對於一般福祉的貢獻。然而，這些種種雖是常見的邊際效應，但卻不是不可避免的。知識生產要仰賴學術訓練，但強硬的規訓對於創意的探究既非必要也很不受歡迎。所以，我們的挑戰就不在於讓社群瓦解，而應在於如何降低訓練的束縛，以及如何讓內外之間的界線變得模糊。從關係論的立場來看，我們的目標應在滋補和增添意義的自由流動。永久不變的科系只是個假定，現在應該讓位給不斷起落的社群，緣於其不斷與前進的人性對話之故。

　　這樣的關切絕非我個人所有，且革新的現象也已經處處可見。在此脈絡下，我們可以從一些具有先見之明的學者和學術領導人那裡獲取靈感，來向既有的結構挑戰。我自己很受吸引的有下述四條革新之途。

交織的學科

學科隔離的問題早已為人所知，通常最保守的反應就是要求廣博的養成教育。大學部的本科生尤其都要修習整套廣博的課程。這種「品嚐世界」的方式確實可讓學生打開新視野，以防止過早的興趣凍結。然而，一旦進入該學科的主要課程之後，對多種其他學科的蜻蜓點水式淺嚐實不太能造成什麼不同之效。對於學生向門外偷窺之病，這些主要課程可謂具有收心治療之效，而教師們也可因此而能盡責地讓學生回到正途。學科本身仍能安然維持著對外隔離的身段。

在潛能上比較有望的是科際整合或跨學科的學程。多年以來，我對於這類學程的成長留下極深刻的印象。這確實代表了對於上述的問題愈來愈有意識。幾乎所有的大學或學院都會提供一些結合兩門或多門學科的系統學程。[10] 然而，這類學程至今還大多只停留在大學本科階段。研究所課程就變得更加投注於讓學生能夠對原本的學科產生貢獻。在國家科學院（National Academy of Science）的某一委員會上曾留下這樣一筆紀錄：「縱然（跨學科研究）是顯然有益的，但致力於這種研究的人還經常要面對令人卻步的障礙和排斥。」[11] 當大多數學者們還沉浸在他們的本門學科之中，跨領域研究就很難保證會有前途。既有的學科可以授與價值；跨領域研究則尚未能有成形的社群，來頒授成就的證明。因此，雖然跨領域學程可以激發學生產生學科連結的思考，但很難說已經有長程而專業的努力投資於其上。

⊕

我早期的教學經驗是在一個完全跨領域的學系，那經驗令我破除了許多成見，且至今仍令我心存敬畏。那個是哈佛的社會關係學系（Department of Social Relations）。該系成立於 1946年，結合了心理學家、人類學家和社會學家的努力。主要是受到塔可特・帕森斯（Talcott Parsons）具有整合性視野的啟發，在早年裡就希望該系能為完全整合的社會科學鋪路。1964 年，

10　可參見：the *Journal of Interdisciplinary Studies*.

11　National Academy of Sciences (2005). *Facilitating interdisciplinary research* (p. 2). Washington: National Academy Press.

我受聘到該系任職時，這一宏偉的視野已經大為萎縮。不過，仍然留存的是許多教師之間在開課時強韌有力的整合企圖。對於我這個新進教師而言，其結果是我的教學生涯中最具有思想激發力道的體驗之一。譬如，星期四晚上在大衛‧黎斯曼（David Riesman）家裡晚餐。黎斯曼是位知名的學者，他對於當代文化變遷的著作橫掃全球。他開的課頗孚眾望，其內容也跨越幾乎所有的社會科學。週四晚上他讓我們八位來自各個專業領域的助理教授聚在一起，來討論下週上課要談的主要觀念。另外還有傳奇性的 SocRel 120 這門團體動力學課程，我和另外六位教師一起上的，包括一位精神分析專業，和一位統計學專業。加上其他一些合開的課程，這就構成了一個相互刺激、相互啟蒙的集團。

然而，幾年後，我離開那裡，到斯沃斯摩爾（Swarthmore）學院任職時，哈佛的跨領域活力已經逐漸衰退。新進教師已經不再和該系的視野結盟，而是靠向他們同樣專業領域的人。這實在不令人驚訝。因為他們所要貢獻的即是他們所屬的專業領域——他們的學術聲望、經費補助、研究空間、研究生助理、著作出版等等都要依賴這個專業學科。在短短幾年之內，這樣的精力投注方式終於使得社會關係學系走入終點。各專業領域的學科統治再度來臨。

新興的雜交之學

知識的科系區分雖是來自社會創造，然而一旦學系建立，強烈的生存動機也一併啟動了。一方面，這是意指保護自己的學問傳統

——包括主要題材、方法論和發表的形式。不論全球脈絡發生什麼鉅變，大多數的學系傳統仍然穩若泰山。他們的操作方式從很早以前就建立，因而在其勢力範圍內很少出現挑戰。同時，我們談過，系與系之間還有競爭存在。每一系都在預算的大餅上儘量爭取到應得的一塊。其結果是：對於潛在的新進者就無餅可留了。無論就哪方面來說，既有的建制中幾乎沒什麼空間可留給新的議題、新的關切和挑戰。這些新東西只要在系裡顯得不合身，就難得有出線的機會。在一個日新月異的世界中，這種抗拒變化的趨勢定會導致衰頹。

好在有些很看好的變化徵兆已經出現。有一種變化的根源特別值得注意。區分隔離的傳統之所以會一直維持，乃因為學科之內無人能對其基本設定提出批判的衡鑑。你不能以該學科的說法來質疑其內在邏輯。譬如，對於使用實驗研究來取得數據，你不能合理地質疑其有效性。對一個學科的質疑常需使用學科之外的知識資源。不過，偏離自己的學科總是得不償失。先前提過，但凡質疑本學科的邏輯與實踐者，都難免遭到同行們的輕蔑。所以各學科很少會對於自身的前提、限制或價值提出疑問。

在這樣的脈絡下，值得我們賞識的乃是最近盛開的知識花朵：**反思批判的學術研究**（the scholarship of reflexive critique）。其早期根源可以追溯至康德和黑格爾，尤其重要的是關於矛盾、否定與和諧、統一的對立。這些關切從 1930 年代起就已獲得其政治上的顯要地位，主要是由德國法蘭克福大學（University of Frankfurt am Main）一批才華橫溢的哲學與社會研究學者手上做出的成

217 就。[12]他們的目的在於推展馬克思主義思想以及社會轉型。為了完成此任務，必須先檢視資本主義及其僕從（實證主義科學）之中的內在矛盾。雖然「法蘭克福學派」所作的特定批判已經漸漸退潮，但他們的努力激發了一波新的學術風潮，通常此一類型的研究被稱為**批判理論**，而其批判奮鬥所針對的乃是體制中的教條。對於理所當然的種種宰制，透過批判質疑，我們才能從而獲得解放。

⊕

當批判理論在傳統學科中生根時，其結果很具有催化之效。譬如說，批判理論者指出了人類學研究中普遍的西方中心偏見，發現生物學和物理學的程式和方法中充滿了性別歧視，也挑戰了實驗心理學基礎中隱藏的個人主義意識型態，等等。這些質疑固然很少導致該學科的轉型，但它確實創造了一種氛圍，讓學者們在提出言論時變得更為小心翼翼。[13]當這些批判取向的學者聯合起來時，新的學科也應運而生。由於對他們原屬的學科覺得不安與不滿，批判的學者們跨領域尋找一些志同道合的人，且由茲而創造出新的研究形式。譬如，我們看到了一些積極發展中的婦女研究、性別研究、非裔美國人研究、酷兒研究、文化研究等等。批判的動力也對許多研究學程造成整合性的影響，譬如電影研究和修辭（語藝）研究。

　　學科雜交還帶來第二種顯著的刺激，其本質是屬於經濟性的。大學的營運經費與日俱增，而公共的捐款卻日漸萎縮，大學的存在正面臨著威脅。它們必須找出增加收入的辦法。其中最重要者之一即是建立各種新的研究學程，特別是那些可以吸引付得起全額學費的專業人士來就學。商業管理方面的學程之大幅成長就是個顯例。不過，要把跨科系的教授們集合起來，創造出可以吸金的新學

程，對於大學來說仍是個不小的挑戰。正因為這類學程的訴求就是
市場需求，它們的典型特色就是以議題、話題作為聯合的基礎，而
在原來的傳統學科中本不包含這些東西。因此出現了琳琅滿目的新
學程，諸如：爭議之解決、野生動植物保護、奈米科技、以證據為
基礎之醫療保健、軟體工程、幼兒保育、廣告、建築管理、永續經
營、全球化、氣候變遷、觀光旅遊、勞工研究等等，不勝枚舉。[14]
再者，由於這些學程都是雜交的，因此就有必要從大學裡的各個學
科中抽取資源。於是，跨學科的成員們發現他們之間的跨領域交談
漸增，創意也隨之而來。從各個不同學科之間究竟可以抽引出什麼
匯流來？傳統的界線似乎正在逐漸蒸發。

218

⊕

對於這些發展，我的反應一方面是熱切回應，另方面則是反思的按
捺。由於這些研究漸增，具有全球性意義的議題正由於跨學科連結
的努力而得以發現，不過，以這樣的雜交來尋求長存之計，恐怕也
難免危險。當它們變得羽翼豐滿時，通常就會產生永續經營的鳥瞰
觀點。這時，一些新的圍牆也會隨之而樹立。[15] 從關係論的觀點來

12　對此的文獻回顧，可參看：Wiggershaus, R. (1994). *The Frankfurt school: Its history,
theories, and political significance.* Cambridge, MA: MIT Press.

13　對於這些批判也引起了惡言相向的回應。其中有個結果就是學院人所謂的「科學戰
爭」，譬如可參見：Gross, P., and Levitt, N. (1997). *Higher superstition: The academic left and
its quarrels with science.* Baltimore, MD: The Johns Hopkins University Press; and Parsons, K. (Ed.)
(2002). *The science wars: Debating scientific knowledge and technology.* Amherst: Prometheus.

14　可參見網頁：Association for Integrative Studies (http://www.units.muohio.edu/aisorg/index.html).

15　正因如此，有些新的學程，譬如婦女研究、文化研究、酷兒研究等，就會有成為新
貧民窟的風險，在其中，原本具有廣泛意義的關切變得只剩下一小撮人在苦撐。

看，這個理想可視為一個向各路人馬開放的競技場，同時也預告著組織的不穩定性。換言之，學者們可以不顧學科背景的差異，在任何時刻都可以和任何知識生產的團體結盟。同時，他們也得知道，這樣的圈子本來就不具有長久性。譬如說，和平研究，在全球脈絡一發生轉變之時就會自然萎縮；新的研究領域也會隨時開發出來（譬如：全球暖化、跨信仰對話、核武擴張、人權），但就不必然能留得下來。開放的知識交換博得其價值，並激發了好奇心，只是不能先認定其長長久久。

⊕

我在斯沃斯摩爾學院任職的經驗給了我不少的啟示。有些敢於冒險的教師成員，受到來自社會及學院的尖銳議題吸引，就常能衝破科系限制而形成新的結盟。他們會在各科系之間找出志同道合的盟友，且能為新的研究學程而揭竿起義。他們發展出許多生氣勃勃的學程，譬如：黑人研究、環境研究、電影研究、認知科學、傳媒研究、詮釋理論、和平與衝突、公共政策以及婦女研究。這些學程都不設在傳統的科系內。它們確實都落在現有的學科傳統之外。而它們也沒想要成為永久性的機構。只要學生和教師都還有熱忱的話，它們常以學生的副修方式開課。來自不同科系的教師以聯合教學來教不少課程。我把我參與這些課程的經驗視為知識和教育上的珍寶。

公共知識份子的回返

羅索・傑可比（Russell Jacoby）在他的著作《最後的知識份子》

（*The Last Intellectuals*）一書中以詳實的文獻說明了美國文化景象中有一種學者已經消失了，就是能適時進入公共論辯的那種學者。[16]這些一去不返的學者包括了譬如：萊恩諾‧崔陵（Lionel Trilling）、大衛‧黎斯曼、C‧萊特‧密爾斯（C. Wright Mills）、瑪麗‧馬卡西（Mary McCarthy）、丹尼爾‧貝爾（Daniel Bell）、約翰‧肯尼斯‧蓋爾布雷斯（John Kenneth Gailbraith）、路易斯‧孟佛（Lewis Mumford）、艾德蒙‧威爾森（Edmund Wilson）、貝蒂‧符里丹（Betty Friedan），以及蘇珊‧桑塔格（Susan Sontag）。傑可比將這些公共學者的消失追溯到知識生產愈益分工專業化的時期。在上述的討論之後，他寫道：「教授們現在都分屬一個個學門，及其中共用的同樣語彙。在學術年會上聚集，相互參閱他們的筆記文章，並由茲形成他們自己的小世界。一位『很有名的』社會學者或藝術史學者是意指在其他的社會學者或藝術史學者間有名，但不為其他學門的人所知。當知識份子都變成學院份子時，他們就不必再寫雅俗共賞的文章；他們果然都沒寫，後來就不會寫了。（p. 7）」[17]

❖

　　好幾年來，瑪莉和我，以及我弟弟大衛夫婦，一起參加了希爾頓頭島（Hilton Head）的「文藝復興週末」活動。這種聚會邀來了超過千位的各界專業人士，其中以政、法、商及大眾傳播界的人居多，但也有少數的學者參加。在這週末中，有數十

16　New York: Basic Books, 1987.

17　對於公共知識份子的難產，可進一步參見：Small, H. (Ed.) (2002). *The public intellectual*. Oxford: Blackwell; and Bowditch, A. (2006). *Public intellectuals: An endangered species*. New York: Rowman and Littlefield.

場的研討會由參與者主講，題目都是自選的，都和全國性議題
有關，也具有對等的重要性。生動的對話在各場子裡飛舞，但
都能彬彬有禮地超越專業和黨派的路線。在這些場子中，我最
感興趣的仍是由學院人士主講的那少數幾場。他們要如何運用
他們的知識來談公共關切的議題？怎樣的對話形式會因此而激
發？有兩個特別鮮明的印象留在我的經驗中。首先，就是幾乎
沒什麼人在意。也就是說，跟所有其他的場子相比，這些學院
人所提供的場子都是聽眾最少的。其次，引發的對話都是一個
模樣的緊張。學者們都傾向於維護他們的權威，而聽眾則在兩
種處境之間拉扯：一方面很難聽懂學院派的語言，另方面就是
懷疑學者們的表達能力。

◈

然而，也有些可算是有希望的動態發生。那些原先孤立且狹隘的學
科冒出了一堆學者，他們能夠向公眾大談他們那特殊學科的研究進
展。各方面都有推廣性的通俗讀物出現，談的都是很根本的議題，
譬如：時間、大腦與行為的本質、演化、精神疾病、幸福的本質，
等等。由此看來，高牆開始崩塌了……但還不夠。這些題材本是學
院中的專業，而通俗著作是想讓公眾能夠明白，但在專業中卻常不
必管公眾知識與此專業知識的共同起源何在。這些學者們的嘗試，
大多是在把他們的專業學科變得能對公眾透明。學科專業總是優
先，然後是公眾必須接受教育。但是，在傑可比那一代，優先的常
是公眾的關切──壓迫、正義、種族屠殺、倫理，以及如何才能活
得有意義等等。學院知識只不過是公共討論的議題輸入選項之一。
公共知識份子就能夠把當前的政治關聯到歷史，把人格研究關聯

到組織文化，把文學理論關聯到身體疾患，不一而足。在這種狀況下，知識份子的移動方向總是從獨白（「我知道」）到對話（「讓我們一起來探索」）。

        ✢

> 我們這個時代的一大弔詭就是：知道觀念有能力讓社會轉化，對於人類這個物種如何思考、如何行動都充滿洞視，但這些知道和洞視卻總是以不可卒讀的語言來呈現。
>
> ——多莉絲·萊欣（Doris Lessing）

        ✢

當知識在社群中的起源問題變得愈來愈明白時，也從而誕生了新的一批學者，他們更能夠全心浸潤於公共關切的議題中。我相信傑可比會找到充足的理由來慶賀以下諸人的著作：薩依德（Edward Said）、丘畝斯基（Noam Chomsky）、李察·羅狄（Richard Rorty）、瑪莎·努斯葆（Martha Nussbaum）、貝拉、康內爾·魏斯特（Cornell West）、卡蘿·吉利根（Carol Gilligan）、史丹里·費雪（Stanley Fish）、羅勃·帕特南（Robert Putnam）、李察·森內特（Richard Sennett），等等。以上諸位學者中大多曾經受過上文所述的批判論辯之滋養。[18] 在此同時，他們的曝光實有賴於一些有遠見的學術行政人員、敢冒險的出版家、勇於支持的朋友們等等

221

---

18 更進一步談公共知識份子的更新，可參見：Michael, J. (2000). *Anxious intellects: Academic professionals, public intellectuals, and Enlightenment values*. Durham, NC: Duke University Press. 對於公共知識份子百花齊放現象的批判，可參見：Posner, R. A. (2003). *Public intellectuals: A study of decline*. Cambridge: Harvard University Press.

的努力。在未來，我們甚至可希望有些學者能坐進公共體制的辦公室。在世界上很多別的國家，這早已不是新鮮事。好萊塢曾經相當成功地生產出一些頗有影響力的政治人物；難道學院不應該有相當的結果？朝此方向的移動將會使社會結構產生極為有利的效益。在公共論辯中，學者受到的讚譽很少是由於他們的學科訓練之故。他們對於大社會的貢獻似乎造成了他們所屬學科的失落。學院和大學的行政把關者很可能成為未來成敗的主要關鍵。他們應該不再死守著特殊的傳統，反而要有能力去創建一些有意義的吸引條件，來讓學者們為公眾的福祉效命。

障礙重重的學科代表了一種難以突破的挑戰，使那些想要自由流動並創立新的關係形式者一直還在為此而掙扎。然而，其中有些微妙的異化作用，是透過大多數大學中共有的寫作格式而產生此一效應的。我們就來對此作些探討。

3 │ 書寫之為關係

我寫下這些字的時候，不只是在傳達一些內容。我也同時在和讀者你進入一場關係。我選擇了書寫風格、敘事法、一些主題、一些隱喻，以及把自己定義為作者的方式，以此我邀引出一種特殊的關係。如果我像個權威那般書寫，我會引出一種關係；但若我把自己當作謙虛的探索者，我又會引出另一種關係。靠著個人本身的故事和只使用抽象論證，會分別創造出不同的關係。於是我的書寫可能將你異化，或邀你前來，或甚至讓你打起瞌睡……真恐怖！措辭和

關係就是這樣併肩同行的。

✛

太初的字詞不在於指事

而在於建立親密關係。

——馬丁・布伯

✛

我在此所要關切的乃是我們的學術書寫傳統。總而言之，一位學者 222
的成功是由他（她）的作品質量來決定。他（她）的專業身分認同
基本上就仰賴於他（她）對於「文獻的貢獻」。如果書寫也是創造
關係的方式，那麼，我們就可以正當地問：這些寫作的努力是否也
促進了關係？在我看來，我們主要的書寫傳統所貢獻的，毋寧是異
化與敵對的風氣——不論就學院之內而言，或就知識生產者與公眾
之間而言皆然。

　　要明白為何會如此，我們必須再度回顧有限存有的觀點，以
及此一觀點如何影響了學術書寫的性格。要之，學術書寫最重要的
博得聲譽之道乃在於其**道理**的高低。以一般的說法，道理就是心理
世界中的核心成分。因此，寫得好就等於想得好。但，什麼是想得
好，或有道理呢？當然，這回答所要依賴的就是我們所建構的、關
於有效思考本質的那套神話。要懂得傳統神話的力道有多強，試想
想「卓越」學術書寫的一些基本標準：**用字精鍊、邏輯連貫、表意
清晰、不帶情緒、綜觀理解，和明確性。**[19]這些標準都可以溯源到

19　雖然這些標準可一概適用於所有學術，但在各門各類之間仍有相當的差異。本文所
　　討論的主要是指社會科學。

對於理想思考的現代主義建構。根據杜爾敏的扼要說法，現代主義中的理想思考都接近於歐幾里德數學，或是牛頓物理學。[20] 當理性思維表現為書寫時，其品質好壞就要以上述的標準來評斷。同時，對於寫作的品評也就是在褒貶思想者的心智能力。

這個傳統把沉重的負擔加諸於個別的學者。但凡踏出這個既有的書寫實踐之外，被貼上「二流心智」標籤的危險就會隨之而至。這種壓力不可說是不實在：我曾經見過我的一些同行，把一篇文稿寫了又重寫五、六次，因為投稿的稿件是否曾經「好好想過」的危險迫在眉睫。反過來說，寫出「不需修改」的文稿就表示有上乘的思考。寫出無暇的文章相當於純淨靈魂的世俗版。

⊕

那麼，試把以下的例子根據傳統標準視之為「卓越寫作」的樣品。當你在閱讀時，也想想作者邀引你進入的是什麼關係。這一小段摘引的文字是試圖把道德責任的問題說明白：

> 若這是 A 對於 Z 的職責，則他的「在 T 的非 Z」（non-Z-in T）（譬如：相關的事實 T 包含著一些，不同的，X，可取代 Z）應算是一種省略，即令它沒有任何清楚的效果。此處的要點在於 RRR 的等同：X-ing 等同於在 T 的作為，而非在 Z，正因為對於 A 的期待是由他的職責所導出。[21]

把上文的內容先擺開，這樣的書寫帶來的關係效應是什麼？首先，作者設定了一個知的位置，而讀者被放進的位置就是無知。其中隱含了階序關係，讀者的所在當然是從屬的。這種看似平舖直

223

敘的形式也製造了一種障礙。讀者實際上接獲的訊息是：「我對你所顯示者毫不帶有個人親身性質，因為你對我而言，終究是毫無意義。」甚至更戲劇性的是：「基本上，我更感興趣的是你對我的仰慕。」毋寧唯是，你根本沒被作者邀請來為此議題發聲。邏輯盡在文字之中；此文所力求的結論是透過完美的推導，因此讀者的仰慕和自卑感至今都還很夠用。[22]

不是「精埏之器」（well wrought urn）的隱喻在引導學術寫作，而是另一種隱喻——更像是完美打造的炮艇——運作無缺點，火力十足，目標堅定，天下無敵。

當然，學者之中很少有人會心甘情願地接受噤聲、降格。他們都必須為自己的理智能力辯護。因此，對於大多數的學術作品，首要反應就是批判；而其挑戰方式乃是挑出非理性的狐狸尾巴（除非你有辦法用書寫來鞏固自己的防守位置）。當學者們拿自己的作品來互相公開發表時，他們通常會碰到的處境乃是一大群像希臘方陣般殺來的舉手質問。這其中大多數確實手握著隱形的刀劍。這就是學術

20　Toulmin，前引書。

21　Williams, B. (1995). *Making sense of humanity*. Cambridge: Cambridge University Press (p. 60). （譯註：這很顯然是屬於分析哲學的書寫方式。）

22　另可參見 Pierre Bourdieu 對於象徵資本（symbolic capital），或是對於名譽、特權、學術獎的累積所作的討論，可看出這些都可視為學術經濟之中的「象徵富有」狀態。Bourdieu, P. (1984). *Distinction: A social critique of the judgement of taste*. London: Routledge.

世界的生活。[23] 大部分學術著作的根本結果（如果真能發表登錄的話），乃是關係的否定。

✦

> 在知識爭辯和討論中，在大學的研討會、專題討論課或一般教室裡，在學術文本中，是不是都有某種的暴力在運作？是不是有什麼東西潛藏在我們目前的學術生活中，每當我們要互相形成關係時，這關係本身的形式就會使我們心生恐懼？在我們當前的處境中，是不是有什麼東西在使我們（至少我們之中的某些）對自己說出的某些話語感到焦慮，或覺得必須採取立場？以我自己的經驗來說，我覺得確實有的。
>
> ——約翰·蕭特

✦

也想想書寫者的位置。一篇文章在自己所屬的專業期刊上出版之後，通常會引發三種反應：第一，一片沉寂（大多數文章的讀者只有自己同行中的一小部分人）；第二，由文章受惠者傳來的道賀；最後，批判。實際上，就是使得書寫者進入一種非存有的空無狀態。沒有什麼人在意，就算有，也只是基於工具性的條件。你對他們有幫助，他們就喜歡；沒幫助，他們就譴責（或是，如果你的作品變成他們的靶子，他們就可透過攻擊而獲得他們的出版機會）。學者生涯要面對的是一種基本上相當曖昧的情況：「我是誰？我的所作所為有何價值？是否到頭來就只是一場空……？」幾乎沒什麼辦法逃離這種作繭自縛的處境。整場學術生涯的肯定可能只寄託在少數接近的同仁和學生身上。他們很難得認出自己存在的重要性。

在研究所裡，資深教授常常被包圍在一群研究生的陣營中，就是那些肯定他們的作為與意義的研究生。其他同事們對他通常都興趣缺缺。

✛

> 對於衝突、面質和競爭……的公共論述（創造出）一種不可知論的（agonistic）文化，在其中的大學校園變成更像是交戰區而不是學習的場所。
>
> ——琳達・賀其恩（Linda Hutcheon），MLA 理事長

4│為關係服務的書寫

在當前的異化脈絡之下，各種專業的會議中，焦慮顯得特別尖銳。我認識的學者們之中，敢於在作報告時不用寫好的稿子，是很罕見的；結結巴巴的報告就表示思考不夠完美。我確實知道幾位同行可以在科學的研討會上，把二十分鐘的報告稿子全部背下來。但當然，單調的照本宣科，馬上就會使聽眾要不就是迷失在太虛幻境中，要不就是打起瞌睡來。研討會的議程排的盡是些自言自語，使得全場除了報告者之外，其他人全部陷入沉寂。生趣盎然的溝通常 225

23　另可參見：Krippendorf, K. (1993). Conversation or intellectual imperialism in comparing communication (theories). *Communication Theory, 3,* 252-266; and Tracy, K. (1996). *Colloquium: Dilemmas of academic discourse.* Greenwich, CT: Ablex.

發生在交誼廳、吧檯和晚餐桌上——非正式對話的場所。

✛

最近我側面聽到一位資深同事對一位年輕學者的談話，是後者
準備在專業研討會上台報告之前。資深者對資淺者承認道：
「你知道嗎，在經歷過三十年專業生涯之後，我每次在報告
前仍然會緊張得要死。」那位年輕人笑著回說：「是啊，看到
那些嚴肅的臉孔，就讓我渾身疙瘩。去年夏天，我害怕到了花了
三百美元去找到一張躺椅，[24] 幫助我在上台前能冷靜下來。」
年長者回說：「我很懷疑你當時能保持著好模好樣。」「當然
沒有，」那位後輩說：「我還是呆若木雞。」長者就說：「謝
謝你了，你剛剛幫我省下了三百美元。」

✛

至少在社會科學中，我相信有一場海平面上升的現象正在發生。由
於學者們對於知識的社群起源問題變得更有意識，因此傳統的「學
術寫作標準」也漸失光環。傳統的書寫格式變成只是「書寫方式中
的一種」，也只是被歷史上某一時期的某一群體所偏愛而已。沒有
什麼特別值得注意的理由可以壟斷任何書寫形式的正當性。「較佳
思考」變成只是「某一種思考」。甚至連好作品的基礎磐石，即合
理的連貫性，也變成一種嫌疑犯。正如德希達所言：連貫性的達
成，總是透過對於所有字詞基本曖昧意義的壓制而有以然。[25] 縱然
已有傳統寫作形式的分門別類，總還有另類書寫繼續被發掘出來。
雖然反對的聲浪依然很高，我們仍看見了愈來愈多的新書寫實驗。
有些學者們愈來愈敢冒著職涯之險而用新形式來聚集、突圍。我在

此只提提兩種顯著的分道揚鑣之途，以及它們在關係論上的涵義。[26]

書寫之為充分的自我

若果我們能放棄傳統學院寫作的形式主義，並嘗試對讀者而作「充分在場」的呈現，那又會如何？以此方式，我們的書寫可以向讀者表達「我就在你身邊，不只是局部、精心操控的表面，而是個非常柔軟和多面的整體人。」與其把自己安排為完全理性的行事者，囿限在某一優勢位置，我們何不讓自己變成更像是容易認得的人，更能與人相陪？和啟蒙主義的超越理性相對而言，這種新的書寫會允許我們表達欲望、情緒，以及身體感。[27]

226

⊕

> 那麼，我們要如何把我們的知識和精神整體寫入文本中？我們如何能夠一面在培養著我們自己的功夫、我們自己的個性，而同時又可說是在「知道」什麼東西？
>
> ——婁若・李察生（Laurel Richardson）

24　譯註：這是指「找到一位精神分析取向的心理治療師」。

25　Derrida, J. (1978). *Writing and difference.* (Trans. A. Bass.) Chicago: University of Chicago Press.

26　對此更周延的討論，請參看：Gergen, K. J. (2007). Writing as relationship in academic culture. In M. Zachary and C. Thralls (Eds.) *Communicative practices in workplaces and the professions.* Amityville, NY: Baywood.

27　亦可參見：Sommer, R. (2006). Dual dissemination, Writing for colleagues and the public. *American Psychologist, 61,* 955-958; and Anderson, R. (2001). Embodied writing and reflections on embodiment. *Journal of Transpersonal Psychology, 33,* 83-99.

◈

要把書寫人性化，人類學家是其先鋒部隊。傳統的民族誌都是由科學家在報導他者的生活（譬如：初布蘭群島人、以法路族人、街上的黑幫）。不過，民族誌作者作為人來說，還是相當模糊難見的（「默不作聲的知者」）。在新興的實驗中，嘗試的目標在於脫除模糊的罩袍，並改以更充分體現、更鑲嵌在文化脈絡中的研究者身分來書寫。希望能讓自己更充分顯示在作品中，而不是把自己放在神明之眼的位置。為了有個詳細的瞭解，試讀讀克莉偶・歐澤（Cleo Odzer）的民族誌研究，她的主題是曼谷帕蓬區的性交易。[28]為了接近研究場域，歐澤和那些性工作者以及他們的同事都成了好朋友。到了某一時刻，她也和當地脫衣舞俱樂部工作的年輕男人發展出性關係。在此，她描述了他們親密生活中的一些片段。

> 當時我快要睡著了，他問我：「你很容易嫉妒嗎？」
> **我在想，他到底在想什麼。**「是啊，非常。」
> 「如果我們結婚了，而我儘在看別的女人，那你會怎樣？」
> 「你就別想活了。」
> 他笑我講話的方式——「你也不會活很久啊」
> ——他還重複說了好幾遍。
> 我掐了他。「噢」
> 「節布盧」（痛吧？）
> 「你不會活很久的，」他又說了。「還要俏呢。」
> 「你也很俏」我說著用雙手環抱他的胸口。
> 「你喜歡哪一型的男人？壯漢型？」

227

「不是那些肌肉男，不是的。像你，就像你這樣。」

「哇！」

咧嘴大笑。然後他問：「你喜歡有錢人？泰國女人只要有錢
　　人。我想你會找到比我更好的男人。你喜歡文化高的男
　　人。」

他說的倒是有幾分道理。我不會帶他去看我媽，但我說：

　　「不，不，你很完美了。沒有更好的男人。那你又喜歡哪
　　種女人？漂亮的嗎？」

「漂亮不重要。是要有個好心腸的。」[29]

　　我非常歡迎這樣的書寫。作為讀者的我，覺得她在邀請我去
設身處境地想像作者，用她的內在體驗過活，和她一起，也和那些
「被研究者」一起感覺、思考。我們之間的界線消失了。更且，由
於談話間出現的欲望、嫉妒、歡喜等等——我體驗到的書寫不只是
理智的練習，而更像是全然在場的體現。同理可知，傳統書寫所引
發的高低階序與輸贏之爭，在此也完全闕如。用體驗來書寫乃暗示
著平等的世界。我們皆可用自己的體驗來說話。最後，既然允許露
出　些個人的短處，則純淨權威的身段也可放下不守了。

⊕

　　既有能力以自己的雙腳、以概念、以話語而起舞：則我還須說

28　Odzer, C. (1994). *Patpong sisters*. New York: Arcade.

29　前引書，p. 135。

我有能力以筆來作同樣之事情乎？

——尼采

✣

讓我們把個人親身臨場的書寫，再將其可能性往前推一步。這種書寫類型有個強烈的傾向，就是書寫者本人自身的袒然可辨。上述的敘事書寫讓我們感到，有個可以認識的作者在那兒。然而，其中還留著圍限存有的一點餘緒，亦即作者是個孤單的自我，是個連續而不碎裂的個體。與此相較之下，試回想我們先前對於多態存有的說明：其中的人都是鑲嵌在多重關係之中，擁有種種衝突的種種存有。更充分的關係書寫其實還可顯現更多態的存有面相。

✣

228　　我第一次感受到社會理論家康內爾·魏斯特演講時那種令人震懾的威力。他能把三種不同的發聲方式圓融無間地表現出來，那就是：正式的理論、中產階級異性戀的言談，以及黑人牧師所講的黑話。當其中一種發聲無法觸及我之時，會有另一種發聲來到。與其說他的話語是從單一存有的情感深處所發，未若說他在顯示關係的歷史。在他的講話之間，他讓我觸類旁通地接上多重的傳統，而他就是其中的一部分。

✣

麥可·穆爾凱（Michael Mulkay）的 1985 大作《話語與世界》（*The Word and the World*）[30]可謂為最早也最激勵人心的多態存有書寫歷險之一例。這本著作最有意思之處，在於展示出如何能把抽象理

論轉變爲個人體驗。譬如：在緒論那章，一直有個發牢騷的聲音和正文伴隨出現。身爲權威的穆爾凱很正式地說：「要把分析論述的範圍延伸到能包含先前不被人視爲允當的形式。」[31]而身爲不恭不敬的對談者穆爾凱就回道：「**這在原則上聽來很動人，但在此卻也忽略了事實和虛構之間的重要分野……**」[32]權威的穆爾凱接著與那位對談者解釋道：即便在科學之中，「對於某一位（科學家）而言的事實，對於另一位而言也只不過是虛構。」[33]他的談伴反駁道：「**我們是不是陷入一個險境，就是把虛構的兩種不同意義搞混了？**」……後面幾章就是穆爾凱一人扮演多角的往返回應，包括瑪莎百貨大亨和一群醉心參與諾貝爾獎頒獎典禮的成員們之間的討論。

◈

我最近有個特殊的機會，參與了一位博士班學生的口試，她是紐西蘭眉溪大學（Massey University）的凱瑟琳・麻理・阿摩希亞・剌弗（Catherine Maarie Amohia Love）。凱瑟琳的母親是英裔，父親則是毛屬族人。她的論文題目是以諮商實踐來協助毛屬人。[34]她的特殊關切乃是應用英國式的諮商於毛屬人身上的種種疑問。她的論點是：對於人類行為的英式假定，

30　London: George Allen and Unwin, 1985.

31　同前引書，p. 10。

32　同前引書，p. 10。

33　同前引書，p. 11。

34　Love, C. M. A. (1999). *Maori voices in the construction of indigenous models of counseling theory and practice.* 未出版博士論文，Massey University。

229　和毛屬人的認定相當不同。結果就使得諮商實踐變得疏離、呆板，也失去生產力。毋寧唯是，她還推論道：英式假定也內建於書寫實踐中，並且就體現為博士論文。她直說：英美語言除了在學術上，還在一般生活中都無法和毛屬人對話，這種語言的作用盡在模糊毛屬的本土傳統（譬如把毛屬的形上學處理成民間傳說）。由此，凱瑟琳發展出了一種又革新又不容輕忽的書寫文體。首先，她對自己的介紹以及整本論文的邏輯可視為一種很個人風格的書寫：直話直說、開放、熱情。同時，論文有一大部分（用一種特殊的字體標示）是以傳統學術格式書寫。然而，在其中，凱瑟琳在這對比的文體之間插入一些使用毛屬英語所寫的段落，是毛屬人通常講的語言，但對於不在該傳統中的人而言，幾乎是不透明的。偶爾有些地方，她會要讀者能懂得幾個毛屬的語彙。凱瑟琳希望她的親朋好友能看懂她所寫的東西。她的作者身分一再移動，因此我也必須亦步亦趨，才能夠體驗到她的複雜關係網絡。

學者身分之為演出

在有別於傳統學術書寫形式之外，其更基進者乃在於其冒險意味的演出。傳統書寫中帶有一種階序分層，研究的最高價值要擺在最優先地位，然後才是次一階的社會行動，叫做「發現」的報告。第一重要的是「我知」，然後，「我要告訴他人」就是次一階的輔助。從關係存有的觀點來看，我們也許剛好將此優先順序顛倒過來。也就是說，知之所以發生只能透過社會參與。研究行動之能讓人明白

以及值得動手，正是因為有一種先於該行動本身的關係使然。實際上，是「我與他人交談，故我能知。」

對於很多學者而言，這意思是：「與他人交談」的重要性優先於作研究。他們會想：只要我們發生了新的交談方式，瞭解就會改變，也會引發新的行動。然而，學院裡的論述通常都不是門外漢能夠聽懂，或知道它指向什麼行動。一般所謂的「菁英派」就是這個意思。只不過，學者若是想要伸手觸及一般聽眾，那麼，就有必要讓表達方式變得更寬廣些。由此看來，人類所有的表達方式都應有可能為學者所用：詩詞、音樂、舞蹈、劇場、多媒體，等等，不勝枚舉。學者本可以從多態存有的全部潛能中抽引出有用的方式，來從事研究和探究。 230

❖

> 我講我自己的生命故事，是為了能讓文化形成的故事變得明白
> ——這故事讓我們能把我們自己組織起來，即令自己似懂非懂。關於人類的經驗，有種種故事透過一個女人、透過父母，或透過酷兒……而說出來。我們必須能把這些故事關聯起來，才能使文化處境的形態對我們而成為真實。當我們看待自己以及互相看待時，都能透過這套複雜的經驗，我們才會開始明瞭我們如何能如此相符相合——誰是特權、誰被壓迫；誰被邊緣化、誰看來最值得愛。
>
> ——金柏莉·達克（Kimberly Dark），藝術家／社運人士

❖

這些選項對於學術的光景來說，並非全然新鮮。人類學家、社會學

家老早就已經使用攝影來增補他們的文字文本。[35] 不過,正如專業攝影師把他們的攝影觀點擴展而成為藝術,那麼,把攝影變成政治評論,也打開了社會科學表現方式的新視野。[36] 有些獨立製片的電影也對於學院表達方式產生重要的刺激。在這些影片中有一位核心人物的作品,就是弗瑞德·外斯曼(Fred Wiseman)所拍的紀錄片。他所描繪的官僚體系非人化效應,在諸如《提提可的愚人》(*Titicut Follies*),《少年法庭》(*Juvenile Court*),《中學》(*High School*)等片,[37] 為具有社會意識的學院人鋪好了路,以便走上電影表達的實驗之途。甄妮·利文斯頓(Jennie Livingston)的作品是個好例。利文斯頓在康乃爾大學取得博士學位。她的早期作品,紀錄片《巴黎在燃燒》(*Paris is Burning*),描繪的是「競舞」,由一些紐約的男同志、超性別黑人,以及拉丁裔舞者上台所作的即興演出。這部片子非常成功,使得利文斯頓後來走上了拍商業片的生涯。

如果攝影和電影可以,那為什麼詩詞和音樂就不行?當這類問題屢屢被人提起時,可能性的範圍就會一直擴大。譬如,以下有一例是取自一首詩的片段,由黛柏拉·奧斯丁(Deborah Austin)(一位研究者)與一位華盛頓 D.C. 的非裔美國人百萬大遊行的參與者所共同創作:[38]

> 非洲人都一樣
> 她告訴我,不管我們在哪
> 事實就是如此

我看著她笑笑
　　　並且問道
　　　就像個好研究者所當是
何以然？
她說，她不會解釋
　　　帶著的聲調
　　　直如百川奔流

⊕

音樂也變成相關的表現方式。譬如：女性主義學者葛蓮達・腊索
（Glenda Russell）對於科羅拉多州憲法第二修正案條文非常不滿。
這條修正案實際上把對付性取向歧視狀況中的法權取消了。有些
反對此項立法者的受訪意見編成稿，腊索就從此稿中的主題取材，
創作了兩本極為精鍊、複雜的藝術作品。第一本由一位專業作曲
家作曲，就變成了一齣五部的清唱劇，《火》（*Fire*），也由高水
準的合唱團在一次國家級的比賽中演出。第二本則由公共電視台

---

35 在社會學，可參看的期刊有：*Visual Studies* (London: Routledge)，在人類學則有：
　　Visual Anthropology Review (Berkeley, CA: University of California Press).

36 譬如可參見：Hall, J. R., Becker, L. T., and Stimson, B. (Eds.) (2006). *Visual worlds*. London:
　　Routledge; Pink, S. (2001). *Doing visual ethnography: Images, media and representation in
　　research*. London: Sage.

37 譯註：以上幾部片子的中文譯名並非發行時的片名，暫譯如此。以下提及的非院線
　　片皆依此譯例。

38 Austin, D. (1996). Kaleidoscope: The same and different. In C. Ellis and A. Bochner (Eds.)
　　Composing ethnography: Alternative forms of qualitative writing (pp. 207-208). Walnut Creek,
　　CA: AltaMira.

（PBS）拍成紀錄片播出。在這個作品中，我們可以感覺到許多界線被刻意模糊：圈內人／圈外人，研究者／研究對象，演出者／閱聽人等等。

在此與讀者分享我最愛的作品之一，取自一位頗有視覺取向的學者。在他的著作《無可救藥的浪漫》一書中，柏納‧史締爾（Bernard F. Stehle）探索了一些重度身障者之間的愛情。其中，巴迪說：「我愛她的樣子，她的漂亮頭髮，還有她的心。」吉娜則回應說：「最愛他什麼？他的甜蜜，他的微笑，他那樂天的行事風格。」這樣的愛情場境人人可及。

致謝：柏納‧F‧史締爾，取自其著作《無可救藥的浪漫》
（*Incurably Romantic*, Temple University Press, 1985）

對很多人來說，劇場的演出代表了作者和觀眾最飽和的關係體現。
演員可以把重要的觀念用精鍊的身段表達出來。要演出激情、幽
默、悲憫、諷刺、邏輯等等，無不勝任。反過來說，觀眾則是默默
地受邀爲表演中的角色，以隱喻的方式感同身受。學者不再被動
地、不在場地對議題發表意見；她（他）已經和他人一起成爲議題　　232
的一部分動能，成功地和公眾打成一片。[39]

†

劇場裡的具體語言可令人的器官被誘陷而著迷……它終究能突
破語言在智性中的附屬地位。

——安東・阿陶（Anton Artaud）

†

在朝向劇場演出運動的發展上，有激發之功的傑出人物是巴西的政　　233
治理論家兼劇場導演奧古斯托・玻阿（Augusto Boal）。[40] 玻阿受馬
克思主義影響，認爲經濟體系一概具有壓迫性及種族歧視。更有甚
者，大眾早已被此體系完全迷醉，是以他們沒有任何鮮明的理由要
起來反抗。玻阿的理論在說：這些迷思作用泰半是由政策及類近於
劇場的實踐所維繫（譬如：不斷把政治狂人送上舞台，控制新聞
報導）。於是，就有必要激起抗議活動——就是利用反劇場實踐
（practices of anti-theater）來演練。這種實踐方式包含著邀請觀眾

39　可參見 Victor Turner 1982 的大作，*From ritual to theater: The human seriousness of play.*
　　(Baltimore, MD: PAJ Books)，本書說明了在教育實踐中的演出有何重要意義。

40　尤其可參見：Boal, A. (1979). *Theater of the oppressed.* London: Pluto Press.

成爲「旁關者」（在一旁的關切者）乃至進入展演中來。譬如在看戲時，觀眾可以隨時竄上舞台，打斷正在照本宣科的表演，並以潛在的、更具解放性的另類台詞來取代原來的腳本。演出的實驗目前在幾門社會科學之間已經是顯然可見。[41]批評者認爲這些嘗試有危險性；他們相信戲劇會奪走社會科學的權威，並且會腐蝕其嚴謹的標準。這種批評就是喜歡維持「我們／他們」之分的高牆者會講的話，他們期望宣稱自己擁有發聲的優越位置。對他們而言，異化的關係只不過是「正常生活」罷了。

在前面幾節，我們已經直接面對過科系結構所生產的關係腐蝕狀態，並且是以目前學術界慣用的書寫形式而造成的。上述情況所發出的挑戰乃是如何能夠帶出新的實踐，來恢復有生機的關係。

5 │ 研究之爲關係

個人主義式的知識觀在傳統的科學研究方法中，比在任何其他地方體現出來的還多。這類研究是基於如此的假定：在科學家和他的研究對象之間必須嚴格區分。「**我們研究它**」。研究方法則進一步固定了這種關係。科學家和對象之間的關係受到嚴密控制，使得科學的客觀性不會被他的價值觀、欲望、意識型態所淹沒。標準化的工具或測量也在保障主體與客體之間的距離，毋使越界。更且，大多數的研究法通常都設定了研究實體之間必有因果關係。譬如，在實驗心理學中，個體通常被視爲囿限的實體，其行動必然是各種衝擊力導致的效果。在標準化的實驗中所進行的，就是人的行爲之各項

因果條件間的比較（譬如：實驗組與控制組）。傳統科學實驗把「主體（受試）」隔離開來，使得紀錄下來的行為可任由研究者來操弄其條件，而不需讓研究者現身在其間。研究法之所以受到特別的青睞，只因為它能追溯「由因至果」的發生順序之故。

研究方法無論如何不可說是價值中立。在其中浸滿了關於什麼是真、什麼有價值的假定，研究法只不過是把這些假定付諸行動而已。研究法其實無法顯示任何現象的情狀，而只能依此法製造出一個現象。智力測驗製造出人的智力高低；記憶力測驗也製造出所謂的記憶力好壞。在社會科學中，這種方法通常是在強化普遍的囿限存有之意識型態，並由此製造出的高低階序，是有利於科學家（知者）而非有利於「研究對象」（所知）。以方法來宣稱的客觀性，可讓研究者罔顧研究對象的知識，且通常會因此而視之為偏狹與無知。

　　這樣的消音效應在近幾十年來變得益發明顯。對於科學研究所刻劃的某些生活型態，引起了許多團體的怒吼。精神醫療建制是第一個被攻擊的專業團體。1960 年代同志社團的運動使得同性戀從心理病態的名單中撤除。與此相同的呼聲也擴及於非裔美國人、婦女、老人──他們都被專業認定為心理功能不足。這些呼聲集合起來的群體一向被稱為「失能者」，而他們強烈的宣稱乃是「關於我

41　譬如可參見：Carlson, M. (1996). *Performance: A critical introduction*. London: Routledge; Case, S., Brett, P., and Foster, S. L. (1995). *Cruising the performative*. Bloomington: Indiana University Press; Richardson, L. (1997). *Fields of play*. New Brunswick, NJ: Rutgers University Press.

等的每件事中都不應沒有我們。」[42]

✛

研究法中還向社會傳遞了一個關於人類本性的微妙訊息。正如上文所述，傳統的研究建構出一個到處是互相分離實體的世界，而它們之間通常都透過因果關係來連結。如果我們認定社會世界是由分離的個體組合而成，然後我們也運用相應於此觀點的方法，我們就會發現（看吧！不然呢？）一整個世界盡是赤裸裸的分離自我。同時，這種研究也告訴了我們，要獲得關於他者的知識，最好的辦法是什麼。它所暗示的就是：如果我們想要對我們和睦親近的人獲得準確與客觀的知識，我們必須站在一定的距離之外對他們作仔細觀察，撇開我們的熱情來讀那些圖表，然後仔細分析其中造成他們行為的「充分必要條件」。要「認識你」就意指要計算導致你行動的條件，並且要用順此計算而來的觀察，來測試我對你的一些體悟。我必須秘密地進行，因為你若知道我在檢視你，你就可能不會透露你的行為真相。由這種取向來獲得知識，其結果就是個充滿異化、懷疑和無情的世界。[43]

✛

我的論點絕非完全放棄個人主義的研究傳統。如本書開頭所說，我的目的不在於讓傳統終結。個人主義傳統在許多種脈絡下都可對社會有實際而重要的貢獻。然而，更重要的是探究它們的極限，並為之增益資源，以便產生另類的未來。我們所面臨的挑戰尤其是要生產出另類，好讓我們能把生活導入關係存有所承諾的氣息中。

6 ｜ 人學研究（Human Research）的另類發展

對於科學研究的異化概念特別的不滿，在社會科學之內擴散不已。
女性主義研究相當活躍地指出傳統研究方法上常見的操弄與歧視。
[44] 其結果是：敢於冒險的研究者四處冒出，且已經開始開發和培育另
類的方法。由於這些努力都具有活力充沛的生產性——經常會落在
「**質性探究**」（qualitative inquiry）的名目下——使得過去十幾年堪
稱為研究實踐的文藝復興時代。[45] 這些改革之中有很多是致力於縮
短科學家與其研究對象之間的距離。或者，說得更準確些，研究的
行動方向是從「關於他者的研究」移向「與他們一起作研究」。為
了詳作說明，並且能有邀引之效，我只選擇兩個比較顯著的冒險。

236

敘事探究：進入他者

傳統的研究實踐是在鼓勵使用工具取向來對付研究對象（見第一
章）。研究者檢視了受試者的行為，然後用之於向自己所屬的學門

42　Charlton, J. I. (2000). *Nothing about us without us: Disability oppression and empowerment.*
Berkeley, CA: University of California Press.

43　對此，我建議由一部電影來獲知其詳情，就是 Bent Hamer 在 2003 出品的影片《廚房
故事》（*Kitchen stories*）。

44　譬如可參見：Gergen, M. (2000). *Feminist reconstructions in psychology: Narrative, gender
and performance*. Thousand Oaks, CA: Sage.

45　對於這類研究發展的最佳回顧，包含在：Denzin, N., and Lincoln, E. (2005). *The Sage
handbook of qualitative research*. Newbury Park, CA: Sage. 同時可參看 *Qualitative Inquiry*
的紙本期刊與電子期刊。

作報告。要能用於專業目的，就要由策略性的探尋來獲取證據。至其極端的說法就是：「讓我有興趣的既不是你，也不是我們的關係；我的目的純係利用你的作爲、言說來獲取我的同行對我的敬重。」幾乎所有社會科學中的實驗法都是以這種工具模式在起作用，其併隨的手段就是標準化的訪談與資料分析。相對於此，試想想一種可謂爲與他者的**擬仿遭逢**（mimetic encountering）。這樣的關係取向最常見於友誼關係中。你不必有意識地去掃瞄他人，以便取得有用的資訊留待後日使用，反而只是全神吸收他人的言行舉止，到能夠複製（或仿造）的程度。這樣的過程是默默進行的，也是在局部地參與他者的生活世界。這是創造多態存有的不二法門（見第五章），在其中，我們所吸收的乃是他者的言說方式、風格、矯揉做作、突如其來的舉止等等。我們從這樣的關係中冒出來，帶著他者的遺存，以便在進一步的關係發展中備用。[46]

⊕

擬仿遭逢可由一大串研究法來促成，這些方法不在於其新鮮，而在於其快速、廣泛的擴張潛力。在其中最值得注意的乃是社會科學中的敘事法運動。[47]研究者在此常常爲那些無從聽聞者的生命而發聲。這種研究會帶我們進入種種「近身體驗」（experience near）的情狀，[48]譬如：大屠殺的倖存者、新移民、背包客、吸食毒品的母親等等。丹・麥凱當斯（Dan McAdams）把中年美國人的世界說得很明白——他們的生活如何受到救贖敘事之助而能變得豐富。[49]這些故事，對自己或對他人所說，乃是如何將逆境（失敗、喪亡、疾病、悲劇）轉述爲順境之法。對於自己的生命有此瞭解（如：「我如何學到」，「我如何克服」，「這些東西如何助我成爲……」等

237

等）就不只是將價值賦予自己的生命，也同時意謂自己可以對於未來持續作出貢獻。我們身為讀者就會被這種研究安放在擬仿聆聽的位置，並也會為我們自己創造出類此的故事。

由關係論的立場而言，大多數敘事研究的缺陷之一乃是敘事主體沒有**完整地**說出自己。這意思是說：研究者所在的位置是介於讀者與敘事者之間。以此而言，敘事還一直受到研究者的「管控」，有時這就是為了學術上的工具性目的（譬如：「為了證明我的論點」）。無論如何，讀者總會留有這樣的疑問：「這到底是誰的故事？」對於這種狀況的關切促發了進一步的改革。有些研究者實驗過**聯合敘事**（conjoint narration）的方式。在此狀況中，研究對象

---

46 工具取向很接近於馬丁‧布伯所說的「我–它關係」。擬仿取向則可反映（但非相同於）他的核心概念「我–你關係」。見 Buber, M. 前引書。

47 有關於此的文獻是汗牛充棟，也且貫穿多個學門領域。可參看如下的討論：Clandinen, D. J., and Conneley, F. M. (2004). *Narrative inquiry: Experience and story in qualitative research*. San Francisco: Jossey-Bass; Czarniawska, B. (2004). *Narratives in social science research*. London: Sage; Lieblich, A., Zilber, R., Tuval-Mashiach, R. (2003). *Narrative research: Reading, analysis, and interpretation*. London: Sage; Josselson, R., Lieblich, A., and McAdams, D. P. (2007). *The meaning of others: Narrative studies of relationships*. Washington, DC: APA Books. 對於此道的境界如何，可參看：*Narrative Inquiry*, V. 16, I, 2006.

48 譯註：「近身體驗」（experience near）原係精神分析學家 Heinz Kohut 所言，後來因為人類學家 Clifford Geertz 的引用而成為文化人類學、文化心理學的術語。見於 Geertz, C. (1983). From the native's point of view. In *Local knowledge: Further essays in interpretive anthropology*. New York: Basic Books.

49 McAdams, D. (2006). *The redemptive self: Stories Americans live by*. New York: Oxford University Press.

與研究者的主體可各自控制他們自己的敘事。譬如在珮提·拉舍（Patti Lather）與克瑞絲·史密提斯（Chris Smythies）的著作《麻煩了天使：活在艾滋中的女性》一書中，就把很多篇幅留給那些女性自身。[50] 她們也為這些敘事增補了她們的評論，還請那些女性反過來評論她們。

⊕

能讓人發言的最基進形式乃是**自我俗民誌**（autoethnography）的實驗。研究者在此也把自身當作研究對象。[51] 與其只報導**他人**，研究者寧可讓自身成為個案研究。在此，用卡蘿·若奈（Carol Ronai）對細節的描述為例，看她如何說明受到心智遲滯的母親所養育的經驗：

> 我很討厭那種天經地義地假裝和家人一起生活必須一切都很正常的樣子，這種天經地義總是被噤聲不語和秘密所加持，「家醜不可外揚」。我們的裝模作樣本來像是要使事情變得平順，但這一招就是不管用。在母親身旁的我們每個人都變得呆若木雞和假惺惺，包括我自己。為什麼？因為沒人可當著她的面說她呆板。我們都說我們不要煩她。我認為我們都沒準備好來處理她對真相的反應……。因為（我母親）以及因為家庭必須是個整體的緣故，我們選擇了這樣的處理方式，但我卻得把自己劃分出一個區塊，好讓我生活在一場謊言中。（p. 115）[52]

在此一樣本中，擬仿遭逢非常完整地呈現出來。打開天窗說亮話，及其脆弱與真情，都在邀引讀者進入擬仿狀態，變成了那個說故事的人。你會開始和作者「一起感受」，使作者和讀者間的距離變得

238

模糊起來。

行動研究：一起知道

科學研究在原則上並不是要顯露真理，而在於要參與一個意義生成的社群，以達成該社群認爲有價值的目的。對於此一觀點的敏感，使得許多研究者開始放棄學術幫會的目的，並使自己能與所要服務的公眾直接結盟。他們放棄的是關於對象的知識，而改以幫助他們瞭解自己爲目的。這種努力被稱爲**行動研究**（action research），通常研究者會把他們的技能與資源都提供出來，使他們的對象群體獲得增能（enable）、培力（empower）的機會，來達成他們認爲重要的目的。這種研究也同時移開了假惺惺的科學中立面貌。研究者努力加入他們看出的政治價值與社會價值之所在，助其達成目標。於是，行動研究者就會捲入以下一些（舉例而已）協助的工作：

—助監獄中服刑的女性創造教育的機會
—助貧窮的社區組織起來，以控制毒品的流入，並使他們提昇教育與經濟水平

50　Lather, P. A., and Smythies, C. (2001). *Troubling the Angels, Women living with HIV/AIDS*. Boulder, CO: Westview.

51　對於自我俗民誌的進一步參考讀物有：Ellis, C., and Bochner, A. P. (Eds.) (1996). *Composing ethnography*. Walnut Creek, CA: AltaMira; Ellis, C., and Bochner, A. P. (2002). *Ethnographically speaking: Autoethnography, literature and aesthetics*. Walnut Creek, CA: AltaMira.

52　Ronai, C. R. (1996). My mother is mentally retarded. In Ellis, C., and Bochner, A. P. (Eds.) *Composing ethnography*. Walnut Creek, CA: Altamira.

—助學齡兒童開發做決定的實力

—助尼泊爾婦女發展草根的事業

—助馬雅的村落居民發展衛生健康的方案

—助東帝汶的家長和教師發展較佳的關係

—助北愛爾蘭新教徒和天主教徒之間建立溝通的橋樑

—助糖尿病患者和醫師之間建立更有效率的合作方式

—助荷蘭的老年人邁向更好的照顧

—助辛巴布威的教師發展更多對話的教學策略

—助伊朗的農民發展協同合作的生產方式

致謝：M・布玲敦・賴克斯

當代的行動研究範圍極廣，也有豐富的資源可讓有興趣的讀者取 　239
得。[53] 此外，還有布玲敦・賴克斯（Brinton Lykes）的著作，詳實
描繪了這些研究者的才華與用心。[54] 賴克斯多年來一直與瓜地馬拉
山區的婦女一起工作。這些婦女是激烈內戰後的災劫受難者，她們
的住處與家人都受到敵軍的蹂躪。賴克斯一方面帶著研究的志業，
另方面也為了以此身分來為婦女進行療癒，創造出她們之間的團
結，她給了每一位婦女一台照相機。她請求那些婦女拍攝當地所受
到的破壞以及暴力，以照片來與大家分享。之後她又安排了婦女們
相互分享照片以及談話的機會，表達了這些災難對她們生活造成的
影響。就著照片所作的交談，可使事件顯現出更深刻、更複雜的理
解。這些婦女平常沒有機會表達她們對於生活以及未來的看法，但
有了照片之後，出現了表達的結果。這種分享幫助她們發展出團結
和靈感，來共同重建她們的社區。

53　譬如可參見：Reason, P., and Bradbury, H. (2008). *Handbook of action research* (2nd ed.).
　　London: Sage.

54　Lykes, M. B., and Coquillon, E. (2007). Participatory action research and feminisms: Towards
　　transformative praxis. In S. Hesse-Biber (Ed.) *Handbook of feminist research: Theory and
　　praxis*. Thousand Oaks, CA: Sage.

第八章
以關係為基調來談教育
Education in a Relational Key

240   我有時會認為我的職業是遺傳而來的。我的父親也是位教授。他對我的教育戳透我身。這有點像是迷人的諷刺。在我稍長之後，體驗到了他那嚴格要求的權威性。我的朋友們都管他叫「暴熊」。後來漸漸地，我才曉得，我們（他的四個兒子）也許該為他的普魯士性格負起一些責任。對於我們所造成的日益紛亂，他所能有的控制與矯正之道只能有一個最佳選項。我的父親，身為「數學教授」時，實際上是個全然不同的人。在教室裡，他生氣勃勃的動作和隨時而發的機智，加上他的話語以及飄在空氣中的粉筆灰，他的學生對他是非常著迷的。而我也是。

    雖然受到父親在教室中的表現吸引，但我和他的風格無法匹敵。那是獨屬於他的。不過，在我執教的第一年，我確實探測到一些來自於他的迴響。像他一樣，我是教室裡的主子：我設計進度，規定知識條款，作出有高度要求的講授，並且用無偏無私之手來評量學生的表現。在這方面，我和大多數同仁們都很相似。

⊕

我早已不用這種方式來教學了。教室不再是我的船艦，我也不再是

艦長。我已經捨棄了個人心智的傳統視野，不再認爲教室裡必須有滿腹經綸的教師和一群無知的學生；或把教學視爲學習的原因。我現在覺得很難把我在教室中的行動視爲獨立於學生之外，而學生的表現則是發自於我內在的智慧泉源。教室中發生的事情其實是我們**在一起**工作的成果。在與日俱增的關係敏感度之中，我難得感覺到孤單。今天，新的實踐已經到處蓬勃發展，對於成敗因於個人才智的迷思也就可逐漸離棄了。

241

◇

我在本章所要探究的正是這些蓬勃發展的新實踐，並要指出其潛力何在。我是拿教育目標的重新考量來作爲起點。如果我們放棄了增進個人才智的教育認定，那麼，我們又要如何設想教育的功能？在此，我的主張是：正因爲所有的知識都是社群的共創，因此教育首先就要以增進關係、提高參與的過程來設想，也因此才能使教育獲得最豐富的成果。當這種觀點就位之後，我會轉向本章的核心關切，也就是可以爲關係存有而反思、維繫、增進生產力的實踐形式。在此我要展開較大範圍的種種關係——在老師與學生之間、在學生與學生之間、在教室與外面的世界之間，等等。在每一種狀況中，我們都要探究如何實踐的問題——如何將教育的卓越連結到最佳關係之上。

1 ｜ 教育目標的重探

西方文化長久以來迷戀於個體主義的觀點，認爲理智之源就是個

人。我們一直敬佩孤單的天才，像伽利略（Galileo）、牛頓、愛因斯坦之類的人物，全都可以濃縮爲一個象徵的體現，就是擺著像羅丹（Rodin）的雕塑作品《思考者》（*The Thinker*）那種姿態的人。同樣的，在教育建制中一直飄揚的旗幟就是笛卡爾的**我思**。我們在課程中花了很多的時數在教導學生「爲自己思考」。我們也堅認思考是發生於言說或書寫之前，兩者各自分離。思考是一種私底下的行動，而話語只不過是讓思考向他人公布的一種載具而已。個體的心智是基本的第一級；關係則是次級或只是附帶選項。在這樣的傳統中，我們劃出一條清楚的界線，一邊是有知的教師，一邊是無知的學生；我們相信教育的目標就是把一個個學生的心給填滿；並且我們認定有知之心乃是爲成功的未來所做的最佳預備。所有這些認定都是從圍限存有的傳統中衍生而來——分離而獨立的心智。但是，爲什麼我們要假定知識屬於個人所有，或說，教育就是關於「裝塡」和「塑造心智」的事業？

⊕

242 在二十世紀早期，哲學家杜威提出了很多類似於此的問題。對杜威而言，培養出來的心智就是個社會心智。「所有的教育都是由個體參與社會意識的方式而得以進行的」（p. 77）。[1] 以此而言，杜威已經爲關係存有的核心主題預先鋪好了路。人如果是在隔離的狀況下養育，這樣的個體會如何思考？那樣就根本不會有能力去想出科學、文學或藝術；不會對善惡加以深思；對家庭、社區或全球的福祉毫無關懷。這些「思想的對象」都是透過我們和他人的關係而發展出來的。要對以上種種作深入的思考，起碼需要語言，而語言的本質就是只能在關係中發生。由一個人獨自講說的語言毫無意義。[2]

在關係之外的「理性思維」究竟是什麼？要能理性地思考就是能參與一個文化傳統。譬如：14 × 24＝336 是理性的，但其前提是同意用十進位數系的習俗來進行運算。同樣的道理也可施之於記憶。把老師教的東西記下來，不等於用大腦來紀錄同樣的東西。毋寧說，記憶就是在從事於一種文化習俗，而這習俗乃是關於什麼樣的表現才算是可接受的記憶。如果一位教師問學生記不記得前一天所教的東西，而這個學生卻在模仿老師的所有肢體動作，那麼這學生肯定會被追打。以上這些都曾在第三章的主張裡談過。

所有在教室裡發送的知識——從歷史到文學，生物學到微積分，地理到心理學——無一不是社群的成就。如果沒有一個社群來同意什麼對象該學習，用什麼方法來作研究，用什麼詞彙來形容世界，以及這些探究的價值何在，那麼，就根本不會有什麼叫做知識的東西可學。說得更寬泛些，知識並不囤積於某些個別的科學家或學者的心智之中。這是前一章的主要論證。

如果知識和理性都是關係的成就，那麼，我們就必須重新考慮教育　243

1　Dewey, J. (1897). My pedagogic creed. *The School Journal*. LIV, 4, 77-80.

2　參見：Wittgenstein, L. (1953). *Philosophical investigations*. (G. E. M. Anscombe, Trans.) Oxford: Blackwell. 第 243 節。

目標何在的問題。如果關係才是基本的第一級，則教育的目標應該是什麼？我們希望從這種實踐中成就什麼東西？如果我們所謂的心理功能實爲關係功能，我們就必須以關係來重新設問：學生所當參與的是什麼關係？這樣的參與又當有什麼成果？在這立場上出發，我主張：**教育的基本目標應在於提昇參與關係過程的潛力——從在地開始，直到全球**。於是，這目標就不在於生產獨立自主的思想者——這頂多只是個神話產物——而在於協助關係過程的發生，使之最終能有貢獻於關係之流的延續與擴展——而這些當然都得發生在更寬廣的世界之中。[3]

在教育中，使關係優先於個體，那會是什麼情況？首先，焦點將會對準老師和學生，以及學生和學生之間的關係——我們會問：現在參與的是誰？以何種方式？長期下來，這種關係的性質保證會變得比只是作爲研究題材時更有意義。其次，我們會移動到教室之外。所謂教室應是能夠爲關係網發聲的所在，既然學生和老師所從事的關係就是在這樣的場域中。教室及其環境之間的關係脈絡也會擴大——從在地擴大到全球。最後，我們還有和未來的關係。學生要準備好什麼技能才可以進入新的關係，在其中，全球性的生活就要仰賴這種關係而發生？最明顯的入場就是進入如下的實踐社群：法律、醫療、教學、企業、政府、助人專業、軍隊等等。就關係而言，注重實效的教育也會考量讓學生在如下的參與中有生產潛力：家庭、社區、政治服務、各類藝術、繁多的文化傳統、大自然等等。由此看來，教育就不只是個生產有效個體的過程；而是在促進可以無限延伸的關係潛力。

依我之見，以關係為基調的教育，是全球未來發展的關鍵。由於上一世紀在科技方面深刻無比的轉型，使得我們必須面對更多種多樣的人——在不同的場所，為不同的目的。無論在何處，協同合作、團隊工作、建立網絡、協議商量等等都是不可避免的。於是我們需要不斷調整，去適應排山倒海、變化不居的意義和素材。譬如在機構組織中，對於關係的仰賴就反映在階序的上下結構轉變為平權結構，從而改變了決策型態——重大決定都會由平行的功能團隊協商而成。成功的協同合作也在如浪潮般急遽捲來的各種國際志願組織（NGO）之間發生。[4]正是這種能夠相互參照的關係能力讓全球連線運動、地緣政治組織，以及科學研究團隊得以賴之而存在。[5]以個體為中心的教育極不適於參與這些冒險事業。

更有甚者：當代傳播科技也為種種衝突搧風點火。透過網際網路、手機以及這類的高科技，就有可能在極短時間內集結各種意識型態上的孤島。每次集結的秩序同時也是失序的來源；在**我們**與**他們**之間形成壁壘分明的對立。並且，當暴力控制的方式從大軍臨門轉換為小隊小隊的「恐怖份子」時，每次的對立就變成一次潛在的禍害。小桶裝的火藥已經散佈全球，在此脈絡下，有生產性的關係

244

3　在此有些相似於布魯納的觀點，即認為教育過程必須服務於文化的需求。參見：Bruner, J. S. (1996). *The culture of education*. Cambridge: Harvard University Press.（譯註：本書有中文譯本：宋文里譯〔2001〕，《教育的文化》，台北：遠流。）不過，其間也有顯然的差別，尤其以布魯納的說法而言，他強調教育應致力於肯定個人的心智和自尊。

4　關於跨國團隊合作的重大意義，可參見：Earley, P. C., and Gibson, C. B. (2002). *Multinational work teams: A new perspective*. Mahwah, NJ: Earlbaum.

5　Earley, P. C., and Gibson, C. B.，同前引書。

過程就變得特別重要。[6]在此我們必須想到：教育體制在營造有效
關係的語彙上，常都是孤掌難鳴。大多數的教育機構都只傾向於自
我提昇；與此對比，關係過程的教育則可為大家服務。

◈

以關係為目標的教育有深刻的涵義。首先，我們的注意力會從個別
學生的心智轉移到一些關係上——相互來回的知識會在其中產生。
如前所述，我們的焦點會在種種關係過程上：教室之內、教室與社
群之間，以及全世界的教育體系。更且，我們還敏感地察覺到社群
之間的差異——在一社群中的知識搬到另一社群可能造成知識的癱
瘓。我們也開始追問：教育過程中，誰在發聲，誰被噤聲？誰的聲
音在場，誰的聲音不在場？在所有這些話語脈絡中，我們的興趣從
優異的圍限單位轉向相互參照的潛力。隔離、階序和對立讓位給共
同創造。

245 2｜參與圈

在目前，大多數的教育實踐與政策都具有個人主義的性格。教育體
系的設計就是要生產改變其條件且能維持長久的個體心智。以隱喻
來說，學校的作用就像個工廠，要把心智的原料轉變成能精密運作
的機器。以今天的俗話來說，這個機器產品就是個電腦，教育體系
在其中灌進許多可長期使用的軟體程式。工廠的隱喻也常連結到經
濟領域。我們在此就常用企業語彙來評鑑學校，譬如成本效益、生

產品質。在此一傳統中已有許多批評，大多數都在試圖避免體系內的箝制效應。[7] 我在此並不企圖回顧這許多重要的抵抗之論。毋寧說，如果我們把個體代換成關係，並以此作爲教育的基本單位，那麼，我們可打開什麼新視野？會引發出什麼樣的實踐和政策？

為了準備進入這種討論，搭起進一步的鷹架會很有用：首先要想到的是：既有的傳統大多把學生的知識狀態和教育體系視爲一種因果關係──後者爲因，前者爲果。體系所**教**的，就是學生之所**學**；工廠把成品捏製出來。在此觀點上，我們很不容易去問這體系在學生身上造成了什麼**效果**；正如我們不會問電腦程式的效果和生產此軟體的工廠之間有什麼關係。但是，假若我們把學生和老師轉換爲關係的參與者，那又會是什麼光景？我要說的不是囿限單位之間的關係，不是像撞球桌上，造成球和球之間運動的原因。毋寧說，他們投身於關係中，相互從事於意義、理性、價值的創造。學生在老師的認可之前，並不擁有意義；老師所說的話若未得到學生的肯定，就會變成一堆廢話。沒有這樣的共同行動，就沒有溝通、傳播，也就不會有教育。只當有學生和老師有相互投入和積極參與，才會有教／學的交互過程。

　　但老師和學生都不是分道揚鑣的。各方都在參與這條被拓展

6　特別請參見第六章關於衝突與對話的討論。

7　這類批判中的佼佼者是包羅‧弗瑞理（Paulo Freire）的著作，他把當前的傳統模型說成**灌肥料**或**銀行儲蓄**。在此觀點下，教育乃成爲一種強而有力的工具，可把知識植入或投資到學生之中，並等待著將來的收割、獲益。參見他的 1970 那本書，*Pedagogy of the oppressed*. London: Continuum.）

開來的關係之途。於是，學生一進教室就已是個多態存有，早已參
246 與在家庭、朋友和社區鄰居的關係中，而這關係兼帶有一整群來自
電視、電動玩具之類玩意的許多幻象角色（見第五章）。我們延
續前面的分析，就可將每一學生的關係視為一個**參與圈**（circle of
participation）。於是，學生來自內在鑲嵌的多重圈子，其中包含與
母親、與父親、與姊妹兄弟、與朋友的等等。毋寧唯是，我們還須
承認這些圈子都屬於教育。換言之，任何關係的參與都會為人帶來
能量、敏感度、關係技能的增加。每一種參與都能促進與他人一起
的存有之道，有利於某種方式的談話、價值、恐懼、熱心等等。每
一種也都會產生其自身的限制。實際上，每一種參與都會建立他自
身的「行其所知（做知識）」（doing knowledge）方式。[8]

我們進一步也發現，老師走進教室時，也是個多態存有，鑲嵌
在類似的關係網絡中，還另加上他和其他教師、和行政人員等等之
間的關係。這些關係中的每一種都使得教師帶有些潛力的遺存。當
老師和學生相見時，每個人都鑲嵌在關係的多重網絡中，且每個人
都滿懷著關係的多重技能（以及潛在的短缺）。以此而言，學生和
老師相遇，就會帶來一個新的關係圈，可使其中每個人都能連結到
開闊的潛力汪洋中——或使之不能。

然而，我們也曉得，一個學生的成就要仰賴他（她）和同學之
間的關係圈。這些關係不只會把重要的教育潛能淀泊下來，也會浸
假將自身誘入這種師生關係中。有充分效能的老師不只會注意她自
己與學生間的個別關係，也會發展出某種實踐，來牽動學生的關係
圈。實際上，我們就可經由運用、拓展關係圈的範圍，來擴大教育
過程的潛能。[9]

讓我們再把關係領域拓寬些：近年來，教育工作者逐漸關切學

生和他們家人的關係。在師生關係中所發生的事情可能受到學生家庭生活的重大影響。有效能的教育必須把這個關係圈納入說明。更且，把關係焦點擴展到周遭的商業、政府、工業等體制，也會使效能大增。如果教育要想成功，這些種種圈子都必須牽連到教室的過程裡來。最後，我們還要在教室裡探問它和世界的總體關係。如果學校教育是要培養學生成為世界公民，那麼，全球關係應更受重視。

247

3 | 行動中的關係教學法

本章的以下篇幅，所關切的是教育實踐。關係論取向會引發什麼樣的特殊實踐？可談的事情很多——課程發展的標準化、教育政策等等。不過，為了詳實說明的目的，我把焦點放在教學法。我們的討論要保持在可處理的範圍內，因此我還把討論的焦點限制在四種特定的關係圈中。我們要拿來考量的實踐就是：師生關係、學生之間的關係、教室與社區的關係，以及教室與世界的關係。每一段討論

8　譯註：事實上，相對於「做知識」，漢語本身更常用的說法叫「做學問」。不過，在普通話裡，做學問也隱含著太多的「讀書」工夫，因此我們不能說傳統的「做學問」就等於作者在此所說的「做知識」。至於「行知」的譯法，多少有點呼應王陽明學說中有關「知／行」關係的理論用語，用白話來說，就是「行而知之」，和「做知識」的意思完全相同。這種前現代漢語／現代漢語之間的選擇，在翻譯之中永遠都是漢語使用者可用的選項。

9　布魯納的教育觀點對此頗有助益——他認為教育是從「互動的潛社群（sub-community）」來發動的。見 Bruner, J. S.（前引書）。

都構成一個鏡頭，可用來透視其中的種種議題，也讓其中的潛能顯現出來。當我們把鏡頭對焦在師生的圈子上，某些實踐會變得很顯眼；鏡頭對準學生間的圈子時，有些進一步的實踐就會冒出來。當每一個鏡頭都把關係圈變成明顯可見時，我們的敏感度和創造的潛力也會隨之而拓展開來。通過這些討論，我會用當代教室裡出現的種種革新實踐來作為例子，詳細闡述。這些革新在多重多樣的場域中發生，已經暗示了這個廣泛的運動正在遍地開花。

3.1　第一圈：教師和學生

教育家對於「什麼叫做好老師」的問題已經有很長久的省思：教師的哪些人格特質和實踐之法最有效能。在較近的年代，注意力也已經集中在學生身上：她（他）的認知發展階段、個人需求、自視（自尊）等等。對於教師性格的關切，傳統上就會導致**課程為中心**（curriculum-centered）的教育（以教師的知識為基礎而來），而對於學生能力的關切就會強烈支持**學生為中心**（student-centered）的課程。無論如何，這兩種傳統都還是很典型地聚焦於圍限個體——**要嘛是教師，要嘛是學生**。關係取向在此則要求我們將兩方放在一起考量。教師可能會講究教室秩序，但這種講究在學生不尊敬老師的狀況會無人理睬。教和學根本就是分不開的；缺其一，則另一也不存在了。

⊕

248　　　一名學生當掉一門課時，在很多方面，那位老師也當了；一位教師獲得「傑出教學獎」時，應該拿出來和他（她）的學生分

享。父母在獎賞孩子的好成績時，也應該給老師祝賀。

用這種眼光來看看傳統的師生關係。教師站在教室前方，學生對面圍坐；教師在描述、解說、演示一些題材，學生則在聆聽，也可能在記筆記。我們在此注意到：首先，是教師在控制著課堂，包括誰、何時可發言，以及發言該講什麼。第二，我們也注意到這關係所仰賴的是**獨白**（教師佔用大多數的講話機會）。依我看來，這些條件幾乎全面降低了關係發生的潛能，而這樣下來也顯然限制了教育的產出。

當關係被教師的獨白所支配時，學生的全然參與被否決了，同時他們從自身所在的多重關係中接引關係的能力也被否決了。豐富的潛能不是沒用到就是被壓制。當教師一個人在維持教室的行事秩序時，學生常會覺得那是一種異化的秩序。那秩序不是他們的；在他們的關係史中找不到這種行事的理由。對於年齡稍長的學生來說，教師的控制會引發他們的厭惡以及反抗。理想上，教室的行事秩序應由協同合作中產生。這樣的秩序在很高的程度上可望達成，只要把基本的教學形式從獨白改變為對話。在此，學生有更高的機會來表現他們由外面帶來的關係，並使之編織在教室的行事秩序中。實際上，學生會把他們四處延伸的關係網絡帶入教室。有一位學生可能把課堂題材關聯到她的個人生活；另一位可能注入些許幽默；又另一位可能利用相關的故事來擴大討論題材。他們的生活能更完整地帶進來，接觸到老師、其他同學，也接觸到課堂的題材。我們可以肯定，這樣做雖然一定會使「涵蓋的教材內容」變少，但卻會產出更豐富的潛力，來進行關係的參與。

◈

身為一位教師，我喜愛的是有淵博的知識可讓我信手拈來，用我自己的話語帶入生活之中，創造出學生對我的興趣和仰慕。我是他們注意力的中心，他們的知識泉源，是他們聰慧且慷慨的父親。然而，我也曉得，對於我這位教師自己這般的羅曼史，大多是為了孤芳自賞而不是為了教育。學生們所見證的，基本上是一場表演。他們很難想像要如我這般口若懸河，需要花費多少年的努力；他們看不到我在一小時的講課背後，花在組織、疏理材料，以及為能從頭講到尾而想東想西，究竟花了幾個小時。我所講的話顯得像是直接從我的推理能力中自然流出。這不僅是個誤導的假象，而學生也很少因為看了我的表演就能預備好出去外面行動。他們只預備好觀賞、聆聽、記下少數筆記，以及到了後面的考試時，把我的話用某種形式重複寫一遍。他們幾乎沒有預備好去進入往後的關係，去成為有效能的對話夥伴。他們沒有經驗，好讓他們能提供想法，對他人作敏感的反應，或和他人一起加入新視野的創造，而這些都是自己一個人所辦不到的。

◈

有很多教師對於這類課題頗為敏感。他們會強調要作敘事書寫和報告，要求學生從家裡帶些文物到課堂上，也會指定作業讓他們能從教室到社區間的連結邁出步伐。不過，近年來還有一整族的隱喻在

生活之中冒出來，它們所提供的是比獨白取向更為全面的另類想法，也給教師和學生間的關係提供更寬闊的視野。在諸多隱喻中，我發現以下幾個帶來最多的希望：

對話教室（The Dialogic Classroom）。對於以共同行動來創造真與善而言，比較好的教學法是對話。但對話有好幾種形式。最流行的就是辯論：正方對反方。我在教學生涯的早期，經常使用辯論作為手段來激發興趣和投入，以及演示出議題兩方明白的意思。不過，幾年下來，我的熱情衰退了。辯論會使得焦點封閉。當「一方對上另一方」時，更寬廣的脈絡就會被甩到腦後。更且，辯論會使一個班兩極化。學生既然投入一方的論點，就會看不見「對方」的任何價值。參與辯論的雙方果然就開始互相駁火交鋒，關係變得岌岌可危。在辯論之中，你可曾看過一方的人稱讚對方的好點子？或是由對方提供的論點再加以發揮多一些的見解？爭辯明明就是在引發相互的否定。[10]

很多教師會先用辯論來引導出蘇格拉底式的對話。教師在此 250
運用交談為手段把學生帶進知識狀態。不過，蘇格拉底法對於協同合作的學習雖有重要貢獻，它本身仍然是潛在的獨語邏輯。換言之，教師已預先知道這場意見交換所欲知的結論，並以此來設計她（他）的問題。

相對而言，最近對於對話教室的概念有貢獻者，所強調的是充

---

10 對此進一步的討論，可參見："The limits of pure critique," in Gergen, K. J. (2001). *Social construction in context*. London: Sage.

分參與式的交換。[11]尤其是,他們尋求各種手段來(1)擴充參與,以便能包含全部學生,同時也防止那些意見很多、擅長闡述的學生獨霸全場的討論,(2)對於討論的方向減低管控,好讓學生的關切更容易決定他們的話題,(3)凡能說清楚、講明白的學生就給點稱讚,而不是要糾正錯誤,以及(4)與其把「真理」設為目標,不如把目標換為較大範圍的「可明白之真實」。這種對話取向的教學不鼓勵使用「罐裝講義」,以及步步鎖死的 ppt 報告方式;它鼓勵教師們對於自己萬事通的地位冒點無知的風險。教師們要被邀引來投入集體過程,並且能讓任何搬上檯面的話題都和正在展開的交談發生關聯。[12]這些實踐的結果是:強度更高的投入,觀念和見識如雨後春筍般冒出,互相肯定與支持的關係,並減低了異化與阻抗。很多學者們讚揚這種發展,他們說:這種教學方式可讓學生準備好民主的參與,讓他們有能力掌握多重觀點,並能對道德議題探入更深層的境地。

⊕

> 生活的本質就是對話。活著就表示參與對話:提問題、留神、回應、贊同……在這樣的對話中,一個人通身透體、完全參與:以其眼、以其唇、以其手,以及精神、魂魄,乃至全身,以及一舉一動。他把他的整個自我投注在論述中,而此論述又會捲入人類生活的對話網絡中,進入大議論的世界。
>
> ——巴赫金

251

認知的師徒關係(Cognitive Apprenticeship)。由於受到維高茨基發展觀點的刺激,教育專業者也發展出一種師生關係的看法,叫做

師徒關係。[13] 按照維高茨基的道理，人類的思想大部分是社會對話的反映。因此，思維發展的主要關鍵就應是能夠浸潤在社會交換關係中。在此脈絡上，教育者看出：師生關係才是學習的基本來源。最有效能的老師就是既能分享也能關切者。老師要分享的不只是知識的內容，還有如何使用此知識於實踐中最關鍵的啓題法（heuristics）（或叫做「知其然」〔know-how〕）。（會使用乘法是一回事，知道用各種「竅門」來解決複雜的乘法問題，那就是另一回事。）而此種分享的脈絡還得是：當老師已全神投注於學生的掌握能力上。這樣的學生實際上已經是老師的門徒了。

　　很多教育家相信師徒教育最爲有效的是在實務操作的脈絡中。

11　把對話帶向教育的最前線者之中極有影響力的是 Theodore Sizer（1984）那本書：*Horace's compromise*. (Boston: Houghton Mifflin). 也可參見：Wells, G. (1999). *Dialogic inquiry: Towards a sociocultural practice and theory of education*. Cambridge: Cambridge University Press; Vella, J. K. (2002). *Learning to listen, learning to teach: The power of dialogue in educating adults*. San Francisco, CA: Jossey-Bass; Applebee, A. (1996). *Curriculum as conversation: Transforming traditions of teaching and learning*. Chicago: University of Chicago Press; Brookfield, S. D., and Preskill, S. (1999). *Discussion as a way of teaching: Tools and techniques for democratic classrooms*. San Francisco, CA: Jossey-Bass; Simon, K. (2003). *Moral questions in the classroom*. New Haven: Yale University Press.

12　對於 ppt 的使用和對話之間的關係，有個新鮮的論點，可參見：Bowen, J. (2006). Teaching naked: Why removing technology from your classroom will improve student learning. *National Teaching and Learning Forum Newsletter*, vol. 16, no. 1.

13　Collins, A., Brown, J. S., and Newman, S. E. (1989). Cognitive apprenticeship: Teaching the crafts of reading, writing, and mathematics. In L. B. Resnick (Ed.) *Knowing, learning, and instruction: Essays in honor of Robert Glaser*. Hillsdale, NJ: Erlbaum; Rogoff, B. (1990). *Apprenticeship in thinking*. New York: Oxford University Press. 利用維高茨基的教育取向及其對關係的強調，有個最佳案例，可參見：Holzman, L. (1997). *Schools for growth: Radical alternatives to current educational models*. Mahwah, NJ: Erlbaum.

與其讓學生去賣力捕捉與用途相悖的抽象理論，不如讓知識發展和行動綁在一起。對許多教師而言，這就意謂教育經驗必須離開教室、走進社區。有些活動，譬如種植集體農園，開發出資源回收系統，或參加國際工程競賽，學生會熱切地尋求有用的資訊以及知其然的方法，只要老師能提供。更廣義來說，許多取自維高茨基的觀點會認為：理想的教育實踐乃是置身於（situated）應用的狀況中。[14]

解放／培力（Liberation/Empowerment）。在目標上更帶有鮮明政治色彩的教學觀乃是解放與培力，這是受到包羅‧弗瑞理的精神啟發。[15]弗瑞理對於巴西貧窮的文盲有深切的關懷。以他看來，這群人口不僅對於壓迫他們陷入貧窮狀態的勢力毫無意識，同時他們也沒有什麼有效的手段可導致改變。所以，教育過程以他的道理來說，就應促進批判意識（「意識化」〔conscientization〕），尤其對於這些人的經濟與政治處境而言。要改變經濟與政治條件，必須給他們配備足以改變的工具。簡言之，他們需要受到培力、得到解放。

在此脈絡下，弗瑞理的論點乃是：傳統的、階序區分嚴明的師生關係體制必須摒棄。換言之，教師也須成為學習者，而學生也會有教師的功能。該放棄的傳統觀點就是把學生視為知識的被動接受者（正如當權者為他們所下的定義），而換上來的觀點則視學生為積極的行事者。弗瑞理認為：當學生把自己看成可用行動造就未來的人，他們也會受招引去加入改變社會的運動。「加入」一詞是個要點，而弗瑞理相信，在這種狀況下，改變的發生，只能透過集體行動。[16]

學習不只是在消費觀念，而是把觀念創造又再創造出來。

——包羅・弗瑞理

⊕

解放運動在刺激起對於傳統教育實踐的批判和反思方面，曾扮演非常有力的角色，並且也讓事實變得非常明白：根本沒有什麼政治中立的教育。不過，從關係論的立場來說，進一步的發展仍是必要的。尤其是批判運動難免會傾向於強化政治的緊張，產生與批判標靶反向的後座力。因此最需要的是把各個原本互不相容的陣營中人重新結合，使他們有能力以集體行動來共營集體之善。由關係論觀點看來，我們必須謹慎處理批判的這回事。[17]

協作／教練（Facilitation/Coaching）。比較不基進且在各學派間更能廣泛共享的即是將教師隱喻為學生發展的**協作者**（facilitator）或**教練**（coach）。[18]在此理想上，教師的知識基礎可讓學生分享，但不在於提供全部資源，把學生導引到他們自己已經投注心力的目標

253

14　關於置身的學習與認知，其研究與理論可參見：Lave, J. (1988). *Cognition in practice.* New York: Cambridge University Press; Kirschner, D., and Whitson, J. (Eds.) (1995). *Situated cognition: Social, semiotic, and psychological perspectives.* Mahwah, NJ: Earlbaum.

15　Freire, P. (1970). 同前引書。

16　對於「解放教室」也不是沒有批評者，甚至在支持這個陣營之中的佼佼者亦然。參見：Patti Lather 的 *Getting smart: Feminist research and pedagogy with/in the postmodern* (1991, New York: Routledge) 一書，對於解放教學法的抵制，可看見她的傑出分析，以及如何可以維持批判動力而避免其宰制性潛力的方法。

17　對於批判的限制何在，進一步的討論可參見：Gergen, K. (2001). 同前引書。

18　對於教師之為教練，可進一步參看：Sizer，同前引書。

上。站在協作／教練的位置,注意力會特別集中於學生的整個生活狀況。然而,協作者／教練的角色也頗受爭議。這是由傳統的學生中心課程所生的觀點,在其中,學生都被想成已經具備學習動機。很像生長中的花木,各自具有內在的生長使命(即內在動機),好比順著這種天生的動力,就會自然開花結果。從關係論的立場來看,這種觀點必須修正。不論學生把精力投注於何處,不論他們對什麼會興高采烈,這都是由關係而來的情態──包括他們和老師的關係。

很多採用協作／教練教學模型的教師確實會對於此一角色把價值一併注入行動的敏感問題。他們確實會看見:對話基本上對於既定的理解可創造其價值。很多在此取向上的教師確實會比較能賞識學生本身,而不會像傳統取向那麼注重對於學生的評量。實際上,老師就成了學生價值感的重要幫手。很多教師會發現,讓賞識優先於判斷的關係,就可使學生提高學習動機;他們對課堂討論的參與會變得發光發熱。[19] 凡是害怕批判評量的學生常會抗拒發言。他們可能覺得自己有話要說……但也無法肯定。等到他們鼓起勇氣之時,討論的節奏已經走掉了。他們仍然靜默無語,但還會附帶一種負擔──無勇之恥。[20]

友誼(Friendship)。師生關係也可視為一種**友誼**。當教育被關在圍限存有的傳統中時,教師們對於學生總會出現一種工具性的態度。他們在其中最常問的問題包括:「我怎樣讓他們對我有興趣?」「我怎樣控制課堂秩序?」「我怎樣讓他們在全國會考中的成績往上衝?」以此而言,其中總是有個「我」作為行事之因,來對「他們」上下其手。這種取向不只在操弄和製造距離,也把學生造

成了「他者」。在這方面，有個一新耳目的主張，由威廉‧若林斯（William Rawlins）所提：最有效的教育必誕生於師生之間的**友誼關係**。[21] 此一概念肯認了教育過程中，相互的關懷與照料所具有的潛能。其企圖是要創造一種相互信任的黏結關係，在其中，老師對學生功課的評量就像好朋友提供意見來幫助一樣。建立起相互關照之後，學生也會更願意吸取老師的行動來成爲她（他）自己的行事方式。老師更願意把自己變成爲多態存有的資源。在此同時，若林斯也承認友誼中並非沒有緊張關係。譬如，該避免的危險是「照料過度」，而導致班上發生偏心、嫉妒等問題。

254

✛

教學即是友誼。

——刻特‧梵尼谷（Kurt Vonnegut）

✛

由是，我們發現了多種多樣的方式可使師生關係變得更爲豐富。我們是否該開始作些對照或比較，希望能爲最佳實踐定位？我認爲時候未到。在離棄了機械化的師生關係之後，我們該關心的是：取而

19　有些教師能把賞識取向延伸到學生的課業上。譬如：Nancy Aronie 在她的 *Writing from the heart* (Berkeley, CA: Crossing Press, 1988) 一書中，建議給學生寫的作業該問的是：對於閱讀材料中最喜愛的是什麼？在其中發現了什麼價值？對自己的生活而言，獲益最多的又是什麼？

20　對於賞識的強調不可與另一種運動混淆，那就是關於建立學生的自尊。後者仍然維持著學生是圍限存有的概念——他們經歷過課程之後，必須有個效果。

21　Rawlins, W. (2000). Teaching as a mode of friendship. *Communication Theory, 10*, 5-26.

代之的關係是否也會僵化？就好像一場好的交談一樣，你不該先背好你的台詞。在開放的共創過程中，關係也會不斷變動。正如在日常生活中，總會有種種不可預料的曲折，一會兒來個幽默，一會兒冒出氣話，然後一場驚奇的大發現——這全都會突然從四面八方闖入關係裡來。因此，上上之策唯有保持彈性。自身既為一多態存有，則不難從其資源中抽引出現成的方式來接應多種不同的聲音，在多變的對話浪濤中流暢地隨波起伏。既要加入協作的對話中，也不難從一團隱喻中，看時機場合而抽引出或此或彼的巧喻，來作為良師，以便從旁協助，或逕成兩肋插刀的朋友。

最後，有一重點必須強調：這種朝向更豐富關係的運動並非有意要抹殺傳統的獨白式知識和學科訓練。傳統的關係並未走到破產的地步；它只是礙手礙腳。在某些場合脈絡中——譬如在大演講廳上的課——它仍算合適。在很多方面，所謂有效能的教師其實就像個好家族的成員。為了好好參與家人的關係，我們有義務扮演多種不同的角色——餵食、告知、從旁協助、共掬一把眼淚，等等。以我來看，師生間的關係潛能並不少於家人間的關係。

◈

在我的早年生涯中，有幾位老師的出現，讓我簡直有如靈性狂喜的體驗。他們的話語、姿態、聲調、穿著，或那麼點矯揉造作——全部加在一起，為我開啟了超越夢想的世界。我是心甘情願、滿懷感恩地求主矜憐，讓我得以參與一場古代才有的開示法會。我在此的目的不是要抹除關係的傳統。我們顯然要保留這光榮的遺跡，但切莫讓它教我們給壓在古代的斷壁殘垣中。

3.2 第二圈：學生之間的關係

我們要從師生關係移到第二圈：學生之間的關係。專注於個體心智的教學實踐請出了一種教室，在其中的每個學生都只是為自己而來。頂尖的學生讓教師享有得天下英才之樂；遲緩和沒心的學生則讓教師覺得在做牛做馬。其結果則是異化、不安全感和衝突。想要培養出學生之間的關係過程，就是要把多重的世界放進可以相互參照的座標裡，以及讓區隔的階序由相互賞識來取代。在這個意義分裂不已的世界中，學生也能學會翻牆越界的本事。我們要感謝一些思想先鋒型的教育家，讓我們看到：正是如此的目的才是新一代教育實踐所當憑式的。我把焦點放在我特別偏愛的三種實踐上。

協作教室

專注於個人卓越的教育自會偏好高低階序結構的發展。針對此一脈絡，艾德文・梅森（Edwin Mason）就指出：「每當我們讓年輕人為自尊心而競爭時，我們直接在教的，乃是人性中的不信任。」（p. 33）[22] 而就是在此脈絡之下，肯尼施・布拉菲（Kenneth Bruffee）才會引發一場邁向協作（協同合作）學習的運動。[23] 根據布拉菲之說，在協作教室中所強調的是**學生之間的知識分享**。從關係論的立場看來，這種分享使學生能夠互相吸收彼此的特長，來建

256

22　Mason, E. (1971). *Collaborative learning*. New York: Agathon.

23　Bruffee, K. A. (1993). *Collaborative learning: Higher education, interdependence, and the authority of knowledge*. Baltimore: Johns Hopkins University Press.

構他們的行動與關係模型（見第五章）。當學生有辦法「變為他人」時，他們就有能力參與更大範圍的關係。要和一個信仰不熟悉宗教的信徒建立關係，或和其他諸如運動員、知識份子、藝術家、政治活躍份子等等建立關係，都是在吸收某種存有方式。[24] 這種種存有之道回過頭來又能使人和某些崇尚此道的團體或傳統建立起關係。

毋寧唯是，能共享的學生還會發展出新的身分認同，而致能煉製出對他人而言足以相處的存有方式。此道中人自可學會擔當助人者、競爭者、養育者、娛人者等等，不一而足。最後，在此中還會發展出一種新的舞譜（choreography，即行動譜表）來和他人建立關係。有了這種舞譜後，又會進一步舞出更為多面的關係。譬如：學會在某種場合中對他人行為作合適的恭維，而在其他場合中則可改對該行為以諷刺、評價等方式提出挑戰。實際上，能分享與共享的學生乃是多態存有的最主要貢獻者。

✦

我們的研究生訓練結構本身就在強調愈來愈強的隔離——學生從選課上課到只和幾位教授進行諮詢、準備口試，又進而獨自埋首在圖書館裡完成論文，到這最後階段，經常只剩下一位負責指導者。這樣的進程看起來相當自然，致使我們幾乎注意不到此一過程中的學生更該學會的是文化調適。

——大衛·丹若許

✦

學校中的非正式關係——午餐時間、體育館、放學後等等——使

學生們的關係能夠維持他們所熟悉而舒服的狀態，並由此促成了友誼深交、小黨派、族群團體。結果就是眾所周知的圈內／圈外之衝突：距離拉開，敵意也伴隨而來。[25] 與此相對的是能讓班級組織起來的教師，能為更具有生機的關係鋪路。班上的討論小組、合作夥伴、實驗室的研究小組，和類似的小團體都能貫穿這些非正式的界線。更且，還可邀引參加各種特殊的對話。譬如，在有效的計畫下，各種小組都可用以肯認關係或建立起原本不相容、不熟悉的想法，表達好奇心，承認懷疑，分享個人故事，等等。[26] 正如樓以麥斯・霍茲曼（Lois Holzman）所主張：學生能學會發展及維持情感上有意義的關係，這就和學會其他有效實務一樣重要。[27] 在以上的各個脈絡中，只要參與就會滋養出未來世界所需的協作技能。 257

對學生協作有鉅大貢獻的是電腦學習的建置。電腦提供了小組連結的手段，以便完成共同的目標。有極多研究顯示：這樣的建置導致了（1）降低教師對於班上討論以及成果的控制，（2）增進學生

24　譯註：存有方式（way of being）也很適合以古代漢語翻譯為「存有之道」。

25　譬如可參見：Willis, P. (1977). *Learning to labour*. London: Avebury.

26　關於帶動教室裡的對話，其實務細節可參看：Oldfather, P., West, J., White, J., and Wilmarth, J. (1999). *Learning through children's eyes: Social constructivism and the desire to learn*. Washington, DC: APA Press; Fosnot, K. (1989). *Enquiring teachers, enquiring learners: A constructivist approach to teaching*. New York: Teachers College Press; Stein, R. F., and Hurd, S. (2000). *Using student teams in the classroom: A faculty guide*. San Francisco: Anker; and Barkley, E. F., Cross, K. P., and Major, C. H. (2005). *Collaborative learning techniques: A handbook for college faculty*. San Francisco, Wiley.

27　Holzman, L. (2009). *Vygotsky at work and play*. London: Routledge.

的參與對話，（3）學生對進行中的討論有更為平均分布的貢獻，
（4）提高學生相互協助的次數。[28] 要達成以上的種種結果，仍需仔
細的準備，但相對而言，這都不是什麼難事。

⊕

　　電腦輔助的協作教學對我而言曾經是個重大的冒險。在各種實
驗中，最為成功的一項就是：我放棄個別考試和期末報告，而
採用團體對話。我安排了一些小組，讓他們去共同解決我所給
的問題。他們受到的挑戰乃是要作持續一週的電子郵件對話。
在事前，我曾讓學生嘗試產出他們覺得「好的對話」應有什麼
標準。有意思且值得指出的是，這些標準和獨白式報告的價值
觀非常不同。譬如，好的報告必須是前後聯貫，並且能達到最
佳結論；但有效的對話卻是能儘量冒出多種想法，並且不會使
可能性的聲音被封閉。我的學生還告訴我：在好的對話中，同
學們會互相關照。相對而言，個別寫的報告（如同上一章中所
描述）通常都繞著自我保護的邏輯打轉。他們經過一週對話而
作成的逐字稿最後都交給我。個別學生的成績（這是註冊組的
要求）是我以整體對話的品質（根據他們所定的標準）加上個
別學生的努力而作出的評量。

　　　多數學生發現這樣的對話很能激發知識和能量。他們對於
交換意見的形式也頗為熱心。在其中沒有差序格局；沒有一人
獨霸；每個人都有貢獻。所有的人都覺得受歡迎，而在對話接
近尾聲時，他們常會相互祝賀並對各人的貢獻道謝。他們還非
常希望我早點閱讀他們的成果，並且相信他們說了些很有意思
的話。是的，確實是這樣⋯⋯。

258

從以下的一些節錄中，你可以欣賞一下這種對話的味道，以及我對此感到熱切的理由何在。學生拿到的題目為「在教育實踐中以關係論取向來取代個人主義的可能性」之時，這樣的挑戰和本文尤其有關。麥克是我指定的對話開場人：

> 麥克：……我想我們的開場話題應該是……以關係的觀念以及由此衍生的意義如何能夠改變我們的教育系統。請大家不必只限於討論這個想法。也許我們應該對於這是否會影響師生關係，或學生之間的關係，來給些贊成或反對的意見。我認為我們還應該留心的是：現行的系統如何強迫學生陷入競爭和隔離狀態。
>
> 凱蒂：大家好，但願每個人在今天一切都順利。麥克，謝謝你的開場。在過去的二十四小時當中，這問題實實在在敲到我的腦袋，就是個人責任的傳統如何扎扎實實地跟我們的教育系統綁在一起！
>
> 但，學生都被認定是要學會很多資訊的……教育的意義何在，如果連教材都沒能學好的話……。我假定學生會認定要學習，而不會想要考驗或確認這些問題，但如果連教育家都對於教育過程的結果毫無概念，那怎麼可能想要撐得動它，或讓它改善……？我的意思是，因為連像這樣的指定功課，本來意在利用群體對

28　對這些研究較早的編纂，可參見：Schofield, J. W. (1995). *Computers and classroom culture*. New York: Cambridge University Press.

話來突破個人責任的……我們產出的結果還是會受到評判，而我們作為一個群體，還是要為我們能不能產出，或產出什麼來，而集體承擔責任的。在我看來，這情況應該要再推進一步……是不是請教授全程參與對話，而不是到最後才來作客觀的評分──這樣會不會好些？……

珊德拉：我相信目前的教育系統在創造意義方面是單向的……老師努力在教教材，好讓意義在學生心中就這麼創造出來……但學生根本沒有在這過程中得到分享。意義早已在老師心中造好了……

這很可能是為什麼有些學生覺得在進入本大學時會有過渡上的困難。以我的經驗來說，我知道在中學裡，我們沒有很多像這樣的對話。我經歷的教育都是專注在背誦事實，和如何完成既定的目標，以便在考試時得到好成績。

羅比：我打開天窗說亮話──我是主修生物的，所以有些時候我對教育的觀點會和你們主修人文社會科學的人不太一樣……我們也許可以比較一下我對教育的想法在目前這樣的對話中可以扮演什麼角色……我不喜歡再增添什麼建議……但很希望我們可以互相給點靈感，來讓我們開口說話。（羅比接下來談的是在實驗室中的對話如何進行。）

我牽掛在他們的字句上……他們或許也在反覆推敲本書的這幾頁。現在，我要轉往第二個冒險。

協作書寫

在囿限存有的傳統中，公開的語言即是內在世界的對外表現。在教育的領域，此一設定即以強調個人書寫來實現。正如上一章之所述，我們會把不聯貫的書寫視爲「思想貧弱」的徵象。在此脈絡中，對於抄襲剽竊的嚴厲制裁之所以存在，基本上也是爲了保證所有的書寫都是在反映其作者的（而非別人的）心智狀態。書寫者即是思想的井水和泉源。對於書寫的這種想法只不過再一次證明了我們把自己視爲根本與他人隔離。本書所強調的正是全然的另類：所有能讓人明白的東西都出自於關係。以此而言，書寫所反映的並非獨立的心智，而是關係的歷史。[29]

✛

「獨立的學術」基本上

是個矛盾用語。

——派翠西亞·A·蘇利文（Patricia A. Sullivan）

✛

爲了反映此一觀點，有些具有前瞻性的學者想方設法要讓書寫的教　260
學變成一種社會活動，亦即在此教學中，個人不只對於他所從出的

29　有意思的是，美國的小說常不是由一位作者所作。Susanna Ashton 曾經描述道：在
　　1870 到 1920 之間，有數百本小說是由兩人以上合寫而成的。參見：Ashton, S. (2006).
　　Literary collaborators in America: 1870-1920. New York: Palgrave.

關係傳統要很敏感，也能將他所針對的讀者寫在其中。[30]譬如，要求學生寫自己的生命，但特別要能和同學分享他們一起學習的相關事件。我的一位朋友由此延伸出成功的教學。他是在某個內城區（inner-city）的專科學院教書。他要一個多元文化的班級寫寫每個人成爲歧視受害者的經驗。在這些敘事中顯現了所有的文化群體——不論他們屬於什麼種族（race）、語族、宗教、性別——都一樣陷入忿怒不安的處境。在課程的末期，他把書寫的要求作了點變奏，就是要學生寫寫「來自他群者」如何和自己的生命發生有意義的關係。後來他告訴我，事後發生了班上同學增進團結的效果，簡直到了令人驚異的程度。

另有些學者採取了更爲基進的步伐來進行協作書寫的實踐。[31]他們不但不把學生視爲孤單的作者，還企圖產生才能與資源的共用庫。學生們可提供互補的資訊、觀點和意見，由此得以互教互學，進而對於更豐盛、更有知識的成果作出貢獻。同學們所參與的工作是腦力激盪、蒐集資訊、組織、起稿、修訂和編輯完稿。其中可能有位同學善於提出計畫概念，另一同學可能有些改革的點子，或具有通順的文筆。其他人則在討論過程中注入一點幽默，或冒出些自我反思。透過這樣的協同合作，同學們可互爲楷模。多態存有的潛能再度得以拓展。

在此有個重點值得一提，就是有些教師所重視的教育目標——批判思考。批判思考有很多定義，從基本寫作技能、數學、自然科學，到能把一些基本假定付諸批判分析的能力。從本書的觀點來說，不論我們選擇的是什麼定義，總之，我們所要談的結果就是個人能夠參與關係。以目前最重要的一點來說，能把基本假定付諸批判反

261

思，也就是要求你能夠參與不只一種傳統。如果對於真實只有一種說明，你就無法向外走出一步，來評估其限制。（參見第七章）。一位全神貫注的科學家不太容易用社會學立場來對科學作出令自己信服的評估。正因如此，協作書寫才會值得追求。譬如，學生要寫的論文若是關於民主的價值，他馬上會發現有別的同學認為民主體制問題重重；期末報告題目若是人類生命的起源，也可能引發非常紛歧的意見。但就在此，已經可看見解放反思的根苗。

要作批判思考，基本上就是要讓一個傳統能詳盡地和另一傳統產生論述的交鋒。批判思考者的優勢不在於他擁有較優越的傳統，而在於能夠同時看出兩個傳統的優缺點。一個宣稱自己的傳統較為優越的批判思考者，已經喪失其優勢，且絆住了其進行思考的潛能。

一談到全球的未來，協作教育的意義就不能過分高估。在今日世界裡，愈來愈多工作都發生在網路上──不論所談的是企業、政府、

---

30 譬如，請參見：Cooper, M. M. (1989). *Writing as social action*. Portsmouth, NH: Boynton/Cook.

31 譬如可參見：Forman, J. (Ed.) (1992). *New visions of collaborative writing*. Portsmouth, NH: Boynton/Cook; Reagan, S. B., Fox, T., and Bleich, D. (1994). *Writing with: New directions in collaborative teaching, learning, and research*. Albany: State University of New York Press; Ede, L., and Lunsford, A. (1990). *Singular texts/plural authors: Perspectives on collaborative writing*. Carbondale: Southern Illinois University Press; Topping, K. J. (1995). *Paired reading, spelling and writing: The handbook for teachers and parents*. London: Cassell.

私領域活動或科學研究。布萊恩‧康納利（Brian Connery）和約翰‧佛斯（John Vohs）對於協作書寫的處境，在他們的著作中寫道：

> 我們對於偉大的個人常施盡口惠，說我們尊崇那些帶來突破性的天才，好比牛頓、吳爾芙（Virginia Woolf）、愛因斯坦（Einstein）、麥克林托克（Barbara McClintock），或是仰慕早期殖民開拓者的自給自足。但社會現實卻是：我們專業工作之主幹，對我們大多數人而言，必須花費在和別人協同合作，其方式為委員會、研究團隊、董事會、學系、專業學會或公司。自給自足雖有十足的理由代表高貴的理想，但也有一樣多的理由變成毫不足道。你在附近找個高山上的避難洞穴去看看，馬上會發現：絕對的獨立只會帶來原始而粗糙的結局，而我們當中很少人能接受那種自給自足之後又不肯妥協的代價。[32]

3.3　第三圈：教室與社區

262

> 我相信學校在根本上就是個社會機構。教育既然是個社會過程，那麼學校就只不過是社區生活的一種形式，若在其中所有的行事作為都能就此而集中起來，當能成為最有效的方式，把孩子們帶來分享（社會）本身內在的資源。
>
> ——杜威

✛

學校有圍牆的景象很容易讓人誤入歧途。它暗示了學校和它的周遭必須隔絕開來；它也暗示了成功的教育過程必有賴在圍牆之內發

生。然而，現在愈來愈清楚的是：凡在教室中發生的事，沒有一件不牽涉到學生的家庭生活、當地的政治、經濟狀況等等。對此能夠敏感者就會零零星星地發起一些變革的努力，希望改變外在的條件可使學校獲益。譬如，在經濟蕭條地區的前瞻性學校會建立一些方案，不但保證學生能有東西吃，還連帶讓他們的家人也吃飽。然而，這些作法雖然值得推動，卻也有些理由讓人擔心教室和社區間界線模糊的問題。

很多教育家受到杜威著作的激勵，會強調學校的功能在於讓學生預備好，去參與民主的社會。依照理論，要達到這樣的目的，最好的準備就應是在社區本身中學習。正如邁芙（Lave）和溫格（Wenger）之所強調，在社區中的參與，可使人變成實踐過程中的一個協作成員。[33]學習者可因此而對社區中發生的事情**能知其然**，也且知道此事在當地發生的實情，以及發生作用的價值何在。這裡回應了先前討論過的「置身在地學習」，也強調了「脈絡中的教育」之價值。學生參與的是真正的實踐，而不是去死背與某些具體事件只有莫名相關的一般原則。[34]以社區為基礎的學習也為學生打開真實與價值的多重視野。學生可能會受到真正的挑戰，譬如說，幫內城區的貧窮人家作好新的交通運輸計畫，使他們可以出去找工作。學生在此情況中受到的挑戰是要分配救濟金、建立職能訓練，

32　Connery, B. A., and Vohs, J. L. (2004). *Group work and collaborative writing*. Davis, CA: University of California, Davis. 參見：http://dhc.ucdavis.edu/vohs/index.html

33　Lave, J., and Wenger, E. (1991). *Situated learning: Legitimate peripheral participation*. Cambridge: Cambridge University Press.

34　也可參見：Lave, J. (1988). *Cognition in practice: Mind, mathematics, and culture in everyday life*. Cambridge: Cambridge University Press.

而不致破壞鄰居間的關係。當學生面臨這種多重性的挑戰時，他們

總會去諮詢一些意見。他們會親身體驗到合作的價值。雖然以社區
為基礎的學習有很多不同形式，但有三種發起的方式特別易見。

來自社區的協作

在學生家長與教師之間建立協會（家長會）是很早以來就受到鼓勵
的。不過，這種協會也有其限制，就是學生通常不參與對話。更
且，這種關係也帶有威脅性質：很多教師覺得家長只會為他們自己
的孩子說話，還常會干涉學校的課程與活動。學校確實要採取一些
步驟來克服這種障礙。譬如，學校邀請家長來觀摩教學，或讓教學
的展演專為家長舉行，然後請家長為教學提供協助等等。然而，
在此還有更多空間可以開發。其中堪為表率的是對於**散布的領導權**
（distributed leadership）之強調，也就是說，這種實踐試圖把各種
參與者都邀來分享學校發展與改革的領導權。[35]散布的領導權可能
只是小規模，譬如由校長發動的早餐會，邀請教師一起來參加；
但也可能是大陣仗，譬如「舊金山灣區學校改革計畫」，其中有
八十六所學校參加了「學校整體改革」的實驗。[36]

芭芭拉・羅歌夫（Barbara Rogoff）和她的同僚們對於進行中
的社區協作曾有相當詳盡的描述。他們一塊兒發展一個方案，讓學
生、老師，以及來自社區的成人能夠聚在一起。[37]他們的信念是：
最有效的學習會發生在有興趣的學習者一起參與之時。由此，教師
讓家長和學生來加入，一起設計課程和課堂活動。連幼小的學生也
可帶進來參加。家長可以輪流定時參加共同教學。偶爾也可將不同
年級的學生帶來參加共同學習的時段。其結果是成功創造出一個廣

泛參與的學習社群，這全都得力於協作的冒險。[38]

　　進一步的詳實描繪可見於「學習圈方案」（Study Circle　264
Program）。[39]此一方案協助全社區參與共同關切事務的對話。這
種實踐很成功地讓學校和社區可以融成一塊。譬如：在華盛頓 D.C.
外的蒙哥馬利郡公立學區，其中有少數族群學生和白人多數學生之
間的顯著的成績落差。他們發展出來的學習圈包含有超過三百五十
名家長、教師和學生。他們的定期集會有六次，每次兩小時，討論
的是廣泛相關的問題，有時甚至出現非常敏感的話題，譬如：信
任、多樣差距和溝通障礙等。他們也會談起共同具有的基礎、友
誼，和逐漸縮小鴻溝的步驟等問題。其結果不只是爲原本疏離的群
體間搭起橋樑，還能發展出由社區支持的學校改善計畫。[40]

35　譬如可參見：Donaldson, G. A. (2006). *Cultivating leadership in schools: Connecting people, purpose, and practice*. Williston, VT: Teachers College Press; Rubin, H. (2002). *Collaborative leadership: Developing effective partnerships in communities and schools*. Thousand Oaks: Corwin.

36　Copland, M. A. (2003). The Bay Area School Reform Collaborative: Building the capacity to lead. In J. M. Murphy and A. Datnow (Eds.) *Leadership lessons from comprehensive school reforms*. Thousand Oaks: Corwin.

37　Rogoff, B., Turkanis, C. G., and Bartlett, L. (Eds.) (2001). *Learning together: Children and adults in a school community*. Oxford: Oxford University Press.

38　關於教師涉入社區的教育過程，還有更多正在進行中，參見：Weiss, H. B., Kreider, H., and Lopez, M. E. (2005). *Preparing educators to involve families: From theory to practice*. Thousand Oaks, CA: Sage.

39　參見：www.studycircles.org

40　讓我印象深刻的還有俄亥俄州克利夫蘭市的「代間學校」（Intergenerational School）
方案。發起人是一對夫妻檔，Catherine 和 Peter Whitehouse，受他們啓發，學校把八
年級學生（大多爲非裔）和一些年長者湊在一起。年長者一方面擔任導師，另方面
也在進行他們的「活到老學到老」。雖然這些學生在學校裡的成績都是空白的（不
及格），但參加這個方案後，在年度測驗時的成績（就閱讀和數學兩科而言）都超
過全市和全國的平均分數。

產學合作教育

前一種方案主要是為教室裡的學習服務。其主要目標在於改善教育
過程，而社區則擺在次要地位。不過，把優先性倒過來也一樣重
要，就是想想學校如何可以為社區服務之同時也激勵了教育本身
的過程。所謂的「（產學）合作教育」（cooperative education）就
是朝此方向邁進的重要一步。此一想法可追溯到 1900 年代早期。
在當時，很多有潛力的學生都缺乏財務基礎，不能成為大學的全
職學生。而大學課程中也有許多是和他們所欲學習的專業無關。
結果，有幾所企業型的大學開始考慮提出一種新的學習場域：工
作場（workplace）。理想上，學生可以從工作場和教室之間作些選
擇，組合起來就形成不尋常的目的。譬如：安提阿學院（Antioch
College）和東北大學（Northeastern University）就發展出令人印象
深刻的「合作模型」或「產學模型」的教育。許多公司也對這類教
育模型的興趣漸增，因而提供了訓練基地給那些未來可能雇用的
人。目前，已經出現了數以千計的這種產學合作學程，並且也已傳
佈到超過四十個國家。[41]

　　雖然有些例外，但在我看來，這種產學合作教育運動還可因關
係論的想法而使之更臻成熟。在大多數案例中，大學和工作場雙方
都還相對地維持原樣，沒有改變。學生兩邊參與，預期學到各方所
提供的東西。不只學生的聲音常被忽略，而產學雙方的連結也未受
到更多的探究。學者和雇主之間的交談也太少出現。實際上，交談
少就表示有意義的聯結少。你只要想像一下，就可知其中飽含的潛
力可從學生、教授群、公司之間的對話而發現：如何能更具體地進
行協同合作，來產生雙贏的結果。

服務學習

向社區延伸的起步計畫中，在近年最令人興奮者之一就是服務學習
（service learning）運動。我們既有傳承而來的觀點，認為最好的學
習是「在做中學」，因此許多學校會推廣一種學程，讓學生可以踏
出校園去邊做邊學。然而，就服務學習而言，這種教育也產生了人
道主義的傾向。教育透過對社區福祉的貢獻而進行。由此，一方面
學生可獲得學分，另一方面學生也動手幫街友（遊民）找到食物，
為中小學校種植營養午餐的蔬菜，當起內城區青少年的家教，在中
途之家擔任幫手，為難民收容所砌牆，等等，不勝枚舉。在所有這
些服務學習中，學生獲得發聲的機會遠比傳統形式的學習要多得
多，並由此而將被動、階序層級決定的學習模型翻轉為主動參與社
區的學習。更有甚者，在許多案例中，學校會把學生和社區居民同
時列入「學與教」的角色中。就這樣，關係的潛能得以極大化。[42]

　　然而，從關係論的立場來看，服務學習的方案仍然傾向於維持
囿限單位的傳統。亦即，這些方案的建立通常都對社區懷有非我能
改的前提：學校在一邊，社區在另一邊；你是你，我是我。學生通

41　參見「世界產學合作教育協會」網頁（www.waceinc.org）。對此種教育運動的反映，
　　值得參閱的是 *The Journal of Cooperative Education*.

42　對於服務學習更多的討論，可參看：Jacoby, B. & Associates. (1996). *Service learning
　　in higher education: Concepts and practices*. San Francisco: Jossey-Bass Publishers; 也可參
　　看：www.servicelearning.org; Campus Compact, http://www.compact.org/; and 101 Ideas for
　　Combining Service and Learning, http://www.fiu.edu/%7etime4chg/Library/ideas.html

266 常把這活動叫做「出社會」，[43] 去社區，回到學校之後再對此學習加以反思。現在更需要的是再多點創意的教學模型，把教室和社區進行更全面的整合。

⊕

對我而言，斯沃斯摩爾學院教授約翰・艾爾斯屯（John Alston）和切斯特兒童合唱團（Chester Children's Chorus）的合作方式最接近於創意的理想。切斯特是個嚴重經濟衰落的鄰近小鎮，艾爾斯屯為那裡的年輕學生發展出一個計畫，讓八歲以

切斯特兒童合唱團在斯沃斯摩爾學院的 Lang Music Hall 音樂會。合唱團由約翰・艾爾斯屯博士領導──他在斯沃斯摩爾任教，並於 1994 創立該合唱團。

致謝：姜納深・霍吉森（Jonathan Hodgson）

上的孩子就可參加，之後可在團內待到中學畢業。合唱團在學
期內每週練唱兩次，而暑假中則到斯沃斯摩爾學院參加四週的
夏令營。團內管理者對學生的要求相當嚴格，但結果是該團擁
有非常投入且自豪的團員五十人。他們的音樂非常令人動容，
因此他們會在附近地區的多處登台表演，包括在斯沃斯摩爾學
院的無座位表演廳作年度演出。這個計畫也包括鼓勵孩子們在
高中畢業後繼續升上大學。

我們不必為這段討論做出結論道：以社區為基礎的學習必須在校外 267
發生。教室本身即可為這種學習的根源所在。譬如：熱切投入的班
級就可討論社區（甚至整個國家）所面臨的問題，生產出相關的資
訊，並能拿他們所關切的事情來向官方溝通。我印象最深刻的是義
大利最近發生的推廣「教室中的報紙」實驗。全國有大約 29,000 所
學校每週會花一個小時來讀報，發現各報對新聞的報導或刊出的內
容有何不同。這種實驗不但會顯示新聞報導如何創造現實，也證明
了「同一事件」如何受到不同的建構。這樣的學習不但能激發生動
的討論，也會有效地提昇媒體識讀的水平。

3.4　第四圈：教室與世界

社區的概念不應只限於當地的環境。我們毋寧更需要將參與的圈子
擴大到全球領域。西方教育思想長期以來都喜歡學習遙遠土地和異

43　譯註：「出社會」是漢語家常話的說法，原文只說是 "go out"（出去）。

類民族的概念。不過，這種傳統取向中有兩個鮮明的特色。首先，其題材是囿限的；亦即，那些土地與人民都是以**他者**的方式來作觀察和分析。實際上，背後隱藏的訊息乃是：「**我**在研究**你**」。其中維持著基本的隔離世界觀。你在其中不可能超越意義的障礙而致能夠把當地的理解延伸到包含他者。同時，大多數對「外國人」的傳統學習都太仰賴語文的再現。只用讀書而得的再現實在太有限。很少有聲音、觸覺、氣味、口感的接觸方式——簡言之，在整場關係之舞裡，起舞的程度太低了。

今天，傳統的限制已經綁不住人。廣泛關係接觸的機會太豐富了。這種改革的主要動力當然是來自於科技。透過網際網路，你可以在幾秒之內就連接上全世界任何國家的人民、影像、資訊來源——並且都是免費或只要低額度的消費。這樣的發展為關係豐盛的教育打開了令人興奮的視野。[44] 學生不再限於學習**有關**他者之事，而是能夠和他們一起學習。萊斯大學（Rice University）的嘎笛那‧西門茲教學實驗室（Gardiner Symonds Teaching Laboratory）發展出突破性的教室／世界連結方式。這間教室沒給教師準備講檯或桌子，而只有一張能動的椅子。多種多樣的電腦以及同樣能動的椅子讓學生可以隨時隨地作靈活的小組討論。其中三面牆壁上有多畫面螢幕，任何一部電腦的內容都可以傳播到螢幕上，或打出影片、ppt 等材料。班上的網路小組幾乎可以帶全班到世界各地去旅行，且能帶回材料來以供討論。此外，他們自己的製作也可送出教室外、學校外到遠處的網站。大多數大學現在都設有像這樣可以作全球連結的電腦教室，但教師們跟上這種潛能的腳步還稍嫌慢了些。

這種教育的探索已經逐漸增加了對話。有個早期的實驗，是由哲學家馬克‧泰勒（Mark Taylor）和艾沙‧薩立能（Esa Saarinen）

所發展的。[45]他們利用衛星傳輸，增加了視聽效果，來使美國和芬蘭的學生對話。[46]目前更普遍的是以遠距教學來讓全球的教師、學生都能互相交談。

> 我第一次體驗到這種媒體教學，是由田納西大學（University of Tennessee）的協作學習學程（Collaborative Learning Program）所提供的機會。他們安排了該大學的研究生來和澳洲的學生連線，同時邀請了各洲的教授們，進行每週一次的網路對話。[47]對話的主題對我們大家而言都是很普通的，但我們各自的進路卻截然不同。我完全體驗到教學相長。類似於此的探險還有紐西蘭的學生和全球各地教師的對話（www.virtualfaculty）。我發現這個兩週一次的對話相當密集而熱切。學生對我提出的問題有很多是我從未碰過的。反之亦然。雖然我們不可能面對面，但有些這樣的線上關係卻能持續至今。

像這樣的越界冒險並不限於較年長的學生，或只有能操持多種語言的人才能進入。有　個很令人亮眼的案例是一位美國的老師，她利用網路把她班上的學生和日本學生連線。他們之間雖然不能使用共同

44　網路上有用的資源是：http://lap.umd.edu./SOC/sochome.html

45　Taylor, M., and Saarinen, E. (1994). *Imagologies: Mediaphilosophy*. New York: Routledge.

46　有關此類的協作實踐的延伸文獻可在 www.psu.edu/celt/clbib.html 網站上看見。其出版公司，Houghton Mifflin，也建了一個 Project Center，可讓學生利用相當多種線上功能來進行協作實踐，並可透過電子郵件和全世界的學生通信。

47　參見：http://web.utk.edu/~edpsych/grad/collab_learning/

的書寫語言，但他們卻可互相交換圖畫和照片。他們分享了他們的父母、朋友和寵物的照片；也交換了他們的學校、社區，和他們最喜愛的餐點圖畫。他們甚至把他們最喜愛的活動畫出來作說明。以目前發展的音樂和影片傳輸功能而言，融入全球社群的機會大增矣！[48]

※

社會變遷的速率，世界人口的流動，工業化、全球化和軍事化都持續以等加速度的步伐往上爬升。教育者面臨著前所未決的工作。他們必須頂起這個任務，讓人變得更有創意、更能協同合作、更能解決問題，以及更能作批判思考。他們必須養成的人是有能力以更深刻而不同的角度來觀看世界。他們必須把人培育成能夠在分離碎裂的世界中仍能連結、仍能關懷的人。

——瑪莉・費爾德・貝連奇（Mary Field Belenky）

4 ｜ 無休無止的圈子

在本章的前面一些篇幅中，我大略觸及了四個領域的關係圈：師生關係、同學關係、教室和周邊環境以及和全球世界的關係。然而這也只是些抽樣而已。我們的注意力還很容易轉到其他關係圈，譬如：教師之間、[49]教師和行政系統之間、教育行政與政府之間，等等，不一而足。何況，還有更多可談的是多邊關係的圈子，其中可包含譬如：教師、學生、家長、行政人員等等，形成都能參與的對話圈。每當有新的關係組型出現，我們就可重新評估我們的傳承，

並打開實踐的新視野。譬如：教師之間的協作活動如何能用於提昇教室內的關係過程，或是促進教室與外面世界的關係？由於有意識地聚焦於關係的實踐，我們也可發現各圈子之間的分享。譬如：教室內的對話實踐有可能把教師和行政人員帶進來同步，或帶出與此相反方向的對話。

　　當教育能專注於關係而不只把焦點放在個人身上時，我們就進入了一個新的可能性世界。我們所關切的不再是發生「在心中」的東西，而是我們如何一起過生活。而在這個協同創造意義的空間中，我們將更能賞識我們的多重傳統，以及其中的種種潛能。毋寧唯是，我們還可追問：我們想為未來創造什麼樣的世界——就本地而言或就全球而言皆然。當教育變得對關係敏感時，我們當可曉得：未來的福祉是「我們一起、盡在其中」的。

48　整合多媒體與網路的資源，用以擴增全球的關係，可參見：http://ss.uno.edu/SS/homePages/TechClass.html

49　與此相關的是讓教師們能互相分享經驗的著作，譬如可參見：Miller, C. M. (Ed.) (2005). *Narratives from the classroom*. Thousand Oaks, CA: Sage.

第九章
治療之為關係的康復
Therapy as Relational Recovery

270　心理治療（psychotherapy）是讓很多人為之著迷的實踐。我有位好友每週都要從他忙碌的生活中退出五十分鐘，對著某位他幾乎全不認識的人，透露他最為秘密的渴望、懷疑、忿恨和失敗。他和其他千千萬萬人一樣，在這般簡短的交會（encounter）之後，竟覺得自己已然轉變為一個較好的存有空間（a better space of being）。我完全相信他是這樣的。但仍有其他一些人對於這種治療不以為意，或感到挫折，乃至忿怒不已。

　　只當我們曉得對於治療過程有差距這麼大的反應後，我們才可清楚看出：治療本非治療──也就是說，治療過程**本身**並不存在。治療之所以成為其所是者──不論其好壞──乃是成之於一套關係矩陣中。治療師本來就沒什麼話好說，除非求助的案主給出了有意義的材料，而案主其實千奇百怪，他們各自對於自己的詮釋持有極為不同的習慣。而在同時，案主的話語和行動之所以有意義──或沒意義──也是由治療師的反應使之然。案主的「難題」（problem）必須被賦予難題的特有形式。[1] 所以，我們要談的，不是治療師**以及**案主，而是兩者的相互參照行動。

　　「案主–治療師」關係乃是本章的焦點話題。我的主要關切在於使關係存有的涵義能延伸到此一實踐場域。不過，這種關係也不

能單獨拿出來談，不能將它割離於其他的關係。一個人無論面臨著什麼樣的難題，總會發現難題的來源是一整個社會所生產的意義脈絡。因此，治療乃是讓關係回復其生機——亦即對於案主和他所浸淫的一片關係之海而言——且同時既屬現在，亦屬過去。最終，每個人還都必須把這片關係之海從在地處境延伸到全球氛圍。為了讓大家能賞識此一主張的力量所在，我首先要提的乃是使治療有以可能的那整個關係脈絡——伴隨著的乃是人類能夠改變的潛能——使治療終而得以成其為治療。接下來我才要轉過來談談治療本身之中的關係過程：當治療師與案主進入共同行動的過程之中，會邀引出哪種實踐？在這既有的實踐中又會有哪些潛能和限制？在這部分我會開啟的討論是治療得以發揮其關係恢復功能的三種主要方式。最後我用來結束本章討論的，乃是一些從關係論觀點而產生的嶄新治療視野。

1 │ 在關係脈絡中的心理治療

治療師與案主的關係是根本不能隔離的。在治療交會（therapeutic encounter）[2]中首先發生連結的就是參與雙方的關係史。這是多態

1　譯註：在此請回顧上一章所談到的「啓題式」。

2　譯註：治療交會（therapeutic encounter）在本地的「人文臨床運動」中相當於「療遇」（healing encounter）的意思，但後者包含的語意可能比前者更廣，不一定只限於「心理治療」。

存有的相互遭逢。更且，這些關係全都是鑲嵌在一套套展開的關係陣容中──有族群的、宗教的、專門行業的等等。治療關係在此一具有潛在無限性與動力的複雜叢結中，只不過是密網中的一縷絲線而已。在其中本來沒有所謂個人難題、心理疾患，或家庭失能等等的**本身**，而只有在此叢結中的某一條絲線狀況。從很多方面來說，治療交會的潛能與限制早在任一位參與者開始發言之前就已然內建。他們之所以會碰在一起乃是因爲在此廣袤關係場域中的某一歷史時刻，讓這交會「有了意義」。因而他們在一起的任何舉止作爲，加上他們認爲是「療程」的任何東西，都會帶有這一廣大意義矩陣的印記。

　　治療交會的文化與歷史脈絡早已成爲既長久且生動的論辯主題。[3]在此我要請大家注意的有三個顯著的視角，亦即和關係康復（relational recovery）有關的治療方式。首先要提的是在社會文化脈絡和個人難題建構之間的關係；然後才是關於治癒（cure）的概念；在此之後，我轉而討論治療實踐對於文化環境的衝擊。爲了作詳實說明，我將會取用一個特殊情況來談：即目前在治療界中甚囂塵上的神經／藥理運動。我會把焦點放在此，不只是因爲它的支配性日漸增高，也是因爲其中對於關係的問題近乎全然無感之故。

272　**「難題」的社會起源**
. . . .

我們所有的人都偶會遭逢某種困頓、苦厄；我們都曾見過一些人行爲古怪或處境爲難。我們當中有不少人在碰到難題時，由於其程度嚴重，故會迫切地尋求協助。生命就是如此。然而在日常生活中，苦難日久，也會使我們對此視而不見。我們當面遭逢難題時，不太

會看出這是文化「丟給」我們的難題，甚至不曉得自己在什麼程度上已成爲製造難題的共犯。

正如上一章所述，幾乎所有相對穩定的關係都會同時帶著「世界本來如此」的定義，同時也就伴隨著一整套的價值觀在內。同理，關係過程也傾向於製造出一塊不爲人所欲的偏差領域，且用不名譽的方式來稱呼陷在其中的人：「脫線」、「癡愚」、「可笑」或其他種種的邪惡之名。[4]因此，事件或行爲是否造成「一個難題」，並且人在其中是否要「受苦」，都要以我們的關係組態（configuration）來決定。沒有人是本來古裡古怪、神神經經、有精神病，或是其他病態的，除非是在一個傳統中把某些行爲定義成「不正常」以及「不該有」的。一個人在社會習俗中只會「失常」。如有一個人爲了某種熱切的政治原因而絕食，他不會將此行爲看成難題，反而會是難題的解決。如果有個青少年把自己餓得不成人樣但卻沒有任何理由，通常這就會被定義爲難題（即令這青少年自己不認爲如此）。[5]同樣的，一個人會受苦，大部分是由於文化中的道理使然。你不會「因失敗而受苦」，除非你活在一個只崇尚成功的傳統中。在有「贏」的傳統中才會使人「輸」得很苦。不

3　譬如可參見：Cushman, P. (1996). *Constructing the self, constructing America: A cultural history of psychotherapy*. Don Mills, Ontario: Addison Wesley Publishing Company.

4　亦可參見：Link, B. G., and Phelan, J. C. (1999). The labeling theory of mental disorder. In *A handbook for the study of mental health* (pp. 139-150). Cambridge: Cambridge University Press.

5　Hepworth, J. (1999). *The social construction of anorexia nervosa*. Thousand Oaks, CA: Sage.

6　Stroebe, M., Gergen, K. J., Gergen, M. M., and Stroebe, W. (1992). Broken hearts or broken bonds: Love and death in historical perspective. *American Psychologist, 47*, 1205-1212.

快樂本身並不是什麼難題；在很多關係中，它甚至要算是一種榮耀。為一個深愛的人而哀傷，顯然就是這麼回事。[6]

✛

如果你不鬱悶，

那就是你笨。

——冷戰時代的東歐俗諺

✛

我們以區分正常人和病人的同樣方式來區分舞者與失能者。在此，軸心舞蹈公司（Axis Dance Company）以革命性的方式挑戰了此一習俗。在「C大調幻想曲」（Bill T. Jones 編舞）中，「失能者」變成了舞者。有賴於共同行動，個體的缺陷完全消失不見。潛能和弱點透過關係而相互成全。

瑪歌·哈特佛（Margot Hartford）攝影

接下來，一個次文化（subculture）中的難題，在另一個次文化中卻不算。社會中總有無數個次文化，因此舞台早就給無休無止的衝突架設好，讓「有待處理的難題」上演。在美國有好幾千人被分類為罪犯並關在監獄中，其中有些則被心理健康社群另外定義為患有心理疾病。極大部分人口認為墮胎、吸食大麻、同性戀都不是什麼難題，但有些人就是認定這些要麼是非法，不然就是犯了道德上的罪。 273

⊕

我的朋友麥克常讓我吃驚到屏息。他的精力過人，他有強烈激情，而他口若懸河般冒出來則盡是令人訝異的意象、譏刺，和俏皮話。我在耶魯的大三時最能抓住我注意力的不是老師，而是麥克。不，我不能巴望他會繼續待在大學裡。他擁有會傳染的自發性，也因此他的行動總是令人難以捉摸。在那一年前他看了一部關於佛羅里達大沼澤（Everglades）的影片，然後他在期中時離開了大學。六個月後，他已經成了大沼澤的溼地嚮導。

大四那年，我有機會擔任青年總裁組織（Young Presidents Organization）的年會助理。這個組織的成員全都是在四十歲以前就擔任公司或企業總裁的人。這場年會舉行的地點在風景怡人的白硫磺泉鎮（White Sulfur Springs）葛林布里耳渡假區，我就邀請了麥克來參加我們的團隊。我們兩人在一起縱情嬉鬧，把這時光當作一場狂歡遊戲。不過，有一天中午我回到我的房間，發現有位武裝警衛站在麥克的房前。我上前去問到底發生了什麼事。他嘟噥著拒絕回答。我進入我的房間，打電話給麥克；但電話一直佔線。幾分鐘後，我向窗外看見麥克穿著緊束衣，被一批警衛押走了。我衝到大會主辦人那裡去確認是怎 274

麼回事。他告訴我，工作人員已達成共識，認為麥克是心理失調，會對賓客造成威脅，因此必須強行驅離。

　　接下來五年我都沒再見過麥克。他被關在一家精神科病院，接受電療，之後帶著高劑量的藥物出院。對我而言，這是麥克之死，或至少是我認識的那位精采麥克不見了。他現在變得昏沉、臃腫而遲鈍。我失去了一位朋友，且也不斷想問：為什麼這是必須的處遇，或為什麼這是好的治療？

⊕

對於「難題」，在這些既有的多重概念之下，我們面臨了衝突的問題。以麥克的案例而言，我們兩人都和我們週遭的文化建制格格不入。我們都迷失了。從關係論的立場來說，衝突的存在並不意謂發聲的消失。這樣的消失不僅削減了行動的選項，也代表了意義生成之流的阻斷。這意思是說：心理健康專業之變成能夠定義「失調」的唯一專業，我們有十足的理由對此方式加以抗拒。精神醫療社群從醫學中獲得其特權，然後又有保險業和醫藥廠商的加持，因此而能生產出心理疾病的分類法，透過《心理失調之診斷與統計手冊》（*Diagnostic and statistical manual of mental disorders*，簡稱 DSM，目前已出到第五版）而到處傳佈。這本疾病分類書就像是心理健康專業的聖典，大家都期望它能作客觀而普世的應用。在此同時，我們都很清楚，其中的某些「疾病」範疇是某些特定團體在特定歷史時刻中的產物。然而另外也有很多範疇一直以來就受盡懷疑。[7]這些範疇甚且還被當作價值的立場，牽涉到當今生活中什麼才是可容受的、合適的，乃至正確行為的問題。[8]按照那些範疇的暗示，一個所謂的「好人」就應該既不太快樂，也不太悲傷；精力不能太充

275

沛，也不能太懶散；不能吃太多，也不能吃太少；不該縱情於喝酒、賭博與性活動，等等。可以肯定的是：這些範疇經常代表了社會上被普遍認為該有或不該有的行為。[9]無論如何，在心理健康專業定義下的那些範疇，就會從「不該有的」轉變成「有病的」。[10]以此而言，許多反精神醫療的、前心理病患者的，及其他政治活躍的團體對於抵制此種分類法的問題，當然有很多話要說。同性戀社群曾經合力把同性戀行為從那張「失調」分類表中掃除了。那麼，為什麼精力充沛的人，以及性好安靜生活的人，不能做出同樣的事情？所以，到頭來，在想法不同且互相競爭的人之間，最需要的仍是對話。

在一個能聽見所有聲音的世界中，

要小心的是：有人聽不見。

---

7 對這種懷疑與批判作得較為詳盡的有 Kutchins, H., and Kris, S. A. (1997). *Making us crazy: DSM: The psychiatric bible and the creation of mental disorders.* New York: Free Press; Gergen, K. J. (2006). *Therapeutic realities: Collaboration, oppression and relational flow.* Chagrin Falls, OH: Taos Institute Publications; Wakefield, J. (1991). Disorder as harmful dysfunction: A conceptual critique of DSM-III-R's definition of mental disorder. *Psychological Review, 99*, 232-247. 亦可參見：www.drzur.com/dsmcritique.html。

8 譬如可參見：Mathews, M. (1999). Moral vision and the idea of mental illness. *Philosophy, psychiatry, and psychology, 6*, 299-310.

9 關於診斷範疇中隱含道德判斷的問題，更多討論可見：Sadler, J. Z. (2004). *Values and psychiatric diagnosis.* New York: Oxford University Press.

10 譬如可參見：Horwitz, A. V., and Wakefield, J. C. (2007). *The loss of sadness: How psychiatry transformed normal sorrow into depressive disorder.* New York: Oxford University Press; Lane, C. (2007). *Shyness: How normal behavior became a sickness.* New Haven: Yale University Press.

治療解決法的根源

如果行為上的難題是協同合作的副產品，則其處遇方式也必然如此。譬如在法庭中，對於偏差行為的適當「處遇」，通常就是刑罰。在宗教機構中，就會用救贖儀式。而在企業組織中，最簡單的道理就是把偏差者解僱驅離。在連結緊密的社區中，譬如阿米希人（the Amish），迴避（shunning）就是一種有意義的矯治之道。在組織比較鬆散的社區中，一般人只會與偏差者避免接觸。過去一世紀以來，在後者的情況下，自然會使人歡迎心理健康專業的大幅成長。這個專業對於不該有的行為所生的反應是以照料來取代懲罰。如果我們撇開「偏差等於疾病」的傾向不談，那麼，心理健康專業其實是有功於對偏差者作了人道的對待。

在此同時，什麼才算是好的處遇（對待），就不是一個專業所能單獨決定的。要談專業的成功與否，治療社群也必須仰賴週遭的文化。如果沒有獲得醫療專業、法庭、保險公司，以及傳播媒體的承認，治療者就很難宣稱他們是在「提供協助」。所有以上這些機構都為心理治療社群賦予了「療癒者」（healer）的正當性，並且鼓動公眾對於治療術作出積極回應。實際上，治療師的話語中帶著週遭文化的濃重象徵意味。正因為有這等重量，使得治療師可以深入探測案主的私生活，可以和案主討論極為敏感的事情，也可以對案主提供見識和建言。也正由於這等重量，才能把案主拉進協作的姿態裡來，讓案主在這個原本會讓人心焦的治療時段中獲得成就感。治療師的話語是在特殊的意義氣候下才能長得如此繁盛。這意思是說，當代的治療實踐本身──若從意義脈絡中割離──就會和薩滿術、占星術、巫毒術等等不相上下了。正是我們的文化對

治療術的理解和賞識使它的潛能得以成爲實效。在當代世界中，即令是受過教育的主流薩滿術、占星術，和巫毒術都缺乏正當性，使它們無從獲得爲人類難題下定義，以及實際進行處遇的地位。同樣的道理，藥物治療的實效並不在於它造成的生理變化，而在於文化對於藥物和對於其效果的詮釋。有些人認爲利他能（Ritalin）可治癒注意力缺失症（Attention Deficit Disorder，亦稱「過動症」）；另外一些人則認爲行動力加速並非疾病，而利他能則反而是一種遲鈍劑。

我們回頭來談衝突的問題，但這次是以處遇的概念。過去三十年來，我曾與許多不同派別的治療師共事——精神分析派、羅哲斯派、認知學派、榮格學派、建構論派、系統理論派、敘事派、佛教派，還有以上之中的後現代主義者。它們大多有相似之處，但又各有其邀引治療師／案主相互參照的形式。然而，不幸的是，各種治療的次文化之間總是爭議不斷。爭議之中，一部分是由於大家都相信療效是建立在眞理之上。對於實在論眞理的擁護，是意圖建立療效的基礎，並以此來排斥人在關係中的協議。於是，在治療的各學派之內，黏結關係發展出來了，眞理也創造而成，價值也共享了，但在「圈內眞理」和「圈外無知」之間卻樹立起障礙的高牆（見第六章）。這個不幸的結果使得治療圈之間的論述凍結，並產生阻力，讓人無法跨出圈外一步。由於這種理解的穩定化，治療的諸派別都和週遭的意義脈絡脫節了。正因如此，他們實際參與文化意義動向的能力就都已大幅衰減。如果人家不相信無意識，你就無法對他施用精神分析；在一個把積極關懷視爲操弄的文化中，羅哲斯派

277

也就毫無用武之地；如是如是。

◈

以證據爲基礎的研究來證明療效，會進一步使得各派治療者之間的競爭如火上澆油。通常的理解會說：「我們該推崇的就是那些能保證我們值得去花錢的學派。」但這種理解對於治療中的「關係脈絡導致療效」一事，可謂全然盲目。各治療陣營對於何謂積極療效的理解實爲南轅北轍。在認知行爲治療中所稱的進步，在精神分析或家族治療中就頗不以爲然。同時他們的看法又都難以和案主及其家族間獲得同意。病因的觀點本就多不勝數，而我們也不應爲了治癒之難以定義而終日惶惶地作派別系譜之爭。活在一個傳統生滅不居、意義瞬息萬變的世界裡，能有效利用多重資源乃是必要之策。把身邊無數的實踐之道縮減到只剩下一把可掬——這在治療實務以及政策制定過程中只怕是司空見慣——難道可使治療變得更爲有效嗎？這對於尋求協助的人來說，其實是把價值連城的資源視如糞土。

治療的關係後果

由本書的立場來說，治療之基本關切應在於讓案主盡可能地參與到關係之中，無論是從過去、現在，到未來。實際上，這就意謂要把「治療僅限於**心理**」的觀點置入括弧中。我們的難題不是要用心靈修理之法來面對，而是要進行關係轉型。這不是要把所有的「談心」（譬如談情緒、記憶、幻想）都放棄，而是不再把「心理狀態」作爲主要關切的目標。如同我在第三、四兩章中所作的概述，

談心其實就是一種關係的行動。問題不在於這種談法是否能「把事情搞對」，而在於它如何能在關係內起作用。在這樣專注於關係變化時，就會出現兩種主要的關切。首先，也最爲明顯的，就是要讓案主回到日常關係之中。案主在這些關係型態中的參與能提高到什麼程度？對於日常關係的關切將是本章要持續談下去的基本焦點。

　　不過，在結束這個討論之前，我要強調一下第二種（比較不顯眼的）治療過程的重要性，它是以外圍的方式來影響關係的。講明白一點，我們可將所有的治療者視爲社會運動的活躍份子。他們的認定和實踐，無論其好壞，都打進了社會中，讓意義得以持續發生改變。我們在稍早討論診斷範疇時，對此可能性曾作過匆匆一瞥。當這些範疇傳遍社會之同時，因爲都帶著專業認可的印記，人就會以這樣的方式來理解他們自己。普通的意義被這些範疇置換：各種「鬱悶」（the blues）變成了「憂鬱症」（depression）；「心情常起伏的孩子」變成了「雙極性（躁鬱循環）」（bipolar）；一個「極度爲工作奉獻」的人就叫做「（工作）成癮」（addiction），等等。有意思的是，心理健康專業大幅成長後，診斷範疇跟著愈來愈多，其結果是接受治療的患者數量不斷增加，而心理健康的年度支出當然也就水漲船高了。[11] 診斷範疇在專業之內自有其用途，但重要的是其傳佈結果使得社會整體都被弄瘸了。

278

11　對此進一步的討論可參見：Gergen, K. J. (2006). *Therapeutic realities*. Chagrin Falls, OH: Taos Institute Publications.

有不少治療師能理解自己的作用等同於社運活躍份子。因此，譬如，他們會對診斷範疇提出挑戰，也積極參與對於非人性處遇的抵抗運動，還會反對藥物「治療」的浮濫擴張。這些人並不是在製造麻煩。他們發揮他們的身分功能來爲理所當然的社會現實進行解凍。他們開啓了各種另類，來讓社會的種種變異有容身之處，因而能導致更開放的對話。

　　把治療者視爲社運份子的觀點，也意謂治療專業更應該一起注意人們的憂患困厄所由生的社會條件。譬如，對於學校和職場中，過度強調競爭會產生何種惡果；科技發展的全景中，何以都少不了唯物論的風氣。他們還可質疑人們爲何甘心接受目前社會所普遍傾向的那些憂苦。我們這種生物並不是先天就非以苦受來面對批評、失敗、喪亡不可的。在一個治療社群中，我們正可利用有力的語言來取代那些已被自然化的反應，譬如可以忽視，甚至可加以反抗。社會關懷是早期治療師的價值核心，譬如佛洛伊德、佛洛姆、霍乃等都是，而今日的治療師尤不應不如此。

一個當代狀況：心與藥

我們所當關切的文化脈絡與治療實踐之間有密不可分的關係，爲了加以詳述，讓我們把焦點對上今日的主要問題。目前在行爲失調的生物學觀點和藥物治療法之間，有一段快速發展的羅曼史。這段羅曼史有個月下老人爲推手，就是腦部掃描科技的發展，及其配套而來的副產品：在人類行爲和大腦皮質層活動之間建立的因果關係（請參見第四章）。在爲「行爲難題具有生物學基礎」立論之時，精神科常自稱爲一種醫學的專業。這個運動的大力支持者乃是藥物

工業，他們的大量投資都瞄準著某些特殊的診斷範疇。讓我強調一下這個運動帶來的衝擊：三十年前，抗精神病劑還是相對稀少的，而藥物治療也只限於少量的重度患者。在 1970 年，美國的心理疾患接受藥物治療者大約有十五萬人。到了 2000 年，這樣的人數已躍升到九百萬至一千萬之間。而其中最大的警報是：接受精神藥物治療者之中，中小學的學生超過半數。在坊間可見的出版品中，Amazon.com 列出了將近八千本有關精神藥物治療的書。瀏覽一下這份書單，只能勉強發現少數幾本是對於精神藥物治療提出批判，或僅僅提出警告而已。

⊕

有位六十歲的離婚女性，由我的一位精神科醫師同事轉介給我，因為他的私人診所要關門。這位看來身心憔悴的女性告訴我，他被診斷為急性週期躁鬱循環症，之後她把目前服用的藥物處方拿給我看。其中包括 Lamictal（一種抗痙攣劑）100 毫克，每日三次；Alpazolam（一種鎮靜劑）1 毫克，每日一次；Celexa（一種抗鬱劑），每日 40 毫克；Wellbutrin（另一種抗鬱劑）150 毫克，每日兩次；Seroquel（一種抗精神病劑）300 毫克，睡前服用；Fiorinol（一種巴比妥鹽酸，含止痛劑），每天最多服用 4 顆；最後就是利他能（一種安非他命刺激劑）20 毫克，每日三次。也就是說，她每天吃的藥有 17 顆！問她目前的藥物供應方式，她說她不清楚她有些什麼和需要什麼，只確定利他能已經缺藥了。談到這裡，她辦理接案手續的時間已經完畢。所以，我是該幫她補藥，並進一步肯定她原先的醫師給她的這種（一看便知是）非理性且危險的診療處方？或如果

280

我選擇不給藥，那我又該怎麼辦？

——菲利普·辛耐肯（Phillip Sinaikin），醫學博士

◈

藥廠有興趣把行為難題予以生物學化，這在理論上可用人道主義來為之辯護嗎？譬如，試想想百憂解（Prozac）這種抗鬱劑大量生產後的獲益。根據《每週新聞雜誌》（*Newsweek*）的報導（3月26日，1990），此藥物推進市場後一年的出售量是一億二千五百萬美元。再過一年之後的出售量幾乎翻了三倍，達到三億五千萬美元。到了 2002 年，百憂解已經是一百二十億美元的產業，而其處方（包括成分相同的藥物），單在美國一地就已開出超過兩千五百萬張。另一種可以稱兄道弟的藥物樂復得（Zoloft）也開出為數相近的處方，還有其他與此可競爭的混合劑處方又開出了兩千五百萬張。[12] 試想想，在剛進入二十世紀之時，以文化關切的角度來說，憂鬱症還根本不存在。透過精神科醫師、藥廠，和大傳媒體的賣力推廣，到今天已有十分之一的人口是憂鬱症患者了，而討論憂鬱症的網站已超過八千八百萬個。

◈

在這同一幅圖像中，你也可讀出另外三個尚未安頓好的光景。首先就是：這表示心理健康所需的花費已經增加不少。既然診斷的實踐是問題重重，我們就得拿整個文化的可能性來與之對質，也就是說，我們本不必將全部人口建構成需要如此高昂的花費。這意思是說：藥物治療無益於整個社會的照料計畫，就在於它無法降低健康照料的成本與支出。反過來說，由於精神科醫師和藥廠的勾結，使

得這方面的花費顯然大增。

其次，你也可在這幅經濟圖像中讀出未來的社會狀況。由於精神科診斷範疇絲毫不受羈縻的擴張，加上社會心甘情願地「信任專家」，未來究竟是誰在獲益就早已底定。由於獲益方式唾手可得，這就意謂藥品還會不斷增加，並且也會上市流通到這些專業人員以及公眾全體。我們該質疑的是這種永無止境的診斷／開藥惡性循環。更且，我們早知，因為擁有經濟權力之故，製藥工業也會伸手干擾那些妨礙他們獲利的立法。

最後還有一項關切：以上的訊息送達整個大社會時，我們的文化實際接收到的乃是「藥物已成為人生共同難題的答案」。如果任何人身受極度憂苦、為工作而焦慮、因失敗而喪氣、害怕社交生活、為同性戀傾向而擔心，或怕自己長得太瘦，則藥物就是最佳答案。[13]我們愈來愈接近的生活狀況就是：我們為了「通過」正常的一天，而必須去藥品陳列室逛一圈。同時，由於普遍相信我們的難題都來自生物因素，我們就不再有其他誘因可讓我們脫離藥物。

這並不是在否定謹慎的用藥；精神科藥物的使用可以提出極佳的案例。不過，我們在此刻該擔心的是文化被單一論述所籠罩而陷入險境，並也連帶使得其他替代論述都變得噤聲不語。被噤聲的是對於意義生產的歷史文化過程之討論，亦即什麼才算是難題及其解

281

12　*New York Times*, June 30, 2002.
13　最近有一則卡通，內容是一位少棒選手去詢問當地的藥師，他問道：有沒有什麼藥物可讓他敲出全壘打。

決的定義過程。我們的注意力被移開而不能看到文化環境如何塑造
出憂苦狀態。對於生命事件的意義如何透過共同行動過程而衍生，
我們都變得視而不見。少數群體的聲音被淹沒，人們如何能夠因為
在一起而促進康復，都沒人在意。我們眞正迫切的需求應是廣開對
話之道。

✛

「十二月十三日清晨，警方接獲一通 911 緊急通報電話並立即
出動，抵達波士頓附近一個海邊小鎮，即麻州的賀爾，在一間
屋子的父母房中發現有個四歲小女孩（瑞碧卡）躺在地板上，
已經死亡……警方宣稱：這個小女孩從兩歲開始就一直在服用
一堆強烈的精神科藥物，因為她被診斷為過動症以及雙極性循
環症，其特徵是情緒起伏不定……在國內，對雙極性循環症的
小孩施用強烈的藥物治療確實已經成為常見之事。僅僅過去十
年，被診斷為雙極性循環症的十三歲以下兒童，已經增高了將
近七倍之譜……典型的處遇方式就是同時施用多種藥物。瑞碧
卡服用的有 Seroquel（抗精神病劑）、Depakote（同樣強烈的
藥物）、Clonidine（抗高血壓劑，常用來讓小孩安靜）。」

——《紐約時報》，2月15日，2007

282 2│治療：相互參照行動的力量

我們現在就來談談治療關係的本身。以本書的立場而言，我們該如何

理解治療師與案主之間的關係及其潛能和療效？要回應此一問題，我們必須引入超越囿限存有傳統的思考，因為該傳統認定的治療目標就是「治癒」案主這個人的心。其中把治療師隱喻為「深層的水電工」，或是認知機器的工程師——這些隱喻都必須先予以懸擱。我們還同時須擱置的是傳統的因果模型，其中認定治療師須在案主身上施作，以便產生改變。我們毋寧是要邀引出一種新觀點，把治療師和案主視為從事於一場微妙而複雜的共同行動之舞，在此舞蹈中，意義會持續運動，而其結果則會使案主的關係生活發生轉變。

試想想這樣的情況：治療師與案主兩者都以多態存有而進入治療關係。雙方都帶著多重關係的種種遺存。治療師帶來的不只是從他的治療關係史中蓄積起來的行動庫存，也帶著他自孩提時期延展至今的種種潛能。同樣的，案主也帶來他的行動庫存，其中有些被視為難題，但還有許多不那麼明顯的其他珍藏也併隨而來。於是，主要的問題在於：案主／治療師的相互參照過程是否能有貢獻於關係的轉變，且能讓此成果延伸下去？他們之間的共舞是否能讓案主的關係平台也共振起來，因而導致更多能生能長的參照成果？這是個不小的挑戰，因為案主的關係平台本是複雜而流動的。那麼，只有這麼一對治療師／案主關係，如何能夠產生全面性的重大改變？[14]

---

14 只專注於這一組特殊的關係，顯然是不充分的。如果治療的目的在於關係的康復，那麼治療關係勢必要延展到更大的範圍。關於治療師如何帶動更大的社群朝向治療的目的發展，有詳實的描述可參閱：Fredman, G., Anderson, E., and Stott, J. (2009). *Being with older people: A systemic approach*. London: Karnac.

從關係論的立場來談治療，可談之處甚多，因此在本文的脈絡中，我必須作些選擇。對於有效的治療，我選擇的焦點是三個特殊的挑戰：肯定、現實的懸擱、真實的取代。我相信所有的治療實踐都會在或此或彼之處，提供一些資源來面臨這些挑戰。同時，在近十年以來，也因這些挑戰而有一些新的實踐陣營冒出來。此類陣營的實踐類型對於關係過程以及意義創造都極為敏感。在其中，我所知的現行實踐包括：系統療法（systemic therapy）、敘事療法（narrative therapy）、力度為基礎的療法（strength-based therapy）、簡短療法（brief therapies）、協作療法（collaborative therapy）、新分析療法（neo-analytic therapy）、建構療法（constructive therapies）、後現代療法（post-modern therapy）、社會療法（social therapy），以及由佛教修練所啓發的各種沉思實踐。[15] 我們將會特別注意以上這些新的實踐之道。這樣的討論也可設好舞台來讓我們探索如何擴大目前的實踐舞譜。

拒斥與肯定

試想想我現在的處境：由於我持有的認定是我有些重要的話說，所以我會坐在這裡打下這些字句。但為什麼我敢認定這些語詞有重要性？如果只靠自己一人，我必定無法作此結論。重要意義不會直接從頁面上跳出來。是同僚們對我的持續支持，而我也能連接得上，這才是我的勇氣之所來自；他們肯定了我的所作所為有價值。如果他們的支持撤離，如果期刊和出版社不再出版我的作品，我還能撐多久？我可能只好從遙遠的記憶裡抽取一點養分；我可能會窩居在孤獨英雄死後遺存的故事中；我也可能開始發展出幻想。我也許會

相信我活在一個只有愚人的世界，他們可能對我嫉妒，也可能高興看到我的敗亡。只要用選擇性的注意，我一定可找到幾個支持我上述觀點的人。讓我徹底獨居一年，我就可能只爲我一人而寫作——世界上僅存的天才，只有他能完全理解我在寫什麼。

如果我們所持以爲眞爲善者，都是根源於關係，則把關係移除，就等於把人引入悲苦。我不再能撑住穩定的眞實感以及有價値的目標。當我們離開了日常生活中不斷持續的交談，懷疑就會由此滋生：

　　我是合理的嗎？

　　　　爲什麼我甩不掉這些感覺？

　　　　　爲什麼我無法把這些兜攏？

　　　　　　爲什麼我的自信心這麼低落？

　　　　　　　爲什麼我無法停止當笨蛋？

　　　　　　　我是不是瘋了？

15 以上的種種療法實踐將在下文中提供參考文獻。對此的概覽性說明可參看者，有譬如：Mitchell, S. A. (1988). *Relational concepts in psychoanalysis*. Cambridge, MA: Harvard University Press; Gutterman, J. T. (2006). *Mastering the art of solution focused counseling*. Alexandria, VA: American Counseling Association; Strong, T., and Paré, D. (2004). *Furthering talk: Advances in the discursive therapies*. New York: Kluwer; Monk, G., Winslade, J., and Sinclair, S. (2008). *New horizons in multicultural counseling*. Thousand Oaks, CA: Sage.

284　我們幾乎或多或少都寓居在這不安全的邊陲上。我們泰半是每天在自問：自己是太胖還是太瘦？是長得太高還是太矮？做事情是太快還是太慢？太多嘴還是太沉默？野心太高還是太懶散？太情緒化還是太過理智？這等等問題不一而足。當我們所寓居的就是個圍限存有的世界時，對個人的評價就無所不在；這是在第一章就關切過的問題。通常我們會想辦法避開批評並且不要太惹人嫌。要克服懷疑，首要之道在於透過我們和他人的關係，以維持住自己還 "OK" 的感覺。我們持續在日常交換的微妙肯定中吸取維生的養分。興高采烈的歡迎、不自覺地和別人共享交談、和樂的笑聲、和大家一起計畫活動等等，都是在肯定自己屬於安全圍牆之內的成員身分。對大多數人而言，進入這些很普通的場境已經綽綽有餘；但對其他一些人來說，這還不夠。

✛

任何偏差的標誌，只要是可見的，就有可能滑轉爲**漸進的拒斥**（progressive rejection）。我用此詞是意指一種循環自維的程序，在其中只要有一點點偏差和懷疑，就會引人迴避，然後倒過頭來激發更進一步的懷疑和偏差，結果愈滾愈大而變成社會拒斥。擴大一點來說，在平常忙裡忙外的生活中，我們總傾向於避免接觸那些太大聲、太有攻擊性、太安靜、太不一致、太批判、太遲緩、太不可預料，或其他會讓人覺得煩擾的人。在一個圍限存有的世界中，我們知道我們首先就須把自己照料好，每個人都得對自己的行爲負責，而偏差者就是在擋我們的路。與人對質，既傷神又費時，因此，最好的選項即爲避開。現在，若反過來從感到煩人的那一方來設想，則不確定性會從此竄入。「我是不是做錯了什麼？我只不過在盡力

而為；我只是想講理一點；為什麼會這麼糟？為什麼是我？這到底干我何事？」像這樣的懷疑很快就會走向拒斥（「他們什麼都不懂」、「笨蛋」、「管他三七二十一」），然後就變為迴避（「他們不喜歡我，那我何必跟他們混？」「他們既然不欣賞，所以，有何話可說？」）在此同時，既已避免與他人接觸，這就會進一步降低了肯定的可能性。自疑自慮會反覆加強，終而走向不可控制的惡性循環。

　　要想從這自取敗亡的懷疑泥淖中拔足出來，你可從多態存有的庫存中尋得自解之道：「我是個感受特別深刻的人。」「我只是比較聰明……比較有創意……見解較深入……」這又讓肯定無法出現；行動之道雖已開啟，讓個人私己的現實得以立足，但仍走不出去。譬如：人可以懲罰自己，以便確認自己討人厭。割傷自己的身體、狂吃狂飲，或停止進食，都是同樣的作用。酒精和毒品特別受歡迎，因為可以得到暫時的迷狂與遺忘，但同時也在肯定自己的憾恨。人也會動手去懲罰那些該對拒斥負責的人。譬如可以讓偏差變本加厲，因為明明知道這會使他人也變得更為焦慮、擔驚受怕、更被惹惱。打破習俗慣例就會帶來夠狠的報復。刺眼的穿著、不修邊幅、尖聲狂叫、嚇人的舉動、不停地喃喃自語等等，都是效果卓著的選項。當別人益發退避時，這種駭人的想像就會一發而不可收拾。其中包括一種傾向，就是把害我致此者予以剷除。

285

✦

　　幾年以前，有一家專為社會名流提供保安的公司來與我接觸。最剛好的就是，假若你在國家媒體上經常曝光的話，你也會經常收到「黑函」。不知姓名的人說他要敲斷你的骨頭，要把你

肢解，要送你去地獄。即令是一些「粉絲函」也會轉變為恐嚇信，如果你已成為妒恨的對象，你的崇拜者願意陪你一起離開這世界。

那家公司的顧問就針對我而設計一套評估標準，以判斷那些語帶不祥之兆的來函者是否可能真的帶著武器找上門來。確實有些社會名流被人追獵，因而加強了他們對於保安的需求。為數不少的實例是這些名流被追獵者攻擊、刺傷，甚至殺害，因此讓我激起了研究的興趣。

在標準評估的過程中，我把檔案拿來細讀，看看獵殺者到底是些什麼樣的人。這群人的特徵中其實只有一個共同因素：他們都是些「獨狼」。沒有任何指標可看出他們和人有親近關係——父母、配偶、情人、孩子、朋友，乃至鄰居。有很多個案看來就只生活在幻想的關係中，而他們的對象都是由媒體提供的。他們對於這樣的對象可以愛、可以恨，且毫無邊際。在媒體之外，他們沒有任何有意義的關係可讓他們共享理性、可讓他們關懷，也沒有人可以協助他們參與週遭的道德社群。在這樣私心自用的世界中，對他們而言，取人性命就很容易講得通了。

⊕

韓裔美國人趙承熙（Cho Seung-Hui）在維吉尼亞理工大學幹下屠殺三十二人的血案，這就是漸進拒斥的一個顯例。趙曾經有過被同學普遍拒斥的經驗，包括被他所迷戀的女人。在他的宣言中，他把同學們說成「一群放蕩騙人的假內行」。另外從 1999 年的哥倫比亞校園屠殺案中推測，漸進拒斥過程可能不只在個體獨狼身上進行，

還會發生在成對的黏結關係中。此事件中的兩個中學高年級生，克列保（Dylan Klebold）和哈立斯（Eric Harris）是逐漸變為「局外人」的——同學們嘲弄、避開他們。結果他們決定採取報復行動，要把班上同學殺光。一場混戰後，有十二人被殺害，他們兩人也以噩運告終。局外人以自殺的方式很諷刺地完成了他（她）所相信的「團體意志」。

✛

> 凡是不能生活在社會中，或因認為自滿自足而無此需要者，
> 不是野獸就是神明了。
>
> ——亞里斯多德

✛

依我的看法，近幾十年來，潛在的漸進拒斥已經倍增。其原因有二，都和二十世紀的科技發展有關。一方面是傳播科技加倍放大了種種**應該**。譬如我們成天被廣告轟炸，包括什麼是最該有的身材、穿著、齒色、髮質等等。[16] 媒體告訴我們什麼東西「正夯」：音樂、書籍、餐館、電影和酒。我們到處碰到「頂尖100」、「排名前十」和「第一」。這些標準就以倍數成長、遍地開花，因此每一個「消息靈通人士」都知道接受度的規則，不論是在酒館、海灘、教室或任何地方。**當應該倍增時，不該亦然**。

反之，對於我們所需的肯定，可以提供訊息的人士卻日益減

16　若非有一直被強化的標準身材，則暴食症和肥胖症就根本不會存在。

少。二十世紀的科技加快了生活的步調。繞著全球跑的動能增高了——不論是指實體或指電訊——我們發現自己有更多機會、更多邀請、更多的資訊要處理、更開放的視野，以及更多的事情「該辦」。[17]我們多半覺得自己一直處在壓力下——要求這麼多，時間這麼少。上班的工作延伸到家裡；家庭生活一直被出差、講課、會議和孩子的活動打亂。在一起生活的時間減縮成「約定的時間」，而有深度的關係已被替換成廣泛但膚淺的互相認識網絡。在此情況下，很難發現可信任的他人，來分享私底下的秘密或渴望；同樣困難的則是確定他人會有時間來聆聽、探問，和瞭解。對於「偏差者」而言，什麼時間都沒有。

287

✛

　　對於現實的維繫，最重要的載具即是交談。

　　　　　　　　　　——彼得・柏格（Peter Berger）與

　　　　　　　　　　湯瑪士・路克曼（Thomas Luckmann）

✛

在我看來，治療師無論來自哪一學派——從精神分析到佛教靜坐——幾乎都可提供重要資源來使案主能逃開孤立的自我折磨。所有的療法都能肯定個人是社會世界的有效參與者，而不會以不相信或不在意的方式來予以處遇。所有的治療都會建立關照的關係，使得治療能獲得比其他反應形式更為特別的優勢，來對待偏差。在此同時，案主私下的猶疑縱然有無數變化，但都會在交談中獲得肯定與正當性。從很多方面來看，羅哲斯的非指導性取向（non-directive orientation）為治療實踐奠定了最高的肯定標準。[18]對羅哲斯而言，

所有的自我懷疑、私心幻想，或隱藏的嫌惡都會引發治療師的無條件關懷。正如許多當代的治療師會說，羅哲斯在他的案主前乃是完全臨在（fully present）。然而，羅哲斯仍然堅信他自己對於失能和治癒的特殊理論。他在案主走進諮詢室之前就知道案主的難題之源和治癒之法。他能夠完全肯定地聆聽，但他的反應卻幾乎是在案主開口講第一個字之前，就已經先寫好了腳本。

　　在這方面，吸引我的是哈琳・安得森（Harlene Anderson）的倡議「將理論要求予以擱置以便能全神貫注於案主的說明」。[19]一位「有知」的治療師就能夠將案主的說明型塑成符合治療師預先建立的理論——事情根本不是這樣。尤其是診斷取向的治療師，永遠有個危險，就是把健全與否的判斷強加在案主身上。安得森有一位案主曾經這樣報告：他先前的一位治療師只問他：「這是個煙灰缸嗎？」就把他推入恐慌之中。他所需的是談談他的恐懼，而不是要接受評量。安得森建議改用一種好奇且有反應的方式來聆聽，在其中，案主所說的故事都被聽成值得信賴也具有正當性的現實。案主所說的話不會被當作「言語背後之某物」的指標——譬如某種隱藏的、無意識的難題——而更像是在聆聽一位親近的朋友所說的話那樣。這裡所需的反應是「聽進」案主的故事世界裡去，接受其語言、詞彙和隱喻。以此而言，治療乃是協同合作的關係，其中的責 288

17　Gergen, K. J. (2001)，同前引書。

18　譬如可參見：Rogers, C. (2004). *On becoming a person: A therapist's view of psychotherapy*. London: Constable and Robinson.（譯註：本書有新版中譯本，見：宋文里譯〔2014〕，《成為一個人》，新北市：左岸。）

19　Anderson, H. (1997). *Conversation, language and possibilities: A postmodern approach*. New York: Basic Books.

任由雙方共同承擔，一起欣欣向榮。[20]

談到肯定，其重要資源也需取自治療室之外。在此我指的是許多團體，他們力圖抗拒被貼上心理疾病的標籤。[21]在傳播科技中也爆出一股力量使他們自身能夠用進步的拒斥，來讓邊緣個體把其他同類——找出、給予定位。於是，像「聽見發聲運動」（hearing voices movement）、反精神醫學聯盟（Anti-psychiatry Coalition）之類的網絡就提供了各種出路，以及必要的資訊（今天已可使用十一種語言），好讓那些被文化傳統以及診斷標籤所虐待的人可從而建立社群的支持。[22]這還不能結論道：對於文化偏差行為的肯定支持本身即是目標。由關係論的立場而言，治療的目標不應在於製造分離與異化的小領地，讓一些佔領者可以覺得自滿自足。最終的挑戰是要能夠在多重多樣的世界中存活下去。我們會在本章稍後再回到此一話題。我們現在要轉到第二個主要焦點，來談敏於關係的治療。

種種現實的懸置

對於許多惶惶終日的人來說，由治療師而來的肯定之聲可以揮掉懷疑的瘟疫，並恢復安全的現實感。當潛力恢復之後，他們也許可在延伸開來的關係之舞中舞得更起勁。然而，對許多治療中的案主來說，捲入懷疑感的漩渦中還不算是最麻煩的；毋寧是咄咄逼人的現實把他們壓垮、壓碎。我們在此要處理的，不是糾纏在曖昧之中的人，而是那些被鎖在令人衰疲的關係型態中、找不到出口的人。

人會陷溺在毫無轉圜餘地的自殘自敗存有方式之中，但究竟為
何會變成如此？我們且把這問題放在多態存有的脈絡中再來瞧瞧。
如上文所述，正常的生活已為我們配備好無數的潛能，可用以建立
關係。然而，我們也常碰到一些人，他們的行為受限於非常狹隘的
型態，他們壓根不知什麼是豐富的潛能。我們常把這種人視為具有
人格難題：「傑克很有攻擊性；吉爾有慢性的憂鬱症。」這是把眼
前的自我誤以為整個潛在存有的表現。[23]

如果我們的行動潛能是源自於關係，則我們也應轉向關係才能
理解現實建構的起源。在這建構中有兩種主要的動力。第一種可定
位於現在進行的關係，第二種則在過去的關係史。兩種都各自需要
以特殊的治療眼光來加以注意。對於現在進行中的種種關係，我們
需回頭看看前文所說明的關係場境（第四章），亦即已經伸展開來
且或多或少可以信賴的共同行動型態。有些場境只是習俗，譬如參
加遊戲、蜚長流短、交換禮物等。也有一些場境對參與者具有敗生
（退化）之效。最常見的就是：爭吵、讓批評流傳、互相指責。這
樣的關係會流落為相互的拒斥和異化。傳播學專家辟爾斯和克洛南
（Pearce and Cronen）指出：這些型態既已行之有年，就常會被視

20　Anderson, H., and Gehart, D. (Eds.) (2007). *Collaborative therapy: Relationships and conversations that make a difference.* London: Routledge.

21　www.antipsychiatry.org, www.hearing-voices.org. Farber, S. (1999). *Madness, heresy, and the rumor of angels: The revolt against the mental health system.* New York: Carus; Smith, C. (1999). *Escape from psychiatry: The autobiography of Clover.* Ignacio, CO: Rainbow Pots and Press.

22　參見：www.antipsychiatry.org

23　常用的人格和特質測驗，不論是專業上的或通俗心理學雜誌上的，就都在把這種錯誤製造為「公定的現實」。

爲「自然如此」。[24]如果有人攻擊你，那你自然會反擊。甚至當這些參與者都承認其中含有傷害之效，他們仍會繼續重複此種關係型態。他們不知道還有什麼別的做法。實際上，他們已經被關在當地製造的地獄裡，簡直無法看見任何可行的替代之道。

◈

在海灘上，那是個很愜意的一天，而我們和蘿莉、州恩的交談配合著海浪聲，活像音樂上的對位法。蘿莉還把她年逾八旬的父母也一起帶來。蘿莉的母親塊頭很大、精力充沛；她的父親則瘦小、安靜，也正受著慢性憂鬱症之苦。我們坐久了，所以瑪莉和我問這些朋友要不要到沙灘上走走。他們覺得很棒，但蘿莉想，邀她父親一起來應該會很好。他不太情願地爬起來，脆弱的身形在努力起身時還咯吱作響。當我們一邊散步時，我們的討論又來了。才一下子，我們已經在陽光下談得興高采烈。但蘿莉的父親只安安靜靜拖著沉沉的身子蹣跚跟隨在後。過了一陣子，我們發現我們已走到一個天體營附近。我們繼續往那些光溜溜的人體走過去之時，蘿莉的父親竟挺起身來，加快了他的步伐。我們走進天體營區時，他也加入了我們的談話。很快地，我們幾人就化成如同飛舞的肥皂泡，一起冒泡不已。最後，我們的時間已經到了，必須折返我們自己的營區。在我們往回走的路上，蘿莉的父親又慢慢變回一個安靜萎頹的人。我們回到原先的地方時，他癱進一團毛巾中，又是個「慢性」的憂鬱症患者了。

◈

幾乎所有各派的治療法都提供資源，讓案主能用以向生活世界挑戰。之所以能如此，大部分是因為各派別都致力於以不俗之見來看待人的行事功能。於是，當治療師套用他的理論背景來向案主提問時，通常他都會對於案主所處的現實構成「攪亂一池春水」之效。案主想談家人間的難題，而人本主義的治療師卻會問他的感覺如何；案主說人人都在笑她，認知學派的治療師卻會問人家是不是在笑別的；案主在談性泛轉（sexual perversion）的難題，而精神分析師卻會把話題轉向幼年時的經驗。所有這些提問的方式都是旨在移開案主所認定的理所當然。[25]他們都在告訴案主說：「你以為是這樣，但其實是那樣。」

然而，問題在於這些派別把案主套進一件「通用尺碼」的衣服中，而不顧及每一案主生活狀況的特殊性。譬如，佛洛伊德派總會把案主的難題套進幼年時的家庭羅曼史之中。但這種移開現實的努力也可以把案主導向關係論的觀點。其中的經典之作是米蘭學派（Milan school）的治療，以及他們所發展的**循環圈提問法**（circular questioning）。[26]循環圈提問法雖有多種形式，但最主要的是把重點從個人移向個人所處的關係圈子。譬如：一個家庭中有位忿怒且叛

24 Cronen, V., and Pearce, W. B. (1982). The coordinated management of meaning: A theory of communication. In F. E. X. Dance (Ed.) *Human communication theory* (pp. 61-89). New York: Harper & Row.

25 關於精神分析的提問法如何協助將現實轉化為分析的世界觀，可參見：Spence, D. (1984). *Narrative truth and historical truth: Meaning and interpretation in psychoanalysis.* New York: W. W. Norton & Company.

26 Becvar, R. J., and Becvar, D. S. (1999). *Systems theory and family therapy: A primer* (2nd ed.). Lanham, MD: University Press of America.

291 逆的青少年,個人主義的治療師可能請她談談爲何她會感到如此忿
怒。這樣的提問法不只肯定了忿怒的存在,也把個人製造成獨立的
重力中心。相對於此,循環圈提問法可能會把問題導向於父親;譬
如,所提的問題可能是:「你的女兒怎樣向母親表示她的愛?」這
問題不但對於忿怒的現實產生了一種積極的替代,也把焦點轉向了
母女之間的連結,以及這位父親和她們的關係。或者,在婚姻治療
中,與其對其中的各方詢問他們的個人感覺,不如轉而問各人道:
「在你們的關係中,你認爲最重要、也值得你努力的是什麼?」
「你們所共享的目標是什麼?」或「有沒有什麼外來的力量會傷害
你們的關係?」透過這些新的交談標的——即關係——可能已有新
的種子撒下,等待發芽成長。

✢

在每種新的交談方式中都藏有
新型的關係潛力

✢

不過,在企圖讓案主移開其長期的關係型態時,可能需要更爲客
製化的辦法。在這方面極有影響力的例子有米爾頓‧艾瑞克森
(Milton Erickson)早期的弔詭實踐(paradoxical practices)。[27]譬如
有位案主所受之苦是肥胖,艾立克森可能建議多吃些東西;如果困
擾在於害怕失敗,他可能建議案主去多找些失敗。就在抵抗治療師
之時,討論可能導向案主對於改變之抗拒。這種取向的治療法已是
挑撥型療法(provocative therapy)的極端,在其中,治療師向案主
玩起魔鬼式的鼓吹之術。如果案主說她憂心的是她對丈夫的忿怒,

治療師就會顯示出：她的實心所願可能是殺夫。[28]

　　由於這種形式的移開現實也可能對案主帶有侮辱和侵犯之意，治療師就得在別處尋求提問的靈感。在此，我覺得印象特別深刻的乃是團隊反思實踐（reflecting team practices），由屯・安得森（Tom Andersen）和他的同僚們一起發展而來。[29]對於配偶以及對於家人特別有效的是治療師帶著他的同僚們一起來觀摩治療過程。透過安得森的看法，這團隊中的每個人都可提供評論或詮釋，一時之間，看來是支持性的，但同時又和其他的詮釋迥然有異。其中有位詮釋者看出這夫妻在相互競爭，另一位詮釋者則看到了他們的受傷之感，但卻拙於表達。詮釋者們所說的都是很容易懂也不包含術語、黑話的語言，並且他們也都試著不要提出太基進的詮釋，以致令人難信。為了提昇關係中的真誠感，並降低治療師與案主之間的權力差距，整個反思團體就會在諮詢室裡坐成一圈（以有別於透過單面鏡的觀察），用每個人自己的體驗來提供乍現的靈光。在他們的評論之後形成的討論就可用來激發一大片新的對話。呈現的現實會軟化，而新的可能性會因此開啟。

到目前為止，我們所專注的是對於進行中的關係所包含的行動限制

27　參見：Haley, J. (1993). *Uncommon therapy: Psychiatric techniques of Milton H. Erickson, M. D*. New York: Norton.（編按：本書有繁體中文版，蘇曉波、焦玉梅譯〔2012〕，《不尋常的治療：催眠大師米爾頓・艾瑞克森的策略療法》，台北：心靈工坊。）

28　www.provocativetherapy.info

29　Andersen, T. (Ed.) (1991). *The reflecting team: Dialogues and dialogues about dialogues*. New York: Norton. 亦可參見：Friedman, S. (1995). *Reflecting team in action: Collaborative practice in family therapy*. New York: Guilford.

予以鬆動。不過，作為多態存有的我們，在自身中也都帶有過去的遺存。這些遺存大多是極有價值的資源，可用以豐富我們的現在。同時，在過去關係之中，也傳下了揮之不去的緊箍咒。但由於它們已經硬化如堅石，讓我們都不能敏於使之改變了；它們幾乎像是敲膝蓋就彈腳一樣的反應，使得進行中的關係受干擾或受摧折。譬如有些人對於自己的自卑、失敗、不該等等都深信不疑；或是被妒恨、不公不義之感所掩埋而致自甘墮落了。其他一些人則覺得這世界處處是險境，充滿著超過自己所能控制的勢力。我們在此也同時要處理的，乃是有些人的關係型態中已經被絕望所盤踞。他們的所作所為都無關乎改變。他們巴望骨瘦如柴的女兒能多吃點，他們的伴侶可以稍稍不這般苛薄，他們的父親可以少點攻擊性，等等。那麼，我們該如何說明這些存有的型態竟會如此缺乏彈性，並且還一直持續如此？[30]

⊕

在此，我想起一位鄰居，艾莉絲，她的婚姻看起來還蠻成功的。她和她丈夫過的是很美滿的生活，是整個社區的中流砥柱，也有三個可愛的孩子。不過，在十六年的婚姻之後，艾莉絲發現吉姆和她的一位老友有外遇。艾莉絲爆發出一股混雜著憤恨、哀傷和自憐之氣。吉姆被丟進深深的懊悔和罪疚之中，不久就終止了那場外遇。不過，雖然他們都不斷嘗試走過那陰霾，但艾莉絲卻總甩不掉她的憤恨之情。她發現自己無時無刻不在攻擊吉姆，並且完全受不了他「和自己的敵人同床」的念頭。她告訴她的治療師說：她和吉姆都希望恢復他們的關係，但她就是揮不去忿怒以及報復之意。那已經是二十年前的事

內在之聲永恆地響著……
母親……父親……兄弟……姊妹……

當我開口時，請仔細聆聽
你就會聽見他們。
當他們開口時，他們的話語所帶的面容
正是母親……父親……兄弟……姊妹……

我現在正對著你說話
你卻會聽見久遠之前的迴音。

致謝：瑞巾‧沃特，藝術家

30　很有可能，他人之不利於我的反應有時也會支持我們對不該有的行為所作的批判。
　　憂鬱、敵意、消極之類的型態正用來懲罰自己的親人。而他們之被激怒，他們的
　　失望、挫敗等等，正是自己所期待的果實。

了。今天，他們倆確實都還住在一起，但已經分房而居。

✛

人之所以鎖在過去，乃是因爲被綁在某種關係形式中。也就是一直處在私自維持其自身的場境中。這種讓人衰敗的場境會維持下去，可能的理由很多。它們會維持其自身，經常是因爲事情還沒結束；一場戲已經展開，其中人物總是一直要返回去尋求滿意的結局。譬如：有人在毫無理由之下被不公不義地拒於門外；受攻擊卻毫無反擊的機會；或受性侵而得不到任何和解。故事懸宕在那兒；這種糟糕的戲碼使人上下不得。這種共通形式的「未完故事」使我們陷入自責的遺存中。其中儘是「負面的聲音」，不斷在提醒自己是多麼不值得、不可愛，乃至卑下不堪。[31]這種聲音的典型是來自權威（如：父母、老師、長兄姊）。實際上，這些人正是每個人都無法提出充分回應，無法拒絕，也無法頂嘴的。故事無法完結；雖有出聲但卻沒有回應，並且不可回答。

✛

我正策馬攀上事業的頂峰。我的新書《飽和的自我》（*The Saturated Self*）剛剛受到《華盛頓郵報》週日書評耀眼的讚賞。他們說：「本書對於我們思考自己的方式具有改變的力量。」我現在迫不及待地等著下一週會出現什麼。果然隔週在《紐約時報》週日版又出現了一篇評論。當我恭迎這份報紙之後，我一下子涼了半截。這篇評論是一場災難。評論者是位保守派的哲學家，他說這本書沒有任何值得一顧的品質。我頓時覺得受辱而氣上心頭。我確曾接到好多支持我的讀者來信，而

那篇評論也似乎沒有對潛在的讀者造成妨礙（此書一直暢銷得很，以致在十年後又得以再版）。不過，十多年來，那篇評論造成帶刺的遺存，不斷縈繞在我的腦際。我私底下寫過無數封信稿想作報復性的痛擊。有時，我會從夢中帶著又一篇對那評論者充滿不屑的信稿而驚醒，這樣重複下去，沒完沒了。直到有一天我看到那位評論者的訃聞，才澆熄了我那反嗜的怒火。

⊕

對於這般私心竊意的重複場境，治療師可能會難以應付。在最極端 295 的情況下，這個私心世界正在轟隆滾轉，簡直令人無法插手。這樣的憎恨、敵意、自我正確感會具有碉堡般的防衛功能。無人能夠瞭解、無人充分值得，任何來插手者都會被視爲想要操弄，或只是在垂憐。是這樣的話，怎麼能夠進入交談？

⊕

我的朋友艾嘉多說了他早年擔任治療師的故事。他接到一個很難處理的個案，是一位年輕女性，有吸毒和反社會行為的紀錄。她的狂飆傾向使她被送進醫院。當她被人帶進諮詢室時，陰沉沉地坐在他面前，臉如石板卻射出尖刀般的眼光。艾嘉多友善地歡迎她，並溫和地向她概略解釋，一起談談如何可能對她會有幫助。她只靜靜盯著。在更多表面的歡迎儀式之後，艾嘉多想起她曾經養過一隻白貓。於是，把治療的套式放開，他

---

31 譬如可參見：Claude-Pierre, P. (1998). *The secret language of eating disorders*. New York: Vintage.

問起那隻貓的事情。雖然緊盯的眼神沒鬆開，艾嘉多也確實注意到她的嘴稍稍動了一下，好似她正預備要有反應了。艾嘉多順勢告訴她，他也有一隻白貓。但是，他說，他的貓非常調皮。艾嘉多此時就坐到桌子後方，告訴這位案主，當他晚間在工作時，貓會變得很嫉妒——牠需要注意。然後，艾嘉多扮演起這隻貓，爬上桌子、站起來。突然間，他大喵了一聲，四腳一起趴在桌面上。案主不禁尖叫道：「你瘋了！」艾嘉多就回說：「是啊，但我是領了薪水才這樣的。」那個女孩爆笑起來，就這樣，他們的交談開始了。

◈

我曾經特別對於佩姬‧彭恩（Peggy Penn）的一種改良方式感到印象深刻，那是專用來攪亂案主的自我維繫場境而發展出來的。[32] 如果那個帶來威脅的他者是無法稱名道姓的，她就會改問：有沒有別的辦法來「把往事處理掉」？彭恩尤其善用書信的形式，來和那障蔽關係中不便出場的對方產生對話。試想想一位女性，她一直受到繼父（現已過世）的虐待。她無法抹除那些讓她感到羞恥不堪的經驗；現在正常的性關係讓她覺得全無掌握。彭恩可能教她擬稿寫信給繼父。在其中，她有辦法沉靜地娓娓道出感覺的整個光譜：忿怒、憂煩、自責，甚至有可能說出她的愛。私心既已能公然孵化，彭恩可從此帶入的交談就更完整了。私心場景現在可以對另一個對談者公開。不過，這過程並非至此即已告終。毋寧說，彭恩可能會邀請案主用繼父的身分再擬一封信。她會如何想像繼父要對她說什麼？他會怎麼解釋他的行為？他自己到底覺得如何？到此，這場境才接近了尾聲。案主和彭恩的協作，為自己解了套。

以我的看法，佛教的實踐法門現在對於治療而言，是代表了極爲重要的額外資源。在許多方面，這些實踐也可和關係存有互相結盟。佛教傳統承認人類的憂苦就座落於社會共享的建構中。更且，憂苦特別是來自於我們所高捧的自我價值。以此而言，許多佛教的冥思、靜坐等實踐，實際上都在質疑理所當然的意義，而這些意義正是自我折磨的始作俑者。尤其在靜坐中，意義都被懸擱；人會進入禪師們所謂的「無心之境」（no mind）。透過仔細的專注，人就可以穿透既有現實的銅牆鐵壁。[33]

　　說得直接一點，要挑戰私心場境，佛教用的是止觀法（Shikanho），[34]其中有一種變形，要求案主回想那些攪擾他們的事件，並且把處在事件中的情感都召喚出來。一旦意象成爲焦點，他們接著要做的是讓事件情境變得可見可識，但都不必加以任何評價與判斷。譬如他們可讓該場境自行上演而不必品評其爲羞辱或災難。把場境的判斷予以懸擱之後，案主會接到下一步的新挑戰：想像用多種視角來看這情境：從上、從下來看會是如何？從近、從遠來看又會是如何？經由治療師的協助，案主的視角每兩秒鐘就變化

32　Penn, P. (2009). *Joined imaginations: Writing and language in therapy*. Chagrin Falls, OH: Taos Institute Publications.

33　關於此法在目前的實踐及其理論基礎的討論，可參見：Kwee, M., Gergen, K. J., and Koshikawa, F. (Eds.) (2006). *Horizons in Buddhist psychology.* Chagrin Falls, OH: Taos Institute Publications.

34　Koshikawa, F., Kuboki, A., and Ishii, Y. (2006). *Shikanho: A Zen-based cognitive-behavioral approach*. In M. Kwee, K. J. Gergen, and F. Koshikawa (Eds.) *Horizons in Buddhist psychology*. (pp. 185-195). Chagrin Falls, OH: Taos Institute Publications.

一次。經過三十秒之後，案主可以休止三十秒，作呼吸調息，然後再繼續。透過這種專注的方式，那些不愉快的事件就會變得不再有強迫逼人的性質。趨近記憶的方式可以愈來愈只是「有事發生」，而其中的情緒意義也只是一種選項而已。

　　現在我們就可轉而談談「敏於關係的治療法」會碰到的第三個主要挑戰。

取而代之的種種現實

透過先前所述的幾種實踐，對於常人所知的種種現實、邏輯、價值都發生了侵蝕之效，也會使人不必硬要讓那些東西來逼人走上行動失能之苦。由於這樣的鬆動而產生了更多轉圜的空間，能讓人在日常生活的複雜關係上開發出全新的共舞方式。不過，由許多的案例看來，僅僅讓人從失能的型態中鬆綁出來，還是遠遠不足的。除掉障蔽是一回事，而發現未來的新走向則是另一回事。對多數人而言，值得注意的替代道路若能予以明示，則這樣的治療法會更具充分的效力。試想想：如果我因為對老闆大發脾氣而致被解僱，然後妻離子散，我不得不住進街友收容所，還得在街上行乞，我想我的朋友熟人也都立刻會視我為失敗者。事實上，連我自己也可能把這種對待視為理所當然。由於我自己的恥辱，我也可能不願見到他們。他們為什麼會想和我這種人瞎混？假若我真的見到他們，我會因我的卑屈而苦。還是孤單一人比較好……或者，可能的話，讓這一切結束。

　　在此情況下，現實的鬆動只是個起點。我也許確能曉得：使我的生活陷入孤立、失意而難以拔足的那些俗見只不過是些建構。只

要讓那些建構和我的相關性降低，把它們推遠，並曉得還有很多其他方式可用以理解我的處境，我也許可以小心地重新去找我的老朋友。但現在碰到重要的關頭：如果我有了其他的說話方式，對於發生在我身上的事情有了更動人的故事，或對於我這個人的性格有了別的說法，我也許就已備有了整套新的行動路數。從習俗中解放出來等於開啓了一扇大門，但對於未來的建設之道，仍需對現實有新的見識。

⊕

大多數治療法都可對案主提供另類的種種現實。譬如，在古典的精神分析中，我可能得知，我在辦公室大發脾氣，其根源在於我和父親的關係；老闆乃是我要攻擊的象徵標的。在羅哲斯派治療中，我很可能發現我的脾氣爆發乃是長期有條件積極關懷的結果。在認知治療中，我會曉得我沒把資訊作合理的處理，等等。我相信很多人都可從這些新的理解形式中獲益。起碼每一種都可使我移除罪疚的負擔；每一種都告訴我，我所受的苦是來自當時非我所能控制的因素，因此我可以重新獲得控制權。只不過，這些看待生命的方式並不特屬於我；它們毋寧是在我進入治療之前就已存在。

298

⊕

由關係論的觀點而言，能夠長出未來的大樹，其最重要的種子是在過去的關係中即已播下。作為一個多態存有的人，本來擁有無盡的資源，但常被當前的生活狀況所壓制。治療師在協助案主時就是從其中抽取出未來的新生活方向。無論以哪種方法，許多治療師所發展的實踐都與此觀點相合。他們特別會把交談的重心放在案主的強

項、解決之道,以及積極的展望上。[35]以下幾種實踐之法,無論就治療或就日常生活而言,尤其有用:

—找出難題的例外:與其在難題中不斷鑽牛角尖,而使難題硬化,不如去探問一些例外的經驗,即同樣情境而能不存在該難題的。譬如對於一個懼高或懼曠的案主而言,是否在某些高處或空曠之處而能不恐懼的?有的話,以此為基礎來建立未來經驗。

—求索成就所在:當例外可找出時,進一步要問案主如何能達到此例外成就。譬如一位男性,通常是性無能的,但偶爾不會如此,則他究竟如何看待這種成功?在為反應進行建構時,不只是潛在的有用之道得以實踐,而是案主同時體驗到自己的有能之感。

—探討資源所在:與其專注於案主之所不能,不如轉而探討能用的資源何在。生活中有哪些成就?哪些資源對此成就而言是必要的?在其中的人際關係強項何在?這種能夠與人相適相合的能力是什麼?明白了資源所在就會產生自信,可用以在另類現實中自由進出。

—想像積極的未來:在不斷談及可能的改善以及新的替代現實之時,所失所喪的負擔就已被積極的計畫取代。

※

299　一般而言,這種把人誘入另類世界的方法都屬於簡短治療。其意圖在使案主開啟可能性之後就能循此而自行追尋。在較為嚴重的案例上,許多治療師會採取的是麥克·懷特(Michael White)和大衛·

艾普斯頓（David Epston）所謂的「為治療目的而動用的敘事手段」（narrative means to therapeutic ends）。[36]在此，焦點基本上都落在敘事建構，也就是案主如何用以理解他／她自己的說法（參見第五章）。難題並不是個人所有的一切，而按理說，應當是出現在人的敘事中而被自己緊擁不放的東西。對於失敗婚姻的憂鬱難題，是只當個人陷落在「從此以後一直快樂幸福」的敘事之中，才有以產生。以此而言，對於難題的理解方式本身就是個難題。因此，治療所當從事者，乃是對於生命故事給個新故事。其典型作法，首先是向最佔優勢的故事挑戰，或予以解構。在此治療階段的討論，常指向故事的文化基礎。許多敘事療法都會對文化的優勢論述提出批判——批判人人的生命故事何以總是繞著一定的價值跑：譬如要瘦身、要賺錢、只要異性戀、一定要比別人優秀等等。在這方面，敘事治療師常會認真地將自己的角色視同為社會運動者。

一旦案主對於優勢論述已能具有抵抗力，則另類論述的門道就已敞開。在此，最須尋找的乃是從前被邊緣化的自我敘事，或者，以多態存有來說，有些被優勢論述與失能敘事所壓制的關係遺存。最有用者就是能以特殊方式和優勢敘事站在對立面的遺存。譬如，

35　譬如可參見：de Shazer, S. (1985). *Keys to solution in brief therapy.* New York: Norton; de Shazer, S. (1994). *Words were originally magic.* New York: Norton; O'Hanlon, W., and Weiner-Davis, M. (1989). *In search of solutions: A new direction in psychotherapy.* New York: Norton; O'Hanlon, W. (2003). *Solution-oriented therapy for chronic and severe mental illness.* New York: Norton; Bertolino, R., and O'Hanlon, B. (2001). *Collaborative, competency-based counseling and therapy.* New York: Pearson, Allyn and Bacon.

36　White, M., and Epston, D. (1990). *Narrative means to therapeutic ends.* New York: Norton.（編按：本書有中文版，廖世德譯〔2001〕，《故事‧知識‧權力：敘事治療的力量》，台北：心靈工坊。）

一個認定自己只有失敗人生的人，怎樣能找出被壓制的成功故事？
如果一個人覺得自己的人生已經完全失控，她是否還能找出潛藏的
自主故事？這些「失去的事件」即可形成故事重述的支架。治療之
為用也，正在於協助案主塑造出一個更新的、更豐富、更有活力的
敘事。[37]

✛

> 最近有一則故事，是關於一個人如何把故事重述用上手的：芙
> 蘭欣好幾年來一直和自己有發胖傾向的身體奮鬥。她非常堅
> 毅地謹守節食原則，實施減重計畫，參加運動課程……結果
> 一無所獲。後來芙蘭欣終於找到了解決之道：她把所有會顯露
> 她肥壯身材的衣服全部丟光，換來的則是波里尼西亞式的夢夢
> 裝（muumuus）──寬大、多彩、蓬鬆的服式。在那一天，她
> 給夢夢裝縫上個大扣子，掛上牌子說：「我已從厭食症中活過
> 來了。」

✛

敘事治療法的傑出之處在於它對「意義塑成於關係中」的敏感度。
治療師都瞭解生命敘事胥誕生於關係，而此關係又可能籠罩在體
制機構以及大傳媒體之中。無論如何，最終的重要問題在於能否
「帶得過去」（carry-over）。我的意思是指治療中的交換能量是否
能夠有效地突破這樣的關係。案主和治療師之間透過協議而產生新
形式的自我理解，看起來合於現實、有希望，也有其內在一致性。
他們可一起欣賞他們親手打造的成果，甚至享受這相互陪伴的關
係。但重要的問題是：這新型的現實是否有助於諮詢室之外的關係

300

康復。敘事治療師在此作出最有意義的貢獻就在於形成了**定義典禮**
（definitional ceremonies）。治療師和案主可以邀請一群經過仔細挑
選的局外見證人。這些人可能是，譬如，家人或密友。在聽完案主
所說的新生故事之後，這些見證人會被問道：在此新故事中有什麼
最吸引人之處？激發起什麼意象？有什麼自己親身的體驗在此故事
中出現迴響？他們的生活是否被此故事觸動？實際上就是，案主重
述的故事現在已經走出諮詢室，而直接進入外面的關係中。

　　有一種更爲基進的實踐，意圖把治療推入公共場域的，稱爲
「**對話聚會**」（dialogic meeting）。這是由亞科・賽科羅（Jaakko
Seikkula）和他的一群芬蘭同僚所發展而來的。[38]這種實踐發展的由
來是在對應著日益擴張的精神科住院治療。醫院的病床數量大增之
外，用藥的處方也增加得如火如荼。我們既然曉得心理疾病與療癒
的定義都要仰賴社群關係，而精神科醫師的意見總是對於住院和用
藥有偏好，因此必須尋出另類的實踐。賽科羅和他的夥伴因此而發
展出一種針對每一案例而形成的團隊。團隊的組成包括好幾種專業
人員，各代表不同的觀點，並且還包括家人、密友、職場上的同

37　對於敘事療法更多的討論，可參見：Freedman, J., and Combs, G. (1996). *Narrative*
　　therapy: The social construction of preferred realities. New York: Norton; Angus, L. W.,
　　McLeod, J. (Eds.) (2004). *The handbook of narrative and psychotherapy*. London: Sage; White,
　　M. (2007). *Maps of narrative practice*. New York: Norton.

38　Seikkula, J., and Arnkil, T. E. (2006). *Dialogic meetings in social networks*. London: Karnac.

39　Feinsilver, D., Murphy, E., and Anderson, H. (2007). Women at a turning point: A
　　transformational feast. In H. Anderson and D. Gehart (Eds.) *Collaborative therapy:*
　　Relationships and conversations that make a difference. New York: Routledge. 本書中還有不
　　少是在諮詢室以外的實踐實例，值得參閱。另亦可見：Paré, D. A., and Larner, G. (Eds.)
　　(2004). *Collaborative practice in psychology and therapy*. New York: Haworth.

事，以及其他權益關係人。案情中的「精神病患」也會加入團隊交談。這種聚會鼓勵參與者表達所有的想法和見解，最終還可以投入團隊中，一起工作以求產生變化。在比較嚴重的個案出事時，團體301 聚會可以每天舉行，但之後則會逐漸降低聚會頻率。這團體也總是維持著彈性，交談的重點變來變去，同時不忘下次該採取的行動是什麼。其中不曾企圖要把難題「釘住」，不曾要掀開底牌。要點毋寧在於維持對話的過程，儘管狀況確實一直在變。這樣的對話聚會，其成果實在不凡：在接下來的兩年內，被診斷爲思覺失調（schizophrenic）的病患數量顯然減少了，住院率也降低，藥單也不再開得那麼頻繁。

⊕

爲了能迎接「帶過去」的挑戰，在實踐範圍展開之前，須設定一根本前提，來使變化過程中能夠包含眾多聲音。有三個額外的實例在此方面的實踐效力卓著，深深打動了我：

> ─哈琳・安得森和她的夥伴們把一些婦女遊民召集起來。這些婦女中有不少身受著毒品之害或家庭暴力之苦。[39] 他們鼓勵這些婦女把他們的體驗說出來，讓大家共享他們的成敗故事，而更平常之處在於能談談他們的生命。經過一段時間後，這個團體成長爲一個互相關照的小社群。由於這種社群發展出的自尊，他們也習得一種前瞻的能力，可決定如何改變他們的生活條件。經由治療師的協助，他們終於擬出一份宣言。在以下引述的證據中可看出，這些婦女集體創造出的公約，意在建設他們的未來：「我等參與『建立安全家園』

（運動者），同意負起責任來為我們自身和我們的家人建立較好的生活。我等將透過對於我等自身獨特性、優先性之接納與尊重，以無條件的愛、不遽下評斷的方式，為我們的家人以及自身的價值而活下去……我等期望透過此團體而維持獨立且能相互依存。」

—青少年自甘於餓肚子（即診斷為「厭食症」者）可能很難對付，並且對於家人的關係會帶來極大的困擾。有一群倫敦的實踐者認為與其專注於厭食症的個體，不如為他們發展出多個家庭的參與方案。凡家中有人為厭食者，這樣的家庭可以一起聚會，談談他們的難題、相關事務以及處理飲食難題時的成功案例。以此方式，包括了診斷為有問題的個人，以及他們的家人，會發現自己與他人都能「瞭解」並給予支持。更且，由於交換過什麼可行、什麼不行的故事，參與者就學會把新見解拿來自己家中嘗試實踐。這樣的聚會通常都遠離那充滿消毒水氣味和漠然不關心的醫院，而都是在自家中舉行的。[40]

—卡莉娜・侯坎頌（Carina Håkansson）和她的夥伴們在瑞典的「家庭照護基金會」中工作。他們擺開了醫學診斷以及藥物「療癒」。[41]他們寧可把有困擾的個人放在「平常」的家庭

302

---

40 Honig, P. (2005). A multi-family group programme as part of an inpatient service for adolescents with diagnosis of Anorexia Nervosa. *Clinical Child Psychology and Psychiatry, 10*, 465-475; Asen, E., Dawson, N., and McHugh, B. (2002). *Multiple family therapy: The Marlborough model and its wider applications.* London: Karnac.

41 Håkansson, C. (2009). *Solidarity, dreams and therapy, experiences from a collaborative systemic practice.* Chagrin Falls, OH: Taos Institute Publications.

中，好讓他們獲得照料和尊重，並且他們可以不趕時間，慢慢地融入家庭生活。此外，案主每週去接受一次治療，有時也可由家人陪伴。這裡所謂的「案主」可以包含自老至少的各個年齡階段，而他們所受的苦則包含：家暴、藥癮、自殘、遺棄、性侵、恐懼感——通常都來自長期的難題。這樣的家庭受到一個團隊的支持，其中包括家庭督導和家庭治療師。他們的企圖是不把案主的難題當作「疾病」來對待，而要視之為多面相的個人，其每一面相都需待之以誠。你也許會說，某位案主「有其瘋狂之時，但有時他比我還更有智慧。」治療師也會和案主的家人聚會；在一段週期中，還偶爾會有節慶般的大型歡聚，把所有的這些家庭成員和基金會工作人員都聚在一起。

3 │ 拓寬治療的譜表

在上一節中，我從關係論立場，對於治療法提出了三個重要挑戰。特別值得注意的挑戰是以進步的拒絕或懸擱來對付令人衰敗的現實，並另行建立新的現實。然而，透過關係存有的鏡頭，我們還可以眺望在更遠之處的探索。在上文的說明中，很容易找到現存的實踐案例來作詳述。不過，在這視域的盡頭，到底還有什麼？我們如何能夠厚植此一潛力？我希望能在下文中指出兩個我認為最有希望的挑戰，用以結束本章。

303

從固著的現實到關係的流動

以目前的立場而言，成功的治療須能協助關係的康復。不過，在此脈絡下回顧傳統觀點所謂的治療和改變，倒是蠻有意思的。這種觀點借用了大量的醫學隱喻：其目標是要以健康狀態來取代疾病狀態，因此，其希望是要有確定的結果。對佛洛伊德而言，就是要以自我控制來取代壓抑；對榮格派而言，就是要實現大我；對認知治療而言，就是要以現實為基礎的思想來取代失能的認知，等等。即令是一些關係論取向的治療師，也還可找出早期傳統的某種殘跡。許多治療師還都會說：成功的療癒是生產出新的敘事法，或解決之道，或更能為己的理解，或對家庭功能更準確的認知、見解，等等。當他們成功時，新的現實就已取代了治療之前的失能傾向。實際上，成功的治療總是有一定的結局。

　　但，為什麼我們可以這般樂觀地看待這些新定的、「治癒的」存有狀態是為有用？難道關係之海不是永無波平浪靜之時嗎？共同行動的過程不是不斷地讓意義轉化嗎？匯流也者，不也是永不定型嗎？在持續不斷流動的條件下，一個意義確鑿的自我或世界，算是有利的嗎？為了破解這些觀念，試先想想一段關於失敗的敘事——你盡了最大的努力，試圖通過一場專業認證的考試，但你失敗了。以我們看來，這個現實只不過是眾多事件之中的一種建構。不過，當這個故事穿插在種種形式的關係之中時——亦即穿插到各種各樣的文化之舞——則其意謂就會有令人吃驚的不同。如果有位朋友正在大談他的成就故事，則你的失敗故事就會顯得很不受歡迎。那位朋友期待著眾人的慶賀，而你的加入會改變話題並轉移大家的注意。同樣的，對著自己的妻子，你老談你的失敗，這對於整天憂心

著家計能否收支平衡的妻子來說，會讓她覺得挫折與忿怒。在這些脈絡下，這套敘事就是失能。反過來說，當你的朋友正講出他個人的失敗，則你拿失敗的故事與他分享，正好可以肯定並強化你們之間的友誼。同樣的，拿你的失敗故事去告訴你的母親，可能引發她溫暖同情的反應——實際上，更讓她能維繫她的「母親」角色。

✦

304　　「真實」和限制總是攜手同行。

✦

換個方式來說，一個故事永遠不只是個故事，而是一場置身在地的行動，一場演出，透過共同行動過程而獲得其意義。一個說出來的故事會以不同方式發生其作用：創造、維繫，或毀滅關係的世界。對自我的交代、對世界的說明都對於進行中的關係成為有意義的輸入——對於維繫社會生活的一貫可懂，對於把人湊在一起，或製造距離等等，都很要緊也很有用。種種自我的故事讓人的公開身分獲得識別，讓過去成為可以接受，也讓關係的儀式容易展開。這些故事的用途衍生自它們在各種關係場域中所達成的有效移動。

✦

　　想想一個工具箱中的工具：其中有鐵鏈、鉗子、鋸子、螺絲起子、尺、黏膠、釘子、螺絲。字詞的功能互異，正如那些東西的作用不同。

　　　　　　　　　　　　　　　　　　　　——維根斯坦

現在我們必須問的是：一個人的功能是否在擁有較多個便於取用的自我時，會比只有一個「眞正」的理解時更有作用？在想要瞭解世界時，擁有多個「鏡頭」難道不比只有一個鏡頭好？**擁有多重多樣的敍事**，比單一的「敍事眞相」（narrative truth）更好？於是，這個挑戰就變成：要拓寬治療實踐的範圍，用以觸及多態存有的整體面貌，而達成協助之效；同時也對世界開放，才能回應不斷開展的共同行動及其所有的邀約。在這個關係存有的空間中，我們已經超越了所有固著的信仰、所有必然的眞理，以及所有咄咄逼人的現實。我們開始承認：多重的說明更容易明白，事情總有多種說法，邏輯的形式不只一種，原則也可有多種應用，等等。我們不必再問哪種說法比較值得相信，因為對於任何說法，我們都不必去問「我信乎？」──它們都只不過是事物存有的方式。在聽到一個美好旋律時，我們不必問自己信不信；我們也不必問自己信不信一位舞者的動作，或一位足球員踢出的曲球。毋寧說，我們對繁多的旋律一概開放；我們會欣賞各種形式的舞蹈；還有，我們可被許多不同的球賽所吸引。我們沉浸在不斷運行的關係匯流中。

我所尋找的是

事物想來現身的形式……

與其找到一定的形狀

宛如現成可取

不如以任意的形狀，看看是否能

召喚出它自身

且通過我

喚出不是我的自我，而是我們的。

——A・R・阿蒙斯

✤

批評者又回來了：「OK，我很受這光景的吸引，而且阿蒙斯的詩句也為此抹上了動人的色澤。不過，人難道真的可以活著而不須有真實、合理、正確嗎？假若沒有個果決的自我，他不會因此而陷入焦慮，變成沒骨氣的隨波逐流者嗎？」我從很早以來就一直聽到這類的警語，但我對於人需要這種基本結構的觀念卻不為所動。一個孩童在聽到「這是真的」、「那是假的」之前，他的生活本色究竟為何？孩童會因為沒有「確切的身分認同」而感到焦慮嗎？小孩在聽到「那才合邏輯」，或得知「道德原則」之前，他會因此而動彈不得嗎？在「真實」和「正確」入侵之前，孩童有很多可轉圜的彈性、無限制的樂趣，以及填不完的好奇心。房間裡的任何東西，可以一忽兒變成「恐龍」，一忽兒是「城堡」，然後變成「秘密基地」。只當我們清清楚楚指出「這是一張椅子」時，世界才變得只剩下單一向度。在一個「真實」的房間中，根本沒有出口。

✤

然而，我得稍停一下：批評者也許在某方面是對的。如果我們活在一個把結構、連貫的身分認同，和權威知識擺在最高價值的傳統中，我們就常會為曖昧不明而感到不安。在此，我想起了拉爾夫。當我聽他說他想成為一個精神科醫師時，我覺得

毛骨悚然。拉爾夫是我認識的人之中最具威權性格的人之一。他可以很快地為任何話題作個蓋棺論定。而他總認為他所說的就是唯一真理。他若成為一個治療師，那會是什麼樣子？他有能力去作敏感的聆聽嗎？在微妙的共同行動中維持流變的運動嗎？

　　幾年後，我有機會和拉爾夫碰面談話。他確實已經是個精神科醫師，並且還直吹噓著他快速發展的事業。我覺得非常好奇。在經過進一步的質問之下，我才知道他的案主都來自中下階層，並且經常缺乏較高的教育程度。他們之所以進入治療就是想為自己的難題尋求權威性的解答，而拉爾夫正好有現成的解答在等著他們。如果來求助者的主訴是憂鬱症、性功能失調，或不可控制的忿怒，他會直接下診斷，並且給個清楚的行為處方。他會每週檢視他的案主以便確認他們都在遵從他的指令。他們經常就是如此，而他們的難題也似乎全都滑掉了。

✛

在當前的世界中，我們的治療實踐如何能在某程度上培養出對於曖昧性的賞識，甚至能享有即興行事的樂趣？我對於治療的終極希望是讓參與者都能從僵化、狹隘的理解習俗中解放出來，並能協助邁向可以了無窒礙、變化不已的關係之流中。在我看來，治療的挑戰胥在於是否能協助參與不斷共創的流動過程。

超越語言之外：對有效行動的挑戰

在治療世界的故事中，我最喜愛的就是關於備受尊崇的治療師米爾

頓‧艾瑞克森的好幾個故事。

艾瑞克森有一次在密爾瓦基市作了短暫的訪視,有位心焦的姪兒一直希望他能去看看姑姑,她年歲頗高且有憂鬱和自殺的傾向。他能給她什麼樣的勸言呢?當艾瑞克森走訪了她那間堂皇的維多利亞式豪宅時,他確實看見了一位消沈而沮喪的老婦;她很少出門,除非是去參加主日禮拜。艾瑞克森問可否參觀一下整棟房子。他看見的是一屋子的陰暗,窗簾都沒拉開,且看不出有活動的跡象。不過,艾瑞克森注意到這位老婦種了一些非洲紫羅蘭,像是孤單但有生機的徵兆。在他離開之前,是不是能給這位老婦幫上一點忙呢?

艾瑞克森告訴老婦說:她的姪兒為她的憂鬱狀態擔憂不已。但是,他說,他不認為這是真正的難題。毋寧說,她的難題在於沒成為一個好基督徒。她很不高興地反問:為什麼可以這樣說她?她不就是教堂的常客嗎?他回道:時間在你手上,你可以好好玩盆栽,但時間就這樣浪費了。之後,他給了這樣的建議:她應該把教堂每週所發的週報帶回來,然後按圖索驥,在每個人家裡有事時——譬如有任何婚喪喜慶——都前去拜訪,並且把自己所種的非洲紫羅蘭帶去致贈。

幾年後,艾瑞克森從他姪兒那裡拿到一份密爾瓦基的報紙,其中有篇文章,標題是:

非洲紫羅蘭之后逝世,悼念者數千

⊕

我覺得這是個動人的故事,但其涵義還遠過於此:這個案例中沒有

307

所謂的治療時段。在僅僅幾分鐘裡只給了個簡單的建議。而此舉就使這位婦人整合到社群之中，受盡賞識。新的生命形式為她而誕生。在我看來，這個故事清楚顯現了：僅僅建立在語言交換之上的治療法，有其限制。我們今天的治療實踐仍然謹守著佛洛伊德所遺存的「講話療癒法」（talking cure）。佛洛伊德相信：以某種藝能精湛的談話，就有可能造成心理功能的基本改變。並且，正因為一個人所有的行動都受到心理活動的指引，因此能讓心改變，就會改變行為。這種假定，以或此或彼的形式，從佛洛伊德以來就一直在指導各個學派的治療實踐。其間的差異只在於心理如何變化的觀點而已。因此，話語對佛洛伊德而言，帶有導致傳移（transference）的力量；對榮格而言，有自我發現的力量；對羅哲斯派而言，可產生有機體的價值感；對認知治療派而言，則可對現實產生較佳的掌握。在所有的案情中，變化之達成總是限於幾坪大小的諮詢室內發生；而當心理變化達成了，大家就認為，這個人應足以參與他的文化生活了。

　　然而，這個關於「心理圇限於身體中」的觀點，正是本書所要質疑之處。由關係論的立場而言，治療與其說是讓心改變，不如說是厚植了生存關係的資源。然後，我們必須問道：純粹的語言交換，其潛力及其限制何在？如果治療自限於「講話」，那不是很武斷地限定了它的潛力嗎？我們要學會彈吉他、做菜，或把高爾夫球從沙堆裡敲出去，必須經過反覆練習。但若治療所關切者是關係的康復，那麼，這種參與是要實踐什麼？

◈

　　我有位鄰居，她感覺到有一股強大的力量在支配著她的世界。

她告訴我說：就是這股力量在摧毀經濟和環境，而大多數人都逃不出此一魔掌。她說：這世界正受此威脅。她同時也說她很不幸，沒有朋友。為了減緩她那難纏的焦慮，她正接受鎮靜治療（她實際接受的是思覺失調的病理處遇）。不過，當她在告訴我這股「力量」時，我覺得我自己也在努力抗拒懷疑論。畢竟她所說的世界，也只不過是眾多建構之中的一種。並且，如果我鼓勵她的話，她還會高高興興地把這個世界圖像填滿。現在，我的這位鄰居已經有能力做不少事情——買些雜貨、下廚烹飪、騎腳踏車、打網球、讀書，等等。而我不禁想到：如果她能學會從她所接受的諸多啟示中作點選擇，那到底會如何？如果她也學會瞭解——別人會因為她所感知的事情而覺得不安，且會為此而閃避她——那又會怎樣？把自己私下的世界在公開的表達中作些控制，是一種生存關係的重要能力。這種技能對她而言並不難學習，且會因此引發更多成功的關係。我們之中到底有幾人已學會讓我們自己私下的對話能夠靜默不表呢？

⊕

要邁向以行動為中心的治療法，有一些重要的步驟可循。這種潛力早在多年前已經由匿名戒酒計畫（Alcoholic Anonymous）以及伴隨的十二步自我轉化方案成功地表現出來。雖然這種實踐會使人停留在單一的自我敘事，也就是陷溺在囿限存有的傳統中，但這些方案確實把重點擺在消除有害的飲酒型態。參與匿戒計畫的人不只在團體中學會避免飲酒。除此之外，每當酒的誘惑過強時，還會有些配套的支援監視，來適時協助。有關降低忿怒爆發為害的方案，也一

樣聚焦於發展出新的行動譜表。認知／行為治療還更進一步為此譜表增添了些許新的可能。其中大多是個別地針對著案主，讓他們在面對會引發焦慮的處境中能有辦法放鬆，或把注意力引開。其他還有些治療師會要求案主寫日記，試圖在日常行動中找出對於有威脅的處境更能調適的不同反應。總之，所強調者已從語言轉移到生活本身。

佛法實踐代表了現有治療法之外最主要的外加實踐。他們所教的不太是什麼說法，而是以何等方式存在。譬如，津‧克利斯泰勒（Jean Kristeller）和她的夥伴們協助肥胖者避免暴食的方式，是要他們完整而仔細地集中注意於食物本身。[42] 參與者可能被引導至能長時間對著一顆葡萄乾而沉思其口味和質地。他們也可能學會密切注意兩種食物之間的差異，然後能夠有意識地在兩者之間作選擇。在第四章，我們也討論過卡巴-金（Kabat-Zinn）和他的夥伴們發展出的一種沉思法，用以協助案主們更能與身受之痛苦一起活下去。其要點在於：這些實踐之法可在日常生活中每次感到飢餓或痛苦襲來的時刻皆可啟動。

　　行動聚焦治療法也可在伏列德‧紐曼（Fred Newman）及其夥伴們在東區研究所（East Side Institute）的演出導向（performance-oriented）之作中發現其強烈的邀引。依他們的看法，人的行動本

309

42　Kristeller, J. L., Baer, R. A., and Quillian-Wolever, R. (2006). Mindfulness-based approaches to eating disorders. In R. A. Baer (Ed.) *Mindfulness and acceptance-based interventions: Conceptualization, application, and empirical support.* San Diego, CA: Elsevier.

來就都是社會演出，亦即，在意義共構的世界中行動。[43] 以此而言，人類的發展乃是擴展其演出能力的過程。從他們的觀點來看，發展出新能力乃是一種「革命」，意思是：它會讓人超越既存的習俗。於是，治療就是要致力於擴展案主有效演出的能力。他們較愛用團體而不用一對一的方式進行，因為只有與他人一起的演出才算數。這個研究所把演出帶向進一步的隱喻，就會把舞台表演視為有利於人的發展。在舞台上，人人都可以自由地實驗多種身分認同，以及嘗試各種丟人現眼的大小風險。這個紐曼團體在專業支持下製作出「明星才藝秀網絡」（All Stars Talent Show Network），讓都會中年輕的非裔美國人可以每年推出一次才藝秀。那些年輕人除了表演他們的秀之外，也要包辦製作、行銷推廣和售票等工作。所有的活動一起構成了成長導向的演出。[44]

行動導向治療法在擴展其潛能之時，常會在專家協作之下進行即興訓練（improvisation training），因而更能有所得。在此的即興訓練大多是劇場導向的。[45]不過，即興教育的潛能實在無可限量。在一

---

43 Newman, F. (1994). *Performance of a lifetime: A practical-philosophical guide to the joyous life*. New York: Castillo; Holzman, L., and Newman, F. (2003). Power, authority and pointless activity (The developmental discourse of social therapy) In T. Strong, and D. Paré (Eds.) *Furthering talk: Advances in discursive therapies*. New York: Kluwer Academic/Plenum.

44 有位羅馬的治療師，Gaetano Giordano，對此作出了一種變奏形式，就是讓案主們生產出視聽劇（video drama），其中每個人都在表演自己。

45 譬如可參見：Gwinn, P., and Halpern, C. (2003). *Group improvisation: The manual of ensemble improve games*. New York: Meriwether; Hodgson, J. R. (1979). *Improvisation*. New York: Grove Press.

個關係如萬花筒般變化，而意義如波濤般起伏的世界中，我們必須仰賴即興演出，才能完成有效的共同行動。在持續不斷的生活之流中，若只能仰仗重複和確定，定會阻撓成功關係的發生。

第十章

組織：不穩定的平衡
Organizing: The Precarious Balance

310 如果你的工作是由一堆漫不經心的雜務、毫無意義的指令，以及異化的關係所組成，你就不是在作自由選擇。只為了生存的緣故，許許多多人確實就在這樣的條件中工作，並且老想著要逃開。然而，如果我們看看大多數的組織如何接受評價，亦即都是根據其付出的代價與獲得的利益，則有些因素就從來都沒算在其中，譬如：漫不經心、毫無意義，及異化程度。這些因素不屬於底線的問題。但在此同時，多數經驗豐富的管理人都心知肚明：對於這些因素不加注意，就是在冒著組織敗亡的風險。這樣的組織也許可以步履蹣跚，可以效率低落，但要能夠長存下去，就很成問題了。問題的難處在於：什麼東西可讓一個組織獲得生命？能讓該組織的成員為之鼎力效命，也使得該組織成為一個佼佼者的，到底是什麼？

在過去一世紀中，對於此一重要問題有兩個主要的答案。第一是強調個別僱員的內在動機。這說法的意思是：個體具有先天本能，會自求上進、創意與成就等等。由此來看，當組織能夠產生鼓舞個人本能的氛圍時，該組織就會繁榮發展。[1] 第二個答案強調了
311 環境對個人的衝擊。此一主張是說：個體若受獎賞、有誘因，或有舒適的工作條件等，就會充滿工作動機。[2] 由此，我們的傳統告訴我們：個人投效的動機若非內在本能，那就是外在誘因。

但，試再想想：如果我在單獨養育下成長，亦即和他人沒有任何關係，那又會怎樣？什麼工作會讓我自行發現值得去做？我是否能從鍵盤上敲敲打打，以及反覆檢視頁面上的註記，就能導出喜悅感——就像我現在正在這麼做的？如果我對於所謂的功成名就、事業上進等等概念都一無所知的話，為什麼我可以從而獲得成就？如果我從來不認識任何別人，那麼，在我的工作中有什麼會讓我感到喜悅，乃至有什麼會「自然地」讓我選擇去做？試也想想外在動機的衝擊力。如果我是在孤單中長大，有什麼外來的獎賞可點燃我的熱情？給我一間大一點的研究室，我可能只會聳聳肩；賞我幾百萬元，我可能只會懷疑這到底哪裡有趣。

朱立恩一早就用牠的爪子來把我搔醒。當我還在夢鄉裡，牠已經出去把尿撒淨，並準備要享受接下來的早餐。在這早晨儀式，以及我自己的早餐之後，我已整裝待發，坐進我的書桌，準備開始上午的工作。朱立恩趴在書桌底下，擺好姿勢，小睡一下牠的晨覺。我曾經有點鄙夷地想過：我不過是養了一隻懶狗罷了；為什麼牠不必去完成些什麼作為，譬如追趕松鼠、探

1　一本經典著作就是赫茲伯格（Herzberg）的工作者滿意度二因素理論：Herzberg, F. (1959). *The motivation to work*. New York: Wiley. 馬斯洛（Maslow）的需求階層論也是相當風行的說法：Stephens, D. (Ed.) (2000). *The Maslow business reader*. New York: Wiley.
2　這種組織環境的觀點常可溯源至泰勒主義（Taylorism），其中的工場形象乃是個會輸入、輸出的大機器。

索樹林，或對可能的危險跡象狂吠一陣？但現在我不敢如此肯定了。我有時會很想知道：朱立恩是否正在靜靜地自問道：「人類怎會笨成這樣？我們既然都用過了很棒的早餐，這不正是該輕鬆一下的大好時光嗎？而他竟然整個早上都杵在這裡作牛作馬？」

◈

每當我們提出人何以為其所為的問題時，我們總是強調兩個答案：**要麼**是先天的內在拉力，**要麼**就是環境的外在推力。為什麼會難於形成更有道理的答案來回答那「為什麼」的問題——既不必仰賴先天遺傳，也不必仰賴後天環境？在圍限存有的邏輯中就可發現另一種答案，其中的關係正是主要的因果所在。遵循十六世紀以來的科學觀，把整個宇宙視為一部大機器，則任何實體運動的原因就只可能有二：一個外在、一個內在。一方面，一顆石頭從山頂上墜落，那是受到外在的重力所驅使；另方面，一隻鳥從同樣的地方下墜，牠會滑翔著陸，那是由於牠內在的能力使然。但在此，我們先把這種來自早期科學的觀點以及對於圍限單位的假定先予以懸擱。我們不如來問：如果一個組織的活力是來自於關係的匯流，那麼，受到實踐的影響之後，接下來會發生什麼？[3]

本章是就這一問題而開啓的討論。首先，我會把先前各章的一些主要觀念兜在一起，來應用於組織的過程。這樣的導論就為本章建立起一個母題，亦即需要關切的，是在流動關係與僵硬關係之間的不穩定平衡。只有在協作之流的行動下才可能繁殖出組織的活力和方向。不過，因為企圖將共同行動的成果予以穩固下來，關係就僵化了。未來的發展因此而巔簸不定。於是，主要的挑戰就是要

在流動與固著之間達成平衡，亦即讓安排秩序的過程最終能實現。[4] 當這些關切都各就各位之後，我就要把討論轉向四個特殊的實踐領域：組織決策、領導統御、表現評估，以及組織和周遭環境的關係。關係論取向的實踐如何能夠維繫活力？在這些討論中，我其實是「德不孤，必有鄰」。正如先前幾章所處理的知識、教育、治療法等等，在有關組織的學術與實踐之中，也不乏關係論的議題和論述。我會將他們的聲音在此作些迴響。

1 ｜ 組織起來：透過肯定獲得生命

只有透過關係的相互參照才可使組織活起來。組織的死活乃是決定於其每日如同蜂窩般的一整堆關係交換——恭維與批評、資訊的傳出與保留、微笑與皺眉、提問與回答、要求與抗拒、控制與從命。[5] 會把意義灌進工作的，既不是單獨的個人，也不是環境的推拉，

313

3　對於組織的共創，有更多討論，可參見：Grant, D., Hardy, C., Oswick, C., and Putnam, L. (Eds.) (2004). *Handbook of organizational discourse*. London: Sage; Hosking, D. M., and McNamee (Eds.) (2006). *The social construction of organization*. Copenhagen: Copenhagen Business School.

4　能夠呼應此處所提的平衡問題者，有很長久的組織研究，其所關切的也是在秩序與混亂這兩種對立趨勢之間的平衡。不過，此處所強調的協作流動本身也會同時產生出秩序（即我們大家都能同意者）以及混亂（即每次的共創都代表了傳統的轉型）。

5　關於組織發展間的交談，進一步討論其微觀實踐問題者，可參見：Shaw, P. (2002). *Changing conversations in organizations: A complexity approach to change*. London: Routledge; Streatfield, P. (2001). *The paradox of control in organizations*. London: Routledge; Grant, D., Hardy, C., Oswick, C., and Putnam, L. (Eds.) (2004). *The Sage handbook of organizational discourse*. London: Sage.

而是在那一堆事務之中的參與。所以,做什麼才算成事,對某些人來說是售出洗衣粉、設計出新的數據機,或讓公司的獲利增高;對另一些人來說,會令人神往的是寫小說、作曲,或拯救人的靈魂。只當我們參與其中,我們才為種種行事創造出價值——或讓它沒價值。必須靠關係的性質,我們才會在一天裡心甘情願地工作十二小時,或在自己胸口綁上會粉身碎骨的炸彈。[6]

✥

> 能把人組織起來的乃是交談過程,亦即在參與自動自發的延續與改變之時,有不可避免的自我組織過程。
>
> ——派翠西亞·蕭(Patricia Shaw)

✥

試想想組織的一位新進人員——不論是進入企業、團隊、社團或非營利組織。能帶出他的活力而成為行動的,不是規則、法律、指導手冊;也不必然是正式的訓練、師徒教導、仿效楷模等過程。個人也許能學會正確的表現,但缺乏欲望、關懷與熱忱。有意義的問題應在於如何讓人能完全投注在參與中。

✥

> 在我的生命中,我曾經參與的組織最令我不喜的,乃是當兵。我在大學畢業時,法律規定必須服役兩年。應和我父親的期望,我當了海軍的預官。甲板上的生活完全是一板一眼的;各單位的功能也必須達到令人滿意的效率。沒有什麼傑出,沒有什麼麻煩。會打呵欠但乖乖聽話就對了。放眼望去,我的工作

伙伴中沒有一個可說是投入組織的；沒有人會想要在服役期滿
後繼續留營。我們從上級長官那兒受令，他們則從更高的中央 314
接受命令。命令怎麼說，我們就怎麼做；少做一點就會有干犯
軍紀的風險。個人的建議和見解都不受歡迎。軍官用餐時的談
天也只談船上的事務，每句話都受到上級長官的監視，以免有
禁忌話題滲入：色情、政治，或宗教。

　　然而，甲板上還是有活力的。那是在小群的非正式聚會中
——不論是徵募來的士兵或菜鳥軍官。在其中創造出事不關
己的對話，嘲笑船上生活，有意冒犯長官的八卦傳言，以及可
以分享的種種「把系統擊敗」之道。這裡有的是搞笑、嘲諷、
情緒發洩，以及不怕死的自我犧牲。那麼，那根本是**負面的活
力**，是一種高高興興地組織起來反組織，打著紅旗反紅旗。

⊕

我不相信對於組織的熱切投入是可以「製造」出來的。那些主管們
無法讓人帶著活力來參與。如果要讓工作點燃人的活力，則協同合
作就是必要的努力。當訓練被當作由上而下的努力時——訓練者就
像在孵育小雞——則協作的可能性就已被抹滅殆盡。當訓練被單
的聲音支配時，只帶著組織的觀點，小雞只能乖乖聽話，很少有參
與的機會（也可參看第八章）。受訓的人可以吸收一些資訊，但沒
有人邀請他們進入創造意義的共同行動過程。實際上，獨白也許會

6　在組織研究的領域中，我們必須稱頌 Mary Parker Follett 的貢獻——她是第一位提
　出這種想法的人：組織的福祉不源自於個別參與者的心思，而來自關係過程。可參
　見：Graham, P. (1995). *Mary Parker Follett, prophet of management*. Frederick, MD: Beard.

導致口徑一致的行動，但不會有熱切投入。[7]

◆

在第六章我曾討論過幾種方式，可以達成積極而有創意的關係。但現在，我只想詳述一下能夠邀引投入參與的方式之中最重要的一種：**肯定**。當一個人受到肯定，說他有功於意義創造時，投入參與的大門就已為他而開。對於別人的行動，肯定的方式有很多種：從一個點頭微笑，到完全聲稱出來的賞識。我所說的肯定不是指那種抬高個人自視的手段，而是歡迎別人進來意義創生的過程。肯定不必然會導致完全同意；毋寧說：那是一種認知，知道發出聲音就等於在其中有價值。

315　　一個新進者，身為多態存有，必定承載著多重關係（見第六章），而這些關係使得一個人秉賦著多種多樣的技能、見解、價值，等等。於是，當組織能肯定它的新鮮人時，它也肯定了關係的背景。在此時刻，個人的關係生活可以現形出來，也會讓這個人覺得好像「在家裡」一樣。這時被引入組織過程中的，不是個自戀的「我」，而是個人所鑲嵌於其中的那個關係網絡。既然受到肯定，則個人就更會樂於分享他的觀念、價值和邏輯。組織以此而變得既富有潛力，又更能與門牆外的意義之網連線。我們會在本章稍後再回到此一問題上。

◆

我究竟怎樣走進「熱愛觀念」的境界，成為一個專業的學者？物質上的得失完全不是讓這境界迷人的原因。工作的時間很長，待遇也很普通，在博士後的階段仍孜孜矻矻地作研究，

是因為資淺的教師必須為下一個七年奮鬥才能保得住未來的職位。為什麼要選擇這樣的專業？對我來說，其開頭是一位文法中學的老師。不是因為她站在教室前方的教學，而是她在我的課堂報告後給了我發光的反應，把我們所慣稱的「狀態間（國際）戰爭」[8] 完全倒反過來。後來又有位高中老師說他對於我在校刊上寫的文章「深深地欣賞」。再晚一點是大學時，有位教授因為我寫的報告而在班上與我作了令人興奮的辯論。像這樣一些讓人津津樂道的肯定，為我現在所處的火線供應了足夠的彈藥。

肯定也會發動往返回應（reciprocation）的可能。譬如，你若覺得我的觀念很有意思，你也必然是在邀引我細心注意你的觀念。要是這種相互的肯定在組織中能夠發動，這組織就變成了一個熱切參與的蓄水槽。每一組關係都會變成價值創造的潛在資源。譬如：租車這行業本身並沒有什麼內在的價值。它可能只是一個「工作」。有個公司打出口號說「我們竭盡心力」，企圖以此把價值灌進組織，但這樣的口號只是一句獨白。它不會邀引它的成員進入交談。但若有位親近的夥伴說：「嗨，我們幹的活是件好事呢！我們一起打拼，在這個月裡把其他人打趴，怎樣，很棒吧？」這就播下了活力的種

7　對於交談論述可用之於建立組織，很有用的說明可參看：Kegan, R., and Lahey, L. (2001). *How the way we talk can change the way we work*. San Francisco: Jossey-Bass.

8　譯註：原文 "War between the states" 字面上可指國際戰爭（特別是美國的南北戰爭），或狀態間的戰爭。這裡是指師生間的鬥爭。

子。在這裡所說的「把其他人打趴」是取自於組織之外活生生的傳統。由於別人帶來這種肯定，那就會把新價值灌入組織中，變成某種當下就值得努力的事情。

316　　　有了相互肯定，這種形式也會在工作伙伴間建立黏結關係。這就像我在服役時以負面活力所形成的那些海軍弟兄關係。我們在一起搞笑傳八卦時，相互分享的是一種真實的好感，是甲板上最值得做的一件事。我們從而定義我們之間的朋友關係，在緊張的生活中可以互相倚靠。這樣的友誼有些會綿亙一輩子。當相互肯定變成組織裡共同的固定裝置，並且不只是存在於小房間中時，就相當於鋪好了一條大道可進行社群共享的敘事。「我個人的生命」不會變成和組織對立的生命。我變成和別人在一起，不論是我們兩個、我們團隊，或我們單位等等。我們會開始問「我們」要怎麼做，以及什麼對我們而言是重要的。這個世界變成對我們而言的有意義，它是要緊的，而我們對此意義常會使用情緒來表達──對成功的歡慶、對退休的夥伴淚眼相送，等等。黏結關係能如此連到組織的目標中，則其潛能無可限量矣。

✛

　　你只用一個隱喻即足以掌握我所有的研究發現（在良好關係中）：撒鹽罐。不是要你放入鹽巴，而是要你把可用的一切肯定裝進去，而這就是真正的良好關係了。你會說：「是的，這是個好主意。」「是的，真是好點子。我從來沒想過。」「是的，如果你覺得這很重要，我們就來動手吧。」

　　　　　　　　　　　　──約翰・M・哥特曼（John M. Gottman）

2 │ 對組織要小心

關係中的肯定之流是活力的主要來源，能從而源源產生投入、方向和黏結。這在教室、團隊、社區，以及在正式組織中皆然。然而，為何在職場的工作環境中總是令人覺得繁瑣、空洞，還充滿勾心鬥角的氣氛？為何第一年高高興興的團隊，到了第二年就變得死氣沉沉？原本快活的社區變得令人厭煩？有創意的工作群變得奄奄一息？更且，這樣的變化之道是不可避免的嗎？活力要怎樣才能永續維持？這些問題實在複雜萬端，沒完沒了。不過，我們要用關係論的觀點來把問題再作考量。

　　一開始，我們就得直接面對一個很諷刺的狀態。當關係給出共享的現實與價值時，就會有很強的傾向要將此維持下去。沒有人會希望快活與生產力走向結束；我們希望的只是要把它「給釘牢」。於是我們努力地維持我們所信賴的型態，並敦促那些有威脅性的東西趕快散去。組織中的成員但凡是殆忽職守，或沒遵守規定，或效忠關係不在此處，都會成為八卦、矯正，以及可能被撤職的對象。在此同時，關係型態的固著就成為組織工作的完成。只當我們「大家口徑一致」時，我們才知道自己該做什麼。清晰而有價值的目標，每個人對自己職務的知識，以及其中該填充的功能應有的相互理解，這些種種都是組織效能的要義所在。然而，正是這種對於有效方法同樣的堅持，也為關係帶來了摧毀活力的潛能。請回想先

317

前對於黏結與障礙的討論（第六章）。讓關係固著會妨礙共創的流動。樹立起障礙就總會把活力和效能給腐蝕殆盡。試想想幾種重要的損失：

壓制發聲

生爲多態存有，我們進入組織時必帶著多樣的邏輯、滿腹的知識和熱忱等等。然而一旦被吸入組織所建構的眞與善之中，我們與生俱來的很多潛能可能就會從視野中消失，尤其在投入其儀式、傳統及標準行事程序之時，更像是被刮得一乾二淨。我們剛進入組織時確實帶有極多潛能，但組織只會從其中吸取它所需要的部分，來與其目標求得一致。其餘的部分就顯得無關緊要了。

⊕

領導、跟隨，不然就滾開。

—— 湯馬斯・派恩（Thomas Paine）

⊕

像這樣把潛能扁平化的趨勢也會在籠罩著大多數組織的個人主義作風之下愈演愈烈。個人總是受僱來完成某一項特定功能。就像機械之中的螺絲和槓桿一般，每個人的工作被定義成如此，以便使組織能「順利而有效」地運轉。理想的個人就是單一、連貫而可知。就是這種個人，其功能才會受到信賴。其他的熱忱和潛能都無關緊要，甚至可謂爲失能。然而，當表現的潛能被抹除之後，人的活力也會隨之而萎謝。[9]組織的參與者就此而被化約成平庸且可預測的

機器人。

〒

318

有一段時間我受聘擔任某一企業執行長的顧問，但我和他之間好像很不「搭嘎」。我們這個顧問團有實際的效能，但也只是在自顧自地工作。有一天，我在他的辦公室裡等著，突然瞥見他的桌上有張堆成小山的彩繪石頭快照。這時執行長阿訥走了進來，我就問他，這照片是哪裡來的。他沉默了一下，然後若有所思地微笑起來，慢慢地和我講起一段私下的熱情故事。他在相當荒僻的田野裡有一間房子。週末假日時，他會待在那裡，如同進入聖壇般自行修煉，動手做他最愛的消遣，就是彩繪原野上撿來的石頭。過了一段時間後，彩漆會掉色，但他卻不因此而喪氣。反而讓他有機會重拾他的彩筆。他一面展開這個故事，一面笑著說這是「完全無用的消遣」。他的笑聲會傳染——才過了一下子，我們已經笑成一堆。阿訥把這段私事公開，這不但是我們之間友誼的開始，也開啟了一段光輝的工作關係。

反對其自身的組織

每當有一群人（不論多寡）形成黏結關係時，他們也同時製造了局外人。爲了維持「我群」的特殊性，那些局外人就必得是「沒那麼

9　受僱者進入組織後，其夢想是否能實現，這在動機上的意義何在，其說明可參見：
Kelly, M. (2007). *Dream manager*. New York: Hyperion.

棒的」，或就是「二流貨色」。那些局外人一定比較沒價值，也比較不受肯定。溝通阻塞，協調蝕壞（見第六章）。在這情況下，團體很容易開始異化、產生對立。這樣的分裂可能發生在公司的職能分組之間，組織的階層之間，或同一組織的各地分支機構之間。也有可能在同事間形成密友關係時。甚至在組織中產生網路上的死黨時，也會發展出無聲的特權派系，因而把他們從週遭的關係中劃開。在勞資關係中，分裂幾乎已是大家根本的認定。我們可以肯定地說：愛國同胞們在敵愾同讎中獲取活力，但結果是得到負面的活力。

⊕

瑪莉和我有一次同時擔任一家大型製藥廠的顧問。他們的問題在於公司總部和其他五十個散佈全球的子公司之間逐漸支離的現象。根據總部的執行經理們所說：很多子公司會抗拒總部的指令；他們似乎不曉得一致運作的重要性；也不懂得經濟效益所必要的邏輯。我們走訪了各子公司之後，確認了分裂支離的圖景。我們常發現的是：在子公司內有很高的士氣，但總部卻不瞭解他們的處境或他們的組織文化。他們對於自己的優越知識感到自豪，且常拿總部的管理人來開玩笑，說那些傢伙都是些「二流智能」的貨色。這確實是一種負面的活力，且造成了他們和總部之間的異化。各個子公司都士氣高昂，但其結果卻把全局蝕壞。

文化脈絡的隔離

組織很常為自身的業績以及高度的士氣而自豪。此其中已藏有另一

種諷刺的根苗：組織本身達成的業績愈高，就愈會產生和外面世界
失聯的風險，而危及其自身的生存。一個組織變成個囿限實體之
時，其定義中有清晰的**內外**之別，則凡歸之爲外者，一定失去其優
先性。那些外者的現實、價值與邏輯對於內者而言，都不算數了。

在我自己的生涯中，看見最爲驚人的實例，就是大學與其週
邊社區的關係。這些關係經常是冷冷的，有時甚至過度敵對，兩造
之間的任何一方都認爲自身持有優於對方的現實。但像這樣的敵對
關係也常出現於地產開發集團單方面決定要興建一棟大廈時，或一
家公司決定要關廠時，或一個政府決定要在國境上建起圍牆時。即
令是個仔細考慮過、要讓所有公民都可獲益的都市開發計畫，都還
太帶有單邊決策的本質，不尊重某些原本應該得利的人，而露出其
狐狸尾巴。其結果就不外是抗爭了。當組織過程讓步給「組織」之
時，圍牆就會變成監獄。

❖

看哪，弟兄們，居住在一起成爲一體
是多麼美好、多麼喜樂。

──早期安立甘宗的（Anglican）韻文

❖

我們發現，每當流動變成凍僵時，原本該獲取活力與效益的過程，
結果終將把組織中的潛能和生命榨乾。於是，我們所需的乃是要達
成一種精細的平衡──在持續追求秩序的過程，與最後得到卻有害

320 於人的秩序本身之間；在創造與保守之間；在走向目的地的行旅過程與抵達之間。[10] 但是，這種平衡要怎麼達成？我們怎麼能夠既要建立和維持活力關係，而又能夠不在同時帶來關係的崩壞？我在下文要提出的主張是說：要維持活力就是要能讓尋常事物不斷變化，而這種狀態之能夠達成，就是要讓對話的半徑不斷伸張。在方便的對話中不斷跨界乃是必要手段，並隨時貼緊多態存有的潛能。接下來的討論，我要提出組織生活中的四項特色作為議題，那就是：決策、領導、評鑑、公共關係。在每一項議題中，我始終關切的是：如何維持這種不穩定平衡的關係實踐。

3 │ 決策作為關係之相互參照

最早的大規模組織之一就是某種形式的軍隊。大量的人伕在行動與死亡的條件下動員起來。從伯羅奔尼撒戰爭到今天，軍隊的基本組織形式乃是（也將一直是）金字塔結構。每一場戰役的計畫都是在結構的頂峰作成，命令向下傳佈到各個功能單位（譬如：步兵、後勤補給、醫務兵），而這一大群人都在聽命行事。不從命者可能遭到死刑。與作戰計畫成功有關的資訊就從金字塔底端向上傳送。

　　金字塔的隱喻直到今天還在引導著大多數的組織實踐。經常被人指稱為「下令掌控」的觀點，在整個二十世紀都佔著組織領域中的支配性地位。不過，近幾十年來，對此已顯現愈來愈多的不滿。很可能是受到民主體制以及職場中多樣性不斷增長的影響，在當代的組織中已形成強烈的平權化與去中心化的動向。即令在軍隊的圈

子裡，掌控之論是否能在實踐上俱足，也已廣受懷疑。地面作戰部
隊進入戰場時，難免會遭逢意外，而戰場本身總是在混亂的邊緣上
打轉。在此情況下，部隊必須有即興作戰（improvise）的能力，否
則難逃一死。

⊕

從關係論的觀點來說，可視組織為潛在的流動場域，其過程在於創
造意義。理論上，意義之流是持續而不能打斷的。當個人從一組關
係移向另一組時，他會把原有的對話中產生的觀念、理性、價值型
態一併帶過來。不過，在實踐上，人總是傾向於和某些同事靠攏，
而不靠向其他人。導致如此的原因可能是地緣上的親近、工作群的
關係、在組織中漫長的資歷、個人間的友誼，等等。無論如何，當
這些群隊對於什麼是「真的」情況以及什麼是「真的」值得做都達
成共識後，意義生成之流就會逐漸停滯下來。有一種「我們」的意
識形成，會把「別人」阻隔開。[11]

---

10 與此相關的概念是所謂「亂序」（chaordic）組織，亦即存在於部分秩序和部分
混亂之間的組織。對於亂序組織的看法，泰半源自以生物學為基礎的觀點，即將
生活系統視為自我組織的過程。譬如可參見：Jantsch, E. (1980). *The self-organizing
universe: Scientific and human implications of the emerging paradigm of evolution.* New York:
Pergamon. 在生物學觀點與本書觀點之間，主要的差異在於前者總要把亂序狀態視為
自我組織的本然過程，而我則要強調：亂序狀況有可能形成或不形成，端賴協作實
踐是否發生而定。

11 換句話說，這些群隊代表了組織內的權力小派系。進一步的討論可參見：Gergen,
K. J. (1995). Relational theory and the discourses of power. In D. Hosking, H. P. Dachler, and
K. J. Gergen (Eds.) *Management and organization: Relational alternatives to individualism.*
Aldershot, UK: Avebury.

由於我的請求，要提爾堡大學（Tilburg University）的約翰·呂斯曼（John Rijsman）教授用撲克牌來描繪組織的結構，他堆出了這樣一個創作。此一呂斯曼設計一方面表示了傳統的金字塔結構，但也同時強調了（較不明顯的）相互依存關係特色。

致謝：安·瑪利·呂斯曼

這麼說來，金字塔結構之短缺不足是十分明顯的。層峰決策的典型就是單語獨白。這種決策不會同時從各個小派系日常工作的真善價值中導出。作成的決定只會從上強加於下。譬如像這樣的宣布：「刪減預算10%」、「某單位必須裁撤」、「今年的分紅會降低」等等，都直接插入各群隊的形成過程中，好似就在現場指揮的模樣。然而，根據共同行動的邏輯，像這類的宣布既然不來自參與者的反應，那就是毫無意義的。它們的意義本應生成於接受者的詮釋，而層峰對於這樣的詮釋從來就不能控制。在各群隊中，來自他處的命令可能被視為不合理、不該有而不能接受；事實上，命令可能被理解為「漫不經心」、「毫不敏感」、「意在懲罰」、「根本誤導」等等。工作群隊可能被迫順服，但舞台已變得只為負面活力而擺設了。

於是，對於決策的主要挑戰就在於：如何讓協作過程動員起來，為有效的行動服務。[12] 這意思是說：要在各群隊之間輔助其相互參照，使之能夠讓新的意義、價值、動機都得以動員起來。透過協作而形成決策，其報償十分踏實。首先可見的事實是：這種決定不會

---

12 與此相關的是 Boje、Oswick 和 Ford 的評論：「與其將組織視為獨立於語言之外的某『物』，而語言只能對它作作描述或報導，（我們）乾脆從另一觀點出發，即組織可被理解為協同合作與共同奮鬥的論述。」Boje, D., Oswick, C., and Ford, J. (2004). Language and organization: The doing of discourse. *Academy of Management Review, 29*, 571. 此一觀點在早期的組織文化著作中有其根源。不過，這就是說，與其把文化視為固著的實體，不如以關係論的觀點來護持：「文化過程」（culturing）即為不斷開展的過程。

323　像外星人降落到組織所需的對話中。它們帶著所有參與者的聲音。當決策要付諸執行時，它所代表的邏輯和價值乃是所有成員早已投注心力於斯的那些。其次，身為多態存有的組織成員，他們每一個人都帶有獨特路數的技能、意見、價值、資訊。每一位參與者也同時是其他社群的代表人。他擁有局外人的知識，來使決策過程產生更多活力。最後，整體組織的活力就變為一件要事。把組織成員全部包含在共同行動的過程中，並且肯定他們的貢獻，則他們對於組織的心力投資就會開花結果。決策過程會促成有如資本買入的效果，那就是組織所以會有活力的緣故。[13]

⊕

　　人總是支持他們自己的創造。

——史蒂芬・李妥強（Stephen Littlejohn）與

凱詩・多門尼啟（Kathy Domenici）

⊕

接下來我要與讀者分享的是一些讓我印象深刻的組織實踐，在其中，他們對於決策的達成之能夠有所貢獻，都是由於他們使用了協作的方式。首先，有些實踐強調讓多重聲音都能出現。接著，我會轉而談談另外一些實踐，其特色在於標舉賞識的重要性。[14]（至於有些實踐比較關切的是衝突，這部分的討論要請讀者回顧第六章。）

多聲部的過程：揚升每一個聲音

在組織研究中，對於參與的強調常使用**多聲部**（polyphonic）

（即多聲部音樂）來作爲隱喻。[15]根據羅勃・羅綴桂茲（Robert Rodriguez）所作的摘要，這種多聲齊發現象存在的「時刻，乃是當來自不同社會現實的人聚在一起時，每個人的聲音都同樣受到懇求、准予發言、被人聽到，也被認爲同樣值得，而可用以共創其未來。」[16]瑪利・安・海仁（Mary Ann Hazen）的主張則是：一個組織只當能歡迎各樣差異之時才會具有多聲部。他使用了馬地・格拉斯（Mardi Gras）嘉年華會[17]的傳統來詳述此一要點。在節慶中，來自四方的人聚在一起跳舞、玩耍、歌唱、歡笑。[18]在日常決策的層次上，其務實之意就很清楚了：以實際上包含儘可能最多成員的方式來建立對話。任何一個經理人自己在孤單的辦公桌上自顧自地形

324

13　關於參與者可以增進群體創意能力的進一步討論，可參見：Sawyer, K. (2007). *Group genius: The creative power of collaboration*. New York: Perseus.

14　對於關係論的決策方式，更多的討論可參見 Straus, D. (2002). *How to make collaboration work*. San Francisco: Berrett-Koehler; Kaner, S. et al. (2007). *A facilitator's guide to participatory decision making* (2nd ed.). New York: Jossey-Bass; Ford, J. D., and Ford, L. W. (1995). The role of conversations in producing intentional change in organizations. *Academy of Management Review, 20,* 541-570. 另外有篇著作，雖然比較多談的是心理學取向，但也頗有見地：Panzarasa, P., Jennings, N. R., and Norman, T. J. (2002). Formalizing collaborative decision making and practical reasoning in multi-agent systems. *Journal of Logic and Computation, 12,* 55-117.

15　對於多聲部組織更多的討論，可參見：Gergen, K. J., and Gergen, M. (in press). Polyvocal organizing: An exploration. In C. Steyaert (Ed.) *Dialogic organizing*. New York: Springer.

16　Rodriguez, R. (2001). The social construction of polyphony within organizations (p. 5). 未出版博士論文，Benedictine University。

17　譯註：馬地・格拉斯（Mardi Gras）係紐奧良當地特有的嘉年華會（狂歡節），在基督宗教四旬期的前一日舉行。

18　Hazen, M. A. (1993). Towards polyphonic organization. *Journal of Organizational Change Management, 6,* 15-22.

成決策，只會爲組織生活帶來禍害。

很不幸的是，我們的個人主義傳統常會成爲協作決策的擋路者。首先，如果我們以囿限存有的觀點來看待世界，每個人都只在自求多福，我們就會變得互相猜疑、人人自危：他們在講話時到底真的想幹什麼？他們得到什麼報酬？我會受到什麼影響？同時我們也被趕入競爭之中；如果我的意見沒有廣受青睞，別人就會勝出。如果反對你的人是我，我就簡直不可能對你的意見開放。有些時候，我對很多議題都不表意見。假如我的意見果然有錯（相對於我的競爭者所訂的目標），這就暗示著我的心智低劣。於是，這種情況下的挑戰就在於：如何生產出一種實踐，來避免個人主義傳統中的勾心鬥角傾向。

⊕

李奧是某跨國集團旗下一個大型衛星公司的執行長。最近與我分享了一次動人心弦的關係論決策方式。李奧接到母公司的下令，要把子公司的預算刪掉 15%。他在接到指令時心如刀割，而且很挫折地發現這根本無從商量。他考慮聘請一群顧問團來指導他如何進行這麼龐大的刪減。解雇一些工作人員似乎即爲最顯然的解決之道，但對象是誰？在何時下手？並且，假若他當眾宣布這個組織裁減的決定，他自己本人也會同時受到母公司對子公司一樣的待遇。這樣的宣告定會造成恐慌、忿怒、低迷的氣氛。

他和他的職員們採用了另一條決策之路。基本上就是把組

織中的成員排上加入決策過程的名單。他們可以對於組織如何擴大成本效益的問題輸入他們的意見。有十四個討論團體由茲而形成，每個團體都由公司各部門、各階層的人員組成。每個團體都負責蒐集資訊、進行訪談，並舉行定期集會。外來的顧問只聘來幫忙整理複雜的溝通排程。最後，這些討論團體生產出七大卷的報告摘要，涵蓋了他們所有的研究和建議。執行董事會最終也接受了其中超過 75% 的建議。組織裁減的程度極微；倒是有不少巧妙的重組在各處發生；經濟上的目標達成了，而士氣則不減反增。公司的各部門幾乎都有代表參與，而當最後決策宣布時，接受與肯定之聲到處洋溢。[19]

325

⊕

到此為止，把兩種多聲部現象區分一下，對我們會很有幫助。第一種叫做**囿限的表達**（bounded expression），即組織中的每一成員都有發聲表達意見之責。此一取向所反映的通常是職場中的民主制度，以及在管理人和作業員之間發聲辯論時。在此認定的前提大多是遵循囿限存有的傳統，在其中的期待乃是人人都擁有（或應該擁有）單一而聯貫的「我的意見」、「我的態度」、「我的觀點」。以此而言，凡有人表達的是多重觀點，就會被視為零亂失焦；表達出懷疑，就是缺乏強烈的信念；前後不一致就代表個人的心智貧弱。然而這樣的傳統也同時窒息了多態存有的大量潛能。於是，我

---

19 Theodore Taptklis 在他的革新之作中，從組織的各階層成員中招呼出許多故事，並且整理成可以閱讀的檔案。這些檔案中不乏成員們發現能在未來有益於其他人的故事。參見：Taptklis, T. (2005). After managerialism. *E-CO, 7*, 2-14.

們必須認識第二種，即**不圍限的表達**（unbounded expression）。身為多態存有的我們，本具有正反兩面的價值與觀點，會有自我懷疑，以及互相衝突的理由。雖然透過單一的表達會有所獲，但那總是處處掣肘。向多態存有而發聲，就是在邀引多重邏輯和價值的表達——反映了傳統的多重性，而人在其中只是它的一部分。在此，實際的挑戰乃是如何能生產出讓參與者可以自由表達的條件，讓所有的觀點和價值都得以呈現，即令相互之間存在著矛盾。[20]

不圍限的表達，其可能性在此拼貼圖上有很好的暗示。這是由一個兒子獻給他母親的禮物。這位母親是羅貝塔・艾福森（Roberta Iversen），她所擁有的並不是單一的聲音，而是多種多樣的，包括她所有家庭成員的聲音。

致謝：約翰・艾福森（John Iversen）

不囿限的表達之可能性很少受到探索。不過，朝此方向邁步的一　326
種通俗決策啓題法已由愛德華・德玻諾（Edward de Bono）發展出
來。[21]他使用六頂帽子的隱喻，讓一個決策團體受邀在一定時間內
作互相交換，其中成員可用很特別的方式說話。就這樣，當一個人
戴上白帽時，他就只要說說與此相關的客觀事態，譬如最近民調的
結果；戴上黃帽的人就要說說樂觀的事情，譬如他們所做的決策哪　327
裡好、哪裡有意思；接著，戴上黑帽的人就要說出任何可能的黑暗
面、險境所在；戴紅帽者可以任意發揮主觀性，談感覺、預感或直
覺；綠色帽子要談的是有創意的，可引發腦力激盪的，以及任何另
類思維；最後，戴藍帽者就要談這個團體的交談如何進行至此，已
經達成什麼目標，以及團體下一步該有的動向。在很多案例中，整
個團體成員都輪流戴每一頂帽子。這種啓題法的漂亮之處在於它不
但開啓了多態存有的場子，也同時擴張了任何決策過程所未有的觀
念以及情感之寬廣範圍。

特瑞莎・伯純是一個頗具規模而成功的老人學研究基金會的前
理事長。她為我們述說了她的多聲部參與故事。該基金會負責
照顧一個龐大的老人社群，包括為八百位輪椅族送餐。特瑞莎
談到該組織如何進入一種停滯狀態，雖然維持著有效的計畫，

20　如眾所週知，此一決策取向也同時是組織內知識生產的主要貢獻來源。譬如可參
　　見：Kawamura, T. (2007). Managing networks of communities of practice for organizational
　　knowledge creation: A knowledge management imperative in the era of globalization. *Annales
　　de Telecommunication, 62*, 734-752.

21　de Bono, E. (1985). *Six thinking hats*. Boston: Little Brown.

但卻缺乏全神貫注的投入。後來她受到一位顧問的震撼。那位顧問提到如何從職員和董事會中抽取潛在的能量。結果她辦了一場休假研討會，在其中，工作人員和董事會成員能有一種新的交談形式：他們不談例行業務，而改談故事，以及大家可共享的夢想，以及更好更新的未來。結果不但大家的關係被電醒了，同時也恍然悟到：那些一直接受他們照顧的人，也應該可以提供他們的故事，來為基金會重新啟航。事實上，根據她的描述，基金會的照料功能很可能已把那些被服務者的創意參與能量都悶壞了。

於是他們開啟了進一步的計畫，讓那些老人也可以分享他們對於這個社群生活的希望和夢想。這些故事中洋溢著許多新鮮的主意。結果產生了新政策，就是要讓社群中的年長者可以為他們所期望的服務而發聲。此一結果使得這個退休者社群的活力發生了深刻的變化。成員們變得能夠深入參與計畫的形成。他們發展出各種特別的活動，自行邀請演講者，處理他們的預算，為社交聚餐擬定餐點的菜單等等，不勝枚舉。交通車的班次時間表，先前都由計畫主持人排定，後來時間表被他們廢除，讓交通車可以不定時地載送他們到任何他們想去的地方。其中有一個目的地，就是鎮民大會。年長者在此也發出他們的政治之聲，表達了他們對許多基本問題的看法，直接面對著當前的大社會。多聲部發聲和活力的展現終爾能攜手前進。[22]

透過賞識探究而作成決策

本書中有不少核心主題之所以能湊在一起，是因為它們都共享著賞

識探究（Appreciative Inquiry, AI）所作的決策實踐。其最高價值設定在廣泛的參與，以相互肯定的對話為核心。要瞭解這種探究的實踐理路，最好的辦法是拿它和強調難題解決的傳統來作個對比。我們在該傳統中經常聽到：「我們的市場行銷有問題」，「我們的執行長缺乏想像力」，「我們的成本太高」，等等。大家都認為：如果所有的難題都獲得解決，則組織的運作必臻完美。然而從關係論的立場而言，難題乃是共同行動的結果。沒有什麼叫做難題本身的，只有被人定義而成的難題。於是我們的問題在於：組織中的「難題之談」是不是組織運作的理想方式。首先至少可知：把「難題」設為焦點，很容易產生蕈狀雲的擴散效應。人在談起一個難題時，會立刻想起另一些相關的難題。譬如，在解決產量發展的難題時，就會發現它仰賴著行銷的難題，而這又仰賴著如何找到行銷專才的難題，這又仰賴著⋯⋯如是如是，難題接踵而來沒完沒了。更且，在難題成為焦點時，我們也會開始互相指責；接著就會積累出否認和防衛，而恐懼、沮喪、信任破產也於此滋生。最後，只專注於難題，會使我們迷失積極的發展方向；難題吸光了我們的注意力時，我們該關切的目標反而落到邊緣地位。到了悲觀籠罩之日，組織的夢想就會無限期延宕。

　　如果「赤字論述」會讓組織失血，那麼，什麼形式的交談才可讓組織熱切而有效地邁向未來？賞識探究的實踐就是基於另一種假定：若能仔細找出參與者的強項、成功、價值、希望及夢想所在，則組織必可發生轉化。正如大衛・庫柏賴德（David Cooperrider）

22　關於和案主或患者的對話如何能改善醫療照護系統，有極具啓發性的文章，可參閱
　　Picker Institute 的作品：www.pickereurope.org

及黛安娜・惠特尼（Diana Whitney）所言：「一個團體若有意要建構出較好的未來，其不二法門就是要在其任何系統中製造出『積極變化核心』，並使之成爲全體共有的顯性目標。」[23] 話題焦點在於組織本身中的核心強項與資源何在，亦即可以爲組織注入生命的是什麼。

賞識探究可用在許多不同的目的上：決定組織的未來，爲組織設定新的進程，解決衝突，創造出合作的熱忱，不勝枚舉。[24] 典型的 AI 培訓可分爲四個階段。在**發現階段**（Discovery phase），把組織成員兩兩併爲一組，互相分享故事。譬如可讓他們描述一下他們對於工作特別感到興奮的時刻，整個組織對他們而言最爲生氣勃勃的時刻，或是和他人協同合作而感到既快活又有效的時刻。在面對著內部衝突的組織裡，可在每一個有衝突的團體中抽出幾人來，互相分享他們和別個團體成員合作而能工作愉快的故事，能夠享受有人爲伴的感覺，或能夠互相充實的滋味。到了**夢想階段**（Dream phase），故事首先只在小團體中分享，其中出現的基本主題要拿到接下來的較大團體中訴說。在這階段，組織成員會把自己定位在這些故事的集體視野中，瞻望整個局勢的未來。他們會被問到的問題是：「如果這種關係能給我們帶來活力，那麼，我們該創造出什麼組織才能體現這些理想？」

到了**設計階段**（Design phase），組織成員要開始問：什麼樣的具體變化、政策、機制等等，可以付諸行動，以便達成理想？他們開始在此合作打造出一些具體工作的細節。先前互相疏離或帶有敵意的組織成員現在開始合作，爲的是要建造出他們都已付出心力的積極未來。對話的形式會產生極大的改變。最後進入**命運階段**（Destiny phase），各團體都擔起責任，讓理想的看法都動了起

來。這些看法通常都會有廣泛的牽連，針對的是管理部門的實踐、評鑑系統、顧客服務、工作程序，等等。無論如何，具體的啓動必須就位，才能帶動這整個改變。全部過程通常在於發動工作的熱忱和善意。重要的是，AI 把新的未來根苗植入過去的土壤中；所有 330 的參與者並不只是在吞煙吐霧中談夢想，而是從他們的多重潛能中汲取力量，來產生未來的實際可能性。

⊕

參與實踐者們還發展出擴張實踐範圍的手段，來設法包含組織的全體。譬如建立所謂的 **AI 高峰論壇**（AI summit），[25] 就用來包含超過千人的大型團體。AI 方案除了在公司團隊中實踐之外，也應用到諸如學校、教會、非營利組織、醫療機構、武裝部隊、社區等等地方。AI 倡議者也發現：賞識取向的實踐可有力地讓日常關係得以發展得更爲繁茂。在婚姻、家庭和友誼關係中強調其積極核心，

23　Cooperrider, D. L., Sorensen, P. F., Whitney, D., and Yaeger, T. F. (2000). *Appreciative inquiry: Rethinking human organization toward a positive theory of change* (p. 5). Champaign, IL: Stipes.

24　更詳細的說明可參見：Cooperrider, D. L., Whitney, D., and Stavros, J. M. (2003). *Appreciative inquiry handbook*. Bedford Heights, OH: Lakeshore Communications; Whitney, D., and Trosten-Bloom, A. (2003). *The power of appreciative inquiry*. San Francisco: Berrett-Koehler; Fry, R., Barrett, F., Seiling, J., and Whitney, D. (2002). *Appreciative inquiry and organizational transformation*. Westport, CN: Quorum; Watkins, J., and Mohr, B. (2001). *Appreciative inquiry: Change at the speed of imagination*. San Francisco, CA: Jossey-Bass Pfeiffer. 有本簡要的實踐導引之作：Barrett, F., and Frye, R. (2005). *Appreciative inquiry: A positive approach to building cooperative capacity*. Chagrin Falls, OH: Taos Institute Publications.

25　Ludema, J. D., Whitney, D., Mohr, B. J., and Griffin, T. J. (2003). *The Appreciative Inquiry summit: A practitioner's guide for leading large-group change*. San Francisco: Berrett-Koehler.

不只能夠維持其活力，還可協助家庭成員渡過壓力的難關。[26]

✢

AI 實踐的熱潮傳遍全球。有些文化政治方面的改變甚至都歸功於對此的廣泛運用。譬如有人聲稱：將 AI 延伸到尼泊爾，就因此而得以避免內戰。[27]不過，和其他所有的實踐一樣，所謂成敗都必須放在意義的脈絡中來瞭解才能明白。譬如有些抗拒這種實踐的人，是因為他們覺得其中能有的表達空間不足以容納他們的憂懼。他們說：如果無法讓人聽到他們遭受虐待以及一些不公不義的故事，那麼就沒什麼瞭解可言。因為他們的關係史沒受到充分的肯定。另外一些抗拒者是覺得其中沒有足夠空間來包容少數族群的聲音。從 Discovery 頻道到 Design 網頁，其中對於未來的視野都顯得相當淺薄。在淺薄化的過程中，意見的差異會被掃除。更且，和所有的實踐一樣，標準化的重複也會使意義遭到改變。在這種實踐剛開始的參與時常會有令人興奮的多產現象。但到了第三次以後，就可能變得只剩冗贅的慣例，甚至可能看出操弄的跡象。標準化的實踐總是會把共同行動的潛能化約殆盡。這些問題一直在逼使 AI 實踐的不斷改進。

✢

331　總而言之，關係取向的決策強調其關鍵因素在於協作——不只是說它能達成認知完整的結論，還包括能夠維持創發與保守之間的平衡。協作決策的苗長胥出於多聲部的同時參與。在理想上，這就意指讓決策過程儘量開放給最多實際可能的參與者，以及鼓勵參與者把他們豐富的多態存有拿出來與人共享。當這種過程是以賞識的方

式實現時，其結果乃是活力灌注與最大的資本買入。對於「決策無止境」的強調也常能使組織內各小群之間的界線得以軟化。關係取向正是在此才能與組織學習運動（learning organization movement）形成聯手陣線。正如彼得・森格（Peter Senge）及其同僚的主張：「一個能學習的組織乃是指其中的人能夠作動態的組織合作，使之形成不斷的轉型。」[28] 在能學習的組織中，資訊、意見、價值的不斷蒐集與交換就意謂：所有的認定都可能面對不斷出現的挑戰而改變。交談是永遠開放的。在這樣的背景中，我們才可轉而談領導的問題。

4 ｜ 從領導統御到關係引領

領導統御是個具有長遠歷史的課題。實際上，至少有兩百萬本以上的書在處理這問題。我們對此難道不是已經知道得夠多？還有什麼可談的？但若從關係論的立場來說，我們幾乎連起點都還沒

26　Stavros, J. M., and Torres, C. B. (2005). *Dynamic relationships: Unleashing the power of appreciative inquiry in daily living*. Chagrin Falls, OH: Taos Institute Publications. 關於家庭生活的討論，可參見：Dole, D. C., Silbert, J. M., Mann, A. J., and Whitney, D. (2008). *Positive family dynamics: Appreciative inquiry questions to bring out the best in families*. Chagrin Falls, OH: Taos Institute Publications.

27　譬如可參見：http://appreciativeinquiry.case.edu/community/link.cfm; http://www.imaginenepal.org/organizer.htm

28　特別可參見：Senge, P. (1994). *The fifth discipline: The art and practice of the learning organization*. Sydney, Australia: Currency (p.9).

站上。之所以如此，是因為那些談論領導術的汗牛充棟著作，基本上都只是同一個調子的各式變形而已，也就是都在彈囿限存有的調調。從古典的「偉人」理論，到近現代的偉大領導者和成功經營者所具有的種種特質，都是在認定：領導的潛力存在於個體人之內。[29] 這不單是說那個調子會帶來什麼不幸的後果（第一章）。由關係論的立場而言，個人主義觀點基本上就是在誤導。沒有任何一種可歸諸良好領導者的品質是可以單獨存在的。斃然獨立的人不可能激勵他人，也不可能高瞻遠矚、謙卑為懷或彈性靈活。這些品質都是人與他人共同行動過程的成果，而他人的肯定在此尤其重要。一位魅力型領袖之所以有魅力，乃是因為他人以這樣的方式對待他；如果別人眼中的光亮熄滅時，「魅力」也就同時化為煙灰。一個「明智的」決定之所以明智，正是因為有許多明智的協作者互相同意。[30] 無論如何，把一位領袖說成單獨的一個人，就可能會迷失了「領導」所藉以產生的匯流關係。傑姆斯・歐圖（James O'Toole）和他的同僚告訴我們說：

每當我們提及領導之時，像甘地（Mohandas Gandhi）和金恩（Martin Luther King, Jr.）這樣的人物就會浮上心頭。我們不太會立即想起：當印度在為獨立而奮鬥時，甘地是被其他幾十位印度的傑出領導者所包圍和擁戴，其中包括：尼赫魯（Nehru）、巴帖爾（Patel）和金納（Jinnah）等人。我們也很容易忘記，金恩並不是一個人單打獨鬥，而是有這麼一群懷有理想及領導能力的貼身使徒：傑西・傑克森（Jesse Jackson）、安竹・楊（Andrew Young）、朱理恩・邦德（Julian Bond）、可麗塔・思考特・金恩（Coretta Scott King），和拉爾夫・阿

柏納提（Ralph Abernathy）。[31]

不過，我們還得加上一點：這些週邊領導者中的每一位也都還有無數的協作者在支持。領導的所在之處非眾流的匯聚而何哉？

⊕

「偉大領袖」的觀點泰半是從過去流傳下來的「下令掌控結構」之結果。不過，很多人相信，這種結構如今已經不再適用。如果資訊有限，目標清楚，條件穩定，那麼，下令掌控也許足以應付（雖然很難導致熱力奔放）。然而，試想想當今的條件如何：

— 由於科技發展之故，資訊的累積變得快速百倍，也變得更為複雜，同時也就變得更不可信賴、很容易過時。

— 在經濟狀況、政府政策、公共輿論等方面，變化的速度遠超過其積累。長期的策略性計畫變得更難以奏效。

— 新組織、新產品、新法規、新的績效系統，以及新的傳播系

29　和「領導力內存於個體」唯一不同的觀點，就是把領導視為「情境」的產物。領導者的性格在此說法中並不重要，把人置入領導要角的原因肯在於情勢。然而，此一觀點仍是在維繫著囿限存有的傳統。（譯註：以上的辨識幾乎等同於中國戰國時代出現的「重術／重勢」兩論之別。）其發聲方式就是在先天／後天二元論中採取後者（環境決定論）的觀點而已。譬如可參見：Simonton, D. K. (1987). *Why presidents succeed: A political psychology of leadership*. New Haven: Yale University Press.

30　前蘇聯的崩潰正足以為這一點作個鮮明的註腳。

31　O'Toole, J., Galbraith, J., and Lawler, E. E. (2002). The promise and pitfalls of shared leadership. In C. L. Pearce and J. A. Conger (Eds.) *Shared leadership* (p. 251). Thousand Oaks, CA: Sage.

統一直不斷在改變競爭與合作的平台。

——各式各樣的差異——族群的、文化的、宗教的——花樣繁多，為成長和衝突提供了極大的正反機會。

——意見的氛圍也一日數變，且意見的範圍之廣，使得組織不得不提高其敏感度。

◆

我們一直死黏著原野奇俠的迷思，而這是個浪漫的觀念，認為要成就大事業總是得仰賴卓然不凡的大人物，以隻手擎天的方式來完成……。無論其任務是要建立跨國企業，或是要發現人腦的奧祕，單靠個人絕不可能達成，不管這個人有多高的才能或多大的精力。因為其中總是有太多難題需要辨認和解決，也有太多的人際網絡需要敷設。

——華倫‧班尼斯（Warren Bennis）與
派翠西亞‧沃德‧畢德曼（Patricia Ward Biederman）

◆

這些快速且經常混亂無比的條件變化，現在催生了關於領導的新視野。首先要放棄的是關於良好領導者品質的冗長清單，因為其中包含了太多的矛盾。逐漸取而代之的是強調協調合作、培力賦權、交談對話、水平決策、互利共享、分散廣佈、網絡形成、不斷學習，以及上下聯繫。[32]實際上，現在已有一些核心骨幹的組織學者和實踐者經常以各種方式對於關係過程有深刻的關切。以我看來，我們很可以把領導統御的概念改換成**關係引領**（relational leading）。因為領導所指的是個人性格特徵，而關係引領則是指一群人的關係能

力，可以引導著投入的參與和積極的實效　起邁向未來。值得稱道的不是單一的個人，而是被賦予生機的關係。假若在組織中可以發生有意義的運動，它就會在參與者之間激發生機勃勃的交換。我們可以肯定：擔任領導職務者雖是個人，但引領的過程終究是關係。

⊕

> 權力從來不是個人的特質；它屬於一群人，且只當這群人能夠　334
> 一起存在時。當我們說某某人正在「當權」時，實際上我們是
> 指他被許多人賦權，以他的名義而行動。當這群權力來源的
> 人……消失之時，「他的權力」也必隨之散去。
>
> ——漢娜・鄂蘭（Hannah Arendt）

⊕

關係的引領，若放在日常生活實踐中，那會是什麼意思？一開始，關係引領顯然不是指哪一個人的任務。毋寧說，它是在日常交換的微過程（micro processes）之中產生的。理想上，它應成為組織文化中的一種生活方式——只不過是我們在一起的尋常方式。很清楚

---

32 譬如可參見：Drath, W. (2001). *The deep blue sea: Rethinking the source of leadership*. San Francisco: Jossey-Bass; Spillane, J. P., and Diamond, J. B. (2007). *Distributed leadership in practice*. New York: Columbia Teachers College Press; Raelin, J. A. (2003). *Creating leaderful organizations*. San Francisco: Berrett-Koehler Publishers; Spillane, J. P. (2006). *Distributed leadership*. San Francisco: Jossey-Bass; Schiller, M., Holland, B., and Riley, D. (2001). *Appreciative leaders*. Chagrin Falls, OH: Taos Institute Publications.

的是，把肯定變爲實踐就已是最基本的資產。不過，既然已談到這地步，我要再談三個額外（但不那麼明顯）的實踐方式，那就是積極分享、增入價值，以及建立現實。

積極分享。 一開始，能讓改變發生的起點，最有效的乃是將觀點、價值、見識作廣泛的分享。建立起表達的和諧脈絡，就會讓交談的法輪轉動起來。加入交談的聲音愈多，其結果也會愈爲精練。對於可能性與潛力也會知道得更多。毋寧唯是，參與者們還會對於成果擁有更高的所有權。一位資深的長官可以下令讓組織行動，但旗下工作人員邁向特定目標的動作卻可能慢如牛步。如果改變的主意是在上層孵出的，則在執行前最理想的預備乃是先作廣泛的討論和共享。待人如牛馬，人也就行之若馬牛。當條件改變而計畫又顯然不足時，做牛做馬的人只會停在那裡等命令。

　　亞麗珊茁・米榭（Alexandra Michel）和史丹屯・沃潘（Stanton Wortham）在他們那深具啓發性的研究中比較過兩家投資理財機構的組織實踐。[33] 第一家對營業員以傳統的方式訓練，強調運作的規則和有效的表現，以及每一位都要自負其責。因此各營業員之間就可依其表現而作出比較；選出傑出表現者的風氣瀰漫於整個機構中。第二家機構用的是以組織爲中心的訓練模型。在這情況下，成員所受的訓練不是互相視爲潛在的競爭者，而是學習的資源。對於規則的強調也代換成更能依情況調整至最有效的原則。他們之間所強調的不只是資訊與意見的共享，還能在原則上使得每一營業員的任何崗位都可互相調換。競爭與衝突的風氣換成更著重協調合作。降低不確定性的政策也代換成可在情況曖昧中學習，並能敏感而靈活地在事件之間流動。這個研究所暗示的是：以組織爲中心的那家

機構中，營業員的評鑑壓力較低，而工作士氣則較旺盛，在其工作中也表現得更爲靈活和充滿想像力。

價值加入。從事任何活動的起點並不是哪個人的提議——「我想到一個好主意……」——而是一個提議至少有個其他人的附議。「這點子很有意思」、「我以前怎麼都沒想過」、「這可能正是我們需要的」、「我們大家來想想這個點子」。所有這些回應都是在爲別人所出的主意增添其價值。生機活力的起點正在於此。……肯定絕非增入價值的唯一手段。**積極加入說明**也可成爲有力的動機。「讓我們來想想這會是什麼意思……」、「我看得出這對我們的幫助何在……」。當一個主意受到許多詳細說明時——爲其潛能添些細節，增加一些有用的資訊，克服一些可能的障礙——未來就已經在招手邀請了。更進一步的價值增入是透過**相關的聯想**：「那讓我想起了……」、「在某組織裡好像試過類似的方式……」。[34] 直面的批判要儘量避免。在批判所指之處，會受到傷害的不只是提議的那個人，而是整個交談的氣氛。批判常導致意念的僵局；集體的興奮情緒可能因此而中斷。但在價值增入、積極加入說明和聯想時，所有的點子、念頭都會因此而插翅飛翔；熱忱也會遍佈全局。這並不

---

33 Michel, A., and Wortham, S. (2008). *Bullish on uncertainty: How organizational cultures transform participants*. New York: Cambridge University Press.

34 對於價值增入有深入探討的，是把爵士的即興演奏引介過來當做起興，參見：Barrett, F. J. (1998). Creativity and improvisation in jazz and organizations. *Organization Science, 9*, 605-622.

是要迴避批判的觀念。不過，批判思維的最佳表達方式應為提出另類視野，而最有希望的是能夠奠基在現有的討論內容上。「我認為我們正朝著一個不錯的方向 X，但請大家聽聽：如果我們來想想 Y 的可能性，這樣不但能達成 X，也可避免其中的一些難題。」

⬦

336　　如果沒有我個人在公司裡外的種種專業關係，那麼我一生中幾乎沒有一件事能夠做成……。H&P（Hewlett-Packard）公司本身正是關係力道的一個好例子。它是奠基於兩個人之間的愛與尊重關係。這不是 Hewlett 公司，也不是 Packard 公司，而是個 Hewlett-Packard 公司。其命名順序甚至也不是根據誰高誰低、誰大誰小，而是用擲錢幣作成的隨機決定。這個公司的成長又是透過好幾百個有意義的關係。不只是同儕之間的關係，還有上下階序之間的關係……。在我們學會聆聽之前，我們也不會形成或維持關係。而聆聽是要整個人投注在內，不必心心念念於下一步棋，或分心去想回家時應順路去加油，或想自己的孩子數學有沒有考好。我們必須把一直在判斷人的機制關閉，不必想哪個人比較聰明、比較正確、最可能成功。我們必須互相進入對方的眼神之中。當我們能做到如此，魔法般的事情就發生了。這些事情遠比我們所能想像的還要偉大得多。

　　——芭芭拉·沃（Barbara Waugh），人事招募經理，H＆P

⬦

現實建立。積極的共享和價值的增入都是讓組織的能量能夠活化和引導的最佳方式。不過，還有個重點在於：成員必須分享他們所存

在於其中的現實。有兩種特殊的談話方式可對於現實的建立有顯著的貢獻。第一種是敘事法。回顧我們先前所談過的黏結關係（第六章），就是在說故事之中，最有意義的是從「我」移向「我們」的故事。這在組織中的重要性也分毫不差。在交談中的指涉愈多是「我們」和「我們的」（而不是「我」和「我的」），則組織目標就會有愈多的買入（buy-in）。不過，敘事法對於塑造未來的功效還遠不止於此。組織的成員常會滿足於現狀。至少他們知道現在要做什麼，以及這麼做的效能何在。為何需要改變；或至少，為何要和不熟悉的魔鬼共舞，而放掉手上牽著的魔鬼？領導的涵義在於指引方向，而有方向就是要從一種狀況移向一個新的、更值得的狀況。於是，所需要的就是一種能夠解釋這種新狀態的意義，以及如何走過去的敘事法。「這個新計畫有助於讓我們給顧客提供更好的服務，而我們可讓這計畫實現之道在於……。」「我們目前的處境只是尚可而已，但如果我們能朝 X 發展的話，我們才會發起來。」好的敘事法可為未來的目標注入新血。

　　對於組織從現狀移向積極的未來，只是敘事法的一種形式。敘事法還可用來為現況注入價值，因而能給未來鋪路。譬如有一種常見的**白手起家**敘事法：「我們剛開始時一無所有，但看看我們的現在，」或是**絕處逢生**故事：「我們曾走過低潮，但我們有能力回彈。」每一個敘事都讓我們把現況重新置身於過去，這麼一來，就把現況中所追求的目標添加了價值。這些關於過去的故事也可連結到未來，因而為新的起點發出動員的努力：「我們從一無所有中所做的奮鬥，讓我們躋身到世界的前十名之內……。我認為我們現在還可做得更好。」「我們受到猛烈的打擊，現在已經恢復得差不多了……但我認為現在是個好機會，讓我們不只是恢復，而是更上層

337

樓。」把這種敘事法引進日常交談之中，就是在提昇組織的能量。[35]

另一個建立現實的有用載具就是隱喻。所謂隱喻乃是一種形象化的言說，用一物來定義另一物。譬如把許多攻擊性的活動定義為「反藥物之戰」、或「反恐之戰」。隱喻之能為有力的工具，不只在於能讓問題事態聚焦，也能為行動設定新的路線。[36]金字塔的隱喻很常用來為上層的人護身，以及用來跟下層拉開距離。把組織隱喻為**順利運轉的機器**也很常見，而此隱喻確實能引人去注意各個不同單位之間的相互依存性。不過它也有個不幸的後果，就是讓其成員感到自己是隨時可抽換的簡單零件。把組織隱喻為**家庭**，有幾種涵義：或視之為一個**團隊**，或「**耍賴地依賴**」。同時該注意的是，主要的隱喻之用法應有廣泛的同意。如果一個組織的成員相信他們所參與的是個家庭，而上層主管（「父母」）單邊決定要裁員，則必有一整片失落感隨之而來。因為父母隨便遺棄子女是不對的！[37]

這幅速寫圖在於讓我們把組織視為關係之流。共享的同意和黏結可能在組織的任何地點產生，但也有潛在的障礙阻撓著流動。

對於領導的三個有貢獻的原則——積極共享、價值增入、建立現實——並不是要用在任何單一的個人或職位。理想上，這些原則應通透於整個組織。但不是說這些原則的潛能和貢獻都一樣。在傳統型的組織裡，佔據資深職位者總是佔盡優勢。他們的人脈廣佈，他們一言九鼎。因此他們更需要特殊的技能，以便能用來擔任協調工作。譬如使用敘事和隱喻的技能就很能派上用場。[38]不過，最不可或缺的乃是如此的挑戰：要爲共享、價值、敘事、結盟等建立起基本條件。

⊕

> 領導的溝通開始時像是獨白。溝通果能有成，那就會轉變爲對話，繼而成爲交談。
>
> ——史蒂芬·丹寧（Stephen Denning）

35　關於敘事法對於組織生活的更進一步討論，可參見：Czarniawska, B. (1997). *Narrating the organization: Dramas of institutional identity*. Chicago: University of Chicago Press; Denning, S. (2005). *The leader's guide to storytelling*. San Francisco: Jossey-Bass; Gabriel, Y. (Ed.) (2004). *Myths, stories and organizations: Premodern narratives in our times*. New York: Oxford University Press.

36　隱喻對於組織生活的重要性，更多討論可參見：Morgan, G. (2006). *Images of the organization* (updated edition). Thousand Oaks, CA: Sage; Grant, D., and Oswick, C. (1996). *Metaphor and organizations*. London: Sage.

37　關於違反慣用隱喻而導致爭議的案例，可參見：Smith, R. C., and Eisenberg, E. M. (1987). Conflict at Disneyland: A root metaphor analysis. *Communication Monographs, 54*, 367-380.

38　關於管理階層的論述技能，更多討論可參見：Shotter, J., and Cunliffe, A. L. (2003). The manager as practical author II: Conversations for action. In D. Holman, and R. Thorpe (Eds.) *Management and language: The manager as practical author*. London: Sage.

5 ｜ 從評鑑到賦予價值

我有兩個女兒在大型公司工作。若要說他們的工作裡有什麼面
向會讓他們不安的，那就非工作表現的評鑑莫屬了。也許我們
大家都偶爾會對於自己的不足而感到害怕。個人主義的文化把
我們培養出這樣的害怕，但工作表現的評鑑則會把害怕挑激成
瘋狂。我的女兒都勤奮工作；他們熱心奉獻也相當負責；我告
訴他們沒什麼好怕的。但他們簡直沒在聽我的話；他們無法聽
下。誰知道他們的評鑑者在想什麼？

對於個人表現的評鑑在組織生活中就是天經地義的一部分。評鑑儀
式不只是可期待的常規，還是典型的必要措施。我們會問：不然還
有什麼別的辦法可進行回饋和矯正？我們確實相信：要是沒有評鑑
的話，很多個體會失去動機，且其工作品質也會變得低劣。但這樣
的認定究竟有多少準確度？沒有個體衡鑑，工作表現真的會變差
嗎？有沒有可能：衡鑑反而有害於工作表現？試想想一些評鑑結果
對於組織中的關係所造成的影響：

　　─我的意見只保留給我自己。「如果我把好主意拿出來分享，
　　　別人可能會宣稱那是他們的主意。他們的評鑑成績會比我更

好。如果我分享的是個有爭議的想法，我可能因此受到責難，而我的評鑑也會遭殃。」

──**爭取第一名**。「我的主要任務就是為自己爭取。我的評鑑時時展開，我就得時時記掛著我的工作，還有我家人的福利。我的同事可以擱在一邊。」

──**貶低他人**。「如果我幫助別人，他們受到的評鑑可能會優於我。在別人背後說些他們的壞話，於我是有利的。」

──**任何人都別信任**。「你不能信任別人對你說的話。他們其實都只是在為自己著想，就像我一樣。如果他們稱讚我，那只是在拍馬屁；如果他們幫我一手，那就表示他們看扁了我；不管他們在幹麼，那都只是為他們自己。」

⊕

我們也不清楚：工作評鑑到底能帶來什麼改善。如果有個人在交報告時總是慢半拍，那麼，適時的提醒就已經很有幫助。對於組織生活而言，能有更大貢獻的，應在於探討這種遲緩的原因，並找出辦法來幫忙解決。[39] 不過，如果難題要等到兩個月後的評鑑才發現，那就既不會有矯正之效，也徒然留下漫無終止的焦慮。換個說法：在一個人的表現之後幾個月才實施的評鑑，就是一場騙局。譬如，當過教師的我，就發現：到了學期末才要想評鑑一個學生在課堂上參與討論的貢獻，根本不可能。我無法回想起每一次上課的情形， 340

39　根據 Jane Seiling 的建議，大多數評鑑的目的都可透過組織內的建設性交談而達成。參見她的論文：*Moving from individual to constructive accountability.* 未出版博士論文，Tilburg University, 2005。

想不起誰有貢獻，誰沒說話。回想只能夠作大致的掃描；這樣的評鑑實在太扭曲。而在組織中亦然。

⊕

如我所論，相互肯定的關係乃是組織活力的根源。若然，則傳統的評鑑就有害於組織的健康。那就該把所有的評鑑都放棄嗎？反正，工作評鑑基本上都是從圍限存有的認定中導衍而來的。在此設想中，該受評鑑的就是個人，因為個人對其行動應負起責任。然而，我們現在曉得的是：行動總是由關係網絡中產生。基本上，個人從未單獨行動。只不過，評鑑的終極目的是為了保證組織的有效功能、矯正其中的偏差，並激發最高的表現。我們現在面對的問題乃是：有沒有什麼手段可達成如上所述的目的，而又能避免傳統評鑑所帶來的破壞？傳統的評鑑形式在人與人之間製造分裂。是否有可取代的實踐方式足以促發協同合作的能量？

⊕

為了進行探討，我們首先應把**評鑑**（evaluation，即評價）的概念換成**賦予價值**（valuation）。要評鑑（或評價）就意謂把自己放上一個獨立裁判的位置，而能對他人作品頭論足，或秤出其斤兩。「**我**對於**你的**能力是個客觀的裁判。」相反地，要對他人賦予價值，就是要聽出其聲音的意義；要對於組織活力所得以產生的關係，肯定其貢獻何在。賦予價值才能使得相互參照的行動出現。如果對一個人賦予價值可鼓勵他以合作並帶創意的方式來參與，那麼，實際上該如何實踐呢？對於工作表現的評鑑，想要尋求另類的方式，到目前還只有一點點開端。不過，試圖使用賞識的取向，倒是提供了一

些頗爲有用的見解。[40]下列的幾種活動特別值得期待：

——邀請組織成員來分享他們做得好、也樂於做的工作內容。在分享時還經常要把兩種問題擺在正面向他們提出：對他個人而言，其中的價值泉源何在？對於組織的貢獻何在？

——要求工作同仁和上級督導一起來分享個人做得最好，以及對 341 組織最有貢獻的是些什麼。把這些意見傳達給每個人。曉得你的工作同仁對於你在場的價值有何看法，乃是最有力的支援。要嘗試考慮價值的 360 度。

——要求每一個人來說說他們帶給組織的是哪些才能和強項，以及他們如何將這些發揮到工作中。成員們以此方式互相溝通的，乃是他們的工作中有何值得賞識之處。

——以小團體討論的方式來表達他們之間如何可以互相支援，以使工作表現能達到組織的目標。個人在此才會對於和他們一起工作的夥伴變得敏於賞識。

——要求每個人描述和他們一起密切合作的夥伴曾經給予哪些支持與協助。當這些話說出來和別人共享之後，對於有生產力的黏結關係之形成會有極大貢獻。

❦

D&R 國際集團（D&R International, Ltd.）的吉爾‧馬寇（Jill

40　Preskill, H., and Tzavaras Catsambas, T. (2006). *Reframing evaluation through appreciative inquiry*. London: Sage; Anderson, H. et al. (2008). *The appreciative organization*. Chagrin Falls, OH: Taos Institute Publications.

Machol）曾描述過一個成功的嘗試，就是把賞識的成分內建到評鑑系統中：

> 我們要求每位工作人員把一年內的所有成就建檔起來——要很仔細地，不只列出他們的工作項目，還要把個人的價值也加上去——同時也要求每位經理盡其可能給工作人員的成就予以建檔。然後，經理們和工作人員相會，交換他們的檔案文件。會談的焦點在於：任何一項成就，列在一方的檔案中卻未出現於另一方的檔案；以及任何一項成就如何可以表現得更好（包括使用教練和個別傳授），因而可導致整個集團的未來發展……。最後，經理們要把交談內容用兩三段文字寫下來，把兩方的檔案一起作為附件，請雙方都簽字認可，再把全部資料都送給人事資源部門保存。這個過程並不會花費太多時間，但卻讓所有的人都可用積極的方式來看待這一年來的成就何在。

✥

批評者覺得我須給個說法：「甜美極了，眞的。但一直強調有價值的部分，那對於他們的缺點，以及改進之道，怎麼能曉得？」這是個好問題，但先要曉得的是：大多數的評鑑儀式都在距離和不信任之中誕生。這種評鑑總是在告訴人說：你還不完全被接納，因此持續的監視實屬必要。相反地，賦予價值的過程則在邀引人進入信任和安全的關係。這樣的關係通常會使人盡力而爲。人被看成有價值，於是他們也會敏於看出他的工作夥伴們有何需何求。他對人會很在乎。他們比較可能嗅到自己的工作在夥伴中聞出的腐敗味道。與其說他們會因此而抗拒或嫌惡，不如說他們會知恥而自行改善。

342

最後，關於成員之間如何能盡力互相支援的問題，我在上文中已經扼要地講述過，可能指向一些特殊的改善之道，但不必怪罪任何個人。他們之間很可能創發一種能夠矯正但又充滿關懷的教練方式。

✦

我在翠希進入我班上之前就聽人說過她。據說她很有天份，但也很叛逆，不顧功課。她最主要的追求就是戀愛和社團。翠希給我交出的第一份報告兼帶有才華和冷漠的兩面。我選擇漠視後者而把評論專注於她的良好表現上。第二篇報告，翠希顯然是在「為我」而寫的。她想要我承認並賞識她的想法。我很樂於為此。後來，有好一陣子她缺席比出席多得多（一場戀愛惡質化了），我就邀她來私下約談。對於她的想法，我告訴她我有多欣賞，以及覺得多麼有意思。她的期末報告寫得非常好，是我的教學生涯中見過的最佳作品之一。在此之後，我有機會看到翠希這學期的成績單。和前三學期的滿紙紅字相比（當時她已經在留校察看的邊緣），她這學期的成績簡直令人亮眼。

✦

由關係論的觀點來說，賞識取向的評鑑乃是個有價值的起點。但令人振奮的潛能還沒被打開。到目前為止，這類實踐仍然緊貼著圍限存有的傳統。也就是說，注意力仍舊擺在個別表現者身上。它的下一步應是把注意力從個體轉向關係。譬如，試想想一對工作夥伴可能聚在一起，互相問道：「我們的關係中有價值的究竟是什麼？什麼把我們的活力挑起，而致能引發我們的最佳表現？我們在關係中所看見的理想是什麼？我們又如何能更賣力來達成這理想？」像這

樣的問題會使人遠離一心只想判斷，而能創造出關係的眞實；並且也能引發以成長爲導向的交談。對於未來的挑戰唯在於如何能將關係的價值注入實踐之中。

6 │ 在–世–組織

在城市街道上的每一間店面都代表一份獨立宣言。**我們**是藥房、**我們**是披薩店、**我們**是雜貨店，等等。爲了保證各自獨立，就用牆面把每個組織隔開。同樣的道理也出現在大型的組織、學校、政府部門及製造廠之間。每一個組織都窩居在一個結構之內，其表面的設計就是爲了要庇護其寶貴的內部，以便不必接觸到未知的外部。對每一個組織而言，都會有個由特權維護的「在此·內」密室，來和「在彼·外」隔離。

　　在這麼日常慣見之處，我們再度泡在圍限存有的邏輯中。在此所談的不是個別的人，而是各獨立組織。而當我們把組織的世界建構成如此，我們也把個體化社會的諸般病痛引入了組織之中。**我們**存在於牆裡，而**他們**則在外。但當隔離被撞垮之後，在組織之內的人就得面對著外在世界，其可能的對付之法有三：他們**和我們一道**；他們**和我們對立**；他們**與我們無關**。如果他們和我們一道，其關係也可能是純然工具性的：「他們會讓我們得利嗎？要付多少代價？」如果他們和我們對立，則根本的問題就變成：要如何把他們壓服（乃至把他們消滅）。至於無關者，就任其無關也罷。那種處處與人作對的工具性導向，還常伴隨著某種組織自戀症：「我們的

存在無非爲了強化和壯大自己。」超過組織以上的都不叫做利益。
一個自我中心的組織，其中的關係到頭來就只有算計、猜疑、對抗
和無情無義。

◆

　　在其最糟的時刻，這仍是個安隆（Enron）的世界，一個極盡
　　詐欺、行騙之能事，爲其自身利益而剝削公眾利益的企業集
　　團；在這個世界中，一切屬於政界的「挖糞」、拖延、杯葛之
　　術都拿來對付其反對者，用來壯大自己；這就是經濟優勢階級
　　把一無所有的人都要剝光以增進自己財富的世界；這也是一種
　　要把別的宗教都予以詛咒的宗教世界；除了跟隨我，別無他
　　途。「適者生存」已不只是一句描述，而是一陣開戰的殺聲。

◆

在組織與世界的這種關係中，要在組織過程以及完成的組織之間維
持平衡的均勢，實爲最關鍵的挑戰。就在企圖建立一個強而有力的
組織——建立一個功能整全的機器——之時，其基礎已經預告了它
的敗亡。此處的主要難題在於：它已經脫離了它的脈絡。當一個組
織內的現實與價值變得無所不包之時，該組織外的世界也同時變得
了無干係、怪異難容，或與己對立。把尺度縮小一點，就是指一個
組織之不能摸清其市場，或指一種娛樂專業之不能理解其受眾（聽
眾、觀眾）的價值，或指一個政黨之不能跟上輿論的氛圍。其結果
一律是組織受害。把尺度放大一點，那就是指蘇聯的馬克思主義政
府之不能體察其周遭的民情，或指南非的種族隔離政府之不能感受
到全球的反對聲浪。無論所指的是哪一種情形，那強而有力且自行

344

其是的結構都難免於土崩瓦解。在現代史中，與現實失聯的政權興衰所帶來的災禍，也許沒有一場會大過於德國的納粹。

⊕

於是，我們所面臨的主要挑戰就是：如何把組織與其環境帶向相互增榮的同步舞曲中。如何軟化界線，而使外面的聲音帶得進來，使組織的活力能夠維繫？對此問題，有個傳統的答案，係來自圈限存有的邏輯。說得更明白點，它就座落在上文所描述的工具導向之中：「我們如何能影響或控制外邊的意見，使**我們**可以得利？」這基本上就是行銷經理、公共關係主管，和政治關說者的邏輯。他們的任務都在於蒐集關於「他們」的情報，以便決定**我們**如何可以型塑**他們的**反應。不過，從關係論的立場來看，挑戰應在於如何將這種因果邏輯代換成共同行動的邏輯。也就是該問：「我們應如何一起來生產幸福？」

⊕

與此相關的是對於**結構洞口**（structural holes）的社會學研究。[41] 其道理在於：組織內有些人對於其他團體的資訊流通有其取得的管道。在此位置上的這些人代表了組織結構的「洞口」，也就是資訊可以在此進出的開口。有許多研究足以佐證，結構洞口對於組織的活力而言，是重要關鍵。譬如，已獲研究證實的是：當上層經理人握有超過其公司或工廠之外的重要關係時，該公司也會有更高的工作表現；組織能與外界聯手或結盟時，其獲得專利的產品也會較多；會計公司若能與其主顧部門有較強的夥伴關係時，其存活率也會較高；半導體生產廠若能和其科技領域外的各廠結盟，其技術升

級的機率也會增高；小型製造業若能有來自廠房以外的顧問資源，其競爭力也會較強；結構洞口較少的公司總是成長緩慢；當新產品團隊的成員有其團隊外的連結時，其生產力更能發揮；生技產業若能和其他產業有較多結盟或夥伴關係時，其獲利與存活的機率也會倍增。[42]簡言之，跨界延伸的關係對於組織的生命是無比重要。

⊕

然而，關於結構洞口的學術研究能帶我們走的，其實還不夠遠。其基本認定依然在於：有了這些開口，可使自己的組織變得強大。關係論的觀點則要招引我們再擴大視野。因為陷入險境的不只是任何一個組織的福祉，而是更廣義的關係流動狀態——這本是用來維繫整個文化，以及為全球的存在狀況注入活力的條件。於是，真正的挑戰就在於如何協助推展共同行動的過程，讓內外之間的界線變得更為模糊。我的近期經驗中有兩個鮮明的例子，可看出在地生活中就有這樣的潛力：

　　—維也納有一家大型製造公司經常受到新聞媒體的批判檢
　　　視。被抨擊的項目包括：利益所得、對產品有誇大不實的
　　　說明、對員工的剝削。這家公司每次試圖為自己的政策

41　Granovetter, M. S. (1985). Economic action, social structure, and embeddedness. *American Journal of Sociology, 91*, 481-510; Burt, R. S. (2001). Structural holes versus network closure as social capital. In N. Lin, K. S. Cook, and R. S. Burt (Eds.) *Social capital: Theory and research*. Hawthorne, NY: Aldine and Gruyter.

42　較完整的文獻探討，可參見：Burt, R. S. (2000). The network structure of social capital. In R. I. Sutton, and B. M. Staw (Eds.) *Research in organizational behavior*. Greenwich, CT: JAI Press.

辯護時，媒體就會指出其中不可信任的理由。對立的情勢一觸即發。陷入困境的這家公司採取了另一種發展策略。與其懼怕或嫌惡媒體，不如改為邀請媒體代表來參加公司的決策會議。以此，媒體很可能會從內部瞭解組織的邏輯與價值。同時，由於決策過程都得攤在媒體眼前進行，因此公司經理們也許會對於任何決策的公共涵義更加敏感些。其結果是在組織的邏輯和在媒體的態度這兩方面都產生了變化。對立的關係融化了；組織的實踐也改變了。

346　—有個反對使用動物實驗的團體挑上了一家生技開發公司，以示威來抗議他們的研究實際上是在殘害動物。從示威者的觀點來看，犧牲一些無害的動物，只是為了提高營收。但就公司的觀點而言，他們所發展的藥物可以拯救數以千計的人命。要想在這倫理問題上達成一致的看法，大家都無計可施。不過，與其在此繼續面對面地角力，公司出面邀請示威者一起來設計一次公開展示，讓雙方的議題和觀點可同時顯現。示威者同意了之後，有幾個月時間，雙方並肩為公眾設計出一個很可觀的展示會。在這期間，有個重要的改變漸漸發生。雙方的代表開始互相聆聽對方的說法，也互以尊重相待，並且視任何一方對於改進展示會設計的意見都有價值。組織的界線逐漸融化。有意思的是：這個組織後來發展出一個內部團體，專在公司開會時代表示威者的觀點。「外部」的聲音現在已可在「內部」發聲。

⊕

我喜歡這些故事；它們代表了組織與世界之間有改良過的相互參照方式，並且是為了雙方的利益而然。像這樣對於參照方式的關切也還可提升到任何一個組織之上的層次。那些能把種種組織帶向同步，並且能和公眾世界協調的，都是有遠見的人物。最讓我印象深刻的有，譬如，安妮‧E‧凱西基金會（Annie E. Casey Foundation）的**起始聯結計畫**。[43] 這個基金會在十幾個城市裡運作，意在設計一些對話，來使低收入戶脫離貧窮的處境，且能同時為年輕人建立更可期待的未來。其中的希望是：這些成就會產生積極的漣漪效應，譬如會連帶降低犯罪率，以及患病的人數。這個計畫是以企業經營的角度為起始點，提供就業機會。一併帶入此關係網絡的還有一些為當地家庭而設立的健康服務、日間托嬰中心、理財顧問等。更且，此計畫還特別試圖建立社區中的關係，好讓其中的居民可以相互信賴與支持。這種嘗試乃是要透過多重體制與鄰里關係的努力，來整體改變內城貧民區的生活。[44]

　　參照協調的努力還可從社區移向更廣的地區。譬如瑞士政府就曾全力投注於使國內的廣大地區都能持續發展。[45] 這些努力不只專騖於經濟發展，也還著力於環境保育、性別平等，以及社會整合。 347

43　參見：www.aecf.org/MajorInitiatives/MakingConnections.aspx 網頁。

44　雖然這個起始計畫產生了卓著的結果，更細密的研究則揭示了：有好的工作本身並非充分條件。參見：Iversen, R. R., and Armstrong, A. L. (2007). *Jobs aren't enough*. Philadelphia: Temple University Press.

45　參見：www.internat.naturvardsverket.se/documents/issues/report/pdf/8176.pdf

在此脈絡下，所當努力的乃是把企業經營（不論規模大小）和大學、文化機構、在地政府部門，和藝術工作者聯合起來，創造該地區的改變。

完全流動的參照協調還可延伸至全球。有些像**世界利益商務代理人**（Business as an Agent of World Benefit），[46]以及**聯合國全球盟約**（United Nations Global Compact）等都屬未來導向的計畫。[47]好些全球主要的事業集團在此榜上有名，因為他們決意要為世界創造更好的生存條件。縱然世界上前三百名的跨國企業就擁有全球財富的 25%，上述計畫看來仍是涵義深遠。因為在此同時，許多公司集團仍相信好的企業就是要促進全球的福祉。舉例來說，通用電氣（General Electric）在風力發電方面就有重要的投資，而豐田汽車（Toyota）也成功地在世界各地向汽車製造業推廣節能汽車的生產。沃爾瑪量販（Wal-Mart）把全球商品包裝省下來，其節能效果相當於每年少跑了二十萬輛卡車的物流。目前要為這些努力判定其資本損益似乎言之過早。不過，「讓世界變得更好」很可能成為一個組織的光榮標籤。光是想像：自身得利的傳統，有一天會被關係的整體福祉所取代，這就夠讓人精神振奮了。

---

46 參見：www.bawbglobalforum.org/

47 參見：www.unglobalcompact.org/

第四部

從道德到神聖

第十一章
道德：從相對主義到關係的責任
Morality: From Relativism to Relational Responsibility

351 在這最後兩章，我的目的是要為關係的存有展開道德與精神涵義的
開放對話。走這兩步，我不敢掉以輕心。我的同仁基本上都是社會
科學方面的學者。在這種氛圍中，對於道德與靈性的全神投注總是
會引人懷疑。在這傳統中，健全的學術對於世界都在作描述、揭
露、解釋的工作，而不是要判斷人該如何過生活。或者，如常言所
道，學術該在意的是**事實如何**，而不是**應該如何**。在此觀點下，我
們的分析工具以及嚴謹的方法最終可能很清晰地顯示出世界是什麼
樣子，但對於「何謂善」的問題則總是覆蓋著主觀性的陰影。

關於靈性（spirituality）的問題尤為棘手。學術傳統泰半係啟蒙
時代的子裔，因此它所扮演的主要角色乃是要以批判來和先前黑暗
時代留下的教條作奮力拼鬥。科學研究因此常被視為啟蒙思想以來
的顛峰，而在當今世界則成為世俗生活中最有力的發聲之道。譬如
投注於唯物論、客觀性、決定論的科學，就被用來攔阻宗教或靈性
352 的傳統——如果不被視為反對派的話。[1]科學界針對「上帝全知設
計」（intelligent design）理論的冷嘲熱諷，就是最近的一例。即令
是個宗教研究學者，他所寫、所教的也都只是種種**關於**靈性傳統的
東西。至於要**提倡**什麼，那就會危及他的學者身分。公開慶祝個人
的精神信仰，會落在鼓勵盲信或慫恿變節的邊緣，因為人家都說，

這是在蒙蔽學生作理性客觀判斷的能力。

✦

在這樣的脈絡中，更明智的作法難道不是把案情送進關係存有的本來狀況中？前面各章的內容會不會因為這裡蹚了道德與靈性的渾水而致降低了說服力？對某些讀者而言，情形可能確是如此。但依我之見，這趟冒險是必要的。正如第七章之所述，在啟蒙的衝擊之下，學術世界幾乎已經陷入危險的孤島心態之中。然而我們的日常生活卻得一直面對著道德與靈性所關切的問題：戰爭、環境生態、移民、墮胎、死刑、最低工資、肥貓薪水、色情圖文等等等，無一不把我們捲入複雜的道德抉擇中。我們無法逃避應該如何過活的問題。科學把我們引導至與應然絕緣的地步，也同時要我們放棄關係世界中的責任——而這原本竟是科學之所以能夠興起的緣由所在。

　　同樣的，我們所面對的世界中，宗教信仰所扮演的重要角色，不僅在於人人最深刻的投身奉獻，也在於千千萬萬人的生與死。學術界用學究式的眼光把宗教傳統視為神話溫床，這是遠遠不足的看法。如果學術工作是要對於維持著學術的文化有所貢獻，則公開的對話自不可免。扛不起這種對話就意謂學術仍執意要另建孤島，用

1　對於這種避開靈性議題的趨勢，在自然科學與社會科學中有些例外。Templeton 基金會（www.templeton.org）首開風氣，努力邀請科學家與神學家來一起對話。不過，在這些努力中，科學多半先被視為安全的知識基礎，而神學思想必須依此標準來補足。也有一些超個人主義的社會科學家作了大膽的嘗試，來為靈性體驗和信仰提供基礎，譬如可參見：Wilbur, K. (2006). *Integral spirituality: A startling new role for religion in the modern and postmodern world*. Boston: Shambhala. 然而這種努力通常在科學專業中還總是受人忽視。

異化的海洋把自身隔離。

此外，把道德的主觀性和科學的客觀性作一刀兩斷的割裂，也不是什麼站得住腳的思想。縱然這種宣稱來自源遠流長的傳統，但把「實然」從「應然」中切分開來就是說不通。科學社群和靈性社群在創造出可理解的現實方面，用的是一樣的道理——譬如前者中的原子、社會結構、無意識；後者中的精神覺醒、聖善世界、神性引導。最重要的是，兩者都深深浸潤在價值之中：科學把價值放在可靠的預測上，而宗教則把價值放在崇拜與同情。很不幸的是，由於兩者泰半都在各自的領域中運作，兩種傳統一直只想擴張各自的疆域，並把世界教育成各自所圈圍的生活形式。不過，由關係論的觀點來看，我們並不須去問其中所敷陳的世界觀或所追求的最高價值，究竟哪一種說法比較有效；要我們對效度、價值的說法買帳，唯一的可能就是需用相關社群中都接受的貨幣。我們該問的毋寧是：把這些論述放在全球的脈絡下，究竟會產生什麼後果？如果我們只窩居在其中一方之內，並把另一方視為對方（或他方），那又會發生什麼事情？

⊕

> 在我們的時代中，所有的宗教之最大、最基本的難題，胥在於其與科學的關係上。
>
> ——西谷啟治（Keiji Nishitani）

⊕

科學論述及其相伴隨的實踐所產生的後果，和我們幾乎形影不離。在大部分情況下，科學都在自顧自地前進而對大社會的問題不聞不

問。我們對於科學帶來的貢獻心懷感激，譬如對於疾病的治療、能源的控制、交通科技的發達，還有其他不勝枚舉的事物。然而也有不少的批判，認為科學觀點壓制了對於價值與靈性的深思熟慮，而導致對大地的掠奪，也引進了對於生命和人類關係的唯物論。[2] 同樣地，從種種不同的觀點來說，有關神聖的論述也同時兼有積極和消極兩方面的後果。[3] 世上有千千萬萬人從宗教與靈性的生活導引中獲得其目的感與價值。但在同時，一群又一群的人前仆後繼地，以宗教之名被集體屠殺。這些已不只是必須持續對話的問題而已，而是我們必須先放棄何者的道理優於何者之成見，以便雙方社群都有門路可開，來走向另類的可思議。到目前為止，我都讓本書沿著學術的論述方式一路走來。但在這脈絡下，我也發現有必要進入神聖的傳統中以求理解。

354

✠

　　我之所以把靈性包括到本書之中，其理由也是在關係中誕生的；我有不少好友和同事都獻身於靈性的傳統中。對於他們的這種投入竟然掉頭不顧，不僅會限制了我們的關係，還會妨害

2　譬如可參見：Nelson, L. H., and Nelson, J. (Eds.) (1996). *Feminism, science, and the philosophy of science*. Dordrecht: Kluwer; Aronowitz, S. (1988). *Science as power: Discourse and ideology in modern society*. Minneapolis, MN: University of Minnesota Press; Keller, E. F. (1986). *Reflections on gender and science*. New Haven, CT: Yale University Press; Haraway, D. (1991). *Simians, cyborgs, and women: The reinvention of nature*. New York: Routledge.

3　譬如可參見：Dawkins, R. (2006). *The god delusion*. New York: Bantam; Hitchens, C. (2007). *God is not great: How religion poisons everything*. New York: Twelve Books, Hachette Book Group.

我們之間更廣大的關係流動，而這是指我們都身在其中的文化
傳統而言。我們根本不必把雙方社群的關係設為一個賭局。我
在此只希望能把隔離雙方的界線給搓軟些。

❖

在本章中，我直接面對著道德善惡的挑戰。我先以批判性的挑戰來
回問那些汲汲於建立各種道德基礎或倫理本質，並企圖以此來引導
眾生的想法。為了取代這種難題重重的努力，我將轉而探討關係存
有的道德義涵。我們在此首先會認出所有的關係其實都有生產善惡
的潛能。我們就把這過程稱為**第一階道德**（first-order morality）。
接著，我藉此而鉤出道德相對主義的挑戰。因為在投入第一階的善
之時，我們也會同時製造出一個比善「較為不善」的外部界域。異
化從此滲入，而一旦不善的威脅到達一定程度時，我們就會試圖控
制或排除這個「邪惡他者」（evil other）。對於共同行動之流也於
茲產生了阻斷。在此之後，我開啟了對於**第二階道德**（second-order
morality）的討論，亦即一種非基礎性的倫理，用來維繫善之共創
的根本可能性。實際上，我們已經將位置移向關係本身的責任。有
一段對於關係責任之實踐的簡短討論，我以此來結束本章。

1 ｜ 道德行為的挑戰

關於惡的難題乃是日常生活所慣用的壓艙板。晨間新聞裡就充滿種
種暴行、謀殺、政治鎮壓、戰爭乃至滅種屠殺的報導。我們似乎已

被惡行淹沒，以致束手無策。這種對於道德之善的挑戰並不只是「在那裡」，而是向著我們迎面撲來——以我們開車時的惡習、不兌現承諾、逃漏稅、浪費能源、講歧視性的笑話、對於需要幫助的人視而不見等等方式。挑戰也存在於我們的家人之間——父母為了孩子的欺騙或霸凌別人而與孩子鬥爭；孩子因為父母常不在家，或漠不關心，而受盡苦難；夫妻之間則為了對方的惡意對待而陷入抗戰。

　　我們的道德困局有個長相左右的套詞，叫做「假使……的話」（if only）。假使人人都會遵守道德倫理原則的話，假使他們都曉得對錯的話，假使他們願意放棄邪行的話，假使他們懂得相愛的話。我們就是以這種想法來要求我們的孩子，來支持我們的宗教團體，來發展出組織的規則和罰則，來制定法律，來興建更多監獄。我們在學術世界裡的貢獻是對種種原則與美德提出合理的論證。從亞里斯多德到麥肯泰爾、努斯葆、麥克婁斯基（McCloskey），哲學上的細密論述一直持續至今。[4]然而，令人傷感的是：這些無數的努力似乎沒造成多少不同。我們的邪惡從來不缺，只怕太多。

◈

當然，所有這些模塑、賦形、邀引、控制的努力，都是為了能產生一個有品有德的社會而服務的。但讓我們試想想其反面的可能：所

4　譬如可參見：MacIntyre, A. (1988). *Whose justice, which rationality?* Notre Dame: University of Notre Dame Press; McCloskey, D. N. (2007). *The bourgeois virtues: Ethics for an age of commerce*. Chicago: University of Chicago Press; Nussbaum, M. (1990). *Love's knowledge, essays on philosophy and literature*. New York: Oxford University Press.

有這些想要帶來社會之善的努力，幾乎都同時是在為圍限或隔離存有的認定而作背書。至少在西方文化中，幾乎所有的原則、所有的賞罰都指向個體的行為人。在法庭中，我們的傳統是把行為責任放在個人身上。在組織中，我們也會指著個人說：「責任止於此（他應為此負責）。」而在日常關係中，我們更常認為個人應為遲到、粗魯、醉酒、貪婪或不敏感而負責。在西方文化中，道德的原子就是個人。如此一來，道德價值創造出隔離的實在——吾在此，而汝在彼。

正如第一章所主張，基本上人人相互隔離的世界中，個人幸福就是至上的關懷。我首先必須先照顧好我自己，至於你，那基本上就是你的事。實際上，在善有限的條件下，你的福祉就會和我形成競爭。在此脈絡下我們才會瞭解為何在西方的道德守則中會這麼強調「要為他人行善。」從《舊約》早期的勸世文，到「愛人如愛己」，到列維納斯對於他者的基本義務觀，[5] 其中的認定乃是：道德之善必須透過愛、關懷、慈善，以及對他人之福的奉獻來達成。這些律令之所以對我們有意義，正因為我們都認定人類「總是自然」地只謀求自己的福利。因此，當我們完全浸潤在西方文化中而應和著這些善的建議時，我們也必須承認：它們都在堆積著圍限存有的傳統。每次那些邀引人來深思熟慮、關懷同情的文字出現，都在述說「要為他人……」之時，我們也得到如此的告知：我們是如何互相隔離，以及我們的自然本能都只在自求滿足。

✛

試想想我們經常聽到的種種訴求：慈以親人、泛愛眾人、關懷他人等等。我們都會被這樣的訴求所打動；我們之中有許多人在某些時

刻都會因此而希望能奉獻自己的生命來幫助他人。這種邀引因此是
在說著道德價值的宏大敘事。我們以此而達到價值的超越感——
為他人謀福。只不過，我們也必須醒覺到：在這種敘事法之中，施
予者乃是擁有特權的一方。施予者是「我」，因此獲得祝福的也是
我。在此敘事法中的接受者只不過是在物質上受惠而已。但人不會
因為填飽肚子或疾病得癒而能夠「上天堂」。至於那些接受施捨卻
不知感恩者，可恥也。對於犧牲自己來給予施捨的人若還有怨言的
話，那就是在招惹眾人之怨了。於是，關於「愛汝鄰人」的故事，
就不是關於關係的故事，而竟是關於施愛的自我之英雄故事了。

除了建立與加強道德守則來對個人的行為予以導向和控制之外，究
竟還有沒有另類的可行之道？讓我們從關係存有的立場來試想想其
可能性吧。

2 │ 不道德並非難題

我們常以為世界上有諸多苦難，乃因為有些人有良心缺陷，他們只
知追求自己的目標而不顧及對他人所造成的後果，他們不過是一鍋

5　譬如可參見：Levinas, E. (2005). *Humanism of the other*. Evanston, IL: University of Illinois Press.

粥裡的「幾粒老鼠屎」罷了。該控制或排除的應該是那些人的行動。不過，讓我來提個相反的假設吧：我們的世界並未因爲缺乏道德而受苦受難。毋寧說：在某些重要方面，我們的苦難是來自道德的過多。這樣的提議如何可免於荒謬？試從關係論的立場來想想這些課題：如果我們能把生命中全部有意義之事都溯源到關係，那麼我們也應把關係視爲一切善惡觀點的根源。所有站得住腳的關係都一定能生產出關於對錯是非的基本理解。這樣的理解才能維繫相互參照的型態。從已被接受的型態中偏斜而出，才構成了威脅。當我們能發展出和諧的關係之道──關於言說以及關於行動的──我們就會珍視「我們的生活方式」。但凡會侵蝕、掩蓋、摧毀這種生活方式者，才會被稱之爲惡。

✛

> 無怪乎**倫理學**（ethics）一詞是導源於希臘字 ethos，也就是民情風俗；或說，**道德**（morality）一詞來自拉丁字根 mos，或多數人習性（mores），因此道德也就等同於風俗習慣了。已被接受的習俗構成了善的基礎。[6]其理性的辯詞都是後來附加的。

✛

讓我們把這種「在關係中產生善」的過程視爲建立**第一階道德**的方式。在任何能站得住腳也能運行的關係中，幾乎都必需能扛得起其中所內涵的價值型態。譬如當我在教一班學生時，第一階道德必需在場運作。我們一起建立和維持那種「對我們都好」的教學相長關係。在這樣的師生關係中，沒什麼寫明的規則，沒有道德律令，沒

有人權法案的保障。其中的規則都是隱含的，但卻觸及我的一切言談舉止，也引導著我的眼光——當我停下來聽學生發言時，也引導著他們說話的音調和他們的口齒肢體。任何一個假假的動作——太大聲，或注視歪成斜視、腳步變成拖行，甚至唇部的動作發出親吻之聲——都會使我們任何一方變成可疑的標靶。[7]

✛

就在第一階道德中，你也不能隨意選用惡。也就是說，假設有個完全投入的關係，就在那關係之中，你也寸步不能離開當下存在的相互參照而去做出別的事情。果真有此離譜的狀況，就會讓人搞不清你在幹什麼。「惡行」在任何情況中都叫做離譜。譬如在教室裡，我絕不可能對學生拳打腳踢；我的學生也絕不可能倒在地板上，或把椅子擲出窗外。我們之所以不會做出這些動作，是因為其中本有禁止；我們之所以不那樣做，是因為那會讓人不明其意。教室裡的任何一個參與者絕對不會把椅子丟到窗外。我們會一直維持著正常的教室活動，因為那就是我們的生活方式。實際上，道德的第一階基本上就是在生活方式中活得**有道理**。同樣地，大多數人都不會想要謀殺自己的好友，不是因為在早期生涯中就已有什麼規則圍繞著他們，也不是因為那樣做會違法。毋寧說，那些舉止令人完全無法想像。同樣不可想像的是在一場宗教儀式中跳起踢踏舞，或在用餐時把你的拳頭伸進同伴的湯裡。我們泰半都活在第一階道德的舒適

358

6　對於這種等同所作的延伸闡釋，可參見：Eliade, M. (1987). *The sacred and the profane: The nature of religion*. New York: Harcourt Brace Jovanovich.

7　也可參見：Peperzak, A. (1997). *Before ethics*. New York: Prometheus Books.

居所中。

3 | 道德確是難題

所以，我們該問的也許是：惡行的根源是什麼？爲何錯誤的舉止到處都是？很諷刺地說，其答案也得在第一階道德中尋出。人和人之間的參照行動一旦開始，第一階道德也於焉形成。當我們努力地相互追求活在一起且都能滿意的方式時，我們就建立了一種在地之善：「我們的行事之道」。結果就產生了形形色色的善之傳統；而無論在何處，當人和人一旦碰面且能合得起來時，他們就啓動了新的可能性。但其結果卻產生了各行其是的善傳統，這在世界各大宗教之中尤然，其他傳統也沿此跟進：政權、科學、教育、藝術、娛樂等等。此外還有數不盡的在地之善，在家庭、朋友、社區間流傳。他們一概都在維繫著道德行爲的觀點，有聖有俗、或顯或隱。而在這些善傳統之上又堆了新近發展且快速擴張的種種善道：維生主義、女權運動、反全球化、反戰、反活體解剖、反精神醫學、素食主義、環境生態主義、同志權益等等。價值的問題總是沒完沒了。

就在善的增殖之中，我們也發現了惡的產生。其舞台首先就爲所謂**有德之惡**（virtuous evil）而架設。我在此所指的乃是：某人所捧的德性傳統，在別人那兒卻同時被宣稱爲邪惡。譬如，（在墮胎問題上）擁護個人選擇權的德行就會被擁護生命權的陣營視爲邪惡；反

精神醫學運動就會遭到精神科專業的咒罵；基督教的基本教義派一定被基本教義的穆斯林詆毀；如此這般，可推衍到整套善的光譜上。在善的多元世界裡，**任何**一種德行都會和其他種種善的傳統產生對抗。

　　通常我們是以手邊之善的關係爲原則來行動，並會避開那些以斜眼看待此善行的人。甚至在一家之中，各房間的分派也會用來隱藏某一關係中的善（譬如在配偶之間）以避開另一種關係的嫌惡（譬如在親子之間）。[8]對於大多數人而言，有德之惡的意識會一直籠罩著我們的日常生活。之所以會如此，是因爲我們都纏繞著無數的關係，而所有的關係都兀自有其善的觀點（見第五章）。我們一旦投身於一個行動，就會把此行動軌跡上的無數競逐者貶低到次等以下的地位。於是：我待在辦公室裡把事情做完，是善；但同時我把這時間用來與家人在一起，也是善。我們能準時趕去參加一個晚餐聚會，是善；但在路上遵守速限慢慢開車，也是善。能感受到某一人的愛之喜悅，是善；但感受到另一人的愛之喜悅，也是善。能捍衛自己的國家，是善；但避免殺人，也是善。在以上的每一種抉擇之下，我既是有德也是不德。我既屬於某一種關係，但也屬於另一種關係，和前一種關係就會產生牴觸的行動。正因爲我們同時被多種關係糾纏，因此我們所從事的每一行動都帶有異化的潛能。我們在任何關係（包括對我們而言最重要的關係）之中都承載著一種能力，會發現此中習俗實爲空洞而令人討厭。我們無時無刻不聽

359

8　譯註：這裡應是特指父母間的性關係必須對子女「隱藏」和「避開」。前者的善（好），是後者所嫌惡。

見反對的聲音與我們長相左右。

☩

良心的掙扎並非在於善與惡之間，
而是在互相競逐的善之間。

☩

我們把焦點轉向更讓人痛恨的行為上——搶劫、勒索、強暴、販毒或謀殺。在此，我們會發現對於善的追求發生了危險的轉換。日常生活中的一些小過錯，我們常常以忽視、馬虎來打發或原諒，就讓它過去。然而，對於上述的那些極端破壞性的行動，我們會產生排除的衝動。要達成排除，常就得通過防衛（監視、警察）、剝奪（監禁、虐待）或更極端的消滅（死刑、侵略、轟炸）來執行。只有通過排除的衝動，我們才會把有德之惡改錄為**邪惡之德**（evil virtue），也就是說，以德之名，來把惡消滅，雖然這惡可能被別人視為善。

☩

忿怒乃是我們為自己黏附在
狹隘的正確觀之中
所付的代價。

——仲・卡巴-金（Jon Kabat-Zinn）

☩

360　到目前為止，最明顯的就是：為了要把惡消滅，卻產生了最為致命

的惡果，就是用強硬的手段來把關係群予以割離——家庭、社區、宗教、國家、族群傳統等等。爲了回應有關黏結與障礙的討論（第六章），我們可說：那些能把「邪惡他者」踹開者，可贏得其同儕的贊許，因爲他們執行了懲罰或摧毀他者的任務。消滅邪惡乃是一劑會讓人陶醉的仙丹。在此同時，那些被設定爲該清除的標靶者經常會因此而醸成集體的同讎敵愾，伺機復仇。受詛咒者明白他們共同的毒誓之後，他們的道德地位也會因此而加重，也會以信誓旦旦的方式來加持。現在，他們也可以德之名而進行反擊。其結果，當然就是眾所周知的仇上加仇、冤冤相報。我們就會聽到：「你已被肢解，善哉善哉」，「殺掉你子女，我會受祝福」。

⊕

> 一旦死亡之舞開始跳起，
> 他者已不再是主要敵方，
> 而變成了舞碼的傳統。

4 ｜ 邁向第二階道德

如同我們所討論的，爲了生產善，我們也爲「不善」或惡建立了條件。實際上，只要相互參照的行動導致了和諧與滿足，則異化與衝突也就等在門邊了。傳播科技——電子郵件、手機、全球網路等等——既已發展得如此快速和普及，則衝突的潛力也在一直加速。每發展出一種新關係，則新的加值（或貶值）方式也一起上架；各群

體很容易跨越時間和地理上的區隔而維持這種聯絡。世界在變小，
但也變得益發碎裂。只不過，不可知論的張力雖已難以避免，但敵
意、流血與滅種屠殺則不然。互相衝突的善確已與我們長相左右。
主要的挑戰不再是創造出什麼無衝突的存在方式，而應是標出走
向衝突但能不引發相互摧毀的新途徑。在人類既有的相互參照形勢
下，我們該如何走下去？

✦

一個頗有希望的可能，是加入普世倫理的追尋，讓所有的人都願擁
護，也使我們能超越對立。對於此一觀點，我很有同感。譬如說，
我的文化歷史雖已被給定，但談到普世倫理，則關於愛、同情、關
懷、捨己爲人等等仍會立刻進入眼簾。在稍帶點世俗意味的脈絡
361　下，我也對於人權運動頗有敬意。但同時，我對於以上種種追求的
成果還是不無一些保留。就算對於普世之善有許多廣泛的贊同，其
結果總是有善惡兩端的階序產生。這種階序結構還用來控制那些乏
善可陳的事物。實際上，普世之善的前提中，就有意要排除某些形
式的行動，至少要把「合理」與「正確」和其他觀點區隔開來。[9]
一旦某一國或某一族人被標定爲違反人權，則距離又被拉遠了。

✦

　　就算是要投效於普世之愛
　　我們還在譴責恨的行動。

✦

抽象的善本具有區分的潛能，而每當我們要應用之時，其缺陷就更

加暴露：它不會告訴你該怎麼辦。沒有人能從抽象的德行和人權之中導出任何不含曖昧而又十分具體的行動。[10]在正義、平等、博愛、自由的價值中，都不含有任何具體行動的要求。因此任何以抽象價值之名所譴責的行動，也可用來為同樣的價值作辯護。美國政府曾以自由之名來壓迫少數民族（譬如非裔與原住民），來監禁守法的公民（譬如二戰時的日裔美國人），也用來不宣而戰地侵略其他國家（譬如伊拉克）。而在人間又曾有多少恐怖的災難是高舉著耶穌和穆罕默德的旗號下發生的？對愛的勸勉、對正義的追求、對平等的促進等等都曾用來號召行動，以對付世間之惡，但這些行動可確都是血腥無比。[11]

在另一方面，也有很多人願意接受：社會存在的事實中一直含有多重道德。他們所用的調調就是這樣：「對於世界的看法有很多種；讓我們活在相互尊重之中。」然而，這種觀點受到猛烈的批判，因為那是「道德相對主義」。這種道德的不可知論所受的責難是說：他們認為某一種道德立場和任何其他立場「都一樣好」。他們既不代表什麼，也不反對什麼。他們對於未來沒有任何投資，也

363

9　與此相關的論點是 HaukeBrunkhorst 所說的：要達成人權的條件是先要建立「全球社會的法制化」。可參見他的著作：*Solidarity: From civic friendship to a global legal community* (Jeffrey Flynn, Trans.). Cambridge, MA: MIT Press, 2005.

10　對於抽象道德原則之不足的討論，可參見：Nussbaum, M. (2001). *The fragility of goodness: Luck and ethics in Greek tragedy and philosophy*. Cambridge: Cambridge University Press; Logstrup, K. E. (1997). *The ethical demand*. Notre Dame, IN: University of Notre Dame Press.

11　Jeffrey Perl 曾指出：用正義之名所號召的行動經常是和平的障礙（*Common Knowledge,* 8: 1 (2002)）。樞機主教 Lustiger 為此再增一言道：「令人遺憾的是，最高貴的原則宣言，至多只能為最卑鄙的濫用作辯護而已。」（*Common Knowledge,* 11: 1 (2005), p. 22.）

不加入反對不義的行列。在我看來，對於「相對主義」的這種批評
實在已經太過頭。如果道德的相對主義者被定義爲「相信所有的道

讓他痛哭吧
他總要出來……
他是個強盜、殺人犯、戀童癖
是我們當中的惡魔。
不是我們之中的任一個，從來就不是
從未有人聆聽，我也從未被聽過
打從嬰兒時開始，從來就沒有。

致謝：瑞巾・沃特，藝術家

德都一樣有效、一樣正確的人」，那我得承認，我從未碰過這樣的人。[12] 讓我們把道德相對主義的稱號換成比較可信的**道德多元主義**（moral pluralism）吧。道德多元主義者很願意擁護既有的道德傳統，即令該傳統不能在全世界都獲得認可。他們對於任何特定生活形式的偏好是相當開放的，並且也會在這些既有價值之內工作，以爭取他們的未來。不過，對於多元主義者來說，有這樣一種偏好並不會讓他有排斥其他傳統的口實。所以，多元主義者通常傾向於**寬容**。這種人會想理解其他傳統，並會賞識其信念的理由。佛教哲學家釋一行（Thich Nhat Hanh）對於此一取向的聲稱是說：有一種獲得開示的階段叫**全面偏袒**（omni-partiality）。在此的理想是：對於實踐任何道德傳統者皆以博愛情懷接納之。[13]

這種理想很吸引我，但我的看法是：多元主義者的寬容和博愛還走得不夠遠。對於他人小小的、無害的「道德失敗」，要寬容是很容易的。不過，事情經常不會只是如此，而寬容的泉源也會很快趨於乾涸。當我們（這些西方人）面對著我們視爲性奴隸、種族歧視、壓迫女性，以及對他文化者的猖狂虐殺之時，我們會感到相當困擾。作爲西方人的我們簡直無法寬容塔里班（Taliban）所強加給阿富汗人的生活條件；同樣地，穆斯林基本教義派看到西方人的性放蕩時，其驚駭之情也是可以理解的。在西方所強調的自由主義之下，我們也不會寬容納粹德國的大肆擴張、南非的種族隔離，以及在波斯尼亞的滅種屠殺。而我們對於以上三例所採取的激烈反應，

12　對此問題最近的學術討論，輯錄在以下的專刊：Volume 13 of *Common Knowledge*, 2007, on *A "dictatorship of relativism?"*

13　見 Ellsberg, R. (Ed.) (2001). *Thich Nhat Hanh: Essential writings*. New York: Orbis.

我們還是相當自豪的。道德多元主義實際上是一頭睡獅。

⊕

在這節骨眼上，回頭來談關係存有的視野，對我們非常有用。我的主張是：只有透過協作行動，道德價值始能誕生。我們透過共同行動來產生一種視野，看見什麼才是足以令人滿意的生活；我們在此達成了和諧、信任、方向感。第一階道德的基礎胥賴於斯。我們在產生善的領地之同時，也製造了領地以外的不甚善。到了更極端的程度，善固然得以建立，惡也因此開始打樁。當我們對惡進行控制、懲罰、監禁，以及最終予以排除時，那些受此威脅的人也會著手防衛。實際上，在第一階道德上所起的衝突，主要是在為社群網絡的聯結而服務。在此服務之中，生產共同行動的潛能就被耗蝕殆盡。而當排除的衝動冒出之時，我們也就進入了相互毀滅的狀態。我們跟跟蹌蹌步入了意義的終結之境。

⊕

> 凡是持有不同於我等之價值者，一概予以排除，然後只留下一
> 種聲音……乃至徒留空洞的寂靜。

⊕

正是在此，我們才可為存有引進**第二階道德**，也就是，**讓足以生產第一階道德之可能性得以恢復的協作活動**。第二階道德並不存在於單位分明的邏輯中，而在於關係上。由此觀點來看，沒有什麼行動是本來為惡，因為所有行動的意義都自關係中衍生。認定某些個體對於不良行徑該負有責任，不啻是在面對關係條件之下的失能，也

同時導致了異化和報復的惡果。在第二階道德之中，個人責任須代換爲**關係責任**，亦即集體的責任，用來維繫相互參照行動的潛能。[14] 要對關係負責，其首要者就在於維繫意義共創的過程。在關係的責任中，我們會避免「關照自我」的倫理呼喚之中所隱含的自戀。我們甚至避免用「關照他人」的倫理律令來造成我／他之分。在關係的責任之下，我們步出了個人主義的傳統；最該關照的就是關係而已。

第二階道德恢復了
任何一種道德的可能性

批評者又來踢館了：「在我看來，這第二階道德之論似乎又重建了個人主義兼普世倫理兩方的難題。這樣的論點難道不就等同於宣稱：**個人應該負責維繫相互參照的關係過程嗎**？若果如此，你不就是在建立另一種善的階序結構，其中的偏離者仍要受矯正嗎？」這樣的批評是合理的，也有必要提出來。首先，這問題指出：關係的責任把個人推向判斷。我的回答是：從關係論的立場來看，沒有哪一個人必須扛起責任。關係的責任必定是在相互參照的行動中

365

---

14 McNamee, S., and Gergen, K. J. (1999). *Relational responsibility: Resources for sustainable dialogue*. Thousand Oaks, CA: Sage Publications. 此一論點在很大程度上符合於 Bergum 和 Dossetor 所謂的「關係倫理學」。不過，在高舉對他人的關懷與尊重之餘，他們的倫理學仍呼應著個人主義的傳統。參見：Bergum, V., and Dossetor, J. (2005). *Relational ethics: The full meaning of respect*. Hagerstown, MD: University Publishing Group.

產生。關係責任的實踐只在關係之中才可理解。個別的人也許會對於關係而啟動其關照的場境，但除非和他人起了參照作用，否則其行動根本不算是行動。其次，第二階道德難道不就是另一種普世倫理嗎？答曰：如果它和它的前提是自相一致的，那就不是。第二階道德的理想在於其非基礎的基礎（non-foundational foundation）。我們走向基礎倫理的方式是並肩齊步，但不宣稱此倫理必為絕對之真，或有終極基礎。第二階道德不是用來重述普世階序的典冊；而是用來相互探索的邀請卡。

5 │ 行動中的關係責任

我們已發現，分工和衝突的趨勢乃是關係生活中正常發展的結果。於是，偏見就不是性格缺失的標記——內在的僵硬、零亂的認知、情緒的偏差等等。毋寧說，只要我們持續繞著真與善而企圖達成共識時，這個正常的建構過程就會在週邊堆出一些「不該」的範疇。只要有統一聯貫、兄弟之誼、團結投入、社群一體的趨勢所向，則異化也在同時起作用。我們只能抱歉我們無法建立一個毫無衝突的社會以及和諧一致的世界。這些境界是我們永遠伸手而不能及的。在強烈的衝突傾向之下，我們的問題毋寧是：在這樣的衝突不斷之中，我們該怎麼走下去而不致誘發攻擊、壓迫或屠殺——乃至實際上一起邁向意義的終結？

第二階道德的挑戰在於如何照料關係。但從行動來說，這是什麼意思？我的主張是：像第二階道德這種抽象概念必然不意指任何具體的行動。我們在此碰上了道德理論限制的難題。理論若不能和實踐相配對，就不能算是個金龜婿。所以，讓我們把那些智者、強者留下的圭臬之言都先拋開，不要以為那是天經地義。我們寧可把這順序翻轉──讓我們從實踐來開始探索，來面對面看著它們如何能登上第二階道德的境界。然後我們始能讓實踐來和理論對話。對於關係責任，這些實踐到底能告訴我們什麼？而當我們在其中詳述倫理原則之時，究竟又意謂什麼新的實踐？在理論和行動的對話之間，我們能不能步步走向更能立足的關係世界？

366

⊕

什麼樣的行動會因此而能和責任亦步亦趨，使得關係成為其目標？在前面四章中，我們已經在很高程度上處理了這個問題。在每一方面，我們都拿著實踐──就知識生產、教育、治療、組織而言──來看它們如何能把人帶向積極的相互參照。所有這些實踐都會有功於創造出一個新世界，在其中，人與人之間的距離將被關係的交織所取代。然而其中最重要者在第六章所述的種種對話實踐，特意要用來讓意義之間的疆界轉變成恢復和平的地帶。我們把「公共對話方案」、「敘事仲裁」和「復原公義方案」都搬上了檯面。你儘可以把這些努力都視為實現關係責任的例外。但在這節骨眼上，我得多加上進一步的實踐向度，尤其觸及如何開啟某些機制，而能讓本來零零散散的社群得以整合起來。在這新一波的公共實踐中，我們會看到第二階道德實現的曙光。

6 │ 從共存到社群

許多評論者都提醒大家注意：上一世紀乃是社群參與的集體失落時代。李察・森內特的《公共人的淪落》（*The Fall of Public Man*）和羅勃・帕特南的《保齡球單打》（*Bowling Alone*）是其中兩本最爲貢獻卓著的作品。[15] 依他們所見，在社群活力喪失過程之中，民主也一起遭到掩埋。和前幾章所說的一樣，個別的選民由於沒機會聽到正反意見的詳細陳述，因此他們也無法做出權衡。[16] 對於任何一種關係只能獨立地思考，那就等於沒有思考。[17] 以目前所亟待的目的而言，社群的缺乏代表的正是協作行動之流受到阻絕。人人所能求得的安全只在各自的小坑中，離此一步之外就盡是沒有面孔的大眾，他們要不是與我毫無瓜葛，就只是對我的威脅。在此脈絡下，重建社群網絡的努力正代表著第二階道德已經開拔。把本來互不相干、互相疏離的人召集在一起，來探索大家共同的關切，那就是讓共同行動的輪子重新滾動起來。當人們可以一起來分享其體驗與價值，或一起來反思相互的差異時，隔離的界線就開始變得模糊了。對於第一階道德的那些結晶也會因此而融化開來。

◈

> 在人世社會裡，總是有觀點和利益的差異。但今日真正的現實是：我們必須在這個小小的星球上共存與互賴。因此，唯一講得通的道理和智慧，可用來解決相互差異、避免利益衝突的──不論是在人與人間、國與國間──都在於透過對話。
>
> ──達賴喇嘛

近年來，有許多令人心動的社群重建計畫四處啓動，[18] 但我不打算在此作一一回顧。只不過，有個顯例值得一提：「重新統合美國」（Reuniting America, www.reunitingAmerica.org）是個遍及全國的組織，其目的在增進集體思考的機會。他們的專長在於能把本來互相對立的各個傳統（宗教、政治、族群等）找出其領袖來作**超黨派路線**（transpartisan）的探索，以求得出更能和諧相處的新政策。「明尼蘇打積極公民權啓動」（The Minnesota Active Citizenship Initiative, www.activecitizen.org）計畫，是把有協作能力的公民領袖組織起來，好讓他們能把實踐推進社群與工作環境之中。這裡所強調的實踐是指能在種種體制機構（企業、宗教、非營利組織等等）之中讓協作得以使公民之善大爲提升。「想像芝加哥計畫」（The Imagine Chicago Project, http://imaginechicago.org）是把內城貧窮社區的居民召集起來，探索他們有什麼積極的潛能，以及設法和整個大芝加哥區裡可能的機構合作，以便開創其積極的未來。這個

---

15 Sennett, R. (1992). *The fall of public man.* New York: Knopf; Putnam, R. D. (2000). *Bowling alone: The collapse and revival of American community.* New York: Simon and Schuster.

16 對此進一步的詳述說明了市民社會（civil society）的必要。參見：O'Connell, B. (1999). *Civil society: The underpinnings of American democracy.* Lebanon, NH: University Press of New England.

17 也可參見：Sandel, M. J. (1982). 同前引著作。

18 有個很實用的概覽，可參見：Sirianni, C., and Friedland, L. A. (2005). *The civic renewal movement: Community-building and democracy in the United States.* Dayton, OH: Kettering Foundation Press. 另可見：Davis, A., and Lynn, E. (2005). *The civically engaged reader.* Chicago, IL: Great Books Foundation. (www.greatbooks.org)；亦可參見：Putnam, R., and Feldstein, L. (2003). *Better together: Restoring the American community.* New York: Simon and Schuster.

芝加哥模式現已推展到全球各地。「阿靈頓論壇」（The Arlington
Forum, www.arlingtonforum.org）則試圖在維吉尼亞州的阿靈頓市開
創起市民社會，並同時對其他社區提供工具與資源。譬如在阿靈頓
開發出全社區的討論機制，所討論的議題包括：房地產開發、少
數族群學生的學習成就，以及學校文化等。「世界咖啡館」（The
World Café, www.theworldcafecommunity.net）也是個全球網路，志願
參加者在此從事於建立廣泛的交談平台，好讓大家所關切的問題都
可出現，無論是在地的或全球的皆可。在其中發展出一些能有良好
成果的特別交談實踐方式，他們會立刻提供給全世界。「維持對話
的國際機構」（The International Institute for Sustained Dialogue, www.
sustaineddialogue.org）的組織目的在於將世界各地被異化的團體號
召在一起；他們的工作就是安排好程序，讓阿拉伯、美國、歐洲的
團體能在此有交集。以上所提的種種嘗試都企圖邀引參與者能從他
們一向安適的習俗中移開，把認定的善轉化爲能讓人理解，並肯定
新的取代方式。[19]在這些肯定的動作中，就已經爲重新產生第一階
道德而播種了。

◈

那是個寒冷的冬夜，我正要回到我在阿姆斯特丹的旅館。有一
大群人聚集在萊頓廣場，我覺得很好奇。那裡有個小型冰上曲
棍球場，有兩個男性的曲棍球隊正在進行比賽。群眾的喧鬧聲
中夾雜著一些爆笑。我問站在我身旁的一個人：「他們在笑什
麼？」他微笑答道：「因為這是警匪對抗賽。」他看我有點迷
惑，就又解釋道：這兩隊都屬本市曲棍球聯盟，其中一隊是由
市警局組成，另一隊成員則是些前科犯。我果然受到挑激，他

就再多加說明：阿姆斯特丹有一些小號罪犯在幫忙警方防阻嚴
重犯罪，譬如販毒、幫派惡鬥等等。警方給他們的回報則是派
有很能理解的專人來聆聽這些小號犯者的生活問題。他們為了
更大的善而得以共存。

我們在社群重建方面碰到最重要的挑戰就在宗教的領域。「**宗教**」
（religion）一詞的根源來自拉丁文 *religare*，意思是重新縛綁起來。 369
然而，很諷刺的是，正因為宗教信仰有強烈的傾向要將基本真理封
包起來，因此宗教運動經常帶有社會篩選的功能。在一堆麥子裡篩
出正直的麥粒後，剩下的糟糠必須去掉。強大的壓力用來消除懷
疑、維持信仰。派系分裂以及宗派林立乃是其後的正常過程。如果
其根源是對的，那麼宗教不是應該把人和人之間的樊籬拆除，並且
培養出社群的一體感，永無終了嗎？

有人告訴我：在納西維爾（Nashville）這個城市的一條街上
曾有三個教會——神的教會（Church of God）、唯一神教會

---

19 對於建立社群對話的進一步資源，可參見：Schoen, D., and Hurtado, S. (Eds.) (2001).
Intergroup dialogue, Deliberative democracy in school, college, community, and work-place.
Ann Arbor: University of Michigan Press；可一併參看以下一些網頁：The Co-Intelligence
Institute (www.co-intelligence.org); Democratic Dialogue (www.democraticdialoguenetwork.
org); Civic Evolution (www.civicevolution.org); the Pioneers of Change (http://
pioneersofchange.net). 有個特別的社區改造過程把年輕人也引進來，由此打破代間
樊籬，可參見：Flores, K. S. (2008). *Youth participatory evaluation: Strategies for engaging
young people.* San Francisco: Wiley.

（Church of the One God）、唯一真神教會（Church of the One True God）。

✦

基督教的萬國運動（ecumenical movement）曾經邀引過全世界多種宗教來作共同的詳辨。然而，在我看來，這多半只是基督教各宗派間的努力，想把世間的信仰都歸到同一支旗幟下。像這樣的統一方式確實有功於降低疏離，但同時也製造出具有更危險潛能的區分法。因此，在關係論的觀點下，我們更該珍惜的是像非洲的信仰之間和平行動（Inter-Faith Action for Peace），其企圖在於要把非洲的種種傳統宗教和佛教、印度教、伊斯蘭教、猶太教，以及基督教都召集過來，一起推動和平；還有衛斯理的跨宗教行動社群（Interfaith Community for Action in Wellesley, ICAW），號召來自各宗教社群的志願者一起來和當地政府合作，共同為年輕人提供一個免於毒品污染的環境；另有一個跨宗教行動（Interfaith Action, www.buildingfaith.com）在紐約州的羅徹斯特發起，把來自各宗教和各族群的代表召集起來，展開一個協作的行動方案，以降低城市裡的暴力犯罪；以及在伊利諾州的伊凡斯頓有個跨宗教行動團體（www.interfaithactionofevanston.org），號召各宗教團體一起來為街頭遊民提供食物的必要的照顧。[20]

✦

宗教多元主義包含了不只是多種傳統的共存……它還要求跨傳統的相互投入。

——羅勃·伍詩瑙（Robert Wuthnow）

7 ｜ 超越起始

以上，我只是從愈來愈多的跨界努力中抽出一些樣本，讓我們曉得各種消除距離與對立的途徑。無論在何處，你都可聽人談起：在滿地衝突的世界中，只有對話才有潛力可爲之療癒。從關係論的觀點來看，這就是要達成第二階道德的有效途徑，而這條件也是我們能從而恢復協作的可能性，以及回到善的本源之道。不過，我從多方面看來，這只不過是剛跨過可能性的門檻而已。之所以如此，有部分是由於人類幾乎還不怎麼能察覺到其存在之關係現實與價值。歷史爲我們提供了無數的手段來宣稱或護衛自認的狀態。也就是提供了很多語言來供科學、信仰、理性、個人體驗、神聖光顯之使用，用來保護、維繫和擴張既有的傳統。關於什麼「是眞」、「是實」、「是道」、「是德」等等的論述，都具有在人和人之間設防的能事。在歷史的這個交會點上，我們要奮力搏取的可能性是用新的位置來接受「亦眞亦假」、「亦實亦虛」、「既爲德也爲不德」之說。大家都說：文明能夠前進一大步，就在於能以理性論爭來取代戰爭。然而，理性論爭的目的仍在於爲對立的雙方謀求各自的利益。論爭常只是另一型態的戰爭。是故，我們目前的挑戰就應在於生產出一種對話實踐的方式，既不需用論爭也不動用戰爭，來面對自以爲是的差異。我們已經有了很多帶頭起義的勇者，但能不能遍

20　關於跨宗教行動的進一步資訊，可參見哈佛大學多元主義計畫的網頁：www. pluralism.org

地開花呢？

⊕

有些時候，我很悲觀。鉅大而有權力的體制機構確實都傾向於爲他們自己劃出分明的界線。政府、宗教和企業集團都在高處盤踞著囿限存有的邏輯。他們在那裡的所作所爲幾乎都是無可救藥的「爲他們自己，爲他們的福祉，爲他們的利益」。於是，千百個草根團體所企圖去做的跨界努力就可被他們一筆勾銷——只要有一次關廠，發射一枚火箭，梵蒂岡的一紙聲明，或政府的一場火力鎮壓。所以，我們主要的挑戰應是如何發展出一些法門，來把最大的體制機構都帶進對話邏輯之中，讓他們和更廣大的人類社群產生對話關係。

⊕

我也有些樂觀的時候。我們身爲多態的存有，就具備了數不清的關係潛能——阡陌縱橫的道德之善、理性悟性、情感表達，和各種動機、體驗、記憶等等。這結果就是：我們自身之中都帶有一些本來是我們所反對的他者。論爭的傳統總會在某些特定的差異問題上，把我們推進沒完沒了的戰場，也因如此，阻斷了我們本來可以相互親和的潛能。我們即使在聆聽異國異域的論調時，都有本事學會重複他們的所論。於是，這些論調也變成了我們的語彙。自茲而後，我們所能行走的道路就比已經開闢好的高速公路網更多。我們有很多用爛的傳統來讓我們互相抗拒、互相阻斷意義之流。然而，我們也仍有協作潛能的大量庫存，等著讓我們尋求合適的表達情境。這挑戰正好讓我們用來開發一些方法，以便疏通我們之間的意義。

371

第十二章
趨近神聖
Approaching the Sacred

本書一開始就主張：在自我與他人之間的清楚區分乃是一種造作，　372
也只是理解世界的方式之一而已。雖然西方文化曾因為對個體自我
的認定而得到不少酬賞，我們也發現此一傳統限制了其自身的潛
能，甚至帶來傷害的後果。雖然幾種社群主義（communalism）的
形式也已矗立長久，作為個人主義之外的另類選項，但我們仍有理
由加以排拒。社群實體和個體自我之為圍限存有，毫無二致。只有
在關係存有中，我們才能超越以上兩種傳統。

　　在關係存有的視野展開之後，我們也進入了一個根本的境界
（radical clearing）[1]。我的論點是：除了自我和社群概念都有其關
係的根源之外，所有可令人理解的行動更都是因為關係而存在。
或者，換句話來說，無一事物不是基本上存在於關係過程的浸潤
中。關係之所在先於一切。然而，在進入此境界之時，事事物物都
已在關係中發生了，你這就會發現：許多嶄新而緊要的挑戰不斷冒
出。關係既有如此深刻而重大的意義，但我們要如何才能理解其中

1　譯註："Clearing" 一字原意是指條頓民族（Teutonic）古俗，在森林裡闢出一片空地來
　　進行崇拜儀式。此句不特別有此意指，故只就其空間義涵而譯為「境界」；但就本
　　章的「神聖」主題而言，作者在此的用字就有伏筆之意。

可行的機制，把握到其本質，或掌控其潛力？這不就是最主要的挑戰嗎？我們這個星球的未來不就仰仗著我們培育和維護關係的能力嗎？

✛

373　前文各章都已與此挑戰掛鉤。我們探討過關係過程的理論與實踐之道。不過，細心的讀者一定會發現，這些說明中隱含著一種諷刺：無論是在描述、形成理論、闡釋關係之時，我都仰賴著獨立實體的論述。每一頁的描述和解釋中都滿是「他」、「她」、「它」的，也就如同這些都是可分離的實體。我敢肯定地說：我一直在嘗試移除傳統的假定，即「關係由個別實體所形成」。我堅持的主張一直是「關係先於實體」。但語言卻不斷地對我的企圖冷嘲熱諷。為了描述、解釋關係何謂，我的語言必須先把世界區分成許多獨立的實體。無論我多麼努力嘗試要超越分離，但由名詞和代名詞構成的語言卻老讓我不知所措。

✛

　　我的語言之所限就形成了我的世界之所限。

──維根斯坦

✛

我們在此步入承認的關鍵時刻：在我們努力嘗試理解關係之時，我們手邊能夠動用的只有關係本身所提供給我們的**可懂**與**能懂**。關係在其本質上無法「就地矯正」，因為在我們的探索中，我們逃不出我們所屬的特定理解傳統。我們無法穿透字詞的面紗而直接

凝視光源。我們確可感知任意義生產的「背後」總有某種「應負其責」的過程，但這樣的根源卻不可能直接把捉。在這節骨眼上，我們才有機會開始瞄一瞄關係存有中可能的神聖向度。如果我們所認爲眞和善者，以及一切能生能養者，都屬於書不盡言、言不盡意的領域，那麼，我們就已經趨近了可謂爲靈性的意識（spiritual consciousness）。本章的以下篇幅將全部用來作此潛能的探索。我所用的趨近之法是迂迴側背。也就是說，與其直接去捕捉神聖性的議題，我寧可採用一套隱喻族系來讓關係變爲我的理解前鋒。於此就有了一個重要的向度加入我們對於關係的理解，來構成我們對於實踐、道德、靈性三面潛能的併行賞識。能把握住這些隱喻，我們就會有更好的準備，來探索神聖意識交匯的所在。本章的結尾將是對於行動義涵的考量——在此處、在此刻。

✛

當我們在尋找某物之可加以描述的終極同一體時，我們就發現了這把茶壺的存在——而其含意在於：所有其他現象莫不皆然——都是某程度被習俗所決定的片面。

374

——達賴喇嘛

1 ｜ 關係的隱喻

對於這類的問題最好不要先給個結論式的答案：「關係是什麼？」「它的基本構成物是什麼？」「它如何起作用？」對此，我們該避

免的是清晰。「要知道……」這樣的說法就是讓交談終止，而當交談無法繼續下去時，意義也會於焉停止生產。是以，對於關係，在沒有「終極理解」之下，我們就會歡迎所有對於其特性所企圖做出的表達。與其把不正直、不準確的說法棄若糟糠，說什麼知識尋求總該如此，不如來歡慶我們的七嘴八舌。每一種說法都會打開一種可能性，把我們的注意力磨尖，把我們的行動潛能拓開。我們由於新的條目源源加入而受益無窮，那是因為我們有持續的對話，針對著如此的難題：善惡的本質、正義之所在、未來何去何從。這些新來的貢獻維持了交談，讓我們能永遠謙虛為懷、隨意轉圜，並且在創意中泰然自若。

❖

在前文中，我談了不少共同行動的概念，以及對於真與善的協作建構。我們確實是在為此概念的含意開箱之時，才碰到了解釋的終極限制。不過，對於關係存有的這種說法只是衝破樊籬的一種可能，它也可能照亮我們的關係存在之潛能。因此，我期望以我所瞄到的六個隱喻，能代表我多年來熱切於此而發出的火花。[2] 每一個見解都開啟了一個賞識的空間，而全部兜攏起來，就疊合成理解與行動的豐富潛能。這些簡要的數算或能成為我們的雙足，讓我們一步步走向神聖之境。

❖

　　我很珍視的事實是：一件藝術作品可以道出事物存有狀態的典故，而不必成為事物的一種再現形式。

　　　　　　　　　　　　　　　　　——馬丁・珀里爾（Martin Puryear）

交合的行動

對於很多人而言，關係存有最值得注意的一種實現方式就顯現於交合的行動中。這個訊息非常清楚：人生的開始，就是由兩個分別攜帶卵子與精子的生物人之間發生的關係。這裡頭就有共同行動的原初動力。許許多多的作者——從古至今——都道出了性的親密體驗乃是兩者成爲一體的終極形式；其中有些還發現這種體驗會把人推向天地合一的狀態中。[3] 對於交媾的生物學理解也告訴了我們：沒有一個個體是自足的；所有的生物體都帶著前一代關係的印記。由此上推，交媾關係還更帶著再上一代四個生物存有的印記，而他們又都是由所有先前數代的成份所合成。把我們的身體視爲圍限的單體乃是個錯覺；他們都包含著多體。

◈

> 療癒乃是成全，成為全體；重新完成一體；統一再統一：這就是愛慾（Eros）之付諸行動。愛慾乃是合一的本能，或是能行合體之事。
>
> ——諾曼・O・布朗（Norman O. Brown）

2　有助於對關係隱喻作透徹思考的作品是：Rosenblatt, P. C. (1994). *Metaphors of family systems theory*. New York: Guilford; Olds, L. E. (1992). *Metaphors of interrelatedness. Towards a systems theory of psychology*. Albany: State University of New York Press.

3　Nike Douglas 和 Penny Slinger 的著作 *Sexual secrets: The twentieth anniversary edition: The alchemy of ecstasy* (Destiny Books, 1999)，探索密宗傳統的兩性合一如何帶來與萬物合一的意識。他們指出：「密」這個詞彙所指的就是「交合」。把性交狀態維持住，而不讓它完成，就構成了一種冥思的方式。亦可參見：Anand, M. (2003). *The new art of sexual ecstasy: Following the path of sacred sexuality*. London: HarperCollins.

交媾生育的隱喻特別重要之處在於其所具有的能量，可以生產出強烈的「合一」之感，並且就發生於日常生活的當下現場。在西方文化之中，此隱喻也具有強大的召喚力，能把這種合一感投注到靈性向度上。性的合一所包含的意義不僅在於身體與心靈的結合，還會擴張到人性整體，且會把這整體性包在令人敬畏的奧祕之中。此一隱喻還能提供一種抗拒的資源，用來對付日益猖獗的性商業化和性機械化。[4] 然而，我也抗拒把關係存有的多種潛能簡化到一種性活動的形式中，因為這樣的「一種」會排拒掉人類中很多不屬此種的人口。[5] 這種視野太狹隘，且其對於行動的含意也曖昧不明。正如前面幾章所主張的：關係存有最重要的視野就是能容得下我們所有的活動。

376 體系理論

科學把大部分精力用在研究各種實體之間的因果關係，譬如降雨量和植物生長的關係，油價和股價之間的關係，父母關懷和孩子自尊心間的關係等等。這種關係模型也推展到大多數科學中，用來說明多重的因果影響力。不過，此一方向上最為先進的發展係在所謂的體系理論（systems theory）。體系思維起於對因果循環關係的新認知：所有的結果也都是其他結果的原因。於是，降雨量影響了植物生長，植物生長影響了野生動物的繁殖，而這結果又會反過來影響到植物的消耗。注意力因此就從單一的因果關係轉向更大型的因果交互發生順序上。體系分析師安那妥・拉帕柏（Anatol Rapaport）

把體系描述為「一個整體，通過其各個局部之間的相互依存，而以整體來起作用。」[6]

多體系取向的運動也是多方向的。雕塑家肯尼詩・思內爾森（Kenneth Snelson）在他的作品《虹之拱》（Rainbow Arch）中證明了：本來互相獨立的許多鋁和不鏽鋼材料，一經特殊關係的安排，可以作出反重力的構成。

致謝：肯尼詩・思內爾森

4　譬如可參見：Marcuse, H. (1962). *Eros and civilization*. New York: Vintage.

5　譯註：作者在此所謂的「一種」當是指所謂「正直」（straight）的男女一對一異性戀形式。

6　Buckley, W. (Ed.) (1968). *Modern systems research for the behavioral scientist: A sourcebook*. Chicago: Aldine. xvii; Von Bertalanffy, L. (1968). *General systems theory: Foundations, development, applications*. New York: George Braziller.

　　在 1950 年代，跨學科運動發展起來，以探索某些性質或法則是否對所有的體系都有相同的意義。但由於其高度抽象性，以及它所提供的空間對許多不同學科的各理論家都很開放，以致沒能產生一個單一理論。毋寧說，體系思維促發了一群互有族屬關係的概念，分別在不同學科中發展。譬如：**回饋迴路**（feedback loop）的概念對很多人來說都成爲一個焦點；這概念是指結果會以迴路而倒轉過來輸入，又成爲原因。在人的關係中，譬如一個丈夫的忿怒會成爲妻子畏縮的原因，而這結果又會轉過來成爲不斷激怒丈夫的原因，並進而造成妻子更加畏縮的結果。一個體系就是以這種方式而自我維繫。另外有些人注意到**開放體系**和**封閉體系**的差異，前者對於由外而來的輸入很難抗拒，後者則會強烈抵擋外來的資訊。一般而言，家庭是開放的，以此而言，很多種機器就不然。自動控制學（cybernetics）這個術語多半用在工程和生物學中，用來說明一個體系中的回饋功能如何起作用，以便完成某種特定的效果。

　　對於許多治療師而言，在稍後出現的第二**階自動控制**概念成爲其要點。[7]在此，關切的要點轉移到觀察者如何建構出自動控制的模型，更明白地說，就是：治療師該如何理解一個家庭體系。這個取向會因重新考慮而讓人耳目一新：治療師不可能在接近案主時仍保持客觀；透過他們的溝通和觀察，他們定會成爲家庭體系中的一部分。在更爲晚近時，**自我組織體系**（the self-organizing system）的概念已經跨越科學的邊界而逐漸成爲通俗的隱喻，用來理解各個單位如何捲入組織的動向，而致被吸進一個較大的整體。[8]把諸多體系視爲一個自我組織的總體系，這樣的看法在體系變得益發**複雜**時，也已成爲大家的共識，並以此來理解能與組織共變的適應能力。[9]

　　體系理論的隱喻對於關係論視野的世界觀可謂一個極有貢獻的
代表。它同時也具有實踐上的用途，不只在工程學上，還暗示了本
來不太有關的各個獨立實體之間總會有某種連結。譬如：在心理衛
生的領域，與其將單一個體視爲有心理疾病，具有體系取向的治療　378
師寧可改而探索其他路途，把「被標定的病患」視爲和他的家庭成
員關係有密切相關的難題。正是這種取向逐漸帶出了被廣爲接受的
失能家庭（dysfunctional family）概念，用以和失能個人作對比。然
而，雖在實踐上涵義無窮，但體系論思維中，每一體系的單位基本
上仍是囿限的，而其間的關係也仍是因果關係。譬如，在失能家庭
中，父母的行爲施之於孩子身上，孩子的行爲也反過來施之於父母
身上。對於實務工作者來說，這種取向帶來的常是策略上的改變，
而非協作中的改變。在其中的實務工作者總是會這樣問：我如何能
在體系中引發改變？

　　雖然大多數的體系理論都聚焦在俗人俗事上，但總會有些例
外。葛雷果里・貝特森（Gregory Bateson）和他的女兒瑪利・凱瑟
林（Mary Catherine）在他們的大作《天使之懼：一種邁向神聖的認
識論》（*Angel's fear: Toward an epistemology of the sacred*）一書中，

7　Von Foerster, H. (2003). *Understanding understanding: Essays on cybernetics and cognition.*
　　New York: Springer-Verlag.

8　譬如可參見：Luhmann, N. (1999). *Social systems.* Stanford, CA: Stanford University Press;
　　Holland, J. (1998). *Emergence: From chaos to order.* New York: Perseus Books; Sole, R. V.,
　　and Bascompte, J. (2006). *Self-organization in complex ecosystems.* Princeton: Princeton
　　University Press.

9　對於複雜理論及其在關係上的涵義，進一步的討論可參閱：Stacey, R. (2003).
　　Complexity and group processes: A radically social understanding of individuals. London:
　　Brunner-Routledge.

就開始倡議體系觀念中的神聖潛能。[10]他們放眼看出的整全體系是個無所不包、令人望而生畏的整體交互關係。對於整體能有這種見識，庶幾能爲現今流行的二分法取向（自我／他者、心／物、生機／死氣）作一記當頭棒喝。

❋

難道真有一條線或某種袋子，可用來說：在那線或介面「之內」乃是「我」，而在「其外」則是環境或他人？我們憑什麼可以作這樣的區分？

——葛雷果里・貝特森

❋

行動者網絡

近年來，沿著體系理論發展而來的有兩個重要的改革。第一個是長久以來即已立基於社會學旨趣的社會網絡。在此，不計較個人，而更在乎人與人之間的關係型態。在網絡分析（network analysis）的發展上，社會計量學（sociometry）的概念、圖示理論（graph theory）以及路徑分析（path analysis）等都頗有貢獻。[11]以本書的目的來看，其中最有意思的一種變化，就是**行動者網絡理論**（actor network theory, ANT），這是從科學的社會研究中誕生的。[12]譬如在這裡，學者所企圖理解的是：各種科技如何鑲嵌在更廣的社會事件網絡之中。他們的努力導致兩種重要的結果，是從傳統的體系論中脫身而出。首先，許多體系分析者都只關心某一類實體中的因果關係——譬如一部機器中的部件，或一個組織中的參與者，或

379

一個家庭中的成員。ANT 的不同之處在於它會尋求跨越類別的因子之間的關係，譬如人的行動、論述、技術的對象、氣候等等。ANT 就是以此方式將「人的」與「非人的」因子放進相互關係中來處理；它們全都變成同一個體系中的互動因子。許多體系分析家都慣用線性因果的看法（A 導致 B 導致 C），但 ANT 則不然，他們認為：體系內任何因子所具有的行動能量可使它在作用中捲動任何其他因子。我們可以用機器來完成一項工作，但機器也可以「用我們」來完成它的使命。讓網絡建立起來的各因子就名為**行動項**（actant），而這理論也把非生命物件和人在其因果的潛力上等同起來。

　　ANT 隱喻的生產力令人不能忽視。譬如：我們通常會把重力的概念歸功於牛頓。這種歷史說法延伸到個人主義傳承中，捧紅了許多偉人。不過，從 ANT 的觀點來說，牛頓事實上不可能自己單獨起作用。他需要動用別人所蒐集的天文學資料，以及歐幾里德（Euclid）的幾何學，開普勒（Kepler）的天文學，伽利略的力學，再加上他的實驗室、宿舍、食物，甚至還需要一棵蘋果樹。[13] 實際上，這和第二章所發展的匯流觀念非常相似，我們必須把牛頓的重力概念和整個相互關係因子所形成的網絡聯結起來，由是得知：重

10　New York: Macmillan, 1987.

11　這些早期發展的綜述，可參見：Wasserman, S., and Faust, K. (1994). *Social network analysis: Methods and applications*. Cambridge: Cambridge University Press.

12　譬如可參見：Law, J., and Hassard, J. (Eds.) (1999). *Actor network theory and after*. Oxford: Oxford University Press; Latour, B. (2005). *Reassembling the social: An introduction to actor-network-theory*. Oxford: Oxford University Press.

13　White, M. (1998). *Isaac Newton: The last sorcerer*. London: Fourth Estate.

力概念只是此網絡中的一部分。這樣的網絡視野大大拓張了我們對於關係矩陣的認識。

散佈的認知

和 ANT 一樣強調人／物關係的，是在認知理論中一種生機勃勃的發展。心理學的認知運動是西方個人主義皇冠上的一顆寶石。此一運動是從笛卡爾思想傳統的反射中採光，堅信人類行為的湧湧之泉在於其理性。不過，到了現代，大多數認知心理學對於「心」所使用的隱喻已轉變為電腦或資訊處理系統。數以千計的書籍和文章證明了此種隱喻的力量所在，以及其中的文化支援脈絡。

380
　　在此脈絡下，有少數懷有改革之志的科學家把注意力從腦袋裡的電腦轉到人與桌上電腦之間的關係。在這種光照之下，新的問題產生了：電腦會使你變得更聰明嗎？你很快就會曉得其中的玄機。譬如，回想一下有些時候這機器讓你覺得自己很笨：「我不明白這種格式怎麼用；」「我不會算 Y。」當然更重要的是電腦對於你的能力有很積極的貢獻。如果你像我一樣，那你會很感激電腦對於拼字的記憶力。很多種軟體程式也可以增進你的文法。電腦還會用秒殺的速度幫我解決數學問題。這還沒提到電子郵件的存檔方式，讓你在意識模糊的邊緣上找回好幾年前的信函。就智能來說，我的電腦和我已成為一體。

　　把智能的觀念從人轉向人／物關係，就會產生**散佈認知**（distributed cognition）的概念。[14] 在此觀點下，理性活動就不只是發生在個人的腦袋中，而是散佈在人與物交錯的縱橫阡陌上。這種想法，其用大矣哉。譬如，你會開始發現：一個小孩在學校中的學

習並不只是個內在過程，而是在於他和他的老師、同學、書本、電玩、照明、溫度等等的關係中。不可說：「我學習，」而寧可說：學習的發生之處乃在於整個關係群落。以此來看，要改善教育就會有更多途徑。[15] 我們該強調的應從個別學生轉向學習所發生的更大脈絡上。有一個相當具有戲劇性的案例，係來自航空控制系統。試想想，發生空難的機率，有 70% 可追溯到人爲疏失（而不是來自機械故障）。然而從散佈認知的立場來看，駕駛員並不是在單獨操作。毋寧說：你應可看見所謂「智慧型飛行」實乃散佈於駕駛員、副駕駛員、機械小組、地勤人員、控制塔台傳來的訊息、部門間的資訊流通等等。這麼一來，就會引發航空控制新實踐的發展，而此發展的基礎在於整個體系中所有因子交互關係的分析。[16]

381

❖

散佈行動的理論會在整個關係隱喻的語意家族之外，產生強大的力量，基本上是因爲那些理論把關係的視野擴展到超過人類一般的相互交換領域。囿限存有的傳統一向陷溺在目光短淺的個體行動上，是以會被人／物完全相互依存的視野所取代。更且，這在實踐上的涵義也非同小可。只不過，這樣的發展，到頭來還是和體系論一

14　譬如可參見：Salomon, S. (Ed.) (1993). *Distributed cognitions: Psychological and educational considerations*. New York: Cambridge University Press; Middleton, D., and Engestrom, Y. (Eds.) (1996). *Cognition and communication at work: Distributed cognition in the workplace*. Cambridge: Cambridge University Press.

15　在此取向上，有經典貢獻的乃是：Lave, J. (1988). *Cognition in practice; Mind, mathematics and culture in everyday life*. New York: Cambridge University Press. 也可參看本書第八章。

16　譬如可參見：Hutchins, E., and Klausen, T. (1996). Distributed cognition in an airline cockpit. In Y. Engestrom and D. Middleton (Eds.) 同前引書。

樣，最終仍維持著「世界由個別實體所構成」的觀點。這些實體（人物、技術、資訊等）總會變得至為重要，而網絡或體系只代表了其中的一些特定安排。照此一推，就會出現如下的情形：某些個人比別人更能做出大於體系功能的貢獻。有些部分確實會失敗，在此情況下，失能的單位就得重組，或根本裁撤。個別的單位還是得接受監控。

生物學上的相互依存

體系論與散佈論的隱喻把我們的視野拓寬到能包含人／物關係。不過，原先還有生物學和生態哲學的發展，其注意焦點本來就在於人類和其他生物之間的關係上。在生物學方面，主要的突破出現在演化研究。達爾文的理論廣被接受，強調了所有物種的生存競爭。適者生存，不適者則淘汰。在這樣的傳統中，我們就會利用其他物種來維持人類的生存。從社會達爾文主義（social Darwinism）、納粹到如今，這類的思維形式仍然遍存於我們的關係視野中。我們把世界依種族而區分，並且會設法辨別其間的智能優劣。我們一直在擔憂移民會稀釋或沖淡我們的族類。我們不斷在問：別的族群是否在威脅本族的生存？我們一再接受這樣的提醒，就是：我們生存在一個互相隔離的世界中，而本族福祉的最高優先權必須保障。

在 1980 年代，演化生物學家開始質疑達爾文關於物種關係的理論認定。他們對很多細節重新注意，以致產生了新觀點。真正的關係不是競爭，而是**共同演化**（co-evolution）。換言之，各物種的生存可能會和其他物種的生存相連，他們之間存在著**共生關係**（symbiotic relationship）。譬如：蜂鳥要依靠花蜜來生存，但花朵

382

也要依賴蜂鳥來傳播花粉，以便於繁殖。此外，生物學家還問道：我們難道不能把相互依存觀傳佈到更廣泛的物種之間嗎？譬如蜂鳥與花朵間的物種互賴關係不也依賴著更廣泛的植物界和動物界之間嗎？這樣的問題催生了**擴散性共同演化**（diffuse co-evolution）的概念，強調了各種生物之間更寬廣的相互依存型態。[17] 我們可以肯定地說：人類這物種也包含在這張逐漸生長的相互依存地圖上。其重要涵義在於：我們不是獨立的競爭者；毋寧說，我們的生存乃是廣義相互依存中的一檔事而已。

※

　　所有活著的存有者和其他生存者都同屬一類。

——畢達哥拉斯（Pythagoras）

※

從生命體的強調到生態學的關切，其實只有一步之隔，並且只要邁出這一步就可以抵達有機體和環境相互依存型態的概念。由此，我們為生物學增添的視野乃是和環境因素之間的相互依存，譬如和降雨量、溫度、土質、供水系統等等。生態學研究則產生許多方面的後果，尤其是就維護各種生命形式的方案而言——動物的物種、森林、湖泊、魚類、冰山等等。生態學運動很清楚地標明：我們和大自然是以一種微妙平衡的方式而存在的。此一觀點在**地母假說**（Gaia hypothesis）中得以更加擴大，也就是說，我們應照料的不只

17　Durham, W. H. (1992). *Coevolution: Genes, culture and human diversity*. Palo Alto: Stanford University Press.

是地球上的某些區域，而應是大地這個整體。實際上，整個地球就是一個生命形式，在其中有溫度、氧氣之類的珍貴平衡，是由人類活動和植物活動共同維護（或不維護）而有以然的。[18] 全球暖化只是其中問題的一例。

　　對於**深度生態學者**（deep ecologists）而言，這種關係覺醒會要我們全面重新思考文化價值和體制的問題。所要求的是放棄爲己獲取的價值，而代之以對於地球全體居住者的維護作更爲基本的關注。深度生態學者認爲：有生命的存有之全體都有權存活和繁衍。[19] 這些觀念和理想帶動的全球運動有生態維護、綠黨政治、綠色和平組織、自然保育、生態女性主義等等，不勝枚舉。

383

⊕

　　我們會發現我們交織在生命這片大花毯中，
　　是深度生態學的織線。

　　　　　　　　　　　　　　——喬安娜‧梅西（Joana Macy）

⊕

關係的生物學建構是關係隱喻清單上一個鮮活的條目。它讓人類和其他自然生物之間建立起顯著的連結。這種建構也是這個星球的未來之所繫。和體系論不同的是：生態學運動具有強烈的道德涵義。在種種方面都強調地球優先、動物生存權，以及自然本身的內在價值。[20] 另外，對許多人來說，在生態學隱喻中也滿含著靈性義涵。[21] 他們認爲：在自然中，有靈性臨在，爲神之所居。

⊕

我相信天地、人類、其他存有等等的萬事萬物之存活與生長都
各有其性、各有其時，也都和綠色生命力一起搏動，而那生命
力乃是神聖，乃是永恆，乃是神本身。

——馬克‧沃里斯（Mark Wallace）

⊕

很顯然，生物學隱喻中富含著實踐的義涵以及道德靈性的召喚
力。不過，你也許會期望，這些運動中最好少些自以為是的正直感
以及總是要採取與人對立的姿態。這其中確實很常聽到責備他人的
傾向，譬如說：「**你們**在剝削環境；**你們**的貪婪導致地球暖化。」
因此很需要第二階道德的介入，藉以使之更加關懷關係的創造，讓 384
那些受責備者也能成為己方。批判性的抨擊對於生產相互參照關係
而言，實已黔驢技窮。

歷程哲學

我在先前的主張中已說過：言說和書寫語言的本性就是難逃「世

18　Lovelock, J. E. (1979). *Gaia: A new look at life on earth*. Oxford: Oxford University Press.

19　Drengson, A., and Inoue, Y. (1995). *The deep ecology movement: An introductory anthology (Io; No. 50)*. Berkeley: North Atlantic Books.

20　譬如可參見：Singer, P. (Ed.) (2005). *In defense of animals: The second wave*. Oxford: Blackwell; Bari, J. (1994). *Timber wars*. Monroe, ME: Common Courage Press.

21　譬如可參見：Wilbur, K. (2001). *Sex, ecology, spirituality: The spirit of evolution* (2nd ed.). Boston: Shambala; Wallace, M. (2005). *Finding god in the singing river: Christianity, spirit, nature*. Minneapolis: Augsburg Fortress Publishers.

界由分離實體組成」的觀點。語言本身即是一套範限的設計，
把本來可以用歷史來看的事物都分離開來。歷程哲學（process
philosophy）代表的是一種重要的企圖，想重新肯定對於整體性的
賞識，特別注意到跨時間的轉化。試想：生物學隱喻，很像體系理
論，就傾向於把世界看成由各個分別的實體、物件或成分所組成，
在時間中具有持久性。正因爲有這些持久實體的分離，你才可以說
它們之間有因果關係。相反地，試看看這種早期希臘哲學家，赫拉
克利圖的觀點：

> 由宇宙法則來看，日以生夜，由冬轉夏，戰爭之後有和平，豐
> 年讓位給飢荒。火竄進沒藥中，直到火與沒藥一起燃盡，但卻
> 會以煙的形式再生，我們管它叫香火。

我們在此看到的是一種持續不已、不受阻斷的流動觀點。在
此之後很多哲學家都會把赫拉克利圖的向度納入其哲學中。黑格爾
把人類史視爲動態的正反合辯證，就是其中一例。懷海德（Alfred
North Whitehead）受到量子力學發展的影響，他的大作《歷程與
眞實：一種宇宙論》（*Process and reality: An essay in cosmology*）至
今仍受人矚目。[22] 以本書的觀點來看，歷程哲學有兩大貢獻。依懷
海德的想法，基本的眞實乃是在不斷變化中。我們在任何時刻認
作持續不變的眞實者，實爲暫時性的「體驗機緣」（occasions of
experience）。每當時刻更迭，統一的狀態也隨之而變，所以眞實
就是不斷「成爲」（becoming）的狀態。很像第二章所謂的匯流概
念，懷海德也把每一時刻稱爲**共盈虧**（concrescence）。不過，懷海
德所強調的「不斷成爲」實爲我們的理解增添了一個重要的向度。

✦

多變為一，也以一而增多。

——懷海德

✦

歷程取向也要求我們重新思考對於知識的傳統概念。如同在第九章　385
所述，囿限而持續的單位會引來的知識觀就是以眞理爲其終極目
標。然而，一旦決定了何爲眞、爲實、爲客觀，就同時意謂把討論
削斷。共同行動歷程也於焉中斷。反過來說，透過歷程哲學的鏡
頭，我們看見了尋求眞理的知識有其不足。如果宇宙是個鉅大的變
化歷程，那麼，萬事萬物都不可能完全受到知識的保證。一切存在
皆爲恆動。因此，對於何謂存在的交談應是無止無休。

✦

永遠運動
不止之恆
你所僅存的一悟
啊，十年苦讀——只為無物

——高銀（Ko Un）

✦

歷程哲學不但爲關係論增添了重要向度，還特別挑戰了以分離實體

22　Whitehead, A. N. (1929). New York: Macmillan.

來理解世界的問題。它借給關係論一種關於「能懂／可懂」的理解：物件或實體不可用作建築鉅大整體的磚塊。和共同行動概念相似的是：歷程先於圍限單位。以此可知，界線可理解爲關係之流中的一種人爲阻斷。雖然仍有爭議，但許多人已從懷海德的歷程哲學延伸出神學涵義。他們提出的主張說：神乃內在於我們所能體驗的世界中，但同時祂又大於此一宇宙。[23] 不過，歷程哲學的行動義涵何在，這是到目前爲止都尚未完全開發的問題。

佛法：交互存有

這一族屬的關係隱喻中，最後一項貢獻有其古老的根源，但卻在這益發複雜的世界中引發了愈高的興趣。在佛陀（Gautama Buddha，紀元前五世紀）的遺訓中，四聖諦具有無比的重要性。第一聖諦是認出世界遍在的苦。第二聖諦將苦導因於人欲。人若能無欲，就可減少苦。接下來的第三聖諦是人若能離棄慾望的束縛（包括離棄自我的概念），苦就可以得滅。第四聖諦則是一些導引修行的實踐法則（八聖道），不只用以滅苦，也可得與生命和諧共存。其中一種實踐幾乎與當今佛教傳統中的靜坐（冥思）完全一樣。用一種密集或「無心」（mindful）[24] 的專注（如以氣息的運動，或以清空一切思慮）來獲得不只是欲望的解脫。其中還有滅苦。[25]

386

⊕

佛法與共同行動的論點互相應和，其主張是：當我們能從日常的繁瑣事務中抽身時，就會發現種種區分及其所賴的範疇都是人爲的造作。實際上，我們的語言區分之法是造成我們的欲望及失望的雙重

來源。我們可看出：當我們把財富、愛情、地位、子孫以概念化的方式歸爲「人之所欲」，我們也在此鋪下了失望及悲苦的地基。我們還會更進一步看出：自我與非自我的劃分不僅誤導，尚且會爲我們的悲苦定調。（試想想從個人的失敗感中會導出哪些憂苦。）

在修行一段時間之後，人的意識進入菩提境界，會看出世界本來無一事、本來無一物。萬事萬物皆爲人所建構。當我們把這些建構都予以懸擱（如在靜坐之中），我們的意識就會更上一步而進入全體合一的境界。在形式上來說，這種意識在佛法中稱爲**共依源生**（codependent origination），或即萬物間的純粹關係意識。[26]我們所知之物無一是獨立存在於任何他物之外。越南禪師釋一行的說法是：我們進入**交互存有**（inter-being）之境，在其中「一物即他物」（無沒）。試以海浪來設想：在我們的視覺中，我們似乎可看見拍岸而來的浪潮中，一浪是一浪。它們都有各自的同一性。但在浪潮的起伏之中，其實分不出鄰近兩浪哪裡是浪頭、哪裡是浪尾，也分不出一浪和全潮之別。或者再把這視覺推展開來：每一浪最終

23　譬如可參見：Cobb, J. B., and Griffin, D. R. (1976). *Process theology: An introductory exposition*. Philadelphia: Westminster Press; Pittenger, N. (1968). *Process-thought and Christian faith*. New York: Macmillan.

24　譯註："mindful" 經常被一些人望文生義地誤譯爲「用心」。根據作者在此的說明：「清空一切思慮」，譯者要讓它還原爲佛法中所謂的「無心」。亦可參見第九章（本書頁碼 p. 481）討論止觀法時所談的「無心」（no mind）。

25　進一步的資源，請參見：Kwee, M. G. T., Gergen, K. J., and Koshikawa, F. (Eds.) (2006). *Horizons in Buddhist psychology*. Chagrin Falls, OH: Taos Institute Publishing; Bodian, S. (2008). *Wake up now: A guide to the journey of spiritual awakening*. New York: McGraw Hill.

26　譯註：此處所謂的「共依源生」（codependent origination）當是漢傳佛法中所謂的「阿賴耶識」，或「藏識」、「無沒識」。

都在浪潮的全體之中。由此，我們就可發現：我們所慣用的區分之法都是隨意的武斷，而將此區分懸擱之後，才有可能產生全體含攝的體悟。若我即在你之中，而你也在我之中，則相互關照自會取代相互對立。

交互存有的視覺隱喻可在古代印度教的因陀羅（Indra）之網的意象中發現。因陀羅是孕育萬物的自然力之神，而這個網是懸在祂的天宮之上。此網向四面八方擴張，而網中的每一結都有顆寶石，可映照出網中所有其他寶石的映像。每一顆寶石之美含有一切寶石所表現之美。上圖所示者即為因陀羅之網所網羅的世界。

　　我深受佛法觀點的吸引。在其中，強烈的靈性意識遍佈於一切
存有，但仍能不依囿限而遙遠的神來建立真實。我在上文中努力闡 387
釋共同行動的意義，但也一直發現由人所造的意義，其中都含有把
人囚禁的潛能。[27] 只不過，我覺得目前流行的各種靜坐冥思實踐還
是有其限度；它們都太強調個人的變化，而期待個人的變化就可為
更有生機的關係世界作出貢獻。他們說：個人的冥思實踐可使人產
生對他人的同情。我可以肯定這樣的實踐有助於懸擱敗生性的關係 388
（即如同用個「暫停」）。不過，關係的生活所要求的遠比這樣要
寬廣而複雜得多。如果要維繫有生產力的意義之流，則其所需的資
源和途徑就應該更多。為了能共同建立有願景的未來，我們需要有
助於參與的技能。這個挑戰，依我所見，就是能不能為多種多樣的
團體生產出無心冥思的實踐方式來。

2 ｜ 關係存有的神聖潛能

對於關係的本質，我們總是言不盡意，因此才使我們非得賞識關
係存有的種種隱喻不可。以上各種的理解取向——交媾生育、體
系理論、散佈存有、生物學理論、歷程哲學、佛法——給我們提
供了大好機會來超越獨立實體的世界，而能邁向關係整體的考量。

27　關於佛法與建構實在之間關係的進一步討論，可參見：Gergen, K. J., and Hosking, D. M.
　　(2006). 如果你在此途中碰上社會建構的概念，就會發現其與佛法的對話。見：M. G.
　　T. Kwee, and F. Koshikawa，同前引書。

在以上各種取向中，我們發現各不相同的理解和行動潛能。交媾生育的焦點在於使關係具體化；體系論和散佈論的取向有極大的學術和行動價值；生物學取向激發的既有許多研究，也有不少維護環境的行動方案；歷程哲學助長了科學與神學間的對話；佛法則提供了關於良好生活的理論和實踐之道。除此之外，我們還可繼續添加更多隱喻。譬如：非洲文化給我們提供本土的人性觀「烏班圖」（ubuntu），其所強調的是對所有人的關懷和同情。用來回應本書的前文，烏班圖精神具現在這麼一句話中：「我之所以是我，乃因為我們是我們大家。」另外與此有關的還有日語中的概念「場」（Ba），是由日本哲學家西田幾多郎（Kitaro Nishida）所發展的。「場」所指的，約略相當於純粹關係狀態，其中所有的關係成員都統一在共享的、綜合的主體性之中。[28] 有些時刻，群體的高度團結之情，很能用這個「場」來說明。另外還有**嘉年華**（the carnival）這隱喻，說的是節慶的情緒，後來演變為通往原初群體的歡騰之途。[29] 要想理解關係的所有生機活力之源，沒有所謂「最佳」或「唯一」的途徑，只能透過種種義涵而逼近。

✣

389　和音通過知識

其餘韻比所知更深。

——赫拉克利圖

✣

對於深奧而原始之認知，早已不是什麼新鮮事；千百年來全世界都還一直在沿用。這種認知常會伴隨著深刻的敬畏感、謙卑感和

神祕感。對於十九世紀的浪漫主義者譬如渥茲華斯、柯勒律治（Coleridge）和席勒（Schiller）而言，自然會給創作藝術家提供靈感。壯麗、飛揚之感可由阿爾卑斯山、湍急的瀑布，或多彩的落日餘暉所引發。但這些體驗無法描述，而必須間接逼近——透過藝術與詩詞。浪漫主義者所說的「崇高」（sublime）就是無邊無際、深不可測。到了晚近時代，學者發現：對於崇高，可在物理學中找出令人驚艷的解釋，[30]也可在傳播科技無遠弗屆的聯網中帶來。[31]

　　對於這種深不可測的臨在及其不可言說的意識，融匯著神聖感。對於許多人來說，這種在深奧泉源之前的神祕與敬畏之情實與神聖的意識無異。這種觀點乃是猶太–基督宗教與伊斯蘭教傳統中的精要成分。我們在〈羅馬書〉（11: 33）中可讀到：「他的判斷，何其難測，他的蹤跡，何其難尋！」這種感性也在五世紀發展的**否定神學**（negative theology）中壯大起來。在此時的神學家推想：字詞和話語都不足以描述或再現神聖。實際上，任何解說或圖像都必定會誤導或扭曲。只可用否定的方式來描述什麼不是神聖，而不可及於神聖本身。[32]同樣的，在卡巴拉學（Kabbalistic）的傳統

28　Nishida, K. (1990). *An inquiry into the good.* (Trans. By M. Abe and C. Ives). 原著出版於 1921. New Haven: Yale University Press.

29　Bakhtin, M. (1993). *Rabelais and his world.* (Trans. H. Iswolsky). Bloomington: Indiana University Press.

30　Cannato, J. (2006). *Radical amazement: Contemplative lessons from black holes, supernovas, and other wonders of the universe.* Notre Dame: Sorrin Books.

31　Gergen, K. J. (1996). *Technology and the self: From the essential to the sublime.* In D. Grodin and T. R. Lindlof (Eds.) (1995). *Constructing the self in a mediated world.* Thousand Oaks, CA: Sage.

32　這種觀點也表現在十二世紀猶太學者 Moses Maimonides 的著作：*The guide for the perplexed.* 他在該書中主張：凡是企圖辨說神的屬性者，就是神人同形論（anthropomorphism）(London: Routledge & Kegan Paul, 1904).

中，造物主總是不可知的。而在蘇菲（Sufi）傳統中，人可以努力進入一種「滅我」（annihilation）之境，在其中我他無有分別，人與不可言說的太一化合為一。[33]

對於神聖臨在的意識——及其不可言傳——也在今日的後現代神學中得到迴響。話語具有如地圖或鏡子般反映世界的能力，在此被視為一大疑問。新的主張毋寧是：話語之能有意義，乃是來自它與其他話語的關係。如果話語不能再當作地圖或鏡子使用，由此即可推知：神學著作也不能夠顯示神聖的本質。[34] 神聖不能在神聖文本中找到；在《聖經》研究中尋索並定位「神的意義」乃是虛有其表的工作。毋寧像一些後現代神學家的主張：我們更應把注意力轉向這些文本之所關如，及其不合邏輯的性質；正是由於意義之不能固定才把我們帶近了神聖之域。如同馬克·沃里斯（Mark Wallace）的主張：神聖的顯要意義也許會記載於《聖經》的敘事與說明中，但若我們將其文本視為歷史事實的紀錄，則其神顯之義也會消失不見。《聖經》所傳達的智慧毋寧是在於其開放性——向對話開放，也開放於重新詮釋。[35]

在希伯來傳統中，有個類似的觀點，認為：神既然是一切存在的創造者，則神必定超過或不存在於時空實體中。正因為神不是看得見摸得著的東西，所以直接描述絕無可能。印度教傳統也相當接近於神聖之為不可言說的境界。《奧義書》是紀元前八世紀的產物，在其靈性教義中，最高的宇宙之靈就是超過人之所能理解。由此才產生了神聖的梵唱，**neti-neti**，意指最高存有乃是「非此，非彼」；聖靈既不可描述，也不可測度。

終極的意義在於靜默中，如同不可說的真理。

——克里斯‧賀曼斯（Chris Hermans）

ф

我們於此發現神聖臨在感有個顛撲不破的性質，就是超過定義、無法言說。但對於目前本書的論旨而言，這種神聖感可等同於關係的圓融統一。這樣的結論是從先前所討論的生態學、歷程哲學、佛法之中得出。以上每一種論述都將其關係整體的觀點連結到靈性的呈現。神聖不會棲居於單一或囿限的實體之中——甚至沒有等差之別——而只能存在於終極關係的條件中。這種觀點的根源非常古老。試看紀元前三世紀有關「道」的著作：

> 視之不見，名曰微。
>
> 聽之不聞，名曰希。
>
> 搏之不得，名曰夷。
>
> 此三者，不可致詰，
>
> 故混而為一。[36]

391

33　Yazdi, M. H. (1992). *The principles of epistemology in Islamic philosophy, knowledge by presence*. Albany: State University of New York Press.

34　譬如可參見：Taylor, M. (1982). *Deconstructing theology*. New York: Crossroad Pub Co; Winquist, C. (1999). *Epiphanies of darkness: Deconstruction and theology*. Aurora: Davies Group Publisher; Coward, H., and Foshay, T. (Eds.) (1992). *Derrida and negative theology*. Albany: State University of New York Press. 亦可參見：Marion, J. (1991). *God without being*. Chicago: University of Chicago Press.

35　Wallace, M. (2002). *Fragments of the spirit: Nature, violence and the renewal of creation*. Harrisburg, PA: Trinity Press; Owen, H. P. (1971). *Concepts of deity*. London: Macmillan.

36　譯註：此段引文係出自《老子》十四章，但作者未註明其所引的英譯版本，引文字句與原文頗有出入。此處譯文採用王弼版《老子》。

在基督教傳統中，這種基本關係和 *perichoresis*（迴旋；相互寓居），或三位一體（trinity，聖父、聖子、聖靈）的概念有密切關聯。與其將此視爲相互分離的實體，不如視之爲交相參與。神的本質乃是三而一、一而三的。另外廣爲所知的還有和泛神論傳統相關的著作，起源於赫拉克利圖、普羅泰納斯（Plotinus），經過斯賓諾莎（Spinoza）和艾默生（Ralph Waldo Emerson）。簡言之，在泛神論中沒一個分離實體或圍限存有可謂之神（有神論傳統所用的稱呼），毋寧說：萬有即神，神即萬有。[37]

　　類似的感悟也可在蘇菲教義中看見，他們說：神必須和任何特定的形體、性質區分，但又和一切現象不可區分。在晚近的生態神學中，就把這種整體視爲自然。只有在大自然的整體中才可發現神聖。[38]用瑪格瑞·惠特理（Margaret Wheatley）的話來說：「生命的真正本質乃是整體性……在神聖時刻，我會體驗到整體。」[39]

⊕

一切萬有皆互相關聯，
而此一即爲神聖。

——馬可斯·奧理略（Marcus Aurelius）

⊕

3 ｜ 神聖實踐的初步

由於不可能掌握關係過程的本性，因而引發了敬畏與謙卑之心。

我們最親愛的關係中，其本質是既不能擁有，也不可穿透、不可
言說。在關係的意識中，我們才發現了神聖的潛能。這對於我們 392
的日常實踐來說，其涵義至爲重要。默西亞‧伊里雅德（Mercia
Eliade）的著作爲人類歷史中神聖體驗的重大意義作出振聲發聵之
論。[40] 對伊里雅德來說，神聖化過程使我們的行動變得有價值。
當行動充滿神聖感時，自會獲得有力的應然性，而在世俗世界中
更常聽見的事實宣稱就不帶有這種潛能。摩里斯‧柏曼（Morris
Berman）爲此再添一說：現代世界觀——最完整的代表就是科學所
強調的預測和控制——把人性中主要的價值資源全都盜光了。[41] 就
柏曼來看，科學的觀點讓人和自然產生了遙遠的距離。我們在觀察
自然時，把自然當作與我們無關的獨立實體，結果我們就會不斷研
究自然、利用自然，爲的是我們自己的目的。這樣的結果對於我們
的星球和對於人類的關係都是一場災難。我一直認爲，會帶有神聖
向度的乃是關係的過程。凡能夠有功於關係過程的成長與延伸者，
就已獲得了神聖的面向。

⊕

　　要把靈性趕出門外，那很容易，

37　Levine, M. P. (1994). *Pantheism: A non-theistic concept of deity*. London: Routledge.

38　Hallman, D. G. (Ed.) (1994). *Ecotheology: Voices from South and North*. Maryknoll, NY: Orbis Books; Edwards, D. (2006). *Ecology at the heart of faith*. Maryknoll, NY: Orbis.

39　Wheatley, M. (2002). *Turning to one another: Simple conversations to restore hope to the future* (p.130). San Francisco: Barrett-Kohler.

40　Eliade, M. (1968). *The sacred and the profane: The nature of religion*. San Diego, CA: Harvest Books.

41　Berman, M. (1984). *The reenchantment of the world*. New York: Bantam.

但當我們這麼一幹，生命的鹽巴就會變淡
——它失去了味道。

——卡爾‧榮格

✛

在此同時，很多宗教內都有長久的排拒神聖的傾向，把神聖排除到時間與空間之外。有些採用時間的距離，就是把神的來源定義爲古早古早以前。這種誤置法也可用很久很久以後的方式，就說我們可期望神聖會在未來降臨。另外，對很多人來說，神明乃是「高高在上」，天神和凡塵間終會朽壞之物當然遠不相同。然而這些種種誤置神聖之法就會產生截然兩分的世界：一面是眼前當下的挑戰，一面則是朝著不在此處的聖靈拼命膜拜。這麼一來，其結論就是：我們身邊的生活都變得無關緊要。

從關係論的立場來說，我們實可跳過這種對於神聖和社會生活的區隔劃分。我們已曉得圍限與區分的存有只是人爲造作，並且就安身立命於關係過程的敬畏之情中，讓所有這些概念從中獲取其義。我們能承認：連遙遠的神也是在持續不斷的關係中創造出來的——這樣的神可以辨識，有時還性別分明，具有行事主體性，有愛有怨、能寬恕、法力無邊、智慧無窮，加上其他種種由文化所賦予的屬性。我們在此接到的邀請乃是：將神視爲**歷程**，而我們存在於其中，且不可與之分離。神聖不是遙遠有別的異域，而是內在於（immanent）所有的人間事物中。[42]

393

✛

一位朋友捎來的信息：「如果有人問我在何處崇拜，我會這樣

回答：通過我的關係——其在內者是我的身體之透過瑜伽、靜坐、運動；其在外者則是在自然中，每天只要有眼就可看見其獨特的美，無處不在。」

✛

這種關於神聖臨在的觀點和日常生活極有關聯。特別在於其邀約的方式：讓我們把種種行動都可視爲神聖潛能的表達或實現。上文所展開的關係存有之論，將共同行動過程以及意義的共創都放在特別重要的位置上。尤其當行動能有功於持續生產意義之時——有功於相互參照而非異化——我們恰在其中參與了神聖實踐。透過積極的相互參照，我們所從事的過程就在生產意義、價值，以及對神聖的永續維護。神聖既非在天，也非在心，而是一直要在我們的下一刻實現。

此一強調也非僅限於人間的關係。本書始終在指出，而在本章中指得尤其明白：人與非人之間的界線也都是人爲造作。人與人間的關係不能和人與自然的關係分開。我們每次提及意義生產的共同行動之時，都必須把整個自然包含在內。以馬丁‧布伯的話來說，

42　此一穩健的立論乃取之於神學與哲學關於內在性（immanence）的觀念，堅認神聖並非處於超過其所是的超驗（transcendence）位置，而正是在其自身中，自然而然。內在性的靈視可在許多宗教形成的光譜中發現其爲共有的現象，包括基督宗教、猶太教、印度教以及佛教。對這些宗教而言，生命所源出的神聖之力乃是內在於生命之中。以較爲世俗的形式但與此論點頗爲有關的，是晚近德勒茲（Gilles Deleuze）的著作。在他與 Felix Guattari 和 Brian Massumi 合著於 1980 的 *A Thousand plateaus* (Minneapolis: University of Minnesota Press) 一書中，發展出一種本體論，其中沒有結構，也沒有因果主體，而只有不斷的運動，不斷的形成與解體。

就是：「和神的關係……含攝著和他者關係的所有可能性。」[43]

⊕

394 對於我們的日常行動來說，其中更明確的涵義是什麼？在最簡單的層次上，這意思就是說，在我們能享有喜悅和滿足的時刻，對於一切能有助於此者要拓展我們的欣賞力。譬如在享用美食之時，我們也許可稍沉思一下：這樣的美味其實已被關係史調製了好幾世代。我們也可欣賞那些費力烹煮食物的人，還有之前對食物花力氣去運送、檢查、貯存和行銷的所有人。同時也想想：讓這些食物成為可能的大地條件是什麼？讓我們能享有此美味時刻的生活條件是怎麼建立的？在這欣賞的時刻，我們又還該加上的關切乃是：什麼狀況會使這樣的關係無法同步達成？我們的享樂時刻是否會阻斷關係之流？譬如：國際移工是在什麼狀況下辛勤栽種食物？在運輸食物之時，又會排放出多少的碳廢氣？像這樣拓展開來的賞識和批判的意識，其實就是一種崇拜之情。

讓我們把這種崇拜之情和我們的行動併置在一起。正如本書所明示或暗示的，每當我們的行動可引起或維持意義生產過程時，我們也在為一種神聖的存有狀態作出貢獻。譬如：就在簡單的關懷聆聽之中，或在肯定他人之時，在表達我們都是屬於多重關係中的一部分之時，定會閃出一些神聖的火花。同樣的，當治療師在協助其案主恢復有生機的關係之時，當研究者在為邊緣人而發聲之時，當教師在輔助課堂中進行的對話之時，當經理人把決策者的層級範圍擴大之時，這些時刻無一不分受著神聖。

⊕

如果人類能在生活中把創造當作榮譽的關係，
這世界就會在一夕之間獲得療癒。

　　　　　　——蘇珊・麥可艾洛（Susan McElroy）

　　　　　　　　　　　　✛

前面幾章一直在強調：在關係中創造和維持意義，也永遠冒著製造
新界線的風險——在內的正確與在外的錯誤相對立。因此，我們要
特別稱頌那些在善的傳統之中而又能夠跨越衝突的障礙者。群體之
間的關係——宗教、政治、部落、族群——爲文明的歷史帶來說不
盡的悲慘，而未來則懸宕在危險的平衡中。從分離走向異化，然後
走到相互毀滅，這條路也走向意義的全面崩潰。因此，能用對話實
踐來恢復有生產力的意義之流，乃是當前最緊急的需要。同樣值得
稱頌的實踐則是能把人類和環境融合成交相維護的世界。所有這些
行動都是第二階道德的實現——把關係中的關係活化起來。所有這
一切都讓神聖潛能有了棲居之所。

395

43　Buber, M. (1947). *Between man and man* (p. 65). London: Kegan Paul.

終曲
關係意識的來臨
The Coming of Relational Consciousness

396 　　我們必須面對這個事實：要麼我們一起去死，不然我們就得學
習一起活下去——如果我們是要活下去，我們就得來談談。

　　　　　　　　　　　　——依蓮諾·羅斯福（Eleanor Roosevelt）

　　要接近人，卻只能以分離圍限的單位來接近——不論是個別的自
我、社群、政黨、國家或宗教——那就只會威脅到人類未來的福
祉。要理解我們所生存的世界，卻只能以個別的物種、形式、類別
或實體來理解，就會威脅到這個星球的福祉。這就是本書的涵義所
在。因此我才會主張：對於已經四分五裂的現實，最迫切需要的替
代乃是關係的存有。我們所以能為獨立的存有，不管是哪一種，都
只能透過關係過程而誕生。能用圍限單位來瞭解人和自然，那只不
過是更基本的相互參照過程之後的產物。不論我們要把價值賦予我
們自身或他人，也不論我們對未來抱有什麼希望，都一樣得仰賴關
係中的福祉。馬丁·布伯曾經寫道：「太初即有關係。」[1] 不理會
關係的話，則我們所冒的風險就不是開始，而是我們的終局了。

　　為了把這些主張聚焦起來，我採取對準啟蒙觀點所謂的獨立
397 自我而進行批判。我所關切的是：關於獨立行事個體的許多認定方
式——如天賦的理性、動機、熱情——其實只能帶來說不盡的苦

618

難。異化、孤獨、衝突、自疑、自私、操弄性的關係等，都是關係
損傷的後果。這些說明鋪好路讓關係得以取而代之。相互參照、共
同行動的概念是其樞紐——意義的來源在此，而非在個體的心中。
在相互參照的行動中，我們才會發現所有眞善、所有道理的資源所
在。然而，在我的主張中，這並不意謂將過去世代代傳承下來的
心靈語彙全部棄之不用。毋寧說，此中有一大挑戰，即要將這些豐
富的語彙在我們的理解中予以重組。經過仔細檢視後，我們發現，
幾乎所有在傳統中歸屬於內在界的官能——理智、情緒、動機、記
憶、體驗等等——都是在關係中才能有的表現。確實地，我們也因
此得到如下的結論：我們的所言所行，無一不在顯示我們的關係存
在。在此立場上，我們儘可予以放棄的觀點是：環繞我們週身的人
事物是我們行動的成因——他者非因，我們也非其果。毋寧說：無
論我們的所思、所憶、所創、所感是什麼，那都是因爲**參與**了關係
而有以然。

　　也許由於日常生活中總有起起伏伏，我從未對於「心靈聯貫
一致」的啓蒙理想感到滿意。在我看來，如果我們是交織在多重關
係之中，則聯貫一致將是流動變化之敵。我們一身帶滿了各色各樣
的關係痕跡：過去和現在的，現存和想像的。這些痕跡爲我們裝備
了多重且經常衝突的行動潛能。聯貫一致的價值乃是由我們所參與
的某種特定關係中衍生。在地的關係會產生其自身的眞善與道理。
在這樣的關係中，黏結才有以發展出來——友誼、婚姻、社群、社

1　Buber, M. (1937). *I and thou*. New York: Free Press.（譯註：這句話對應著〈約翰福音〉
　　的開頭一句：「太初有道。」〔In the beginning was the Word.〕）

團、團隊、宗教、作戰部隊、政治黨派等等。我們把這種關係視為最有價值、最值得信賴。但如果這樣就算是合理的話，我們便已碰上了一大諷刺：當這些黏結關係即是我們的幸福所在時，這黏結過程也經常產生障礙，把他人和我們分別開來，協作行動之流也因此而被阻斷。最為不幸的是：這些人為的區分經常心懷恨意，很容易滑入相互消滅之境。

在這節骨眼上，我的關切就轉向實踐形式的問題。在我看來，如果關係論的觀點是有意義的話，則它必須融入我們的生活之中。這關切的焦點就在於實踐是否能引發有生產力的意義共創行動，尤其是那些可以突破冷漠障礙的實踐。我把注意力導向於此，譬如可在礁岩滿佈的航道上航行的關係實踐，可以建立社群，可用相互參照來取代衝突的實踐。注意力還更需延伸到學術研究、教育、治療，和組織中的關係如何建立。然而，在這一連串的探索中，我感覺到視野狹隘的不安，有如鬼影幢幢。是的，我們固然已觸及相互參照行動的多處場域，但在意識的邊緣上還蓋滿不可言說的暗影。即令如此，有意義的發展仍然在額外的境地裡四處發芽，我們怎能視而不見？

法輪已經開始轉動。我的研究顯示出：有好幾百位實務工作者正在探索一些能夠增進關係過程的實踐方式。不過，當我把這些努力拿來和不可言說的問題相對照，我才發現我已經低估了關係意識來臨的浪潮。在我的辨識意圖中，有許多運動的範圍是否早已比我的想像還廣大得多？可以肯定的是：有些廣為人知也廣為發展的運動，帶動了社群的開發，[2]也帶動了民主的參與。[3]同樣令我印象深刻的是電腦世界中的資源開放運動，亦即一個積極的「科技去中心化運動」，使人人都有資源享用權。[4]儘管這些實踐的努力都仍寄

宿在個人主義傳統中，但它們也已經展現了對於**包含性參與**的投注傾向。回過頭來說，從在地到全球，也有更多清楚的證據可看出以關係為中心而擴展的意識。譬如，以下幾個發展的案例就相當令我驚異：

對話與審議的國家聯盟（The National Coalition for Dialogue and Deliberation）。這個新興的團體致力於支援一些組織或個人，讓他們能從事於使用對話來促進社會公益的工作。他們「有鑒於社會中的體系與結構可用以支持與促進包含性的、建設性的對話與審議。」[5]這個 NCDD 的成員代表了一些組織，他們創制出一些對話形式，目前可用於各個社區、學校、企業集團、宗教等等，以襄助他們協力創建他們的未來。譬如：協助他們參與一些機構或協會，像是智能共享研究所（Co-Intelligence Institute）、民主對話與審議研究所（Democratic Dialogue and Deliberation）、社區集會網絡（the Neighborhood Assemblies Network）、21 世紀對話（21st Century Dialogue）、同情聆聽方案（the Compassionate Listening Project）等等，這些都有助於互相交換以及市民的共同關懷。

399

2　譬如可參見：Etzioni, A. (1993). *The spirit of community: Rights, responsibilities and the communitarian agenda*. New York: Crown; Bell, D. (1993). *Communitarianism and its critics*. New York: Oxford University Press.

3　譬如可參見：The World Movement for Democracy, www.wmd.org; the Democratic Dialogue Network, www.democrativedialoguenetwork.org; and *The International Journal of Public Participation*.

4　譬如可參見：Weber, S. (2005). *The success of open source*. Cambridge: Harvard University Press.

5　參見：www.thataway.org

協作專業的國際學院（The International Academy of Collaborative Professionals）。此一組織是從眾多草根團體中發展出來，其用意在利用協作實踐來取代各種訴訟、爭議的手段，以達到解決問題的目的。這個學院的組成份子基本上都是法律、心理衛生、財務部門的專業人員。他們以跨國服務的方式來提供教育與網絡資源。對他們而言，「人類的關係乃是我們工作的第一要項，無論何時皆然。」透過此一學院之助而作出的成果有一顯例，乃是協議形成的法條。尤其在離婚與監護權的法律問題上，律師們使用文明的討論來替代訴訟爭執，其中所有主要的當事人都會參與其中。在醫療的不當處置案例中，由協作而成法可以弭平醫病雙方互不信任的鴻溝，因為通過交談已經產生了共同的理解。[6]

草根的降低衝突（Grassroots Conflict Reduction）。在第六章我已簡要敘述過一些使用協作實踐來降低或處理衝突的工作。在此要提的是代表一種逐漸傳遍全球的運動，尋求在暴力之外解決衝突的替代方式。正因為大規模的組織——包括政府、宗教、政黨、部落等——經常已陷入自利的意識型態中而不能自拔，這些組織才能把問題拿到自己手上，來發展並推廣處理衝突的協作之道。在數以百計的這類組織中，以下幾個特別值得一提：和平建立聯盟（the Alliance for Peacebuilding, www.allianceforpeacebuilding.org），他們把全世界建立和平的眾多組織找來，以便分享資訊和可行的改革；尋求共同基礎（the Search for Common Ground, www.sfcg.org），在十七個國家積極推行他們的計畫；全球和平工作組織（the Global PeaceWorks organization, www.center2000.org），從各宗教中召募志工，一起來爲在地的社區服務；還有和平X和平（PeaceXPeace, www. peacexpeace.org），是個連結全球各地婦女的組織，爲當地的和平而效力。[7]

區域協作（Regional Collaboration）。很久以來，如眾所週知，400 傳統的地理單位劃分——如封邑、郡縣、國家、族國等——都有其限制而致其使命難以達成。由於對相互依存的問題敏感度與日俱增——經濟和環境問題爲其核心——因此有加速的運動在朝向區域協作而推進。譬如：大湖區域協作（Great Lakes Regional Collaboration）是由於日漸萎縮的五大湖所發出的警訊而發展出來的。有些會議聚集了聯邦政府代表、州長、各縣市長，以及部落頭目等等，來共同執行大湖環境的復原與維護計畫。像這樣的區域組織在斯堪地那維亞半島上的國家最爲常見。瑞典有布楊·顧斯塔伏森（Bjorn Gustavsen）特意出面呼籲，要把從上而下的區域計畫改變爲包含在地各界的網絡工作。[8]

社會網絡（Social Networks）。社會網絡的觀念長久以來在社會

6　Clark, K. (2007). The use of collaborative law in medical error situations. *The Health Lawyer*, June issue, 19-23.

7　關於社群協作的政治涵義，更進一步的討論可參見：Saunders, H. H. (2005). *Politics is about relationship*. New York: Palgrave Macmillan.

8　Gustavsen, B. (1996). Action research, democratic dialogue, and the idea of "critical mass" in change. *Qualitative Inquiry, 2*, 90-103.

科學中一直是個固定裝置，其分析通常都啓明了個體和群體之間的連結之法。不過，由於網際網路的發展，社會網絡的觀念已經由靜態的圖書館書架搖身一變而成為日常生活的動態進出管道。在此情況下，社會網絡的組成通常就變為一些能共享某種特殊興趣的人，或同屬某一社會範疇的人。他們讓自己的身分認同得以公開，並以網絡的參與來和他人溝通。像這樣的網絡在美國最顯眼的就有聚友網（MySpace），使用者超過一億人；臉書（Facebook），加入者超過一億五千萬人；還有推特（Twitter），贊助者超過一千五百萬人。在社會網絡中，笛卡爾式的宣言已被取代為：「我上網，故我存在。」這樣的網絡不全然只是人際關係樂趣的出口。譬如：由演員凱文‧培根（Kevin Bacon）所發起的 SixDegrees.org 就整個投入慈善網絡，讓超過一百萬個慈善團體以此作為支持者相互聯絡的平台。

關係啓蒙的全球化

這些運動和開發不僅令人欣喜於人際連結有了精密的發展，同時也顯示了全世界共同行動之流的逐漸豐沛。依我看來，以上少數幾個楷模只是全球發展的小樣本，具有指標性的重大意義，且其運動的動能顯然是有增無減。而這些運動有三個動力引擎，其中每一個都能將關係推到意識的前緣。同時，每一個都指出關係之福才是世界所必要的未來。試看：

401

傳播科技

能使關係意識拓展開來的主要刺激，無疑就是有廉價又快捷的媒介，可讓人立刻上手來和全球各地的人溝通。其中最為核心的就是網際網路，亦即覆蓋全球的網絡，可將電子郵件、網頁、部落格、電玩、音樂、藝術、現場交談，以及其他種種資源散布到世界上人人可及的電腦上。現在能使用網際網路的人口已經超過十億以上，大多數人最常用的是電子郵件。在美國，現在有超過 70% 人口都仰賴著網路服務。網路也提供入口，來進入全球網，其中有鉅量的現成檔案，包含著文本、圖像、影片、聲音等等。估計現有的網頁已超過十億，其資訊量大約等於全世界每個人每年身邊堆著三十英呎高的書。美國的網路使用者平均每人每月上網會花上大約一百小時。

對於關係存有來說，這意味可會教人倒抽一口氣。起碼可說的是：每一次接觸新的網頁，就在擴大多態存有的潛力。我在半島電視網（Aljazeera）上吸收到阿拉伯世界的某些邏輯與價值；在保守前哨網（Conservative Outpost）可沾到一點共和黨右翼的味道；從美國自由聯盟網（ACLU）看見最近有關保護言論自由的消息；在 You Tube 上則可看見全世界所有的綜藝節目，等等，不勝枚舉。以此同樣的方式，來自俄羅斯的電子郵件立刻把我帶進某種形式的關係，和來自日本、阿根廷、中國或印度的同行夥伴有不同的性格。每一天我的言談舉止潛能都有些增長，於是我在其他方面的關係也產生了敏感的相互參照能量。正如我之變為一座橋樑，那其他千百萬人亦復如此。有效共同行動的潛能正以常數的比例擴展。其結果不只是持續連結力的成長，而是全世界的人都變得更有協作的能力。

全球化的組織

當高速溝通的科技連結到相互參照的技能時，就已設好舞台來讓無

402 止境加速的組織過程上台演出。從個人尋求具有異國情調的夥伴，
到大型的工業或政府機構的形成，都受益於科技之賜，而能相互參
照其現實、視野與工作計畫。從而使小型企業得以拓展，中型企業
可發展國外市場，大型企業則經由全球化而益加擴大。我們大可不
必驚訝於發現：處理職場重要協作關係的網頁就已有超過三十萬之
多。各種階層的組織都日漸增多——社區的、州縣的、大區域的、
全國的、跨國的等等。全球警網的擴張與全球犯罪組織及恐怖組織
的擴張也是同步的。世上現有超過一千三百個宗教網頁在尋求全球
連線。對於這種國際組織成長率要能賞識的話，就得先想想：在
1950 年代，估計約有一千個美國的組織——屬於政府的加上非政府
的——可積極進行跨洲際的計畫。而像這樣的組織，今天已有超過
六萬之多。（很諷刺的是：正當全球化組織擴張之同時，也有一樣
多的反全球化組織在全球擴張。）把這些訊息攤開來看，就可知：
不論要維持或要增進福祉，則協作的效能是不可或缺的。當「網絡
形成」已變成一種生活方式之時，自主與獨立的價值也已溜進歷史
之中。

環境的威脅

對於關係意識的第三個主要刺激不是效能增加所帶來的機會，反而
是因此而對於環境帶來的威脅。很可能是 1962 年出版的一本書：
瑞秋・卡森（Rachel Carson）的《寂靜之春》（*Silent Spring*），[9]首

先點火引燃了一種關切，即居民對於環境作了有系統的剝削，由是導致環境的反撲。在人口不斷膨脹的情況下——控制的科技益發有效率，工業生產的需求有增無已——我們也同時親身見證了空氣和水質的污染、土地的侵蝕、大量的森林砍伐、動植物的物種滅絕、漁產的耗竭，還有數不盡的這類事情。對很多人來說，進步、擴張和獲利的概念已經由甜轉酸。代之而起的必要性乃是環境的永續維護。然而在最近全球暖化的警訊不斷出現之後，只談維護似乎已經是個不足的目標。我們當前面臨的選擇是有生產力的協同合作，或是自取滅亡。孤立的個體、社群、州縣、國家所做的努力總是匱乏無力。沒有一塊土地可自外於環境的威脅。實際上，得以存活的未來必定要仰賴全世界所有人的協作能力。

403

　　我在本書下筆之時是希望提供足夠的資源，來使人類能夠超越啟蒙的觀點。把自我視為中心，而他人都是繞著自我打轉，其誤導就無異於將地球視為宇宙的中心。所以，我們必須移向**新啟蒙**（New Enlightenment），其中對於個人的價值觀也得隨之而換成關係的價值觀。這也不只是西方文化所需的啟蒙。我們有理由希望和期待全球都登上此船，一起航向意識的轉型。讓我們把霍布斯的反烏托邦「人人對抗人人」[10]換成「人人和人人在一起」的視野。當關係之福成為我們的關切核心時，我們就已走向了有生機的未來。

9　New York: Houghton Mifflin.
10　譯註：霍布斯的主張見於本書第一章第三節。

中英譯名對照表

多聲部 polyphonic

存在主義 existentialism

安立甘宗的 Anglican

安妮・E・凱西基金會
　　Annie E. Casey Foundation

安得森，屯 Andersen, Tom

安得森，哈琳 Anderson, Harlene

托克維爾 de Tocqueville, Alexis

托鐸洛夫 Todorov, Tzvetan

有德之惡 virtuous evil

次文化 subculture

死慾 thanatos

米契爾，史蒂芬 Mitchell, Stephen

米勒，津・貝克 Miller, Jean Baker

米榭，亞麗珊茁 Michel, Alexandra

米德，喬治・賀柏特 Mead, George Herbert

米蘭學派 Milan school

自主性 autonomy

自由派個人主義 liberal individualism

自由競爭 free competition

自我中心 ego-centered

自我俗民誌 autoethnography

自我組織體系 the self-organizing system

自我關懷 self-regard

自知 self-knowledge

自動控制學 cybernetics

自尊心 self-esteem

艾弗瑞爾 Averill, Jim

艾西 Asch

艾略特 Elliot, T. S.

艾普斯頓，大衛 Epston, David

艾瑞克森，米爾頓 Erickson, Milton

艾爾肯，大衛 Elkind, David

艾爾斯屯，約翰 Alston, John

艾福森，約翰 Iversen, John

艾默生 Emerson, Ralph Waldo

行事（權能） agency

行事者 agent

行動者網絡理論 actor network theory

行動研究 action research

行動項 actant

西格，傑若 Seigel, Jerrold

西兮弗斯 Sisyphus

西谷啟治 Keiji Nishitani

七劃

伽利略 Galileo

位場持住邏輯 logic of placeholders

住性 habitus

佛陀 Buddha, Gautama

佛洛伊德 Freud

佛洛姆 Fromm, Erich

佛斯，約翰 Vohs, John

佛羅里達大沼澤 Everglades

作者權 authorship

克列茲馬 kletzma

克利斯泰勒，津 Kristeller, Jean

克洛南 Cronen, Vernon

利文斯頓，甄妮 Livingston, Jennie

利他能 Ritalin

努斯葆，瑪莎 Nussbaum, Martha

即興作戰 improvise

否定神學 negative theology

吳爾芙 Woolf, Virginia

呂斯曼，安・瑪利 Rijsman, Anne Marie

呂斯曼，約翰 Rijsman, John

坎能-巴德理論 Cannon-Bard theory

局部演出 partial performance

希丙葛，琳達 Schiebinger, Linda

志願行事 voluntary agency

志願論 voluntarism

我知 cogito

李妥強，史蒂芬 Littlejohn, Stephen

李察生，婁若 Richardson, Laurel

Department of Social Relations
社群主義 communalism
社群主義運動 communitarian movement
肯啟樓 Kincheloe, Joe L.
肯恩，約翰 Kane, John
近身體驗 experience near
金恩 King, Martin Luther, Jr.
金恩，可麗塔・思考特 King, Coretta Scott
金納 Jinnah
金斯柏格 Ginsberg, Alan
阿米希人 the Amish
阿姆斯壯，路易 Armstrong, Louis
阿奎那 Aquinas, Thomas
阿柏納提，拉爾夫 Abernathy, Ralph
阿陶，安東 Artaud, Anton
阿蒙斯 Ammons, A. R.
阿靈頓論壇 The Arlington Forum
青年總裁組織
　Young Presidents Organization

九劃

（相互）參照的行動 coordinated action
相互參照（座標間的）coordination
相互寓居（迴旋）perichoresis
《神學大全》 *Summa Theologiae*
神經相關項 neural correlate
神靈 the Divine
侯坎頌，卡莉娜 Håkansson, Carina
俗民方法論 ethnomethodology
保守前哨網 Conservative Outpost
信仰之間和平行動
　Inter-Faith Action for Peace
信任感 sense of trust
剌弗，凱瑟琳・麻理・阿摩希亞
　Love, Catherine Maarie Amohia
剌昔 Lasch, Christopher
哈丁 Hardin, Garrett

哈布瓦克，摩希斯 Halbwalchs, Maurice
哈特利，大衛 Hartley, David
哈特佛，瑪歌 Hartford, Margot
哈第，芭芭拉 Hardy, Barbara
哈瑞，若姆 Harré, Rom
圍限（的）存有 bounded beings
圍限的表達 bounded expression
威李斯 Willis
威斯特曼，麥可 Westerman, Michael
威爾森，艾德蒙 Wilson, Edmund
客體（對象）關係理論
　object relations theory
封・葛拉瑟斯費，恩斯特
　von Glasersfeld, Ernst
建立黏結 bonding
建構 construction
建構療法 constructive therapy
後生形塑 post-figuring
後現代療法 post-modern therapy
後設移動 meta-move
思覺失調 schizophrenic
挑撥型療法 provocative therapy
柏克，肯尼斯 Burke, Kenneth
柏格，彼得 Berger, Peter
柏曼，摩里斯 Berman, Morris
柏斯 Pearce, Barnett
柯亨，艾絲特 Cohen, Esther
柯辛斯基，傑濟 Kosinski, Jerzy
柯勒律治 Coleridge
柯爾柏格 Kohlberg
洛克 Locke
派恩，湯馬斯 Paine, Thomas
玻阿，奧古斯托 Boal, Augusto
玻畝，大衛 Bohm, David
珀里爾，馬丁 Puryear, Martin
眉溪大學 Massey University
約翰-史戴納，維拉 John-Steiner, Vera

崇高 sublime

崔陵，萊恩諾 Trilling, Lionel

康納利，布萊恩 Connery, Brian

康德 Kant

彩虹家庭 rainbow families

從眾性 conformity

情色腳本 sexual script

情結 complex

情緒權 emotional entitlement

推理 reasoning

敗生性 degenerative

敘事 narration

敘事 narrative

敘事仲裁 narrative mediation

敘事法 narrative

敘事真相 narrative truth

敘事療法 narrative therapy

梅西，喬安娜 Macy, Joana

梅洛-龐蒂 Merleau-Ponty

梅森，艾德文 Mason, Edwin

梵尼谷，刻特 Vonnegut, Kurt

深度民主方案 the Deep Democracy Project

深度生態學者 deep ecologists

混亂 chaos

現代主義 modernism

現象學世界 phenomenological world

畢卡索 Picasso, Pablo

畢里葛 Billig, Michael

畢里葛，麥可 Billig, Michael

畢德曼，派翠西亞・沃德
　　Biederman, Patricia Ward

異化（的）存有 alienated beings

笛卡爾 Descartes

符里丹，貝蒂 Friedan, Betty

第一階道德 first-order morality

第二階道德 second-order morality

組態 configuration

組織學習運動
　　learning organization movement

統一神話 unification myth

莫可羅斯 Mockros

莫斯考維茲，伊娃 Moskowitz, Eva

設位 positioned

許威德，李察 Shweder, Richard

連貫 coherent

連貫性 coherence

陸滋，凱瑟琳 Lutz, Catherine

麥可艾洛，蘇珊 McElroy, Susan

麥克林托克，Barbara McClintock, Barbara

麥克婁斯基 McCloskey

麥克莫理，約翰 MacMurray, John

麥肯泰爾 MacIntyre, Alasdair

麥凱當斯，丹 McAdams, Dan

十二劃

「場」Ba

場合 an occasion

場境 scenario

場論 field theory

《提提可的愚人》 *Titicut Follies*

提前開始方案 Head Start Program

提毫，約翰 Thibaut, John

提爾堡大學 Tilburg University

《無可救藥的浪漫》 *Incurably Romantic*

無心 mindful

無心之境 no mind

無因之因 uncaused cause

無條件的關懷 unconditional regard

無意識 unconscious

《費城探索者》 *Philadelphia Inquirer*

費雪 Fisher, Roger

費雪，史丹里 Fish, Stanley

費爾拉本 Feyerabend, Paul

傑可比，羅索 Jacoby, Russell

傑克森，傑西 Jackson, Jesse
凱，阿蘭 Kay, Alan
凱吉，約翰 Cage, John
凱理 Kelley
凱理，喬治 Kelly, George
凱瑟林，瑪利 Catherine, Mary
凱魯亞克，傑克 Kerouac, Jack
喬丹，朱笛詩 Jordan, Judith
喬艾斯 Joyce, James
尋求共同基礎
　the Search for Common Ground
彭恩，佩姬 Penn, Peggy
復甦 restitution
循環圈提問法 circular questioning
惠特尼，黛安娜 Whitney, Diana
惠特理，瑪格瑞 Wheatley, Margaret
散布的領導權 distributed leadership
散佈認知 distributed cognition
斯沃斯摩爾學院 Swarthmore College
斯賓諾沙 Spinoza
普羅泰納斯 Plotinus
智能共享研究所 Co-Intelligence Institute
森內特，李察 Sennett, Richard
森格，彼得 Senge, Peter
渥茲華斯 Wordsworth
湯姆金斯，西爾凡 Tomkins, Sylvan
痛 pain
痛覺接收器 nociceptors
發聲 voice
結構洞口 structural holes
傅柯 Foucault, Michel
臘索，葛蓮達 Russell, Glenda
華特肯絲 Watkins, Mary
萊欣，多莉絲 Lessing, Doris
萊斯大學 Rice University
著迷 enchantment
象徵資本 symbolic capital

買入 buy-in
賀其恩，琳達 Hutcheon, Linda
賀曼斯，克里斯 Hermans, Chris
賀曼斯與肯本 Hermans and Kempen
超自我 super-ego
超越的自我 transcendental ego
超黨派路線 transpartisan
軸心舞蹈公司 Axis Dance Company
鄂蘭，漢娜 Arendt, Hannah
開普勒 Kepler
集體大屠殺 the Holocaust

十三劃

「滅我」 annihilation
亂序 chaordic
催化 catalytic
傳移 transference
匯流 confluence
塔里班 Taliban
奧理略，馬可斯 Aurelius, Marcus
奧斯丁 Austin, J. L.
微過程 micro-processes
想像芝加哥計畫
　The Imagine Chicago Project
意識化 conscientization
愛因斯坦 Einstein
愛慾 Eros
新分析療法 neo-analytic therapy
新啟蒙 New Enlightenment
楊，安竹 Young, Andrew
楠里 Nunley, Elma
溫格 Wenger
瑟爾，約翰 Searle, John
經驗知識 empirical knowledge
置身於 situated
群思 groupthink
聖加侖大學 St. Gallen University

Master　047

關係的存有：超越自我・超越社群
Relational Being : Beyond Self and Community

作者—肯尼斯・格根（Kenneth J. Gergen）　譯者—宋文里
合作出版—茵特森創意對話中心

出版者—心靈工坊文化事業股份有限公司
發行人—王浩威　總編輯—徐嘉俊
責任編輯—徐嘉俊　內文排版—李宜芝
通訊地址—10684台北市大安區信義路四段53巷8號2樓
郵政劃撥—19546215　戶名—心靈工坊文化事業股份有限公司
電話—02）2702-9186　傳真—02）2702-9286
Email—service@psygarden.com.tw　網址—www.psygarden.com.tw

製版・印刷—中茂製版分色印刷事業股份有限公司
總經銷—大和書報圖書股份有限公司
電話—02）8990-2588　傳真—02）2290-1658
通訊地址—248新北市新莊區五工五路二號
初版一刷—2016年11月　初版四刷—2022年10月
ISBN—978-986-357-077-6　定價— 800元

Relational Being : Beyond Self and Community
by Kenneth J. Gergen
Copyright © 2009 by Oxford University Press, Inc.
Edition Oxford University Press, through Andrew Nurnberg Associates International Limited
Complex Chinese Edition Copyright © 2016 by PsyGarden Publishing Company

ALL RIGHTS RESERVED

國家圖書館出版品預行編目資料

關係的存有：超越自我.超越社群 / 肯尼斯.格根(Kenneth J. Gergen)著；宋文里譯. -- 初版. -- 臺北市：心靈工坊文化, 2016.11　面；　公分. -- (MA；47)

譯自：Relational being : beyond self and community

ISBN 978-986-357-077-6(平裝)

1.社會心理學　2.社會關係　3.個人主義

541.7　　　　　　　　　　　　　　　　　　　　105020234